包容性旅游论

王　超　郭　凌　蒙艳华　郭志广　吴　波 ◎ 著

中国旅游出版社

项目策划：段向民
责任编辑：赵　芳
责任印制：钱　宬
封面设计：温　泉

图书在版编目（ＣＩＰ）数据

包容性旅游论 / 王超等著. -- 北京 ： 中国旅游出
版社， 2025. 2. -- ISBN 978-7-5032-7485-5

Ⅰ．F590.3

中国国家版本馆 CIP 数据核字第 2025X3C941 号

书　　名：包容性旅游论

作　　者：王　超　郭　凌　蒙艳华　郭志广　吴　波
出版发行：中国旅游出版社
　　　　　（北京静安东里 6 号　邮编：100028）
　　　　　https://www.cttp.net.cn　E-mail:cttp@mct.gov.cn
　　　　　营销中心电话：010-57377103，010-57377106
　　　　　读者服务部电话：010-57377107
排　　版：北京旅教文化传播有限公司
经　　销：全国各地新华书店
印　　刷：北京工商事务印刷有限公司
版　　次：2025 年 2 月第 1 版　2025 年 2 月第 1 次印刷
开　　本：720 毫米 × 970 毫米　1/16
印　　张：24
字　　数：402 千
定　　价：59.80 元
ＩＳＢＮ　　978-7-5032-7485-5

前　言

　　旅游业发展到底为了谁？这是旅游做大做强无法规避的问题。旅游发展一定是为了人民，发展成果一定是由人民共享，这是中国特色社会主义旅游业发展的根本目的。包容性旅游就是旅游业建设为了人民的发展理论，一种人民参与旅游目的地共建共治共享，贯彻创新、协调、绿色、开放、共享新发展理念，创造出政治、经济、社会、文化和环境永续发展的创新生态系统，打造"服务优质、事业可观、居民友善、体验美好"的包容性旅游良好态势的发展理论。具体而言，包容性旅游是旅游包容性发展的一种状态，是指以政府规划为服务主体，旅游企业为经营载体，旅游社区居民为主要受益者，社会各界为参与发展者（包括游客和公民组织），基于政府政策保障，实现弱势群体话语权，鼓励社会力量参与旅游发展，让更多的人民群众获得均等的就业机会，实现旅游经济成果的相对公平分配，减少旅游目的地的社会贫富差距，营造良好的旅游环境，最终实现旅游的包容性发展。

　　正如马克思指出，人的认识活动有两次飞跃，第一次飞跃是从感性认识上升到理性认识，第二次飞跃是从理性认识到人类实践。在中国伟大减贫奇迹中，一些落后贫困地区已经通过旅游产业发展，实现了内生动力的脱贫致富。在攻坚克难的旅游脱贫实践中，弱势贫困人群获得了前所未有的帮扶，在旅游产业中依靠自身劳动或资本参与，实现了经济发展，获得了稳定收入，已经走出了一条旅游目的地包容性发展的道路。经过十年的研究，本书就是尝试从实践层面向学理层面系统梳理旅游目的地如何立足新发展阶段，贯彻新发展理念，构建新发展格局，最终实现包容性发展的学术探索。这个探索的目的是进一步完善中国特色社会主义旅游理论体系，努力践行习近平总书记关于"四个自信"的重要论述，尝试在该学术领域解决中国旅游发展的现实问题，做出中国旅游发展的学术成绩，建立中国旅游发展的理论自信。

本书从理论逻辑与历史逻辑、构成要件及功能作用、生成系统和发展维度、实践逻辑与路径构建四个篇章系统论述了包容性旅游发展的创新生态系统，以及旅游目的地如何构建旅游业共建共治共享的新发展格局，主要内容包括：

一是包容性旅游的理论逻辑与历史逻辑。该部分从学理性渊源剖析了包容性旅游理念的由来。第一，阐释了包容性旅游概念的思想来源、现实考虑和深刻内涵，对包容性旅游概念进行了内涵和外延的系统梳理。第二，对包容性旅游发展理念的目的进行了深入分析，从共建旅游产业、共治旅游环境、共享旅游成果三个方面，解释了包容性旅游发展的最终目标。第三，论述了包容性旅游的理论基础，从包容性增长理论、社区参与理论到创新生态系统理论，阐明了这三个理论是如何支撑包容性旅游发展理念在学理层面的一脉相承。

二是包容性旅游的构成要件及功能作用。该部分以系统工程思想精准分析了包容性旅游构成的政府、企业、居民和游客四大关键要件，深入阐释了各个要件在包容性旅游发展中的功能。第一，以政府政策统筹协调为抓手，剖析了包括政府的责任与作用、政府的统筹与协调和包容性旅游中政府的顶层设计三个方面。第二，以涉旅企业生存发展为引领，分析了包括企业的本质与需求、企业的生存与发展和包容性旅游中企业的岗位打造三个方面。第三，以社区居民参与建设为动力，解析了包括居民的本质与需求、居民的生活与参与和包容性旅游中居民的权益保障三个方面。第四，以游客优质旅游体验为导向，阐述了包括游客的本质与需求、游客的消费与体验和包容性旅游中游客的责任担当三个方面。

三是包容性旅游的生成系统和发展维度。该部分对包容性旅游主要构成要素及其发展维度进行深入分析，阐释了包容性旅游的创新生态系统的发展状态和运行条件，以及如何践行新发展理念。第一，包容性旅游的经济创新发展，包括经济创新的内涵与意义、包容性旅游中经济的创新理念与创新机制三个方面。第二，包容性旅游的政治协调发展，包括政治协调的内涵与意义、包容性旅游中政治的协调理念和协调机制三个方面。第三，包容性旅游的环境绿色发展，包括环境绿色发展的内涵与意义、包容性旅游中环境的绿色理念和绿色机制三个方面。第四，包容性旅游的文化开放发展，包括文化开放的内涵与意义、包容性旅游中文化的开放理念和开放机制三个方面。第五，包容性旅游的社会共享发展，包括社会共享的内涵与意义、包容性旅游中社会的共享理念和共享机制三个方面。

四是包容性旅游的实践逻辑与路径构建。该部分从包容性旅游的四个主体要素即政府、企业、居民和游客的实践逻辑出发，论述了包容性旅游构建的系统路径。第一，政府优质服务提供的顶层设计，包括提升服务要素认知、强化基层组织领导、选准涉旅产业项目、优化涉旅组织形式、做好产销对接服务、完善利益合作机制、加强教育服务引导等方面。第二，企业事业发展环境的制度保障，包括加强企业生存意识、发挥企业拉动作用、规范居民入职培训、建立协同参与机制、采取减贫常态措施、探索共建共享方式、提升企业服务水平等方面。第三，居民参与旅游建设的路径支持，包括科学规划居民参与方式、积极引导居民参与建设、确保居民参与机会公平、保障社区居民从中获益、建立健全利益补偿机制、择情选择居民参与模式、助推减贫机制长效发展等方面。第四，游客获得美好体验的保障措施，包括系统分析游客美好体验的核心要素、补充完善游客参与的标准体系、切实减少游客美好体验的沟通成本、建立区域游客美好体验的服务体系、统筹优化游客体验服务的监督机制、精准做好游客美好体验的反馈工作、全面规划游客美好体验的安全服务等方面。

通过上述学理分析，本书可能具有以下三个方面的学术价值：

一是厘清了包容性旅游发展理念的基本内涵、内在逻辑、体制机制，积极践行"四个自信"指导思想，进一步完善包容性旅游理论体系，建立该领域研究的理论自信。

二是为中国特色社会主义旅游业走包容性旅游可持续发展道路，提供了学理层面的逻辑阐释、要素定位、关系构建、维度剖析，为包容性旅游创新生态系统的生成提供了理论依据和学术支撑。

三是深化国家提倡"全民参与"反贫困工作的理论范式，摸索鼓励全社会成员共同参与包容性旅游反贫困的路径，探索旅游发展如何惠及弱势群体，尝试阐释利益相关者有关包容性旅游发展"四位一体"的"共建共治共享"理论新视角探索跨学科理论与思维，进一步丰富中国特色社会主义旅游理论体系。

但是，对于包容性旅游理论体系的探索，还存在以下三个方面的不足：

一是本书是一本理论探索性的学术专著，存在对实践深入验证的不足。正如马克思主义认识论所指出的，感性认识是认识的初级阶段，是人们对事物的各个片面、现象和外部联系的反映。理性认识是认识的高级阶段，是对事物的全体、本质和内部联系的反映。包容性旅游是作者十年对旅游如何实现共建共治共享，惠及社会弱势群体，践行反贫困的感性认识，撰写提炼为理性认识的学术论述，从深入实践检验理论层面而言，存在客观的不足。

二是对包容性旅游构建的创新生态系统有关产业链和创新链如何深入融合的系统论述不足。习近平总书记指出，要围绕产业链部署创新链，围绕创新链布局产业链。旅游产业链和文化创新链如何在包容性旅游中打造出产业增长极，建设有生命活力和经济活力的旅游产业系统，是包容性旅游利益相关者参与发展的一个基础性条件。有旅游"恒产"，才会有人民建设旅游的"恒心"。

三是从《国富论》《战争论》《自杀论》等世界经典名著学理性分析结构来看，《包容性旅游论》相关论述中只是针对有关知识点所对应的现实案例进行了分析，需要进一步剖析具有系统性和全面性的包容性旅游发展的典型案例。

在未来漫长的学术生涯中，完善包容性旅游理论体系还需要得到学界同仁的大力支持，从以下三个方面努力：

一是继续坚持包容性旅游理论认识的第二次飞跃，在中国特色社会主义旅游业建设中剖析典型案例，用不同的真实案例来系统检验包容性旅游理论的科学性、普适性和实践性，并不断丰富和完善包容性旅游的理论体系。

二是根据包容性旅游业"服务优质、事业可观、居民友善、体验美好"的发展目标，以及包容性旅游的路径体系，设计包容性旅游的政策体系，从政府统筹协调的角度，思考如何在一个有基础的典型案例地，用政策指导和制度安排构建包容性旅游发展态势，实现旅游业共建共治共享的新发展格局。

三是包容性旅游业发展的科普性读本。通过简单的理论介绍和大量的实践案例解读，尝试把包容性旅游发展的理论知识，通过可读和易懂的现实材料向相关旅游目的地进行宣传，让老百姓知晓旅游业建设的目的、意义和路径等。

综上所述，正如作者心中热诚的家国情怀，"为天地立心，为生民立命，为往圣继绝学，为万世开太平"，在高校学术工作中坚持"使身体变好、把娃娃教好、让学校更好"的人生理念，十年如一日地对包容性旅游理论进行不懈探索。由于作者个人能力有限和经济条件限制的客观原因，一些深入基层实践的典型案例剖析还需要国家和学界的大力支持，孵化出可能存在的中国特色社会主义包容性旅游理论体系，共同探索属于世界旅游学界的包容性旅游发展理念，为中国旅游学界在世界包容性旅游发展研究中发声，做出中国反贫困理论体系的旅游学界贡献。

王 超

2024 年 2 月

目　录

第一篇　包容性旅游的理论逻辑与历史逻辑

第四篇　包容性旅游的实践逻辑与路径构建

第一篇

包容性旅游的理论逻辑与历史逻辑

第一章　包容性旅游的提出

第一节　包容性旅游的思想来源

一、"包容"的含义

《现代汉语词典》里将"包容"解释为"宽容""容纳""宽容大度""兼容并包"之义,[①]它表现为一种海纳百川的气度,而不是故步自封、闭目塞听,常指人的一种精神境界或状态。"包容"一词的英语翻译常见为"inclusion",意思是 A 也可以,B 也可以,AB 都可以,即 A 或 B 其中之一,或者 AB 并存状态。"包容"也可以指一个系统能量交换的开放程度,在这个能量交换中没有严格的限制标准,而是对外来能量表现出一种接纳状态。[②]"包容"的反义词是"排斥",就是主体拒绝容纳某客体或将其排出。某个主体要体现包容,又称之具有包容性。

二、"包容性"的辨析

包容性是主体对客体存在"异见"(不同的看法和不同的存在状态)的可容纳能力或程度。例如,对于异见(客体)的包容能力,各个社会(主体)的包容程度是不同的,主体对持有异见者采取的措施有发动战争、判刑、打

---

① 中国社会科学院语言研究所词典编辑室.现代汉语词典(第6版)[M].北京:商务印书馆,2012,6:1100.

② 中国汉语大词典编辑委员会,汉语大词典编纂处编纂.汉语大词典(第3卷)[M].上海:汉语大词典出版社,1986,11:1488.

压、其他迫害、不给发声的条件、处死（例如，布鲁诺的例子）、容许自由发声等。另外，不同时期、不同社会的主体，对相同的客体具有不同的包容度。

"分享"是指某事物由主体发出与客体分着享受、使用、行使的过程，它的同义词是共享，换个角度而言，即大家共同享受某一事物。"分享"一词，常见英语翻译为"share"，是一个动词，即 A 获得成果 C，主动与 B 享受成果 C 的过程，主体实现这一过程就叫作分享式。用得最多的是宗教领域，强调人的行为要利他，这样有利于社会和谐发展。从理论层面讲，分享是主体进行的利他行为，这种行为可能不存在功利性目的，与共享在很大程度上意思相近，但共享更强调客体有权利与主体进行成果分配，而分享不一定有这层意思，分享强调的是主体的自愿行为。这个过程是否实现，完全由主体决定，而不受法律约束或控制，只是受道德约束或控制。

"多元"是指事物存在的多样性，而这种多样性是合理和客观的。"多元"一词，英语翻译为"diversity"，是一个形容词，即多种多样的意思。多元是指构成社会单元个体的存在状态，包括了民族、种族、宗教、群体等概念。在构成社会系统中，多元主体是平等的，相互容纳的，没有冲突。多元观念指导下社会主体相互尊重，共同发展，形成一个良好的社会发展机制。

"包容""分享""多元"三个词语在主客体关系上，表达意义虽然有一定重合，但深层次内涵是不一样的。"包容"强调主体和客体共同发展的责任在于主体，主体需要容纳客体发展，给客体创造发展机会，客体不是不发展，而是没有环境条件来发展。主体通过满足客体发展的环境条件，实现两者共同发展的目的。而"分享"强调主体创造成果，由主体主观性决定是否给予客体成果，实现主体客体之间的利益均衡。客体发展与否，受到主体影响。"多元"强调客观存在的事物，主客体应该拥有共同的资源和环境条件，主体发展不应该利用工具排斥或消除不一样的客体。主客体的发展是齐头并进的，最后应实现和谐统一。

包容性发展译自一个英语复合名词"inclusive development"，意为包罗广泛的发展。从汉语词语结构看，包容性发展是一个偏正短语，"包容性"有着"兼容并蓄"或"兼容并包"的含义，包容是一种积极的接纳，它作为定语对后面的中心语有修饰、限制的作用；①而"发展"比增长有更深一层的意义，即不仅要实现"量"的扩张，更加注重"质"的提高。旅游经济发展应该是一种包容性发展的状态，其本身存在就是多元性的一种体现。从经济发展层面讲，国家作为主体不应该只是用政策分享经济发展成果，更重要的是为旅游地区经济发展创造更多环境条件，使得其自身发展走上可持续发展道路，实现旅游目的地与国家共同发展的目的。

三、"包容性思想"的渊源

理解包容性的思想渊源，首先要了解清楚此理念是在什么样的历史背景之下产生的，某个概念或者某个思想的形成并不是一蹴而就的，而是因时代背景和时代需求的不同，存在一个演变的过程，该过程在发展中不断符合时代特征和时代需求。本节从包容性思想提出的历史背景、概念演变、理论渊源三大方面分析包容性思想的渊源。

（一）"包容性发展"提出的历史背景

2007年3月，在联合国千年发展目标中，"包容性"一词跃入人们的视野。提出这一思想的基本背景是在经济全球化时代，人类面临着贫富分化日益严重、阶级矛盾日益激烈、参与社会发展的力量不均衡、社会流动性差等重大问题。为解决这些问题，促进人类社会的和平、健康、可持续发展，实现不同民族、不同文明的共同进步，享受世界经济一体化带来的好处，必须用"包容"的智慧。

从全球范围看，经济全球化的深入发展带动了国家、地区之间在政治、经济、社会、文化等的交流，逐渐形成了"你中有我，我中有你"的全球化发展格局。在这种发展新形势下，发达国家利用自身优势在表面上标榜贸易与投资的自由化，但实际上开始搞单边主义、贸易保护主义等，企图独享经济发展的效益，拒绝分担自己的责任，同时转嫁自身的危机，种种自私自利的行为导致了经济增长的失衡，扩大了收益差距，极大地破坏了经济全球化

---

① 周佩，章道云，姚世斌.协同创新与企业多元互动研究［J］.管理世界，2013（8）：181-182.

的包容性。这种错误的做法所带来的严重后果就是富国越富、穷国越穷，发达国家与发展中国家差距进一步拉大。从亚洲范围看，虽然亚洲经济社会整体的快速发展为全球经济做出了重要贡献，但是地区不同，经济体之间的社会经济发展存在失衡。数据显示，2011 年最高经济体自身的 GDP 增长达到 11%，而最低的仅有 0.8%。同时，诸多国家内部存在收益分配不均、发展机会不平等的现象，尤其是弱势群体应有的权益被非法侵占，贫富差距进一步拉大，导致了严重的社会问题。

改革开放后的中国逐步成为世界第二大经济体，政治、经济、社会、文化、环境发展都取得了举世瞩目的成就。然而，我国在实现多年经济快速增长，创造世界发展奇迹后，一些矛盾和问题日益突出，直接影响了社会经济的可持续发展。其中，许多问题的根源在于缺乏包容性发展，主要表现在：一是粗放型经济增长方式长期存在，对环境和资源造成了巨大压力和破坏。二是社会财富分配不均，地区、城乡、行业间的收入差距过大，造成人民收入差距扩大。三是教育、医疗、就业、生育、养老金等公共服务和基础设施的发展在地区间存在较大差距。这些问题的存在，决定了我国发展必须有新思路、新方法，而包容性发展是可选路径之一。

（二）"包容性发展"概念的生成逻辑

1. 理论萌芽：基础广泛的增长

20 世纪 90 年代，随着信息技术的不断进步和扩大，以及国际上可比较的国民收入和增长率数据的出现，经济学家开始重新审视经济增长与不平等发展之间的权衡关系，并得出与传统经济增长理论相悖的结论，即不平等的存在和恶化会导致经济增长率的下降，损害经济增长的前景。在此基础上，经济学家通过理论研究和实证分析，基本达成共识："经济增长、收入分配、减贫"三者之间有一种相对均衡、良性的互动关系。[①]第二次世界大战后，收入差距的扩大和环境的恶化引起了越来越多研究者的关注。世界银行（WB）调查和研究了第三世界的贫困问题，在《1990 年世界发展报告》中提出了"基

---

① 任保平，王新建. 论包容性发展理念的生成 [J]. 马克思主义研究，2012（11）：78-86.

础广泛的增长"的概念，强调要为穷人提供机会，提高他们参与经济增长的能力。在此过程中，迅速提高穷人的生活质量，以实现政治上可持续的进步。[①]20世纪90年代末，经济学家们开始寻求各种政策的结合，以进一步促进经济增长和降低贫困率。因此，"益贫式增长"的概念逐渐引起人们的关注。

2. 理论雏形：益贫式增长或惠普式增长

"益贫式增长"也称为"对穷人友善的增长"，这一概念最早见于1997年英国的国际发展白皮书中，[②]其后在1999年亚洲开发银行（ADB）的报告[③]和2000年世行报告[④]中均得到应用。亚洲开发银行指出，如果增长是为了吸收劳动力、缩小收入差距、为穷人创造就业机会和增加收入，它将特别有助于妇女、残疾人和其他传统上被排除在增长和发展成果分享之外的弱势群体，那么这种增长是有利于穷人的。扶贫增长概念的形成及其在增长实践中的运用，表明人们对贫困和经济增长的认识突破了收入贫困理论及涓滴假说的窠臼，[⑤]自觉认识到有必要检讨过去的增长理念和增长模式，它的目标是针对贫困采取具体的增长政策和措施，而不是坐等经济增长本身自动实现减贫。[⑥]

3. 理论生成：包容性增长与包容性发展

进入21世纪后，亚洲各国的经济得到了持续的增长，但不平等的收入和非收入情况正逐渐恶化，社会矛盾日益凸显。鉴于对经济持续增长与社会政治稳定形成冲击的担忧，亚洲各国都开始积极转变发展方式。2007年3月，

---

① Asian Development Bank. Moving the Poverty Reduction Agenda Forward in Asia and the Pacific：The Long-Term Strategic Framework of the Asian Development Bank（2001-2015）［R］.Manila，2001.

② Bensiali K.The 8 values of Highly Productive Companies：Creating Wealth from a New Employment Relationship［J］.Leadership & Organization Development Journal，2010，31（4）：373-375

③ ABD.Fighting Poverty in Asia and the Pacific：The Poverty Reduction Strategy［R］.Manila，1999.

④ Bensiali K.The 8 values of Highly Productive Companies：Creating Wealth from a New Employment Relationship［J］.Leadership & Organization Development Journal，2010，31（4）：373-375.

⑤ Sophie Coughlan，Fabrice Lehmann and Jean Pierre Lehmann.Inclusive Growth：The Road for Global Prosperity and Stability"［R］.The ICC CEO Regional Forum，New Delhi，4 December 2009.

⑥ 杜志雄，肖卫东，詹琳.包容性增长理论的脉络、要义与政策内涵［J］.中国农村经济，2010，11：4-14.

亚洲开发银行在《新亚洲、新亚洲开发银行》中指出，"我们关注的重点要从应对严重的贫困挑战转向支持更高和更为包容性的增长"，这是"包容性增长"的首次提出。①2007 年 8 月，亚行在北京召开战略研讨会，提出要"以包容性增长促进社会和谐"，并结集成《以共享式增长促进社会和谐》一书，集中阐述了包容性增长理念。②2008 年 5 月，世界银行进一步明确提出要长期维持包容性增长，并发表《可持续增长和包容性发展的战略》报告。在结合我国国情和发展实际，并深刻理解包容性增长理念的基础上，胡锦涛同志在 2011 年提出包容性发展战略方针，指导我国的国家建设和发展。

（三）"包容性发展"形成的思想渊源

要厘清"包容性思想"的渊源，就要了解社会排斥论、西方福利经济理论、马克思共产主义理想、中国传统哲学"和""兼"思想以及现代"以人为本"发展理念与包容性发展的辩证关系。

1. 社会排斥论与社会包容性思想关系

社会排斥论的产生和发展。社会排斥论是一个重要的社会学概念，起初源于对社会贫困、剥削等问题的研究。1974 年，法国学者勒内·勒努瓦（Rene Lenoir）首次提出了"社会排斥（social exclusion）"的概念，强调个体与社会整体之间的断裂（即社会整体对个体的排斥）。③我国学者认为，社会排斥是一个系统的过程，在这个过程中，某些个人、家庭或社区缺乏机会参与一些社会公认的活动，被边缘化或孤立。这一过程具有多维特征，表现为被排斥者的经济、政治、社会、文化和心理方面的长期匮乏。④而这种排斥是由游戏规则造成的，社会政策研究的目标是修正这种规则，使之尽可能造福

① Asian Development Bank. Strategy：2020：The Long-Term Strategic Framework of the Asian Development Bank（2008-2020）R. Manila，2008.

② Ganesh Rauniyar，Ravi Kanbur.Inclusive growth and inclusive development：a review and synthesis of Asian Development Bank literature［J］.Journal of the Asia Pacific Economy，2010，15（4）：455-469.

③ 伏干.社会排斥的内涵：缘起、演进与新路径［J］.南京师大学报（社会科学版），2021（1）：109-119.

④ 石彤.国有企业下岗职工社会排斥研究［R］.华人社会排斥与边缘性问题研讨会论文（香港），2001.

于社会的每一个成员，从而趋于更合理和公平。^①当代社会排斥理论关注的焦点是社会机制、社会产品分配和社会关系三个维度。^②

1995 年，在丹麦哥本哈根召开了"社会发展及进一步行动"的世界峰会，会议认为，社会排斥行为的存在剥夺了弱势群体的合法权益，对社会公平正义产生消极影响，长此以往会带来更多的社会问题。因此，要想真正消除贫困，就必须有效控制"社会排斥"这一障碍。^③如英国社会学者克莱尔（Clare）所言，"他们往往由于民族、等级地位、地理位置、性别以及无能力等原因而遭到排斥，特别严重的是在影响到他们命运的决策之处，根本听不到他们的声音""各种社会排斥过程无不导致社会环境动荡，终而至于危及全体社会成员的福利"。^④社会排斥理论深刻揭示了社会发展中的片面、单向、不公平等问题，启示旅游发展要重视人民的社会权力，特别要注重贫困人口和社会弱势的平等权利，让他们同等享有政治、经济、社会、文化、生态建设的参与权，以及发展成果的共享权，也即走向"社会排斥"的对立面——社会包容性。从本质上说，包容性发展就是一个消除社会排斥、实现社会和谐发展的历史过程。

2. 西方福利经济理论与包容性发展的关系

（1）古典政治经济学代表人物对福利经济的论述。

亚当·斯密的自由竞争思想是在理性经济人或理性经济人把持的理性原则下，摒弃个人利益和社会福利二者之间的对立，使二者在社会经济发展过程中自然结合，提倡个人自由追求经济利益，从而成为新兴资产阶级迅速发展壮大的有力推手。^⑤此后，出现了马尔萨斯的贫困救济思想，该思想主张实施积极的救助，他认为贫困的存在是必然的，也是有一定作用的，贫困群体

---

① 唐钧，王婴．城市"低保"政策过程中的社会排斥 [J].中山大学学报论丛，2002（12）：23.

② 阿马蒂亚·森，王燕燕．论社会排斥 [J].经济社会体制比较，2005（3）：1-7.

③ 李保平.西方社会排斥理论的分析模式及其启示 [J].吉林大学社会科学学报，2008（2）：121-126.

④ 克莱尔.消除贫困与社会整合：英国的立场 [J].国际社会科学杂志（中文版），2000（4）：15-21.

⑤ ［英］亚当·斯密.国民财富的性质和原因的研究（上卷）[M].郭大力，王亚南，译.北京：商务印书馆，1976：45.

始终存在，富人对穷人的救济会增加富人的权利感，但也会导致穷人产生依赖。因此，要实行一种缓的政策对穷人进行救济，即废止全部的教区法，允许穷人的自由流动，提高劳动价格来缓解贫困。① 边沁的福利最大化思想继承和发扬了古典自由主义学说，他看重公民的自由和个人的权利，主张谋求个人利益，反对国家干预，把谋求人类幸福当作功利主义哲学的根本任务。② 穆勒把经济制度与经济发展同人类幸福之间的关系放在了首要位置上，把社会成员的自律、平等及自由保持一致放置在经济制度与发展中，其思想是能带来多数人最大幸福的经济思想。③

（2）新古典经济学家的福利经济思想。

维塞尔的社会财富分配思想指出，企业家往往会为了利益的最大化而为富庶的人群提供奢侈品，相反，不会为穷人供给所急需或最需要的生活必需品。正是由于企业家追求利益的最大化，而社会财富的分配决定了企业家的生产和生产方向，但这种财富的分配会导致社会的分化，是最不经济的消费现象。④ 马歇尔则认为福利是物质手段和精神手段的复合体，得到社会福利是每个公民的权利，他通过对贫困工人和穷人生活窘境的观察和思考，同时出于对穷人和工人阶级的关怀，开始产生如何使贫困人群过上美好和幸福生活的疑问。因此，马歇尔将如何增进社会福利和消灭贫困作为衡量经济发展的重点和标准，并作为经济学研究的出发点。⑤

（3）西方福利经济理论的局限与马克思福利经济思想的发展。

纵观历史，从庇古主张的以社会财富增加来实现国民福利增加的旧福利

---

① ［英］马尔萨斯 . 人口理论［M］. 朱狄，胡企林，朱和中，译 . 北京：商务印书馆：1992：5.
② ［英］边沁 . 道德与立法原理导论［M］. 时殷弘，译 . 北京：商务印书馆，2005：58.
③ 穆勒 . 功利主义［M］. 徐大建，译 . 上海：上海人民出版社，2008：45.
④ 美理查德·豪伊 . 边际效用学派的兴起：1870—1889［M］. 晏智杰，译 . 北京：中国社会科学出版社，1999：52.
⑤ 英马歇尔 . 经济学原理（下卷）［M］. 孙良壁，译 . 北京：商务印书馆，2005：342.

经济理论,[①]到以帕累托[②]、萨缪尔森[③]、西托夫斯基[④]等所提倡的效率优先来实现国民福利的最大化的新福利经济理论,以及阿罗[⑤]和阿马蒂亚·森[⑥]所强调的社会选择和能力中心观的后福利经济理论,西方福利经济理论虽然经历了数百年的变迁,但仍然没有走出资本主义制度下的庸俗套路。虽然福利经济理论把公平和效率作为增进和衡量社会福利增加的标尺和手段,但碍于资产阶级对剩余价值的贪婪追求、忽略初次分配和其制度本身的私有制属性,致使西方福利经济理论始终无法走出困境。而包容性发展在此基础上,更加注重广泛性,更注重公平和分配,强调弱势群体的效益问题。

马克思福利经济思想对西方福利经济理论主张的批判、反思、超越体现了极大的包容性。[⑦]从本质上来说,西方福利经济思想始终没有抛弃资本主义制度下的私有制属性。而马克思的福利经济思想是基于"人"的视角,深入考量如何才能真正扭转社会发展不平等的情况,是站在了公有制的立场上。前者是站在国家的角度而言,后者是从核心"人"的发展着手,从这点可以看出,马克思福利经济思想站在更高的"人"的立场上,关注作为社会成员的"人"如何在经济社会中得到关乎其福利的保障措施或制度,这从本质上超越了西方福利经济理论的狭隘性,在思想上体现了极大的包容。

---

① 沈跃萍.论西方福利制度掩盖下的不公平问题——从西方学者的视角看 [J].马克思主义研究,2014(5):123-129.

② 李懿.福利经济学的伦理评价 [J].国外社会科学,1986(12):52-56.

③ Wilensky Harold,Lebeaux Charles.Industrial society and social welfare [M].New York:Russell Sage,1958:220.

④ Flora Peter,AlberJens.Modernization,democratization and the development of welfare states in Western Europe//Flora peter,Heidenheimer Arnol [D].The development of welfare states in Europe an America. New Brunswick:Transaction Books,1981.

⑤ 渡边雅男,高晨曦.论福利资本主义的政治经济学 [J].马克思主义研究,2016(9):20-27,159.

⑥ 陈银娥.西方福利经济理论的发展演变 [J].华中师范大学学报(人文社会科学版),2000(4):89-95.

⑦ 唐绍欣.福利经济学的制度理论及其与马克思制度理论的比较 [J].社会科学辑刊,2001(6):59-63.

3.马克思主义理想与包容性思想的关系

（1）人的自由、全面发展与包容性思想。

包容性是一种普遍的、全面的、开放的发展思想，是对过去和对西方人类发展方式的批判和内在反思。马克思指出，"每一个人的自由全面发展是一切人自由发展的前提"，批判了西方资本主义的发展方式，只有这样的社会，人与人、人与自然、人与社会才能和谐，自由与必然之间的矛盾才能得到解答，才能形成包容的、和谐的社会。而作为发展核心的人之外，包容性发展还综合考虑了人在政治、社会、经济、文化、环境的发展，也即"在不违背原则的前提下，个人在各种环境中能够实现自由而全面的发展"。因此，从马克思关于人的发展理论来看，发展是人自身和物质、文化生产的全面进程，是社会有机整体的发展，关于人自由而全面的包容性发展过程，其目的是在全体人民能有平等的机会参与社会发展过程，并能共享利益成果的基础上，不断改善每一个人的福利，提升每一个人的发展水平。

包容性发展摒弃了单纯追求经济增长的片面做法，寻求的是这"五位一体"（政治、经济、社会、文化和环境）的协调和可持续发展，同时要求这五个方面正确发挥彼此的优势，相互促进，从整体上提升社会的生产力。此外，包容性发展把共同参与社会发展、公平分配发展成果，实现社会弱势群体的利益诉求作为最终的发展目标，是弱势群体实现全面发展最有力、最直接的支持。只有让发展成果惠及更多的弱势群体，惠及更多的人，让其收入增速与社会发展速度协调，与平均收入水平协调，才能实现每个群体、每个人的全面发展与社会的和谐包容。由此可见，人的全面发展是在社会进步的历史进程中所实现的，它离不开经济社会的包容性发展。[①]

（2）共产主义社会理想与包容性社会。

共产主义理想是一种具有开放性、全面性、共享性的包容思想。在《资本论》中，马克思把社会主义和共产主义称为"自由人联合体"，指出共产主义是"以每一个个人的全面而自由的发展为基本原则的社会形式"。[②] 私有

---

① 刘美娜."包容性增长"哲学蕴涵的三维考察［J］.中国集体经济，2012（3）：84-85.

② 马克思恩格斯文集（第8卷）［M］.北京：人民出版社，2009.

制、阶级以及阶级剥削被共产主义社会所消灭，从而实现了个人与个人、个人与社会间的根本利益一致。马克思、恩格斯在《德意志意识形态》中指出，"共产主义和所有过去的运动不同的地方在于：它推翻一切旧的生产关系和交往关系的基础，并且第一次自觉地把一切自发形成的前提看作是前人的创造，消除这些前提的自发性，使这些前提受联合起来的个人的支配"。[①] 这种思想体现了只有在自由联合的集体中才能实现个人的自由而全面发展，包容性社会就是要构建这样一个自由联合的集体，集体各成员能够平等参与社会发展，能够共享利益成果，进而实现个人和集体的全面的发展。

共产主义社会是一个真正充满着公平、公正的包容性社会。在资本主义社会里，"劳动为富人生产了奇迹般的东西，但是为工人生产了赤贫，劳动生产了宫殿，但是给工人生产了棚舍"。[②] 这种工人不能合理参与社会利益分配的"排斥"现象，根源在于资本主义私有制，只要这种"排斥性的"制度继续存在，那大多数人（特别是弱势群体）的发展仍然只是一句空话。"一些人靠另一些人来满足自己的需要，因而一些人（少数）得到了发展的垄断权，而另一些人（多数）经常地为满足最迫切的需要而进行斗争"，因而"只有用一种以全体人民共有的全新社会制度取而代之，从根本上克服以往社会的这一'先天性不足'"。共产主义社会是马克思、恩格斯设想的未来最完善的社会形态，到了这一阶段，社会排斥得到了根本消除，各个阶层、全体社会成员都能够共同参与劳动，共同享受大家创造出来的福利，进而得到全面的发展。从这个意义上说，共产主义社会是一个真正充满着公平、公正的包容性社会。

4. 中国传统哲学"和""兼"思想与包容性思想的关系

儒家的"和而不同"思想强调资源的集中整合，要求事物在协调和运作过程中能相互弥补，"求大同，存小异"从而发挥整体的功效，[③] 其追求与包容性发展一脉相通。"和"指的是不同事物间相互依存、相互影响、共同发展，

---

① 马克思恩格斯全集（第3卷）[M].北京：人民出版社，1960.
② 马克思恩格斯文集（第1卷）[M].北京：人民出版社，2009.
③ 钱耕森."和"的哲学：中国哲学的传统与世界哲学的未来 [J].江苏师范大学学报（哲学社会科学版），2019，45（6）：69-74，123.

强调的是差异事物间的包容，①这里的"不同"指的是存在差异、不同的事物。因此，"和而不同"就是指"和"将各种"不同"中的积极要素融合起来，寻求共同的目标，为发展提供源源不绝的动力。将"和而不同"思想推及包容性发展上，"包容"就是接纳各种"不同"，各种"不同"要素各适其性、各得其所，在坚持原则的基础上，承认、包容以及尊重差异，共同发展进步，以达到共存共荣的目的。

墨家的"兼爱"思想也是中国传统文化包容性思想的一个重要体现。墨家主张"兼相爱，交相利"，反对儒家的"爱有差等"说，认为人与人之间不应有亲疏贵贱之别。②"兼爱"作为墨家思想的核心，"兼"指的是"都"，有兼容并包之意，用它来代替"别"，实指平等对待和包容所有人。③"爱"是指不分阶层和类别的无差别的爱，是指对所有人、所有群体的民主的大爱。"兼爱"是一种古老的博爱，用现代的观点来剖析就是要关爱每一个阶层的人，也就包含了社会弱势群体，要关心他们的合理诉求，让各阶层的人能够平等参与到社会的发展中，并能够共享发展成果，这不仅是"兼爱"的意义，也是包容性发展最根本的目的。具有中国古代哲学特色"和""兼"的包容性思想，秉持经济全球化时代普遍认可的共同参与、成果共享、和谐发展的诉求，为解决时代主题、建设社会主义和谐社会和世界和平探索出崭新的发展模式。④

5. 中国"以人为本"发展理念与包容性发展的关系

"以人为本"是科学发展观的核心，⑤也是包容性发展所追求的重要目标之一。中国古代哲学中"和而不同"思想的追求与包容性发展可以说是一脉相通，二者都体现了对客体的积极接纳。时代演进到今天，包容性发展重心实质是以人为本，推动整个社会的共同全面协调可持续发展。无论是古代还是现在，中国人早已意识到，牺牲一部分人的利益使另一部分人获得利益，是

---

① 张岱年.中国古典哲学概念范畴要论 [M].石家庄：河北人民出版社，2007.
② 陈来.古代宗教与伦理 [M].北京：三联书店，1996.
③ 陈茜.兼性智慧与儒家文论话语生成 [D].浙江工业大学，2017.
④ 陈来.古代宗教与伦理 [M].北京：三联书店，1996.
⑤ 中共中央文献研究室.科学发展观重要论述摘编 [M].北京：中央文献出版社，党建读物出版社，2008：37.

一场没有赢家的"零和游戏"，最终只会造成双方利益的损失。因此，强调社会发展要以人为本，要包容，要顾及社会各主体、各阶层的利益。注重成果分配，全面协调各方利益，以实现可持续和健康发展。

"以人为本"也是社区治理和包容性发展共同追求的目标，社会的发展离不开人的存在。在社区治理中，其最终目标是关爱人，社会的发展也是为了人的发展。因此，社会治理的核心是人。而包容性发展将人（个人或者群体）的发展摆在最关键的位置，指出人在这一群体发展中追求机会、成果的均等，实现每一个社会成员特别是社会弱势群体能共享发展的成果。当前，基于相对贫困问题长期存在、贫困治理焦点问题转变、高质量发展的时代要求三个事实，如何充分发挥包容性旅游在巩固脱贫成果和防止返贫、推动旅游目的地永续发展、营造更好的人居发展环境的三大作用，体现出包容性旅游的必要性，也是包容性发展最为本质的呼唤。

第二节　包容性旅游的现实考虑

一、为什么要发展旅游

从世界旅游发展经验来看，旅游产业的发展可以成为提供生产性就业岗位最多的系统产业，它可以涉及食、住、行、游、购、娱等多个产业集群，且大多数旅游产业不需要复杂的劳动技能和高端的知识结构支撑，发展旅游产业不仅增加了劳动者就业数量，还间接提高了劳动者的技能素质。

（一）发展旅游的政治意义

1. 旅游发展中的政府职能

一方面，政府的社区治理职能主要体现在旅游区的总体规划和设计方面，社区治理是当地政府实现旅游目的地可持续发展的基础，必须坚持以人为本的旅游规划和设计理念。[①]"全民参与"开启社会基层治理新时代，人民安居乐业、生活幸福离不开共建共治共享的社会治理格局的建立。这是新时期社会基层治理模式构建的方向，也为社会组织参与社会基层治理的功能定位提供了依据。另一方面，政府的旅游开发管理职能主要体现在公共服务上，包括一系列的建设活动。政府在旅游开发管理过程中，必须从自身公共服务职能出发，要有定目标、稳方向、谋全局、倡发展、惠全民的思路，不能以公谋私套取发展成果和霸占发展机会。政府的旅游经营服务职能主要体现在构建多方参与的优质服务链，包括地方居民的基础教育、基础医疗、就业保障、社会保障、体育活动、文化设施等。

2. 旅游发展对政治环境的影响及意义

旅游作为一种休闲活动，通过国际交往对旅游目的国家的政治、安全、经济发挥着重要的影响力，其中值得注意的是意识形态信息的输出和政治合法性的塑造。旅游可以作为一种政治手段影响国家间关系，也会通过国家间关系影响到国内政治。[②]政治信任在旅游发展中也是极为重要的因素，政府只有得到社区信任，旅游决策才能得到居民的接受和认可，这在很大程度上可以节约政策运行的成本，并促进善治（good governance）发展。[③]地方居民是旅游中的重要利益相关者，虽然政府主导旅游业的发展，但要是没有社区居民对地方政府的信任、[④]对旅游业的实际支持，旅游业也不可能实现可持续发展，而且可能还会影响政府的公信力。[⑤]由于旅游利益冲突造成的负面影响，容易导致一般意义上的政治信任危机，而地方社区是否支持政府的态度和立

---

① Bonacin R，Melo A M，Simoni C A C，et al.Accessibility and interoperability in e-government systems：outlining an inclusive development process［J］.Universal Access in the Information Society，2010，9（1）：17-33.

② 徐亮.旅游通过国际关系对目的地政治的一般性影响——国际政治与经济发展前沿研究系列之四［J］.中国集体经济，2015（10）：127-128.

③ Nunkoo R.Governance and sustainable tourism：What is the role of trust,power and social capital?［J］.Journal of Destination Marketing & Management，2017，6（4）：277-285

④ Nunkoo R.Tourism development and trust in local government［J］.Tourism Management，2015，46（2）：623-634.

⑤ Nunkoo R，Gursoy.Political trust and residents' support for alternative and mass tourism：An improved structural model［J］.Tourism Geographies，2016（6）：1-19.

场是影响旅游政治信任的关键。

（二）发展旅游的经济意义

旅游业本身是一个综合性产业，具有较高的增长率，对国民经济的贡献率也较高，主导作用非常突出，在带动其他产业发展中起着核心作用。其不仅为航空、交通、餐饮、商业、网络、景区等产业和场所带来游客，还间接促进城乡建设、加工制造、文化体育等产业的发展。旅游业的发展将提高其在第三产业中的比重，有利于第三产业内部结构的调整，促进我国国民经济的健康发展。

（三）发展旅游的社会意义

关于旅游发展的社会意义，涉及各种社会组织，包括企业、游客、公民组织、政府、当地居民，包容性发展相关利益主体之间的社会关系，各主体之间的利益均衡关系，关键在于"机会"和"成果"的均衡，目的在于减少旅游发展中的社会矛盾。① 政府旅游投资与开发政策必须有一个公开和公正的导向，在制定、颁布和实施过程中，公开透明地告知社会各个主体，社会其他主体有机会参与旅游开发，这对减少社会矛盾起着积极的作用。相关企业在乡镇投资旅游开发的时候应注意与当地居民的利益均衡，虽然企业是营利性组织，但如果不考虑地方和谐，企业也不会长久生存。企业与当地居民的利益均衡的焦点在于如何分享旅游发展的经济成果，常见的方式是鼓励居民参与企业劳动，从事相关生产性就业岗位，鼓励企业做好当地社会公益，树立企业良好形象，积极投资基础设施建设，造福一方百姓。

（四）发展旅游的文化意义

在旅游发展中，文化发展在其中占据着重要的地位。文化发展的重要目的是增加各种文化的交流和发展，减少文化的冲突和排斥。无论是旅游目的

---

① Ashley C, Roe D.Enhancing community involvement in wildlife tourism：issues and challenges［J］. Tourism Management, 1998, 21（6）：653-654.

地当地的文化，还是地方外来文化，通过旅游的方式促进文化之间的相互理解与包容，显得极其重要，这也提高了经济发展的质量和水平。因此，旅游地政府要更加因地制宜地选择匹配的政策措施，在保护地方传统文化、培育当地特色优势产业、弘扬民族优秀文化、开展民族风情旅游的同时，改善群众生产生活条件，增加群众收入，使各利益相关者都能够得到合理的利益分配，从而成为经济发展的增长极，辐射整个乡镇地区的经济发展，在促进文化的包容性发展的同时实现经济的增长。

（五）发展旅游的环境意义

作为全人类的共有宝贵财富的生态资源和环境资源，应给予公平的对待和充分珍惜，任何个人或群体的破坏和过度使用，都是一种侵犯了他人和其他群体利益的行为。因此，环境公平的理念应融入生态保护和环境资源可持续性利用中，从旅游环境发展的视角出发，构建一种良性互动的机制和制度，寻求人与自然、环境与社会的全面协调可持续发展。

二、怎样可以发展旅游

（一）旅游吸引物

旅游吸引物有广义和狭义之分。狭义的旅游吸引物一般是指有形的旅游资源，包括自然旅游资源和人文旅游资源；广义的旅游吸引物除了有形的旅游资源外，还包括旅游服务、社会制度、居民生活方式等无形的旅游资源。[①]旅游资源的丰富程度及合理搭配，是发展旅游业的物质基础和根本前提，结合原有的优势资源，再加上适度开发新项目，就会不断提高旅游资源等级，使旅游业走上持续发展之路。

（二）旅游通勤性

旅游交通是游客通过一定的方式和手段从一个地方向另一个地方进行空

---

① 申葆嘉．旅游学原理：旅游运行规律研究之系统［M］．北京：中国旅游出版社，2010.

间转移的过程。它不仅是"到达目的地的一种手段，也是在目的地内活动往来的手段"①，是旅游业的命脉。旅游交通促进了旅游线路、旅游点、旅游网的形成和发展。畅通的旅游交通，既方便了游人，更为旅游业创造了巨额收入。

（三）旅游配套设施

旅游基础设施是指为满足游客在旅游观光过程中的需要而建造的各种物理设施的总称，是旅游业发展不可缺少的物质基础。旅游基础设施主要包括旅游地开发建设所需要的设施设备，如供水系统、污水系统、供气系统、供电系统、排水系统、道路交通、通信网络等，以及许多商业设施。②完善的旅游服务设施为游客提供周到的服务，使旅游更加舒适、方便、安全。同时，通过提供设施服务，旅游业可以获得可观的经济效益，显示了旅游业的接待能力和发展水平。

（四）旅游客源市场

旅游客源市场是指旅游区某一特定旅游产品的实际购买者和潜在购买者。旅游客源市场是一个人口众多、构成复杂的巨大市场，他们来自不同的国家，有不同的信仰、个性、文化兴趣以及旅游需求，因此，旅游客源市场的需求类型很多。作为旅游目的地，需要通过调查研究，确定不同市场环境下旅游客源的不同需求，而不是依赖主观假设，应采取有效的方法来满足旅游客源市场的多样化需求。

三、旅游发展到底为谁

（一）传统旅游：以游客需求为最根本的出发点和落脚点

一方面，以游客为本。"游客为本"是指以游客合理需求为一切旅游工

① 杜有珍，裴玉昌，吴洪亮．旅游概论［M］．重庆：西南师范大学出版社，2007，12.
② 查尔斯·R.格德纳．旅游学（第12版）［M］．北京：中国人民大学出版社，2014：264.

作最根本的出发点和落脚点，这不仅是旅游行业赖以生存的关键，也是旅游发展的根本价值取向，解决的是"旅游发展为了谁"的理念问题。另一方面，以服务至诚。"服务至诚"是旅游业服务社会的精神核心。强调旅游工作者必须以最大的诚意、诚信、真诚地做好旅游服务工作。同时，"服务至诚"也是旅游从业者应树立的基本工作态度和应遵循的基本行为准则，解决了"如何发展旅游"的理念问题。

（二）包容性旅游：以旅游地各主体共建共享为最终目的

包容性旅游在满足传统旅游发展的基础上，突出了以下特点：

一是包容性旅游是社区居民都有能力参与的旅游。生产性就业岗位的打造是实现包容性旅游发展的关键途径，它是指在旅游开发过程中重视打造普通居民能够有能力（通过培训或者本身的技能）从事的就业岗位，让更多的居民参与到旅游发展中来，通过合理的劳动进行自我价值的实现。[①]生产性就业岗位与科技或技术要求高的就业岗位不同，它的可替代性强，能够通过简单的培训或教育，让文化程度低的劳动力胜任。包容性旅游为旅游地社区居民在餐饮、接待、娱乐、观光、零售、交通等行业中提供了大量的生产性就业岗位。

二是包容性旅游注重参与机会平等。习近平总书记特别关心广大困难群众，他指出要"保证人民平等参与、平等发展权利，使改革发展成果更多更公平惠及全体人民"。机会均等是实现包容性发展的另一个重要路径。这里的机会均等，是指公民个体拥有享受国家政策的平台机会，也有自我发展的平等机会，而不是发展政策或优惠条件被资源掌控者所垄断。包容性旅游作为发展手段之一，当地居民人人都有参与其发展的机会，从事与旅游相关的工作。

三是包容性发展注重利益均衡。利益均衡是指一种利益相对平衡所表现出来的和谐状态，是利益相关者在一定利益格局和体系下出现的利益体系相

---

① 余东华，范思远.生产性服务业发展、制造业升级与就业结构优化——"民工荒与大学生就业难"的解释与出路［J］.财经科学，2011（2）：61-68.

对和平共处、相对均势的状态。利益均衡不是指没有矛盾，矛盾依然存在，只是受外界条件约束，矛盾双方呈现的均衡状态。[①]包容性发展的各种举措，其最终目的是实现经济矛盾体中的利益均衡，以减少利益相关者的矛盾纠纷，促进社会稳定和谐地发展。

四是包容性旅游是注重成果共享的旅游。"成果共享"是指人人共享经济发展的建设成果，包容性旅游发展注重提高旅游地社区居民的"主人翁"意识，使得他们更加积极地参与旅游的建设，同时要求政府为居民和各方利益群的沟通搭建一道桥梁，使群众能够对旅游开发和建设行使知情权、参与权、表达权和监督权，进而减少利益分配和开发建设的阻力，实现共建共享。

第三节　包容性旅游的深刻内涵

一、包容性旅游的含义

自 2007 年亚洲开发银行提出包容性增长的理念以来，该理念被学界广泛应用到各个学科的研究之中，其中也包括了旅游学科。2009 年，国外学者斯科特（Scott，2009）提出了"包容性旅游"（inclusive tourism）的发展理论，[②]理论内涵与残疾人旅游（accessible tourism）相似，因此有些学者将其翻译成了"残疾人旅游"，[③]斯科特的包容性旅游理论强调社会的特殊弱势人群（特别是残疾人）也有参与旅游的权利。而国内学者戴斌（2011）也指出，旅游是人们的一项基本权利。[④]从该层面讲，旅游能够促进社会的包容性发展。

---

① 骆福林.论商标权人与商标价值创造者的利益关系——由苹果公司与深圳唯冠公司 iPad 商标权案引发的思考［J］.知识产权，2012（10）：65-69.

② Scott Rains. Inclusive Tourism and Sustainable Corporate Responsibility［EB/OL］.Rolling Rains Report，http://www.rollingrains.com/2009/12/inclusive~tourism~and~corporate~responsibility.html［2009-10-1］.引用日期.［2021-2-13］.

③ V.R. Van Der Duim.Tourism Chains and Pro-poor Tourism Development An Actor Network Analysis of a Pilot Project in Costa Rica［J］.Current Issues in Tourism，2008，3（11）：109-12.

④ 戴斌.旅游是公民基本权利，旅游服务要有亲民性［N］.2013-02-28.

王超、王志章（2011）认为旅游要体现包容性就要从以下两方面入手：一方面，政府在旅游发展模式中起着非常关键的作用。因此，政府必须从顶层设计入手，倡导均等发展机会的理念，以包容性发展为指导思想，构建旅游开发生态与社会环境的可持续发展。另一方面，在这个大的环境氛围和制度要求下，相关利益主体在旅游开发过程中，以促进弱势阶层全面发展为核心，实现自身发展为目标，引入游客和公民组织等社会力量参与，共同推进旅游目的地开发的包容性发展。整个发展方式还有一个潜在的前提条件，就是以旅游经济发展为基础，同时注重旅游社区的社会发展，以实现经济与社会"双轨"发展的包容性发展之路。因此，2015年中国学者王超正式提出了"包容性旅游"的概念：包容性旅游也称为旅游包容性发展，是指基于政府政策保障，以政府规划为服务主体，旅游企业经营为载体，社区居民为主要受益者以及社会各界（游客、公民组织等）为发展参与者，实现弱势群体的话语权，引导和鼓励社会力量参与发展，让更多贫困人口获得均等的就业机会，同时实现旅游发展成果的分配相对公平，以减少旅游目的地的社会贫富差距，创造良好的旅游环境，最终实现旅游的包容性发展。

二、包容性旅游的特征

（一）人本性

人本性是指包容性旅游发展的"以人为本"的特性，包容性旅游发展从旅游整体规划和设计开始，无论是为了社区居民的利益、当地企业家的发展还是为了游客的优质旅游体验，都体现出了对人的关怀，社会的发展离不开人的存在，社会的发展也是为了人的发展。[①] 基于此，旅游发展就要围绕人这一核心，而包容性发展是指在人这一群体中，追求发展的平等化、均等化，让每一个成员尤其是弱势群体共享旅游发展的硕果，将人的发展摆在最关键的位置。

---

① 马克思恩格斯文集（第8卷）[M].北京：人民出版社，2009.

（二）公平性

在一个拥有"公平"发展环境的国度里，社会发展才会更加和谐、有序，同时只有在一个权利、机会、分配、规则公平的发展环境里，才是一个组织良好的社会。包容性旅游发展中的公平性主要讲发展机会的公平，也叫机会均等。这里的机会均等是指公民个体拥有享受国家政策的平台机会，也有自我发展的平等机会，而不是发展政策或优惠条件被拥有资源的掌控者所垄断。从更宏观层面讲，地方经济发展的机会应该是平等的，这样才会使得个体有更多的发展机会，这些发展机会包括基础设施建设、医疗卫生、教育培训、文化科技、财政支持、环境建设等方面。

（三）共建性

共建性，即全体旅游社区居民要各尽所能，积极参与到旅游经济社会发展的建设中来，而不是单纯依靠政府或者企业救济。包容性发展从其理论萌芽到理论成熟过程中的各个形态都不同程度强调脱贫人口、弱势群体不能依赖政府救济、社会支持与帮助，而是要积极参与经济增长并做出贡献。从根本上说，旅游地区的弱势群体要摆脱弱势，最终要靠自身的不断学习和进步，包括旅游经营能力的提高、旅游知识的拓展、旅游服务能力的提升等，政府、企业、游客以及各种社会组织的援助只是提供发展的机会和平台，而"造血"能力需要自己提升。

（四）共享性

包容性旅游发展倡导旅游成果要惠及所有人群，要使全体旅游社区成员都能共享发展机会、权利和成果，突出了包容性旅游发展的共享性特征。换言之，包容性旅游发展就是一种由人民共享的发展模式，发展要从绝大多数人的利益出发，使绝大多数旅游社区能共享旅游发展成果，也只有实现发展成果和效益的共享，社会发展在其价值主体上才是完整的。

（五）广泛性

旅游包容性发展的广泛性不仅表现在发展主体上，同时更表现为社会群体的认可度。从发展内部环境上讲，旅游包容性发展是实现旅游目的地政治、经济、社会、文化和环境发展维度之间的包容；从利益主体来讲，是实现旅游地所有人群或绝大多数人群对旅游发展成果的共享，它所普及的群体更加广泛；从全球范围来讲，包容性发展作为一种新发展观，在跨境旅游和经济一体化联系日益紧密的今天，已经不是某一国内部的事情，更是世界各国所必须考虑的旅游发展方向，它的发展成果涉及面和惠及程度更广。

（六）协调性

协调性是包容性旅游的重要特征，包容性旅游要求各地旅游管理部门建立协调机制，打破因行政区域划分对旅游活动造成的割裂。同时，构建基于包容和谐理念的旅游协调机制，调解旅游区旅游产业链中的各种利益关系，共同组合旅游产品，统一旅游服务质量，建立社会参与保障体系和利益联动机制，通过高水平的管理和协调，推动包容性旅游的发展。包容性旅游在整个发展过程中由当地政府进行顶层设计，要求企业提供生产性就业岗位，注重社区参与、发展成果共享，注重政治、经济、社会、文化和环境的协调发展。

（七）全面性

"旅游包容性发展"所涵盖的内容更加全面，它不仅是实现旅游目的地经济、自然、社会与人的全面、可持续发展，也是不断推进经济、政治、文化、社会和环境的"五维一体"建设的全面进行，同时更是对不同国家、不同区域、不同群体、不同阶层的利益主体所发生的社会不平衡问题的应对措施。包容性旅游发展最终所要实现的是旅游地社会的全面发展与进步。因此，全面性是旅游包容性发展的一个重要特征。

（八）可持续性

包容性旅游的可持续性是指要为当代人提供旅游的各项条件，满足他们的需求，但同时又不损害子孙后代在旅游需求上的利益。对环境污染要做好控制，营造良好的自然与人文环境，减少对资源的浪费，维护生态的平衡，促进经济与社会的协调发展，使包容性旅游真正做到和谐与可持续发展。在新时代中，包容性旅游更是旅游目的地立足新发展阶段，贯彻新发展理念和构建新发展格局的一种可选的旅游发展理念。

三、包容性旅游的类型

（一）生产参与型

2013 年，王超、王志章在贵州少数民族地区旅游包容性增长调研的基础上，提出了生产参与型包容性旅游开发模式。[①] 该模式的核心内容是：基于农村精英的模范带头作用，建立由村民选举为基础的精英选举机制，积极发挥模范人物的影响力，调动村民参与新型农业生产的热情。基层政府相关政策配套支持旅游地区现代化农业生产模式的运行，积极鼓励村民共同参与生态农业集约化的产业发展模式，即传统的以户为主的生产方式，变成由专业化的规模生产，农户提供简单的劳动生产，积极鼓励每家每户参与到规范化的农业生产当中。前期农民可能存在不理解的情况，这时需要政府积极宣传和培训。这样可以改变传统的土地劳作模式，由精英组织科学化和规模化生产，形成有地方特色的生态农业体系，打造以农业特色产业为基础的旅游吸引物系统，逐步发展地区特色的乡村旅游。该模式最大的优点在于旅游业发展机会均等的落实，有土地或者资本的农户可以直接参与集约化经营，没有土地或者资本的农户也可以通过聘用的方式参与生产。但是，制度的落实需要法律的保护，确保制度保障和精英选举的法律有效性，避免违规操作和因裙带关系出现的非公平选举产生的人物。[②]

这种包容性旅游开发模式的理论构建，有两个基本目标：一是不能盘剥

① 王超，王志章.少数民族连片特困乡村包容性旅游发展模式的探索——来自贵州六盘水山区布依族补雨村的经验数据［J］.西南民族大学学报（人文社会科学版），2013，7：139-143.
② 王超.贵州民族地区生产参与型旅游开发路径的研究——基于贵州省布依族补雨村的案例分析［J］.乐山师范学院学报，2016，1：62-67.

现有富人的财富，用违法或者强制的方法，导致社会混乱，而是通过"经济发展"与"社会公平"双轨制度来促进巩固拓展脱贫攻坚成果，这是减少社会矛盾的一个关键，也是包容性的一个重要体现。二是充分发挥政府集权优势，由政府主导，合理分配公共资源，积极发挥政府的公共职能。结合时代背景和当地农户的生产能力，由政府保障和法律规范，把分散的土地和生产能力较低的农户集中起来，进行现代化的生产，进行特色农业品牌化经营。[①]因此，该模式主要思路，如图1-1所示。

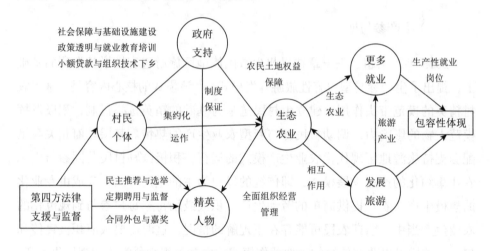

图 1-1　生产参与型包容性旅游开发模式

（二）全民参与型

全民参与型开发模式是一种充分调动社会各界力量参与旅游发展的一种旅游开发模式，符合脱贫地区社会发展特点。[②]基于贵州黔东南西江千户苗寨的实地调查，王超（2016）认为全民参与型旅游开发模式强调人人都有参与旅游开发的权利，以及体现旅游开发中的社会公平与包容，促进民族地区经

---

① Inskeep E.Tourism planning: an integrated and sustainable development approach[J].Management Science Letters, 1991, 4（12）: 2495-2502.

② Ritchie J R B, Crouch G I.The competitive destination: a sustainable tourism perspective [J]. Tourism Management, 2000, 21（1）: 1-7.

济与社会双轨发展。这个类型的旅游开发模式包括六个方面：一是以国家顶层设计为蓝图，科学系统构思模式构建的各要素及其关系。高层政府的制度引导，一方面鼓励社会各界参与，另一方面要求地方政府实施优惠政策。[①] 二是明确相关利益者的权责，突出权利与义务对等。三是企业打造生产性就业岗位的要点体现是构建包容性参与发展的义务，这有利于企业在所属社区的可持续发展。四是充分调动社会力量和智慧，开发公民组织参与旅游建设的能力。五是重视公共舆论的监督和支持，保障弱势群体的话语权能够得到落实。六是该模式强调系统构建环境的包容性和实现制度的包容性。因此，全民参与型旅游开发模式的主要思路，如图1-2所示。

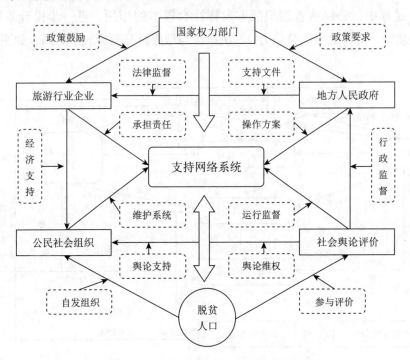

图1-2　全民参与型包容性旅游开发模式

---

① Stylidis D，Biran A，Sit J，et al.Residents' support for tourism development：The role of residents' place image and perceived tourism impacts［J］.Tourism Management，2014，45：260-274.

（三）决策参与型

决策参与型包容性旅游开发模式，强调政府在进行旅游目的地开发和规划的过程中，要听取当地居民的意见，根据居民提出的合理诉求做出科学的决策。同时，必须考虑旅游景区各利益相关主体的利益分配问题，要制定合理的利益分配方案，制定利益协调机制，以此缓解旅游地区各方的矛盾。[①]因此，可以将决策参与型包容性旅游开发模式定义为：一种引入非景区决策主体参与景区发展决策的方式，这种非景区决策群体可以是个人，也可以是社会组织。这种参与方式鼓励社会力量的参与，营造景区发展的民主氛围，在这个过程中，公民或者组织能够发挥社会资本的作用，进一步提升景区的发展质量，提升政府的公信力，[②]决策参与型旅游开发模式示意图，如图1-3所示。

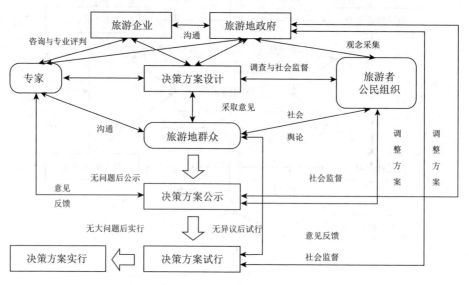

图1-3　决策参与型包容性旅游开发模式

---

① 王超，王志章.包容性发展下决策参与型旅游开发模式的研究——基于贵州省梵净山景区的案例分析［J］.贵州师范大学学报（自然科学版），2015，5：100-108.

② 王超，骆克任.基于网络舆情的旅游包容性发展研究——以湖南凤凰古城门票事件为例［J］.经济地理，2014，1：161-167.

（四）资本参与型

资本参与型的包容性发展旅游开发模式，主要包含民营资本参与和社会资本参与两部分。资本参与强调政府在旅游开发建设的过程中，要注重民营资本和社会资本的融入，特别是要注意民营资本的融入，要合理规划，考虑不同旅游地区的区位条件、资源禀赋、社区结构等，合理评估民营资本的综合能力和旅游目的地的开发诉求，选择适配的项目。同时，要考虑民营资本在融入开发建设的过程中与其他利益相关主体间的联系和矛盾，建立利益保护机制，帮助民营资本选择介入的领域、介入方式以及如何介入、介入的成本、回报率、退出预期等。社会资本参与方面，强调构建利益协调机制，因为社会资本一般属于强势群体，强势群体的介入一方面帮助弱势群体尽快完成目标，另一方面也存在被吞并或者利益倾斜的风险。资本参与型旅游开发模式示意图，如图1-4所示。

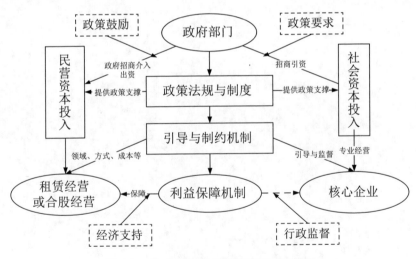

图1-4 资本参与型包容性旅游开发模式

本章小结

本章从包容性旅游的思想来源、现实考虑、深刻内涵三个方面剖析了包容性旅游的发展及其理论内涵：一是从"包容"的含义出发，辨析包容、多元、分享三个词之间的异同，解释了为什么最后选择"包容性"一词的原因。国际上，从对社会排斥论的反思、西方福利经济理论的兴起，到马克思关于人的发展与共产主义理想的发展，逐步分析包容性思想的缘起。在国内，中国古代"和""兼"思想的发展与传承，一直到现在的"以人为本"的中国特色社会主义理论，中国的发展思想体系比西方的福利经济更能体现包容性。二是包容性旅游的现实考虑，回答了为什么要发展旅游？怎样可以发展旅游？旅游发展为了谁？集中体现了包容性旅游的人本性。三是解释了包容性旅游的含义，人本性、公平性、共建性、共享性、广泛性、协调性、全面性和可持续性的特征，以及生产参与、全民参与、决策参与、资本参与四种发展类型。

第二章　包容性旅游的目的

第一节　共治旅游环境

一、旅游需共治发展环境

（一）旅游环境治理的含义和特征

环境治理体系是国家治理体系和治理能力现代化的重要内容。习近平总书记在 2013 年 12 月 31 日的讲话中，对国家治理体系和治理能力进行了权威性说明和概括，他指出，"国家治理体系是在党领导下管理国家的制度体系，包括经济、政治、文化、社会、生态文明和党的建设等各领域体制机制、法律法规安排，也就是一整套紧密相连、相互协调的国家制度"。[①] 党的十九大报告对新时代社会治理做了富有深刻内涵的表述，提出要"打造共建共治共享的社会治理格局"，共治即共同参与社会治理，[②] 社会共治是法治中国实现的重要途径。多元共治的首要特征即为治理主体的多元化，综合各种观点，目前较为常见和被普遍接受的共治主体是执政党、政府、社会组织、企业和公众。

治理本意为操纵、引导和控制，是指特定范围内的治理，是公共事务相关主体对于国家和社会事务的平等参与、协商互动。随着旅游产业发展模式

[①]　习近平.切实把思想统一到党的十八届三中全会精神上来［N］.人民日报，2014-01-01（002）.

[②]　马庆钰，单苗苗.准确理解共建共治共享的内涵［N］.学习时报，2017-11-08（002）.

的不断转变，在旅游业整体从规划开发进入企业管理时期，"治理"概念被引入到旅游研究之中，并逐渐成为当前旅游研究的一个重要课题。国务院办公厅下发的《关于促进全域旅游发展的指导意见》（以下简称《意见》）中明确指出，要大力"推进共建共享"的旅游环境建设，全面提升、优化旅游发展的资源环境、空间环境、安全环境和社会环境，为构建全域化的旅游发展格局打好环境基础。①

一是要"加强资源环境保护"，保护自然生态、田园风光、传统村落、历史文化、民族文化等旅游资源的原真性和完整性，为游客提供能够真正感受地方自然特征和文化个性的旅游体验。

二是要"推进全域环境整治"，通过实施净化、绿化、美化行动和旅游生产的全过程无害化处理工程，全面优化旅游发展的空间环境。

三是要"强化旅游安全保障"，不断增强风险意识，加强旅游安全制度建设，落实责任分工和管理监督，特别是要完善应急反应预案，进一步提高应对风险和处置风险的能力，并通过强化安全管理来最大限度地降低旅游安全事故发生的可能性。

四是要"营造良好社会环境"，通过普及旅游知识和宣传教育，提高目的地居民的"东道主意识"，以和谐、友善、好客的人文环境塑造友好的旅游目的地形象，将旅游发展理念落实到每一位目的地居民的态度和行动上。

（二）旅游环境治理是一个系统工程

由于旅游业具有渗透力强、融合度高的优势特点，是以"旅游＋""＋旅游"为路径融合所有产业资源和社会资源进行"旅游化"发展的系统工程，旅游环境治理是一个全民参与、主客互动的共建共治过程，也是一个系统工程。钱学森曾指出，"系统是指由一些相互关联、相互作用、相互影响的组织部分构成并具有某些功能的整体"。系统在客观世界中是普遍存在的，系统科学从事物的整体与部分、局部与全局以及层次关系的角度研究了客观世界。系统工程思维要求在观察问题、分析问题和解决问题的过程中，坚持整体思

---

① 王德刚.发展全域旅游需要全域化的环境治理［N］.中国青年报，2018-06-21（008）.

维、大局思维、宏观思维，坚持统筹意识、协同理念，坚持用发展的、整体的、辩证的眼光审视物质世界。因此，必须用系统工程思维对待旅游环境治理，全员动员、全民参与是打造社会共治的旅游环境和旅游产业发展空间的重要手段。

　　旅游业发展必须秉承政府主导、市场主体、全民参与、主客共享的发展原则，进行系统性的旅游环境治理。对于一个旅游目的地而言，政府部门、旅游经营者以及本地村民、游客等主体在环境治理中分别从合情性、合理性、合法性角度出发，通过"情""理""法"逻辑对当地旅游环境进行治理，如图 2-1 所示。

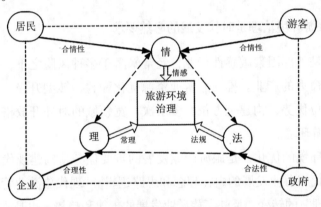

图 2-1　旅游环境治理主体要素

　　一是在旅游发展中旅游目的地政府应该努力提供优质管理和服务，运用好法律工具，坚持依法治理、综合治理、强化责任、全民参与，推进景区全面、系统、科学的保护治理。

　　二是旅游企业和旅游经营者服从政策安排，加强自身监督，城市旅游中，雾霾都可能成为游客放弃前来的原因。因此，美好的自然环境是旅游目的地发展赖以生存的旅游吸引物。旅游企业必须保护好环境，将节约消耗和减少污染排放作为经营的基本原则，实行改厨、改厕、改客房、整理院落和垃圾污水无害化、生态化处理等。

　　三是对于当地居民而言，景区是他们的赖以生存的地方，是他们日常生活实践的重要场域，既有情感意义上的依恋，也有功能使用上的依赖。因此，居民需强化自身环境保护意识，引导树立"像保护眼睛一样保护生态环境，像对待生命一样对待生态环境"的环保意识，确保景区公共区域卫生干净整洁。

四是游客要像对待自己家乡一样对待景区，参与旅游目的地的环境治理，政府对游客行为进行规范，游客自觉用道德和法律约束自己。如设立"文明游客"评选机制，对那些文明参观的游客实行免费参观或打折参观，或者通过报纸、广播、电视等对他们的优秀行为进行赞扬，通过建立全国性的"文明游客"网络数据库，激发游客的荣辱感，调动他们文明旅游、参与环境治理的积极性。

（三）旅游环境治理是时代发展的必然要求

旅游业是外部因素敏感性行业，经常暴露于多种风险之下，但也是极具复原力和生命力的产业。推动旅游业资源优化配置、转型升级，必须充分发挥其独特区位优势，构建全方位、多层次、宽领域的对外开放格局，打造整洁有序的旅游环境。

对市场环境的优化，是旅游产业发展的重要任务。构建现代旅游治理体系，符合现代旅游业发展的内在理念和思路逻辑。"现代旅游业管理"向"现代旅游业治理"的转变，反映了旅游业发展的规律和趋势，也是旅游发展的必然结果。以前旅游管理模式依靠的是部门管理，而构建现代旅游治理体系则是发挥社会主体作用，强调部门间的联动作用和综合治理机制，也符合法治化社会的发展要求，真正实现共治共建，激发整体协同的活力。旅游资源泛化，旅游产品和业态转型升级甚至更新，导致旅游业管理主体的多元化，旅游业主营业务内容发生了转变和更新，景区景点旅游的行业管理模式滞后于全域旅游的社会化管理模式。因此，现代旅游治理体系关乎旅游业的长治久安。

二、共治旅游环境的意义

（一）共治旅游环境是文明旅游发展的重要手段

旅游是一个环境友好型产业，且带动力强，既有利于协调人与人的关系，又有利于协调人与自然的关系。随着当前游客群体的不断壮大，文明旅游工作也有了新的更高要求，深化文明旅游既要重视抓旅游行业的规范发展，也要重视对居民和游客的教育引导。

一是政府将文明旅游与旅游市场秩序作为一个整体进行统筹部署，为旅游企业开展文明、诚信服务夯实市场基础，严厉打击"不合理低价游""非法经营旅行社业务"等市场顽疾，在社会上形成了有力震慑，强化了诚信经营的市场导向，推动全国旅游市场秩序持续向好。

二是企业自觉做好文明旅游工作，将文明旅游的宣传作为公司的常态化工作来开展，将"文明旅游，我们一直在路上"的主旨传达到每一位员工和客户心中，从而带动文明旅游的实现。

三是旅游社区安置文明旅游提示标语，在旅游目的地营造浓厚的文明旅游宣传氛围，全方位、多角度宣传文明旅游环境共治，能够有效提升居民和游客文明旅游意识，促进游客整体文明模式的形成，打造"高品质旅游"。

例如，贵州省遵义市认真贯彻落实《旅游不文明行为记录管理暂行办法》，建立不文明旅游信息共享机制，多渠道获取不文明旅游相关信息，及时上报不文明行为记录。例如，赤水市文体旅游局面向社会长期招募文明旅游志愿者，吸引更多人参与其中，继续强化文明旅游宣传工作，以"文明在行动、满意在遵义"活动、文明旅游志愿服务示范活动、"党员义工志愿服务"等活动为载体，深入开展文明旅游宣传工作，持续营造文明旅游良好氛围。与此同时，在遵义市各大景区，游客们自觉排队、爱护环境设施，"人走垃圾不留"，让遵义文明旅游更具"高颜值"。

（二）共治旅游环境有助于实现区域高质量发展

党的十九届五中全会明确将"高质量发展"作为"十四五"时期经济社会发展的重要指导思想之一。全会指出，要坚定不移贯彻创新、协调、绿色、开放、共享的新发展理念，把新发展理念贯穿发展全过程和各领域，构建新发展格局，切实转变发展方式，推动质量变革、效率变革、动力变革，实现更高质量、更有效率、更加公平、更可持续、更为安全的发展。推动高质量发展，是保持经济持续健康发展的必然要求，是适应我国社会主要矛盾变化和全面建成小康社会、全面建设社会主义现代化国家的必然要求。[①] 旅游领域的公共治理能力，尤其是预警、干预、协调、指导和反馈的工具储备和运用水平，对旅游目的地的旅游可持续发展至关重要。探索新时期的综合执法机制，通过创新包容式监管和容错性促进的制度，切实完善治理体系、提升治理能力，是文化和旅游系统振兴和旅游高质量发展的重要任务。

创造安全的政治环境、稳定的社会环境、公正的法治环境、优质的服务环境是满足人民群众日益增长的美好生活需要的必然要求。

一是政府角色能够考虑旅游产业发展的时代背景，制定服务于社会与行业的旅游政策，行政部门能够充分考虑公众在旅游治理中的作用，增强服务社会的力度，设计具有针对性的政策与法规。

二是旅游市场监管不仅能够强化地方政府的主导责任，更能明晰企业的主体责任，从而建立创新综合监管体制，有利于充分发挥企业的自身监管作用，树立责任意识。

三是发展社区旅游的同时，积极引导居民讲解本土文化，增加居民和游客对社区的归属感，激发居民和游客参与社区治理的积极性，使他们由旁观者、局外人变为参与者和受益者，更自觉地投入当地的社会治理中，能够实现政府治理和社会自我调节、居民自治、游客协治的良性互动。

例如，贵州省黔东南州编制完成了《黔东南州旅游发展总体规划（2016—2025）》《黔东南州全域旅游发展规划》《黔东南州乡村旅游扶贫规划》等规划，形成了以州级规划为总纲、县市规划为框架、景区规划为基础的全州"一盘棋"旅游产业发展规划体系。通过强化精准营销、完善旅游基础设施配套建设、提升旅游服务品质、紧盯 A 级旅游景区建设等一系列有力措施，全州旅游实现高速、高质量增长。

（三）共治旅游环境能助力营造更好的人居环境

改善农村人居环境，建设美丽宜居乡村，是发展乡村旅游业，实现乡村振兴的一项重要任务。以旅游为抓手的合作共治无疑为各方社会力量共同参

---

① 颜廷标 . 深刻理解高质量发展的丰富内涵［N］. 河北日报，2018-01-05（007）.

与构建社会和谐、经济稳定、环境优美的人居发展环境提供了契机。

一是政府引领在参与共治旅游环境工作的过程中可以精准施策，突出重点，加快补齐基础设施短板，保护好绿水青山和田园风光，如人居环境写入《村规民约》，成立红色乡贤促进会，引导发扬"近邻相助齐动手"的精神，共同参与整治改造的全过程，提高干群做好人居环境工作的自觉性和积极性。

二是企业、游客、居民在参与共治旅游环境工作的过程中遵循共建共享、生态文明的理念，养成良好卫生习惯，实现景区从干净整洁到宜居有内涵的过渡与提升，人居环境整治实现多赢局面。

三是在共治旅游环境过程中，村"两委"要做到主角不独角，领唱不独唱，采取多种方式广泛宣传发动群众，发挥群众主体作用，让开展农村人居环境整治成为群众共识，最终实现共建、共治、共享，使农村人居发展环境不断呈现出良好的发展态势。

三、共治旅游环境的方式

（一）政府创新治理体制

推进地方政府治理创新，是推进国家治理体系和治理能力现代化的基础性工程。法治是人类治理文明的重要标志，也是现代国家治理和社会治理的基本方式。推进地方政府治理创新，必须坚持法治思维。[①]发展旅游业，构建现代旅游治理体系，需要当地党政部门统筹推进，领导干部和公务人员必须运用法治思维来看待事物、判断是非、推进工作、化解矛盾。景区当地政府要有魄力和决心破除发展阻力，进一步理顺并创新体制机制，制定系列针对性的综合配套政策。

一是政府树立正确的旅游发展观，把旅游业建设上升为"一号工程"，统筹城乡建设和旅游发展，同时将法治思维贯穿于地方治理的价值目标、体制机制、方式手段等各方面、各环节。

二是把维护公平正义和公民合法权益作为首要价值目标。虽然地方政府

---

① 王宗礼.推进地方政府治理创新的必由之路［N］.人民日报，2015-10-19（007）.

治理的价值目标具有多重性，但维护公平正义和公民合法权益无疑是首要的，这不仅是法治思维的必然要求，也是由社会主义本质特征所决定的。通过联席会、联审制、动员会等形式，使各项工作公开透明，发扬部门合作精神，培养正确治理思维。

三是要强化社会化治理方向，通过协会组织、俱乐部、志愿者等方式，不断拓宽公民依法有序参与公共治理的渠道，鼓励居民、游客参与评价与管理，保障公民参与公共生活的权利，形成社会化的治理机制。

四是政策供给早期要加强宣传和上门服务，让政策红利惠及企业和百姓，充分利用现代旅游业线上治理等现代科学技术，提高现代治理能力。

（二）企业承担治理义务

涉旅企业是景区环境治理中的关键环节，必须自觉履行环境保护的义务，在我国经济转向绿色高质量发展的新阶段，涉旅企业不仅要追求经济利益，更要追求生态利益和社会利益。因此，只有主动担起环境治理义务谋发展，才能提升企业形象，有效应对利益相关者的压力，有所出路。伴随环境保护督察的纵深发展，涉旅企业环境治理的义务越来越清晰。涉旅企业要实现旅游环境的共治，就必须知法、懂法、守法，主动防污治污，规规矩矩地按照法律法规去组织生产、完善工艺，促进生产经营活动的健康开展。

一方面，企业要增强环境意识。不能只把旅游经营作为自己的主业，而把旅游环境治理作为自己的额外事或分外事，而是要把旅游环境治理作为企业生存发展的一个重要组成部分。另一方面，企业要增强法律意识。《环境保护法》等法律法规明确规定了企业环境保护的责任，这是从法律层面划出了企业生存发展的底线，同时也是一条设定的红线。要求企业不论是建设之初，还是建成之后，都要遵守国家的法律法规，依法承担起环境治理义务。

例如，广东省深圳市铁汉生态环境股份有限公司秉承可持续发展理念，主营生态环保、生态景观、生态旅游和生态农业项目的规划、设计和运营，为人们营造出"尊重自然、保护自然、回归自然"的旅游体验，致力于推动城乡可持续发展、产业转型和人民生活品质的提升。铁汉生态作为生态旅游项目整体解决方案提供商，拥有旅游策划、规划、设计、建设及运营的全产业链实施能力，建有整套旅游运营管理体系和运营标准，探索出国内领先的PPP模式下的旅游运营模式，形成了独具铁汉特色的PPP旅游运营差异化竞争优势。

（三）绿色治理旅游社区

发展旅游事业，除了以正确科学的发展理念、发展原则、发展目标、发展政策等为指导，实现绿色化、生态化的旅游环境居民自治和打造旅游产业发展环境是非常重要的先决条件。

一是旅游社区要强化旅游安全保障，不断增强风险意识，加强旅游安全制度建设，落实责任分工和管理监督，特别是要完善应急反应预案，进一步提高应对风险和处置风险的能力，并通过强化安全管理来最大限度地降低旅游安全事故发生的可能性。

二是旅游社区通过普及旅游知识和宣传教育，提高目的地居民的"东道主意识"，以和谐、友善、好客的人文环境塑造友好型的旅游目的地形象，将旅游事业的发展理念落实到每一位目的地居民的态度和行动上。

三是旅游社区要加强资源环境保护，保护自然生态、田园风光、传统村落、历史文化、民族文化等旅游资源的原真性和完整性，为游客提供能够真正感受地方自然特征和文化个性的旅游体验，以绿色发展和绿色治理提升游客满意度。

例如，中国台湾桃米村的灾后重建过程是绿色治理旅游社区的典型。桃米村被塑造成为融生态农业、教育、体验和休闲于一体的"青蛙共和国"和村落共同体，社区也在此过程中凝聚了发展力量。在此过程中，桃米村采用了自下而上、由内至外的方式，通过专题培训、行动参与、社区公约等形式引导居民关心社区的公共事务，提升参与社区事务的各种能力，广泛地征询居民意见、吸引公民参与，充分发挥乡村振兴主体的作用，积极调动村民的积极性，实现了绿色生态旅游社区的共建共治。

（四）游客提升治理意识

长期以来，相较于其他产业，旅游业能源消耗较低、污染环境较少，因而有"绿色经济"之称。但这并不意味着发展旅游业一定不会带来环境问题。不遵循自然生态规律,发展旅游业同样会对生态环境和自然资源造成破坏,甚至是永远不可修复的灾难性后果。除旅游开发外,游客的旅游行为对旅游环境治理也至关重要。

一是在旅游过程中,游客必须树立绿色治理的责任意识,重视绿色消费和旅游可持续发展的理念,提高文明素质,做好个人防护,健康绿色出游。

二是外出旅游时游客要把文明融入言行,旅游的过程中要时刻注重言行举止是否符合社会道德文明规范,符合的要继续坚持、不符合的要有错必改。

三是游客要认真学习相应的旅游法规,让文明旅游的理念烙印在自己的脑海中。营造文明旅游,打造绿色旅游,每位游客都应以主人翁精神积极参与,让自己的言行举止变得更加文明,参与景区环境绿色治理。

第二节　共享旅游成果

一、旅游应共享发展成果

(一) 共享旅游发展成果的含义

共享是共享经济中的核心理念,强调物品的使用权而非所有权。共享经济是公众将闲置资源通过社会化平台与他人共享,进而获得收入的经济现象。"成果共享"是指人人共享经济发展的建设成果。在《中共中央关于制定国民经济和社会发展第十三个五年规划的建议》中,"共享"成为国家经济发展的终极目标。习近平总书记 2015 年在《创新增长路径　共享发展成果》的讲话中呼吁落实 2030 年可持续发展议程,为公平包容发展注入强劲动力。[①] 随着社会经济发展水平的不断提升,人们越来越强调对生活质量的追求。旅行作为一种休闲方式为大多数人所接受,且现在对于旅行目的地风土人情等的了

---

① 习近平.创新增长路径,共享发展成果 [N].人民日报,2015-11-16 (002).

解也不再局限于从旅游公司或目的地宣传等途径获取，可以依托互联网平台获取大量相关信息，不仅可以获得游记、旅拍、攻略等用户真实体验信息，而且还能获得目的地有共享意愿的居民的闲置住房信息，这使得出行者不仅可以在旅行内容上做选择，在住宿方式上也有了更多的选择，而这对传统旅游业的发展将产生重大影响。

（二）共享旅游成果是旅游富民的重要环节

推进旅游富民，让人民共享发展成果，是全民共建共享的重要环节。一方面，在互联网的支持下，旅行者不仅是消费者，也可以是生产者，通过在线给出点评或分享旅行经验和心得等方式，直接对相关旅行信息进行发布，打破了传统旅游模式下旅游相关信息的相对垄断。同时，旅行地碎片化闲置资源的提供也让旅行者在居住方式上有了更多的选择，而不局限于酒店，这也意味着消费者在更多的环节上拥有了主动权，实现游客的消费升级，推动旅游富民。

另一方面，乡村旅游作为连接城市和乡村的纽带，促进了社会资源和文明成果在城乡之间的共享以及财富重新分配的实现，对于加快实现社会主义新农村建设及城乡统筹发展具有重要意义。乡村旅游的开发可以充分利用乡村地区的农业资源开展旅游活动，强调参与感，当地居民参与到形成特色的旅游活动中，不仅增加了当地居民的收入，同时也拓宽了他们的收入渠道，有效带动农村第三产业的发展，提高农业附加值。旅游发展使得当地农产品可以直接面对消费者，解决了部分农产品产业化中购销体制不畅的问题。同时，旅游的需求直接增加了农产品的需求量，提高了农产品的附加值，为农业的产业化经营提供了一个新的渠道和良好的平台。

（三）共享旅游成果是社会公平的应有之义

现代社会看似已经进入了"大众旅游"时代，但在旅游业轰轰烈烈发展的大好局面下仍然隐藏着一些被市场遗忘的角落：老年人、低收入者、失业者、残疾人等特殊弱势群体并没有多少参与旅游的机会。在今天以人为本、和谐发展成为被普遍认同的发展理念的前提下，旅游业发展应该关注这些特殊弱势群体旅游权利的实现途径。

从理论层面讲，共享旅游成果可以解决由于制度的缺陷和经济利益趋使而带来的矛盾和冲突，使各个主体参与旅游发展并非考虑利益均衡问题，而是利益最大化问题。

从政府功能层面讲，社会公平与成果共享是旅游促进经济发展的最佳状态，这种状态虽然难以实现，但在制度设计过程中，可以尽可能地规避突出矛盾，防止两极分化，实现各个主体的利益动态均衡。旅游成果共享就是强调强势主体在利益争夺过程中，顾及和考虑长远发展与社会稳定，达到与弱势群体的利益均衡和社会公平问题。

二、共享旅游成果的意义

（一）共享旅游成果有助于缩小收入差距

收入差距过大，会损害社会公平正义，挫伤低收入群体的劳动积极性和社会认同感，影响社会阶层间的关系，既不利于经济健康运行，也不利于社会和谐稳定。而推进旅游业共享发展的过程，必然是社会公平正义不断扩大和提升的过程，特别是在农村地区的振兴发展过程中，共享旅游成果具有时代意义。

一是共享旅游成果能够有效增加居民收入。在共建共治共享旅游业发展的过程中可以理顺政府、企业、居民之间的分配关系，把"蛋糕"更多地切给居民。尤其是发展乡村旅游有助于大力发展农村经济，不断增强农村经济的可持续发展能力，促使农村居民收入以相对于城镇居民更高的速度增长。

二是共享旅游成果能够优化农村经济结构。乡村旅游是农业与旅游业融合发展的产物，它的形成和发展有效提升了农业和旅游业产品的附加值，优化调整了农村经济结构。发展乡村旅游使得地方特色农产品剩余问题得到解决，其销售价格可远高于其他地区同类农产品的平均价格，显著提高了乡村旅游目的地特色农产品的附加值。

三是共享旅游成果能够促进产业结构升级。作为综合性很强的新兴产业，乡村旅游成果的共享，有效带动了餐饮、住宿、娱乐、交通、商业等诸多相关产业的快速发展，能够迅速拓展、延伸农村经济的产业链条，不断改善旅游目的地现有的产业结构，也为其优化调整提供了更有力的资金支持。

（二）共享旅游成果有助于缓解社会矛盾

发展乡村旅游既可能带来可观的经济社会效益，也可能导致生态和人文环境退化、社区内外矛盾加深，出现公地悲剧等众多影响可持续发展的问题。从制度设计上建立乡村旅游利益的共享机制，共享旅游发展成果，综合考虑开发企业、政府、当地农民、其他相关机构以及游客等各利益相关者的利益，可以有效缓解旅游业发展的相关矛盾，不断提升乡村旅游业的可持续发展能力。

一是共享旅游成果可以缓解区域矛盾。共享旅游发展成果能够使乡村本色成为乡村旅游规划的重要出发点和落脚点，有效避免乡村旅游的同质化现象，从而保持和提升乡村旅游差异化的核心竞争力。

二是共享旅游成果可以缓解生态矛盾。在旅游发展较好的地区，居民一般都有着较好的自然环境保护意识，共享旅游成果使得各利益相关者有能力且更有兴趣把部分收益用到生态环境保护上来，有助于实现发展旅游目的地与加强环境保护之间的良性互动。

三是共享旅游成果可以缓解居民和游客的矛盾。当地居民若能共同受益于景区的优美环境，打破对当地居民的隔离效果，就能得到当地居民的赞同、支持、合力，从而缓解居民与游客日益积累的各种矛盾、纠纷和冲突。

例如，贵州省地处我国云贵高原山区之上，是亚热带地区喀斯特地貌范围较广泛的省份，喀斯特地貌约占整个贵州省面积的61.8%。近几十年来，喀斯特地貌旅游开发和探究得到了很大的发展，日益突出的农业环境矛盾问题也得到了解决。通过科学合理地开发独具特色的喀斯特旅游景区和旅游产品，提高喀斯特地貌区居民可持续发展观念和意识，持续开发和保护喀斯特旅游资源，不仅带动了喀斯特地区的经济和财政收入，也缓解了生态矛盾、社会矛盾和区域矛盾，形成了当地独特的生态旅游产品。在喀斯特地区周边社区推广生态友好型生产并搭建完整的产业链，实现社区经济增收，可以缓解自然保护与经济发展之间的矛盾，有效保护自然资源和生态环境，有效捍卫国家生态安全底线。

（三）共享旅游成果有助于提升人民幸福

旅游作为一种高层次的消费，是反映国民幸福指数的一个重要方面。旅游的本质是给人带来快乐，是让人幸福，它是增长见识、陶冶情操，通过社会教育方式进行人生养成、促进人的全面发展的重要途径。社会越是发展，旅游就越是成为衡量人民群众生活质量和获得感、幸福感、安全感的重要标志。共享旅游成果最终构建的是集合生态、生产、生活、生命、生意，当地人与外地人，人与自然、人与社会有机融合的"生态位"，能够有效提升全社会幸福感和获得感，让游客与居民和谐共享、和而不同。

一是提升游客幸福感。文化是旅游的灵魂，旅游是文化的载体。旅游是一种经济活动，更是一种文化活动。一次难忘的旅游，必定是一次文化之旅、精神之旅，共享旅游成果可以根据游客体验不断优化旅游供给，提升产品品质，以满足更多游客日益增长的需求。

二是提升企业获得感。共享旅游成果能够进一步发挥旅游业的综合优势和融合力、带动力，以满足广大人民群众日益增长的美好生活需要为宗旨，有针对性地实现产品提质、产业增效，精美化提升旅游环境、精致化打造旅游产品、精细化提升旅游服务，全面促进旅游产业优质、高效发展，使旅游产业真正成为带动国家经济社会持续发展的新动能。

三是提升居民幸福感。通过资本、资源结合旅游的模式进入实现"居民进入"，激活旅游目的地的各种要素，使当地居民融入旅游全要素中，主动参与旅游业发展，旅游业生产、加工、流通等环节一部分利润转化到当地居民身上，打造"鱼水相融"的资本与旅游关系，实现居民收益增加。

例如，自贵州省铜仁市梵净山申报世界自然遗产以来，铜仁市采取最严格的措施保护环境，牢牢守住发展和生态两条底线，走绿色崛起新路。铜仁市的绿色发展饱含着各级职能部门的辛勤付出，税务部门全力以赴，落实减税降费政策，优化营商环境，促进了特色农产品加工、旅游等各项绿色产业的迅速发展，全市登记正常户数从申遗成功前的7965户，增加到现在的11576户；2016—2018年，税收减免达2.8亿元，2019年前8个月税收减免2.3亿元，同比增长近3倍。绿水青山变为金山银山，铜仁独特的生态特色转变为经济发展优势，群众幸福感与获得感显著提升，生态美、百姓富的路越走越宽。

三、共享旅游成果的方式

（一）发挥政府引导旅游成果建设的职能

科学的宏观调控、有效的政府治理是发挥社会主义市场经济体制优势的内在要求。政府在旅游开发管理过程中，必须从自身公共服务职能出发定目标、稳方向，按照谋全局、倡发展、惠全民的思路，在旅游成果的共享中实现政府职能的提升。

一是政府要将充分发挥市场的决定性作用作为提升旅游业治理水平与能力的重点，加快完善统一开放、竞争有序的现代旅游市场体系、公平开放透明的旅游市场规则、健全有效的旅游经济宏观调控和监管体系等，加快转变旅游经济发展方式，培育壮大市场主体，不断克服现实存在的市场失灵现象，从而使市场能够更加全面地发挥决定性作用。

二是实施乡村旅游减贫富民和成果共享工程，通过资源整合积极发展旅游产业，健全完善"景区带村、能人带户"的旅游减贫模式。通过民宿改造提升、安排就业、定点采购、输送客源、培训指导以及建立农副土特产品销售区、乡村旅游后备基地等方式，增加脱贫村集体收入。

三是开展旅游成果共享知识宣传教育，强化居民旅游共建共治共享意识，营造良好和谐的社会环境。加强旅游惠民便民服务，优化景点门票价格调整机制，推动、鼓励更多景点实施免费开放或门票优惠政策。充分发挥政府部门合力，完善景观旅游配套设施，公共博物馆、文化馆、图书馆、科技馆、纪念馆、城市休闲公园、红色旅游景区、爱国主义教育基地等公益性场所向市民和游客免费开放。

例如，宁夏回族自治区文化和旅游厅坚持把文明旅游、理性消费、规范服务、综合监管等贯穿于对外宣传和监管之中。开通了宁夏旅游广播电台，在区、市主流纸媒开辟专栏，利用政府网、资讯网、微博、微信等新媒体和宁夏旅游政务网和宁夏旅游微信平台等自媒体，宣传旅游法律法规，分析旅游焦点问题，刊登旅游出行警示、旅游服务质量公示、曝光违法违规经营旅行社等信息。坚持正面引导，充分发挥新闻媒体舆论宣传和监督作用，开展了"文明旅游志愿服务进景区""三创一争"等文明旅游主题活动，持续深入推进"十百千万"旅游从业人员培训和行业标杆选树活动，共举办培训班 50 期、培训人员 5400 余人次，选树了"十佳旅行社""十佳饭店"，有效促进和加强了旅游市场监管工作，使政府管理和调控职能得到了充分发挥。

（二）增加旅游企业市场发展的经济效益

企业是以营利为目的的经济主体，无论是对投资地区的选择，还是对投资策略的设计，企业都是出于营利的考虑，期望获得更高的经济价值。涉旅企业参与旅游发展的目的是围绕"事业可观"而进行，其积极性保障在于获得经济价值和社会价值，在共享旅游成果和企业效益增加二者之间形成良性循环。

一是旅游企业要在旅游成果共享中不断提高自身竞争能力，做大做强优势企业，及时淘汰弱势企业，改变旅游市场主体"小、弱、散、差"的格局，消除旅游行业中激烈的价格战，不再以牺牲质量、信誉等为代价来降价应战，使优质的旅游产品和服务可以不因价格弱势而被边缘化，改变旅游市场中"劣币驱逐良币"的"柠檬化"现象，使我国旅游产业的发展进入靠内涵集约的质量增长型阶段，提高旅游资源配置效率。

二是通过在具有旅游资源禀赋的地区投入资金、发展产业、提高环境、改善民生等帮扶措施，为地区旅游业的发展成果增加创造条件，从而为旅游成果共享奠定基础，实现旅游经济的可持续增长，保持自身在旅游市场中的竞争活力，打造可持续盈利的状态。

三是要实现企业在旅游成果共建共享中的有效参与，提升企业对阻碍因素的克服能力，与旅游目的地政府一起，改善地区旅游发展条件，增强当地居民发展意识，助力完善相关政策体系，创新企业参与方式，从而实现旅游事业的可持续发展，保证旅游成果共享的可行性。

（三）提高居民旅游从业增收的经营能力

旅游社区居民在基于自身获得经济价值和脱贫地区资源条件的吸引下，围绕"居民友善"打造互助型旅游社区来参与旅游相关工作。通过在当地入股参与旅游开发、参与旅游经营、参与旅游服务等实现自身可持续发展，形成一种居民参与的旅游成果共享机制，提高了脱贫地区的经济发展水平和生活水平，为地区旅游成果共享奠定了良好的基础，实现各方面能力的提升。

一是增加居民就业机会，享受就业成果，提升工作获得感。作为劳动密集型产业，旅游业的进入门槛较低，对劳动力素质没有特殊性要求，可以很好地消除那些阻碍居民就业的知识技能壁垒，在解决农村剩余劳动力尤其是农村妇女就业方面具有得天独厚的优势，潜力巨大，不仅能够解决本村、本地区剩余劳动力就业，还可以为外来求职者提供就业机会。

二是转变居民理念，享受政策成果，提升对政府和企业的信赖程度。在旅游发展过程中，一些新的思想观念和技术逐渐被引入农村并被吸收接纳，有助于居民开阔眼界，扩大对外部世界的接触，形成更强的市场经济意识，实现收入成果的共享和增加。

三是提升居民生活质量，享受发展成果，提升生活幸福程度。旅游的发展在给当地居民带来就业岗位和经济收入的同时，也对他们生活的其他方面产生了影响，进而影响了其生活质量。在共享旅游发展为居民带来收入成果的同时，也能够让居民共享生活环境改善的成果。

（四）提升游客旅游优质体验的消费水平

旅游是人们生活水平达到一定程度后的消费需求，游客的体验阶段是游客进行消费的主要时期，这个阶段为游客直接进行食、住、游、购等消费的过程。我国拥有世界上最大规模的中等收入群体，具有充分的旅游消费意愿和足够的旅游消费能力。旅游成果共享是不同国家、不同文化交流互鉴的重要渠道，是发展经济、增加就业的有效手段，也是提高游客消费品质的重要途径。

一是旅游文化共享与消费。游客积极了解旅游目的地文化，参与文化的传播与传承，使得当地的文旅互融发展迅速，将当地的文化融入各种旅游项目中，实现文化的消费。

二是旅游产品共享与消费。当前游客的消费需求不断提升，旅游产品消费决策的关注点从价格转向体验，带动了旅游市场的改革，中国旅游产业出现了大批个性化、多样化、品质化的旅游产品，游客逐步走上了品质消费和高质量产品共享的路线。

三是旅游服务共享与消费。随着人民消费水平的提升，旅游传统"六要素"产业链条服务质量和全域旅游环境质量水平成为游客追求的目标，旅游服务消费成为消费升级新动力，游客追求服务质量成为旅游共享成果质量的基础。

例如，随着红色旅游市场热度升温，一批重庆红色旅游精品线路发布。比如，"携手同心，风雨同舟"线路，安排线路为抗建堂旧址—沈钧儒旧居—中共中央南方局外事组旧址—特园中共民主党派历史陈列馆—桂园。该线路集中展现各界民主人士携手同心，成为当时统一战线的中流砥柱，展现他们与广大群众风雨同舟；"丹心映日月，热血驻丰碑"线路，包括中共重庆地方执行委员会旧址—三·三一惨案纪念地—中法学校旧址—佛图关杨闇公烈士铜像等地，线路通过旧址、故居和街巷的串联，见证无数英雄儿女的革命情怀，诉说那段刻骨铭心的烽火岁月。红色旅游精品线路的发布推动了红色精神文化的共享，对游客的消费也有极大的带动作用，精品红色产品和服务使游客的体验感和满意度得到大幅提升。

本章小结

包容性旅游需要通过政府主导与服务，企业、居民、游客以及其他社会组织的共同参与，以涉旅产业的创新生态系统构建为基础，实现就业机会均等、发展成果共享、社会稳定和经济繁荣的目标。我国旅游业有着良好的发展态势，对旅游目的地市场经济发展和旅游产业反贫困能力的提升有着极大的支持作用。本章主要对我国旅游业共治共享的内涵和特点做出了阐释，研究了旅游业实现共治共享的意义，从政府、企业、游客、居民四个方面分析了实现包容性旅游业共治共享的方式，为深入探索包容性旅游业发展的学理体系夯实基础。

第三章 包容性旅游的理论基础

第一节 包容性增长理论

一、包容性增长理论的核心思想

2007年亚洲开发银行首次提出包容性增长（inclusive growth）这一核心概念，旨在社会和经济需要协调发展，人们应该公平合理地分享经济增长带来的发展成果，达到社会成员能够享受均等发展机会的状态。[①] 包容性增长理论的核心是"经济增长需集中于能创造出生产性就业岗位的高增长态势，能确保机遇平等的社会包容性以及能减少社会不稳定的风险，并给社会弱势群体构建矛盾缓冲的社会安全网"。[②] 这一点与长期以来以追求单纯GDP为目标的快速增长有着本质上的区别，是一种经济高质量发展的方式。包容性增长需要实现社会利益相关者拥有公平的发展机会，促进经济与社会的同步发展。[③] 包容性增长最大限度地保障了相关社会群体的利益，促使地区可持续发

---

① Dev S M.Inclusive Growth in India：Agriculture，Poverty and Human Development［J］.OUP Catalogue，2010，4（2）：314-317.

② Ali I.Inequality and the Imperative for Inclusive Growth in Asia［J］.Comparative Economic & Social Systems，2011，24（2）：1-10.

③ Commission on Growth and Development：The Growth Report：Strategies for Sustained Growth and Inclusive Development［R］.The International Bank for Reconstruction and Development/The World Bank，2008：17-19.

展，是经济增长方式的一种变革。[①] 包容性增长的关键还是需要政府引导和社会利益相关者的支持。政府充分发挥职能，并通过最大限度地保障从业者享有公平的就业机会，以及提供兜底的社会保障安全网的方式，促进社会弱势群体能够充分就业，解决存在的绝对贫困问题。[②] 包容性增长要求参与经济活动的社会单元重视社会个体的发展权利，强调社会个体拥有公平享受经济增长成果的权利。[③]

二、包容性增长理论的基本内涵

（一）以广泛性为基础的益贫式增长

包容性增长的受众是社会利益相关者，增长的成果必须是惠及社会大众，特别是要惠及社会弱势群体。[④] 社会资源获得者实现优先发展权利后，不能不顾社会弱势群体发展的滞后性，要形成"先富带动后富"的优质经济发展格局。这是人类社会发展文明的必然要求，更是一个社会实现稳定发展，经济有序增长，减少社会内部矛盾的一种重要方式。[⑤] 因此，包容性增长是一种具有广泛性基础的益贫式经济增长方式。

（二）以公平性为保障的可持续发展

包容性增长需要实现社会利益相关者公平参与经济发展机会的权利，而

① Hall J，Matos S，Sheehan L，et al.Entrepreneurship and Innovation at the Base of the Pyramid：A Recipe for Inclusive Growth or Social Exclusion？［J］.Journal of Management Studies，2012，49（4）：785-812.

② Ali I.Inequality and the Imperative for Inclusive Growth in Asia［J］.Asian Development Review，2007，24（2）：1-16.

③ Sophie Coughlan，Fabrice Lehmann and Jean-Pierre Lehmann.Inclusive Growth：The Road for Global Prosperity and Stability［R］.The ICC CEO Regional Forum，New Delhi，4 December 2009：p1-17.

④ Hall J，Matos S，Sheehan L，et al.Entrepreneurship and Innovation at the Base of the Pyramid：A Recipe for Inclusive Growth or Social Exclusion？［J］.Journal of Management Studies，2012，49（4）：785-812.

⑤ Mello L，Dutz M A.Promoting Inclusive Growth：Challenges and Policies［J］.World Bank Publications，2014（23）：i.

不是这种权利被社会资源拥有者和话语权拥有者掌控。[①]但是，在当今经济发展过程中，由于各利益相关者发展的不平衡，造成其对拥有发展机会的权利水平也存在着不同的差距。社会弱势群体在激烈的市场竞争中，对发展机会把握能力不足，会失去进一步成长的能力。长此以往，社会强势群体与弱势群体就会形成两极分化的"马太效应"，社会弱势群体直到完全被边缘化，失去发展的能力。[②]因此，以公平性为保障是经济包容性增长促进社会可持续发展的一个重要方面。

（三）以共享性为目标的共建型格局

包容性增长的实质是促进经济有质量地增长和社会稳定永续地发展。[③]益贫式增长和可持续发展都是围绕这个实质而开展。要实现这种发展态势，需要以共享性为目标构建一种共建共治的发展格局，以促进经济发展成果的共享，达到社会各界共建共治共享的状态。成果共享是各利益相关者参与地区发展、贡献自身力量的基本保障，同时也是实现自身发展的关键前提条件。

三、包容性增长理论对包容性旅游的启示

（一）构建旅游产业建设的广泛群众基础

包容性增长受众群体广泛，参与机会公平，包容性旅游发展应尽可能保障弱势群体公平参与旅游产业建设之中，使之成为发展的主要力量。旅游发展需要众多利益相关者参与，这不仅是旅游活动的基本属性所决定，而且是旅游经济包容性增长的客观要求。公平参与旅游产业的发展，为公平分享旅

①　Dev S M.Inclusive Growth in India: Agriculture, Poverty and Human Development [J].OUP Catalogue, 2010, 4（2）: 314-317.

②　Anyanwu J C.Determining the Correlates of Poverty for Inclusive Growth in Africa [J].European Economics Letters, 2013, 3（1）: 12-17.

③　Anyanwu J C.Determining the Correlates of Poverty for Inclusive Growth in Africa [J].Working Paper Series, 2013: 12-17.

游发展成果奠定了基础。^①同时，还能在最大程度上保障各利益相关者的参与权，为实现地方旅游的可持续发展铺平道路。

（二）打造惠及社会各界的旅游发展方式

旅游发展成果一定是为了人民，也就是为了社会大众，为了老百姓。包容性增长理论是一种以机会公平的方式，促进社会大众实现自身发展，使得其对地区经济增长做出更多的贡献。包容性旅游通过社会利益相关者公平地享受参与发展的机会，实现自身发展的同时，推动旅游业的可持续发展。旅游是加快地方经济繁荣，惠及社会利益相关者的一种重要经济发展方式。^②其中，弱势群体实现自身的发展，不仅是旅游目的地做强旅游业的重要支撑，而且是政府鼓励旅游业可持续发展的群众基石。^③毕竟，社会大众都是相对弱势的群体，鼓励广大社会弱势群体参与的最终目的是提升其自身竞争力，从而有能力享受发展旅游带来的红利。

（三）实现成果共建共享的旅游增长态势

包容性增长保障社会各界能够共绘经济发展蓝图，共建经济发展事业，共治经济发展格局，共享经济发展成果。旅游作为经济发展的一种方式，亦可以成为促进这种共绘共建共治共享发展态势的重要载体。^④以包容性旅游的发展方式，通过合理的制度设计和建设规范，保障旅游业建设中各利益相关者能公平地享受旅游发展的成果，对于不同性质的社会组织或个人，参与旅游的发展，可以助力实现"服务优质、事业可观、居民友善、体验美好"的一种共绘共建共治共享的旅游增长态势，让旅游业成为一种幸福事业，旅游

---

① Naik G, Joshi S, Basavaraj K P.Fostering Inclusive Growth through E-Governance Embedded Rural Telecenters（EGERT）in India［J］.Government Information Quarterly, 2012, 29（1）：82-89.

② Anand R, Mishra S, Peiris S J.Inclusive Growth：Measurement and Determinants［J］.IMF Working Papers, 2013, 13（135）：1.

③ Dutz M A, Kessides I N, O'Connell S D, et al.Competition and Innovation-driven Inclusive Growth［J］. Policy Research Working Paper Series, 2011, 1（1）：65-73.

④ Silber J, Son H.On the Link between the Bonferroni Index and the Measurement of Inclusive Growth.［J］. Economics Bulletin, 2010, 30（2）：421-428.

目的地涉旅主体能够积极支持旅游发展，保障旅游经济能够实现持续稳定增长，旅游社区能够有序稳定地发展。[①]

第二节　社区参与理论

一、社区参与理论的核心思想

社区参与主要是指社区居民自觉自愿地参加社区各种活动或事务的过程，能够体现居民在社会建设发展过程中的责任感和主人翁意识，是社会文明进步的重要标志之一。[②]社区参与是社区居民主动作为的一种发展状态，它意味着社区居民有意识地对社区责任的分担和对发展成果的共享。社区居民作为社区发展的相关者、见证者和获益者，拥有获得发展机会的权利，以及为谋取社区共同利益而施展和贡献自己的知识技能或劳动能力的权利。[③]社区参与直接影响了政府对社区基层的社会治理，是各种社区政策执行效果的表现形式之一，也是对各种决策及其贯彻执行的基层组织单元的行为方式。社区参与对于一个地方的民主管理有着积极的意义，每一个居民都有渠道和机会向地方政府表达关于社区发展的个人意见，在维护个人利益的同时，进一步维护社区发展的公共利益。[④]

社区参与理论孕育于西方公众参与理念和民主制度，随着可持续发展理念深入人心，社区居民的参与越来越受政府和社会的重视，成为地区发展和

---

① Haan A D. Inclusive Growth? Labour Migration and Poverty in India［J］. ISS Working Papers-General Series，2011，69（35）：521-544.

② Bigby，C，and I Wiesel.Mediating Community Participation：Practice of Support Workers in Initiating，Facilitating or Disrupting Encounters between People with and without Intellectual Disability［J］. J Appl Res Intellect Disabil 28.4（2015）：307-318.

③ Teri，Lindgren，Juliene，et al.Finding a Way：Afghan Women's Experience in Community Participation［J］.Journal of Transcultural Nursing，2016，15（2）：122-130.

④ Rosato M，Laverack G，Grabman L，et al.Community Participation：Lessons for Maternal，Newborn，and Child Health.［J］.Lancet，2008，372（9642）：962-971.

成果共享的一种重要形式。^①同时，社区参与应该是居民根据自身发展的需要而采取的自发行为。社区居民参与是为了摸索出适合自身发展的道路，通过自身努力，实现居民个体的利益诉求，以适应未来社区发展的需要。社区参与是居民提升获得感、幸福感和安全感的可接触渠道。^②当然，政府、企业、居民等利益相关者可以通过社区参与将自身融入社区活动之中，共同参与社区文明建设，共同分享社区发展成果，共同勾勒社区美好未来。由于社区居民是社区发展的主体之一，也是主要受益者之一，所以通过社区居民来协调社会各利益相关者，有助于减少社区内部矛盾，有利于实现社区稳定有序地发展。^③同时，社区参与理论应"与时俱进"，除了现实物理空间构成的社区以外，信息技术的发展推动了虚拟社区的诞生与发展，社区参与应考虑虚拟和现实两个维度。^④对于虚拟社区参与，也应该受到各界重视。虚拟社区的发展，对于一个社区的良好形象和口碑的塑造起着不可忽视的作用。

二、社区参与理论的基本内涵

（一）社区居民作为主体参与社区发展

社区居民是参与社区发展的中流砥柱，是整合社区价值的主要利益相关者。^⑤社区居民作为主体参与社区发展的整个过程，在政府有关规划、开发、

---

① Chaguaceda A，LDJ González.Community Participation and Local Governments in Cuba：The Experience of the Popular Councils and the Impact of Raul Castro's Reforms［J］.Espiral Estudios Sobre Estado y Sociedad，2015，22（63）：125-152.

② Manzo，L. C.Finding Common Ground：The Importance of Place Attachment to Community Participation and Planning［J］.Journal of Planning Literature，2006，20（4）：335-350.

③ Misener，Laura.Leveraging Parasport Events for Community Participation：Development of a Theoretical Framework［J］.European Sport Management Quarterly，2015，15（1）：132-153.

④ Marston C，Hinton R，Kean S，et al.Community Participation for Transformative Action on Women's，Children's and Adolescents' Health［J］.Bull World Health Organ，2016，94（5）：376-382.

⑤ Bigby C，Wiesel I.Mediating Community Participation：Practice of Support Workers in Initiating，Facilitating or Disrupting Encounters between People with and without Intellectual Disability［J］.J Appl Res Intellect Disabil，2015，28（4）：307-318.

建设、监督、施政等工作过程中，发挥着越来越重要的作用。[①] 社区稳定有序地发展离不开社区居民在发展中能获得切身经济利益、拥有话语权、实现充分就业、突破自身发展的瓶颈等，以增强社区居民作为主体的获得感和价值感。

（二）社区参与基于居民自身发展需要

社区居民积极参与社区建设，不仅是作为主体提升自我价值的表现，而且是为了自身的发展而在外界指导下寻找更适宜的发展道路。[②] 社区居民相对于当地政府和有实力的企业而言，其拥有的资源能力不占优势。但是，社区居民涉及面广，参与积极性高，在寻找适合自身发展的道路上，需要政府和企业等相对强势的社会单元根据社区居民合理需求，进行积极的引导和帮助，激发社区居民内生动力，促进其在社会发展过程中自我价值的实现。[③]

（三）社区参与促进社区居民共建共享

社区参与有助于居民通过合作共建形式，获得更多社区建设发展的成果。[④] 社区居民参与当地建设的各项事务，将社区与当地社会经济生活整合到一起，促进各利益相关者在社区平台共建共享发展的成果，实现利益相关者的"共赢"。[⑤] 政府基层社区治理需要社区居民参与，企业发展需要社区居民参与，社区居民之间需要互信合作参与。这样，社区居民成为社区共建共享共治的关键群体，在一定程度上反映了基层的活跃程度。[⑥]

---

① Choguill M.A Ladder of Community Participation for Underdeveloped Countries［J］.Habitat International，1996，20（3）：431-444.

② 孙九霞，保继刚.从缺失到凸显：社区参与旅游发展研究脉络［J］.旅游学刊，2006（21）：63.

③ Collins，Chik.Applying Bakhtin in Urban Studies：The Failure of Community Participation in the Ferguslie Park Partnership［J］.Urban Studies，2016，36（1）：73-90.

④ Marston C，Hinton R，Kean S，et al.Community Participation for Transformative Action on Women's，Children's and Adolescents' Health［J］.Bull World Health Organ，2016，94（5）：376-382.

⑤ Anton C E，Lawrence C.Home is Where the Heart is：The Effect of Place of Residence on Place Attachment and Community Participation［J］.Journal of Environmental Psychology，2014，40：451-461.

⑥ Barclay L，Mcdonald R，Lentin P.Social and Community Participation Following Spinal Cord Injury［J］.International Journal of Rehabilitation Research，2015，38（1）：1-19.

三、社区参与理论对包容性旅游的启示

（一）社区居民是包容性旅游发展成果的主要受益者

包容性旅游发展就是为了人民。社区居民是构成人民的重要组成单元，也是政府社会治理的最基层单元群体。[①]由于社区居民是旅游社区发展的主体，同时，也是旅游发展主要的受益目标人群。所以，通过旅游发展的形式促进社区居民最大限度地共享旅游发展的成果，是社区旅游经济包容性增长的重要体现。政府引导社区旅游发展，其主要的服务对象就是社区居民。[②]政府保障社区居民的话语权和拥有均等的就业机会，是义不容辞的责任和职能要求所在。企业参与社区旅游发展，需要依靠社区居民，获得社区居民的支持，才更有利于企业在旅游市场经济中获得盈利，实现自身的可持续发展。因此，社会利益相关者在旅游发展中实现自身利益的同时，需要保障社区居民获得令人满意的收益。[③]社区参与能使居民主动融入旅游的发展，提供资本或劳动力来获得经济与社会价值，体现社区居民的"主人翁"意识。通过大力支持旅游业的发展，最后社区环境得以改善，居民生活水平得以提高，最终惠及旅游目的地社区居民的日常生活。

（二）社区参与是包容性旅游减少矛盾的重要调和剂

旅游发展过程中难免涉及利益冲突问题，社区居民之间，涉旅企业之间，居民与涉旅企业之间，居民和涉旅企业与当地政府之间可能会存在不同程度的利益矛盾，呈现一种非包容性增长状态。[④]而这种非包容性增长状态也是难

---

① Malik N, Abdullah S H, Manaf L A.Community Participation on Solid Waste Segregation Through Recycling Programmes in Putrajaya［J］.Procedia Environmental Sciences，2015，30：10-14.

② Perez T S, Crowe B M.Community Participation for Transition-aged Youth with Intellectual and Developmental Disabilities：A Systematic Review［J］.Therapeutic Recreation Journal，2021，55（1）：19-41.

③ Ananga E O, Naiga R, Agong' S G, et al.Examining the Contribution of Community Participation in Water Resource Production and Management：Perspectives from Developing Countries［J］.SN Social Sciences，2021，1（1）：37.

④ Meja M F, Ayano N B.Constraints of Community Participation on Domestic Solid Waste Management in Sodo City，Wolayita Ethiopia［J］.Archives of Business Research，2021，9（2）：257-278.

以避免的。社区参与可以成为调和这种矛盾状态的重要形式。社区居民可以作为一种场外调解矛盾的沟通主体，构建社区矛盾调解的自治化解机制。[1] 这种机制可以作为一些非法律诉讼渠道调解利益矛盾的补充手段。[2] 社区参与减少旅游发展过程中的利益矛盾，是社区社会生态环境的一种软实力，直接影响到涉旅企业是否愿意到社区投资，政府是否优先考虑支持社区打造旅游产业等方面的重要参考条件。

（三）社区参与是包容性旅游共建共享的现实连接线

政府、社区、企业、游客等旅游利益相关者要实现利益发展的平衡，惠及社区弱势群体，实现多方利益主体的共建共享，需要社区居民参与作为现实连接线来促进形成一个利益动态平衡的包容性旅游发展态势。[3] 社区居民连接涉旅企业，以社区参与的形式，提升涉旅企业在社区的融入度。社区居民之间的连接，需要通过旅游产业的发展，实现收入增加的同时，探索居民之间合作共赢的道路，形成具有当地特色的旅游产业。[4] 对于游客而言，社区居民参与游客互动体验，连接游客旅游体验的需求，通过提升旅游服务的质量和社区在旅游市场中的营销口碑，让游客能够获得更多的归属感和价值感。因此，社区参与是包容性旅游共建共享的现实连接线，连接包容性旅游发展过程中利益相关者的实际诉求。

---

① Rosadi D, Marlinae L, Arifin S, et al.Improving the Community Participation in Safe Management of Disinfectant and Plastic Waste During the Covid 19 Pandemic in Banjarbaru［J］. International Journal of Scientific and Research Publications（IJSRP），2020，10（12）：291-293.

② Id D, Id L, Kimani B W, et al.Addressing Barriers of Community Participation and Access to Mass Drug Administration for Lymphatic Filariasis Elimination in Coastal Kenya Using a Participatory Approach ［J］. PLoS Neglected Tropical Diseases，2020，14（9）：1-22.

③ Olugbamila O B, Adeyinka S A, Odunsi O M, et al.Community Participation in the Provision of Environmental Sanitation Infrastructure in Akure，Nigeria［J］.Environmental & Socio-economic Studies，2020，8（3）：48-59.

④ Hoyos L, Ruiz B, Mendoza P.A Multicriteria Methodology for Prioritisation of Social Projects and Community Participation：Nario Study Case［J］.International Journal of Sustainable Energy，2021（1）：1-20.

第三节　创新生态系统理论

一、创新生态系统理论的核心思想

"创新生态系统"一词第一次出现在美国竞争力委员会在 2004 年出版的《创新美国：在挑战和变革的世界中实现繁荣》一书中。[①]随后，学者黛博拉·杰克逊在 2012 年提出了创新生态系统的基本内涵，即"创新生态系统是一种运用类比于生物生态系统的研究方法，而提出的社会经济主体保持创新活力的复杂系统"。[②]创新生态系统实质是以企业创新为引擎，构建一个有生命力的社会与经济动态平衡发展的生态系统，在这个系统中，创新主体之间存在着内部关联，发生着动态的能量交换。[③]创新主体涉及的相关要素构建成为一个类似生态系统一样的动态平衡的系统。各个要素之间通过能量、物质、资金、信息等的流动和交换，实现相互关联和动态平衡，并形成具有自我组织和调节功能的创新系统。[④]创新生态系统的基本要素包括构建系统的基本原则、工具、参与者和内容四个方面。创新生态系统可以成为专门为创新和创造提供一个社会和经济互惠循环的平台系统，可以分为国家创新生态系统、区域创新生态系统、地方创新生态系统、技术创新生态系统、公司创新生态系统和产业创新生态系统。[⑤]

---

① 孙福全.创造有生命力的创新生态系统［N］.经济日报，2012-02-01（15）.

② 王超，王志章.我国旅游社区的社会治理模式研究——基于创新生态系统的视角［J］.四川理工学院学报（社会科学版），2015（1）：1-11.

③ Engler，Joseph & Kusiak，Andrew.Modeling an Innovation Ecosystem with Adaptive Agents［J］.International Journal of Innovation Science，2011（3）：1757-2223.

④ Traitler，Helmut，Watzke，Heribert J，Saguy，I Sam.Reinventing R&D in an Open Innovation Ecosystem［J］.Journal of Food Science，2011（76）：1750-3841.

⑤ Bulc，Violeta.Innovation Ecosystem and Tourism［J］.Academica Turistica-Tourism and Innovation Journal，2011（4）：27-34.

二、创新生态系统理论的基本内涵

（一）创新生态系统是一个社会与经济发展主体共生互惠的生态系统

创新生态系统内各主体是系统中重要的组成部分，缺少任何主体都无法构成创新生态系统。[①] 各系统要素之间有着密切的能量交换联系。创新生态系统各主体的活动是协同创新。虽然系统中各主体都相对独立，但是彼此之间需要相互依靠，需要各主体之间进行物质、资金、信息等的流动和交换，更需要各主体一起完成协同创新活动。[②] 创新生态系统存在的目的是实现各主体的价值创造。创新转化为新价值，各主体才能实现更好的发展，才能进行下一轮的创新活动，否则无法持续进行系统的更新进步。[③]

（二）创新生态系统是一个社会与经济发展主体动态平衡的生态系统

创新生态系统具有动态性、栖息性和生长性的特征。[④] 同时，创新生态系统还具有自组织性和自创新性。[⑤] 创新生态系统中各主体依据自身价值创造的需要而进行交互活动。在一个社会创新生态系统中，政府调整公共政策来改变系统规则，进而影响到居民、企业等随着规则改变而进行自我调整，以更好适应系统发展。[⑥] 动态平衡有利于创新生态系统各主体依据某个或多个因素

① Felizola M, Gomes I, Almeida M.Innovation Ecosystem in Sergipe State：The Difficulties Faced by Startups［J］.International Journal of Innovation & Technology Management，2019，16（5）：129-139.

② Ford R C, Yoho K D.The Government's Role in Creating an Innovation Ecosystem：the Springfield Armory as Hub in the Connecticut River Valley［J］.Journal of Management History，2020，26（4）：557-579.

③ Jalilian L，Cannesson M，N Kamdar.Remote Monitoring in the Perioperative Setting：Calling for Research and Innovation Ecosystem Development［J］.Anesthesia and Analgesia，2019，129（3）：640-641.

④ 刘平峰，张旺.创新生态系统共生演化机制研究［J］.中国科技论坛，2020（2）：17-27.

⑤ Morais-Da-Silva R L，Segatto A P，Carvalho A，et al.Social Innovation Ecosystem and the Intensity Levels of Social Entrepreneur Cross-sector Partnerships［J］.Revista de Empreendedorismo e Gestão de Pequenas Empresas，2020，9（4）：617-640.

⑥ Sa A，Dnr B，Mpca A.Modeling a Successful Innovation Ecosystem Toward a Sustainable Community：The I-Reef（a review study）-ScienceDirect［J］.Energy Reports，2020，6：593-598.

聚集在一起，加快人员、信息、资金等要素流通。[①]创新生态系统中各主体栖息在一起，促进系统不断交换能量，加快系统动态演化创造更高的价值，稳定有序地发展。[②]

（三）创新生态系统是一个社会与经济发展主体包容共享的生态系统

创新是实现包容性的重要动力。[③]包容共享需要体现各利益相关者的共同发展。创新生态系统将创新放置于相互联系的利益相关者的系统背景下，改变了创新研究的范式，促进了创新的发展，为包容共享注入了新的活力。系统中利益相关者对建设、治理和成果共享体现了共建共治共享的原则，以及政府、企业、居民等参与者以价值创新为动力推动社会与经济同步发展的目标。[④]这种包容共享是一种开放式的创新，为各利益主体积极创新提供了新平台。同时，创新生态系统保持各利益相关者的动态平衡，实现了对各利益相关者发展过程的包容。[⑤]创新生态系统的共生性，在保持系统正常运转的情况下，能适应各利益相关者数量的合理变动，保证了系统具有动态开放的特性。

三、创新生态系统理论对包容性旅游的启示

（一）创新生态系统为包容性旅游发展提供系统运行的框架参考

包容性旅游业发展在于构建旅游目的地政府、社区居民、涉旅企业、游

---

① SMP Núez, Serrano-Santoyo A.Multi-Actor Network Perspective: CaliBaja an Emergent Binational Innovation Ecosystem [J].Technology Innovation Management Review, 2020, 10（1）: 5-15.

② Vesci M, Botti A, Feola R, et al.Academic Entrepreneurial Intention and Its Determinants: Exploring the Moderating Role of Innovation Ecosystem [J].International Journal of Business and Management, 2020, 15（8）: 39.

③ Jintana J, Limcharoen A, Patsopa Y, et al.Innovation Ecosystem of ASEAN Countries [J].Revista Amazonia Investiga, 2020, 9（28）: 356-364.

④ Ghazinoory S, Sarkissian A, Farhanchi M, et al.Renewing a Dysfunctional Innovation Ecosystem: The Case of the Lalejin Ceramics and Pottery [J].Technovation, 2020, 9（3）: 96-97.

⑤ Nunn R.The Innovation Ecosystem and Knowledge Management: A Practitioner's Viewpoint [J]. Business Information Review, 2019, 36（2）: 70-74.

客之间的动态平衡关系。无疑，创新生态系统理论为构建这一动态平衡关系，提供了一个理论参考的系统运行框架。旅游发展利益相关者共同参与系统建设，构建一个广为认可的系统发展观和价值观，为实现旅游事业包容性发展提供了支持。除此之外，创新生态系统强调社会与经济系统关系的协调进步，这为旅游利益相关者提供了价值创造的目标导向，促进了利益相关者在旅游发展过程中互惠共存和互利共享，为包容性旅游的可持续发展提供了强有力的支撑。

（二）创新生态系统为包容性旅游发展提供系统治理的可行结构

创新生态系统的形成、治理和成果分配，对包容性旅游如何进行系统治理，提供了一个有参考价值的可行结构。创新生态系统是由各利益相关者为了协同创新而形成的共生体，而旅游利益相关者实现均衡、持续的发展是包容性的重要体现形式，两者都需要持续、长期的合作，形成符合各自利益相关者发展的共生体。然后，这个共生体需要一个合理的系统结构来进行有序稳定地运行。同时，具有包容性特征的旅游利益相关者治理也与创新生态系统的情况相似：都是相对独立的主体通过长期信任关系而实现可持续发展的治理，以及都是为实现共生体利益最大化而聚集在一起，虽然彼此无法像具有严格等级制度的组织那样治理，但是符合动态网络治理的方式，来构建各主体之间的关系。在成果分配方面，包容性旅游共生体应吸收创新生态系统共享成果的经验，为实现协同创新使自身通过努力而获取竞争优势。

（三）创新生态系统为包容性旅游发展提供创新驱动的动能态势

创新生态系统的总体结构在实现能量交换动态平衡后，可以呈现一种创新驱动的发展态势。对于包容性旅游发展而言，需要围绕旅游形成一个利益共同体，这个共同体必须围绕旅游市场个性化的创新需求，进行不断地创新驱动，以提高旅游体验水平和服务水平，打造一种围绕旅游市场经济发展和旅游社区社会发展双轨并行的动能态势。这种动能态势对旅游业的可持续发展具有积极的影响。旅游作为第三产业必须紧密根据市场的变化和游客的需求进行自主创新和变革，以提升游客对旅游体验的获得感和价值感，力求稳定旅游市场经济收益，为包容性旅游创新生态系统夯实发展的经济基础。然而，这种创新不仅仅是涉旅企业的责任，它涉及政府的政策条件、居民的支持程度和游客的体验反馈，是一个复杂的系统工程。因此，一个良好的创新生态系统，给包容性旅游发展提供了创新驱动的动能态势，对孵化旅游创新成果，提高旅游体验或旅游产品的创造水平，有着积极的驱动作用。

本章小结

本章介绍了包容性旅游发展的理论基础。从包容性增长理论、社区参与理论到创新生态系统理论，都对包容性旅游发展有着积极的借鉴意义。

一是包容性增长强调经济增长需集中于能创造出生产性就业岗位高增长的态势、能确保发展机会均等和成果由社会大众共享。它是以广泛性为基础的益贫式增长、以公平性为保障的可持续发展、以共享性为目标的共建型格局的经济与社会协同的发展方式。对于包容性旅游而言，构建旅游业建设的广泛群众基础、打造惠及社会各界的旅游发展方式和实现成果共建共享的旅游增长态势，是包容性增长理论最重要的借鉴。

二是社区参与理论强调社区居民有获得发展的机会，以及为谋取社区公共利益和个人利益而施展和贡献自己的知识技能或劳动能力的权利。它鼓励社区居民作为主体参与社区发展、强调社区参与基于居民自身发展需要和重视社区参与促进社区居民共建共享。社区参与理论对包容性旅游发展有三个方面的借鉴：社区居民是包容性旅游发展成果的主要受益者、社区参与是包容性旅游减少矛盾的重要调和剂、社区参与是包容性旅游共建共享的现实连接线。

三是创新生态系统是一种用生物生态系统进行类比而提出的社会经济主体保持创新活力的复杂系统。它是一个社会与经济发展主体共生互惠、动态平衡和包容共享的生态系统。它为包容性旅游发展提供系统运行的框架参考、系统治理的可行结构和创新驱动的动能态势。

第二篇

包容性旅游的构成要件及功能作用

第四章 政府政策统筹协调为抓手

第一节 政府的责任与作用

一、政府的本质

（一）政府的定义

马克思主义认为，政府是国家组织的表现形式，是国家的唯一合法代表，是以行使国家权力为主要职能的政治主体，是维护一个阶级对另一个阶级统治的机器，是物化了的公共权力。^①政府的存在是以服务为基础的，根据政治形态和政治制度的不同，政府的服务形式和服务主体有所差异，不同国家或地区的政府组织代表了不同阶级的意志。因国家制度或国情现实的不同情况，政府的表现形式有所差异，传统的政府服务形式存在着社会权利落实困难、政府权力过度集中、人治大于法治、政府职能过大等诸多弊端，服务型政府为弥补传统政府的缺陷、解决传统政府服务管理模式的弊端提供了新的"处方良药"，从政民关系、公民权利、政府职能、法制保障四个方面对政府服务模式进行优化与改善。^②随着互联网技术、大数据应用、物联网技术、5G网络、AI技术等现代化网络科学技术的普及与应用，新兴技术与政府管理结合的应用模式逐步渗透到社会生活的各行各业。数字政府形态逐渐形成，有助于实

① 张铃枣.以人为本的施政理念对人民政府本质思想的新发展［J］.石河子大学学报（哲学社会科学版），2009，23（1）：33-36.
② 刘熙瑞，段龙飞.服务型政府：本质及其理论基础［J］.国家行政学院学报，2004（5）：25-29.

现科学化、高效化、精准化、智能化、透明化的政府服务。①

（二）政府存在的意义

政府存在的意义体现在经济、科技、文化等诸多领域，通过规范政府管理机构和政府管理制度，政府的存在为国家的正常运转、社会活动的有序开展、人民生活的安定等提供了基本组织保障。在经济运行体制中，政府作为"有形的手"和市场这只"无形的手"共同作用于经济发展环境中，是一种有效的资源配置方式和调节管控市场、解决市场失灵的基本工具。② 政府作为公共事务的管理者与公共事业的服务者，通过科学研判社会发展态势，协同推进政府与民众的社会共识，③ 解决好现实问题，同时做好国家战略性布局与谋划，前瞻性地实现组织目标，科学性地保障国家与社会的正常运转。政府能够为社会与人民提供高质量的公共产品与公共服务，激发社会生产力，进一步调整优化社会生产关系，④ 满足社会需求与人民日益增长的美好生活需要，解决社会发展中的现实困难以及不同利益相关者之间的矛盾，以适应全球化的快速发展，及时应对世界宏观经济环境的变化。

（三）政府的责任

"责任"是指分内之事，政府责任是对政府行为做出的符合法律规定的合理性要求，政府行为是执政为民、切实满足社会与人民需求的合法行为，是政府对社会与人民的庄严承诺。⑤ 由于政府责任体现在政治、经济、社会、文化等多个方面，覆盖科技、教育、军事等诸多领域，政府责任的落实需要以政府职责体系作为执行保障，构建政府职责体系过程中要注重处理好"内部

① 胡税根，杨竟楠．发达国家数字政府建设的探索与经验借鉴［J］．探索，2021（1）：77-86.
② 张新宁．有效市场和有为政府有机结合——破解"市场失灵"的中国方案［J］．上海经济研究，2021（1）：5-14.
③ 孔凡瑜，周柏春，娄淑华．前瞻型政府：内涵、核心价值与培育策略［J］．理论导刊，2017（5）：54-56.
④ 欧伟强．新时代深化政府"放管服"改革的本质及其意义［J］．新西部，2020（15）：59-60.
⑤ 李彦娅，李雯."放管服"改革中的政府责任及其机制构建［J］．中共山西省委党校学报，2020，43（3）：88-92.

与外部""横向与纵向"的关系。[①] 政府以履行行政职责作为着眼点、落脚点和担保点，通过落实政府职责与责任使国家公民成为最终的受益主体，通过法律规定赋予不同级别的政府机构不同的权力。对于我国而言，根据各省（自治区 / 直辖市）省情建立政府履责责任机制，使政府的行政职权与行政职责相匹配，[②] 最大限度地落实政府责任，促进国家利益与个人利益的实现，政府职责体系的构建是国家实现科学有效的社会治理的体制机制保证。

二、政府的职能

政府职能是指政府在国家运转和社会发展中所承担的职责范围与功能情况的总称，[③] 政府职能主要包括经济调节职能、市场监管职能、社会治理职能、公共服务职能四项基本职能。

（一）政府的经济调节职能

政府的经济调节职能是指在社会主义市场经济体制下，在市场发挥决定性作用的同时，政府发挥其宏观调控功能。在经济市场失灵的情况下，实现政府与市场的共同调节，厘清政府与市场的关系，[④] 明确政府在市场调节过程中的权力和位置，既要充分保障市场的决定性地位，又要借助政府力量、充分发挥政府的调节职能，促进国家经济实现有序的发展和健康长远的发展。在市场经济条件下，要求政府配置资源的权力、市场资源的情况与市场配置资源的需求相统一。更好地发挥政府的经济调节职能对于维护市场秩序，促进市场秩序与国家经济的良性发展具有重要意义，[⑤] 通过政府经济调节职能的顶层设计和市场资源配置的共同作用，有效发挥政府的引导功能和市场配置

---

① 朱光磊，锁利铭，宋林霖，赵聚军，张志红，周望，吴晓林.构建中国特色社会主义政府职责体系推进政府治理现代化（笔谈）[J].探索，2021（1）：49-76，2.

② 吴楠.政府责任视域中智慧城市的制度韧性 [J].河海大学学报（哲学社会科学版），2019，21（4）：74-80，107-108.

③ 沈亚平，徐悦.节约型政府本质之探索 [J].行政论坛，2006（6）：5-7.

④ 岳嵩.新时代政府职能转变的四个向度 [J].人民论坛，2019（11）：50-51.

⑤ 黄锡生，易崇艳.政府职能转变视角下产业结构转型升级的挑战与对策分析 [J].理论探讨，2019（4）：97-102.

资源的积极作用，促进社会公平与市场效率的同步实现。

（二）政府的市场监管职能

政府监管是指在市场经济条件下，政府行政机构行使权力对市场主体采取激励与制约行为，中国特色政府监管立法的基本导向为改革导向与公共利益导向，新时代中国特色立法导向兼顾立法与改革，立法的公共利益导向体现在不同的发展领域，其目标在于维护消费者利益、规范企业行为、促进行业效率。[①] 政府监管职能具备覆盖全部领域的特点，对政府监管机构体系建设的完善程度提出了高要求。我国现有监管机构包括独立设置的监管机构、国务院部委管理的监管机构、国务院部委内设的政监合一监管机构三种类型，中国特色社会主义政府监管机构理论体系是由独立设置的监管机构理论模式、大部门制下相对独立监管机构理论模式、政府行政部门内设综合监管机构理论模式三种政府监管机构理论模式构成。[②] 具有监管职能的政府行政机构应通过改善传统监管模式、优化监管方式等降低监管成本的方式，提高政府监管效率，[③] 同时，提高大数据技术在政府监管职能行使过程中的作用与应用。

（三）政府的社会治理职能

治理职能是政府职能体现的主要方式之一，政府治理职能目标的实现需要明确各级政府主体的治理责任，同时实现治理资源、治理手段与治理结构的同步。[④] 政府治理相关职能部门应根据治理客体级别、地方治理水平的高低、治理对象的基本情况等影响因素来确定治理主体。根据治理主客体情况制定治理政策体系、建立治理系统网络、明确政策宽松程度，并根据治理主客体

---

① 王俊豪，胡飞，冉洁.中国特色政府监管立法导向与法律制度体系 [J].浙江社会科学，2021（1）：13-22，12，155.

② 周之田.个人金融信息保护中的政府监管权研究 [J].金融与经济，2020（11）：91-96.

③ 潘定，谢菡.数字经济下政府监管与电商企业"杀熟"行为的演化博弈 [J].经济与管理，2021，35（1）：77-84.

④ 杜姣.重塑治理责任：理解乡村技术治理的一个新视角——基于12345政府服务热线乡村实践的考察与反思 [J].探索，2021（1）：150-163.

情况采取"因地制宜、因地施策"的方式实现治理目标。① 当前，政府治理职能的实现面临着社会管理职能部门关系混乱、缺乏相应的监督主体等问题，政府职能错位、越位、缺位的现象仍然存在，政府治理职能相关部门应避免出现多头管理或无人管理的情况出现，② 完善政府治理部门的体制机制和行政部门的准入机制，提升政府治理的效率和效果。在政府治理职能的实现过程中，应根据各级政府主体的治理责任需求，配备相对应的治理资源，加大各类治理资源的输送，并科学制定治理手段与治理结构，结合现代化网络科学技术实现政府治理过程的智能化，促进政府治理任务的按期、按质、按量的实现。

（四）政府的公共服务职能

政府行使权力与制定政策的落地点是为了社会与公民服务，因此，政府的公共服务职能是政府职能的重要体现之一。公共服务职能的实现要求政府充分利用法定权力保障社会公共事业的有序开展，做到不同参与主体之间权责分明、各司其职、目标明确，既要保证政府在行使公共服务职能的过程中具备相对应的法定权力，又要确保在目标或任务完成后相应权力的自动解除。为了更好地行使公共服务职能，政府应简政放权，简化政府部门办事机构和手续流程，③ 应该由政府担当的职责政府应如数担当，应当交由下级机构或组织行使的权力应当进一步明确，形成法律条文和政策文本，做到有法可依、有法必依。同时，在政府行使公共服务职能过程中要加强监管体系的建立，根据不同行业的性质，有针对性地设置全覆盖的监管部门和基层组织，确保政府公共服务目标的实现。

---

① 许佩，吴姗姗.环境分权体制下中央政府与地方政府协同环境治理研究［J］.经济与管理研究，2020，41（12）：124-141.
② 陈冬仿.社会治理创新视角下政府职能转变问题探析［J］.领导科学，2020（18）：120-122.
③ 石佑启.以转变政府职能为纲 推进法治政府建设［J］.学术研究，2019（10）：1-7，177.

三、中国特色社会主义制度下政府的本质与作用

（一）中国特色社会主义制度下政府的本质内涵

中国特色社会主义最本质的特征是坚持中国共产党的领导，中国特色社会主义政府坚持以人民为中心的发展思想，使我国在经济与社会同步发展中实现人民利益最大化，遵循基层探索与顶层设计相结合的工作理念，为我国经济转型与社会发展提供了强有力的意识形态支撑。[①] 我国政府的权力来自人民，是由人民所赋予并由法律所规定的，政府的服务宗旨是为人民服务，政府的建立归根到底是为了保障人民权益、实现人民发展利益。我国政府作为中国特色社会主义事业建设的参与者，时刻注重以人民的利益为中心，带领人民建设具有中国特色社会主义的伟大事业。[②] 新时代背景下我国政府既要充当强有力的管理角色，保障社会发展的可持续性和连续性，又要充当具有支持性作用的角色，提供便民政务服务。

（二）中国特色社会主义制度下政府的功能作用

建立中国特色社会主义制度是实现百年奋斗目标并保持我国社会发展持续性的必然要求。在中国特色社会主义制度下，我国政府为实现中华民族伟大复兴的百年奋斗目标提供着支撑性作用，为应对世界复杂多变的环境与风险、应对国际新变局提供体制保障，为满足全体人民的美好生活需求提供组织依靠。[③] 新时代中国特色社会主义政府的建设始终保持"人民性"，始终坚持"以人民为中心"。中国特色社会主义制度下政府作为人民利益的代言人，是促进与保障人民利益的实现者。同时，我国政府作为中国特色社会主义事业建设的总揽全局者，发挥着社会管理与国家治理的功能，政府根据经济社

---

① 包炜杰，周文.政府与市场关系的演变和突破——兼论中国特色社会主义政治经济学的国家主体性［J］.学术研究，2020（11）：96-102.

② 谭丛，谭玉.习近平新时代中国特色社会主义政府治理理念研究［J］.山东商业职业技术学院学报，2019，19（3）：6-9.

③ 马丽雅，陈祥勤.完善"中国之制"，推进"中国之治"——新时代推进中国特色社会主义制度和国家治理体系建设的理路论析［J］.同济大学学报（社会科学版），2020，31（6）：22-31.

会发展需要统筹把控全局，能够为解决我国的社会主要矛盾和突出问题提供方案与决策，服务于社会公众的利益，造福社会大众。[①]

（三）中国特色社会主义制度下政府的目的与意义

中华人民共和国成立以来，我国政府确立了人民利益原则、民主集中制原则、廉洁政府原则、民主监督与管理原则。[②]在中国特色社会主义制度下，为人民服务是政府的宗旨，由于中国特色社会主义政府代表的是最广大人民的利益，其本质是人民当家做主，这一社会制度能够从根本上避免效率低下的弊端，实现社会发展的高效性与科学性。中国特色社会主义制度下政府的存在既为我国人民提供了坚实的后盾，也保障了人民的话语权，我国政府旨在代表人民管理社会、经济、文化、科技等事务，政府的工作和奋斗目标是发挥行政主体和客体的积极性，规范政府工作与思维，实现社会稳定有序地发展目标。中国特色社会主义制度体系下的政府领导能够团结一切可以团结的进步力量，在遵守党集中统一领导的原则下，统筹发力，整合各方力量实现社会生产力的进步与经济的快速发展。[③]

第二节　政府的统筹与协调

一、政府统筹与协调的现实问题

政府统筹与协调是实现政府服务目标，满足社会和公众需求的重要手段，但因现实环境多样性，统筹与协调主客体的情况不同，政府统筹与协调过程中存在着体制机制问题、信任关系问题、工作力度问题等实现壁垒。

---

① 陶立业.新时代中国特色社会主义政府发展的价值意蕴［J］.理论探讨，2019（3）：172-178.

② 王伟，范立.中国特色社会主义政府文化建设成就、问题与对策［J］.华北电力大学学报（社会科学版），2010（1）：64-68.

③ 袁银传，白云华.论中国特色社会主义制度建设的基本经验［J］.马克思主义理论学科研究，2020，6（6）：80-89.

（一）体制机制问题

由于政府公共事务非常庞大且繁杂，对科学高效的宏观管理提出了严格的要求，同时对于统筹协调体系的便捷性和体制机制建立的科学性有着较高的标准，政府部门本身存在的协同壁垒是阻碍开展统筹协调工作的突出问题，从根本上影响了政府行政统筹效力与协调效率。[①] 由于政府统筹协调体制机制的不健全导致不同层级之间的矛盾频发，基层政府掌握的资源资料与管理目标不匹配，政府统筹管理的组织层级与幅度有待进一步优化。政府统筹与协调资源工作中建立的奖惩机制、行政管理机制等体制机制问题亟待解决或优化，由于在当前的政策体系中未能建立与政府统筹和协调工作相配套的法律法规，政策制度的不完善导致体制机制问题频出，[②] 资源保障体系、人才保障体系、技术保障体系、金融保障体系等体系网络的构建亟待优化与落实，严重影响了政府统筹工作的效率与政府协调工作的质量，难以保障政府目标的有效落实。

（二）信任关系问题

政府在实现经济社会发展目标的过程中，统筹与协调作用的发挥起着关键作用，但是政府在与社会公众建立信任关系上存在着不可避免的多重矛盾，主要体现在体制内外信任矛盾、城乡之间信任矛盾、层级差异信任矛盾、规范化与非规范化组织之间的信任矛盾等，导致统筹与协调的行政效果不能很好地体现出来。一方面，因政府工作人员在履职过程中的目的不同、能力不匹配等原因导致政府的公信力有所损坏，政府与社会公众之间沟通渠道的不完善导致信任关系紧张加剧；另一方面，由于社会公众的视角与政府工作人员的视角不同，资源获取渠道存在差异，导致双方所能获取到的信任资源不同，影响到政府统筹与协调工作的开展。[③] 政府与社会之间的信任关系是亟须解决的重大问题，信任关系能否建立是政府统筹规划与协调工作的关键。

---

① 广州市海珠区人民政府办公室.以项目管理促进政府行政效能提升：海珠区政府统筹管控体系建设探究［J］.中国行政管理，2020（6）：152-154.

② 张进财.政府管理视角下的农业生态化发展困境与对策［J］.农业经济，2021（1）：24-26.

③ 石奎.政府协调："政治信任"的应然之举［J］.学习论坛，2013，29（4）：44-47.

（三）工作力度问题

政府通过统筹与协调规划对经济与行业发展的大环境进行宏观调控，政府统筹受到外部环境因素的多重影响，[①] 在统筹与协调工作开展的每一个环节都需要加大工作力度，以确保社会发展目标的实现。我国政府在开展工作的力度与统筹指导方面的力度有待加强。从全国层面看，虽然统筹协调的机制已经建立，但是仍然存在工作力度较弱、举措不够全面的问题，对于最大限度地调动地方人员参与工作的积极性与创造性缺乏激励机制，需要从体制改革、政策出台、规划设计、资源投入等方面进行改善与优化，切实出台统筹与协调的相关体系，根据要求加强统筹与协调的指导工作，政府在统筹与协调工作开展中应该根据现实需求加强指导，调动地方组织与公众的积极性，激发参与者的创造性。[②]

二、政府统筹与协调的过程机理

根据发展阶段的不同与统筹协调阶段性目的的差异，政府统筹与协调过程的内在机理可以分为前馈统筹与协调、过程统筹与协调、反馈统筹与协调三个过程，具体过程如图 4-1 所示。

图 4-1　政府统筹与协调的机制

① 马忠民.政府统筹规划下我国战略性新兴产业供给侧融合创新绩效分析——以江苏企业数据为样本［J］.商业经济研究，2017（20）：183-186.

② 崔靖宇，崔愿玲，陈晓文.加强地方政府统筹职能　全面深化合作育人机制［J］.中国职业技术教育，2014（15）：85-87.

（一）前馈统筹与协调

政府统筹协调发展战略涉及政府、社会、市场三大主体，各政府部门之间进行创新与协作，通过建立制度，规范经济社会发展战略中各参与主体的行为，政府与社会各领域之间建立合作关系，助力市场构建协调治理机制，避免因不合作或不协调导致无法应对风险，降低公共危机的发生率。[①] 如图4-1 所示，在经济社会发展战略实行前，政府统筹与协调作用的发挥模式为"前馈统筹与协调"。前馈统筹与协调机制目标是"确立标准"，具体步骤包括"分析环境—规划设计—制定标准"。一方面，通过分析外部环境与发展趋势把握当前的宏观环境与微观环境，具体包括资源环境、技术环境、文化环境、国际环境等；另一方面，充分考虑当前的国际形势与社会发展需求，根据内部资源进行统筹规划设计，最后根据工作目标制订工作计划并设定衡量绩效的标准和战略发展目标任务，为经济社会的长远发展制定科学的战略规划。

（二）过程统筹与协调

政府统筹与协调过程不是单一主体的独立行为，而是多个主体以平等为基础通过相互作用的方式进行运作，主要作用方式包括政府部门之间的对话、政府与企业之间的协商、各地域之间的合作等，各地方政府在遵循法律规定和规则的基础上作出相应的战略安排，为经济发展与社会进步提供制度保障。[②] 如图4-1 所示，在经济社会发展战略实现过程中，政府统筹与协调作用的发挥模式为"过程统筹与协调"。过程统筹与协调机制目标是"衡量成效"，具体步骤包括"检验标准—衡量成绩—风险控制"。首先，根据工作开展情况检验确定的标准是否符合现实状况，主要检验衡量标准的客观性和战略规划的有效性；其次，建立配套的信息反馈机制和信息反馈系统，保障战略发展的稳定性；最后，根据环境变化情况适时测度工作效果，及时采取措施协

---

① 童星.政府协调治理：一种新型的公共危机治理模式——《风险社会的治理之道》评介 [J].中国行政管理，2019（1）：154-155.

② 褚添有，马寅辉.区域政府协调合作机制：一个概念性框架 [J].中州学刊，2012（5）：17-20.

调发展中遇到的矛盾，化解各领域、各行业在长期发展和目前生存中遇到的风险与危机。

（三）反馈统筹与协调

新时期政府的统筹与协调要考虑到社会的整体发展环境、结构关系和运转情况，充分结合全球化的发展浪潮与信息化、网络化的时代背景进行统筹规划和创新管理。[①]如图4-1所示，在经济社会发展工作开展后期，政府统筹与协调作用的发挥模式为"反馈统筹与协调"。统筹与协调机制目标是"纠正偏差"，具体步骤包括"分析原因—确定主体—纠偏措施"。首先，分析经济发展与社会战略统筹规划落实过程中遇到的问题及其原因。其次，确定需要调控与协调的实施主体和客体。最后，根据宏微观环境调整规划，选择合适的纠偏措施减少损耗、降低风险、规避危机，根据战略统筹与规划总结经验和教训，降低同一领域的风险发生率，提升政府、社会与市场三方共同协作面对危机的处理能力及应变能力。

三、政府统筹与协调的功能作用

政府的统筹与协调为社会经济发展提供了组织保障、风险保护、方向指导三个方面的功能作用。

（一）提供组织保障

在社会经济发展中，政府通过统筹设计与协调规划能够从政策、制度、资源等多个方面为市场主客体行为提供组织保障，政府通过创造良好的组织环境为经济社会发展中的主体行为提供坚实的组织依靠。通过成立系统性的协调合作组织，促进整个经济社会的协调与发展，发挥政府部门统筹协调的职能作用，推动地区建立短期计划与长期规划，建立有序的经济社会发展机制，调动不同参与者的积极性，实现政府与行业之间的外部协调与区域之间

---

① 雷承锋，雷挺.基于政府协调的合作化社会治理研究［J］.晋阳学刊，2020（4）：96-100.

的内部协调。①

（二）提供风险保护

政府统筹与协调所覆盖的领域众多、行业较广，各个行业因环境因素、结构因素、技术因素等多重因素的影响，在发展过程中存在着不同程度的风险因素。政府根据现实环境的变化为各行业、各领域提供统筹与协调，能够有效进行风险评估，提前开展风险规避计划，有效降低社会经济发展存在的风险发生率，通过实现基层实践与顶层设计的有机连接，能够为社会经济发展提供风险保护，有助于社会经济发展目标的稳定实现。

（三）提供方向指导

政府在经济社会发展和组织目标实现的过程中发挥着领导者的角色，通过对宏观环境和国际大环境的把控，制定国家战略方针，对经济社会发展起着风向标的作用，为各行业和各领域提供了宏观战略方向，政府对战略的统筹与社会关系的协调具有非常重要的现实意义，是经济社会发展把控战略规划的重要参考。政府基于基层实践进行统筹规划，通过高屋建瓴的顶层设计为社会经济发展提供战略性的方向指导，通过战略指导与战术引导相结合的方式最大限度地发挥政府统筹与协调的作用，激发创造活力与内生动力。

第三节　包容性旅游中政府的顶层设计

一、包容性旅游中政府的角色定位

包容性旅游是一种旅游战略规划发展的理念，② 在包容性旅游中政府的角

---

① 华中源.试析泛长三角区域合作政府协调机制的构建 [J].科技管理研究，2013，33（5）：81-85.

② 王超，郑向敏.我国包容性旅游的发展 [J].重庆理工大学学报（社会科学），2012，26（9）：39-43.

色定位主要有三种，分别是引导角色、指导角色、执行角色。

（一）引导角色

引导角色是指政府根据国际环境和国内环境对旅游经济发展战略方向和发展趋势做出科学论断，为旅游行业的发展进行战略性的引导，在包容性旅游中政府的引导角色主要体现在旅游资源掌控与旅游资源管理两个方面。一方面，在包容性旅游战略规划的制定与实施中，政府作为旅游资源掌控者，根据地域特色、地理环境、区域规划等现实情况，摸清与发展旅游产业有关的各类资源状况，科学管理旅游资源并严格把控包容性旅游的发展任务和战略目标，引领与包容性旅游发展相关的利益主体积极地参与旅游发展，并构建惠及弱势群体的旅游包容性增长方式。另一方面，政府作为旅游资源管理者承担着旅游社区管理与旅游目的地治理的重要角色，在包容性旅游战略规划中，政府通过建立资源管控机制确定旅游资源市场管理规范，结合不同参与主体的利益需求进行科学管理，发挥各参与主体的能动性与创造性，保障利益相关者能够在旅游业发展中获得令人满意的收益，构建包容性旅游事业发展的创新生态系统，把旅游业建设成为一项令人向往的幸福事业。

（二）指导角色

指导角色是指在组织中政府根据旅游资源与旅游环境情况有遵循地进行指导控制，促进区域旅游发展战略目标的实现。在包容性旅游战略实施中，政府根据旅游发展的现实情况和相关利益主体的参与情况，规范主体参与行为，政府对参与主体进行组织指导，以确保组织目标的实现。一方面，政府作为旅游资源分配者，在包容性旅游战略规划的设计与实施中制定资源管理政策，对各相关利益主体进行政策指导的同时有效保护旅游资源，将有限的资源进行合理使用与分配，严格控制旅游资源的开发使用率，提高各类旅游资源的利用率。另一方面，政府作为包容性旅游战略规划中的主要决策者和引领者，要根据企业、居民、游客、社会组织等不同利益相关者的本质，以政策规定为基础指导促进各利益主体参与行为的合法性与合理性，促进包容性旅游发展成果的共同分配。

（三）执行角色

执行角色是指政府在旅游政策制定完成后的实施过程中，通过监督、管理、控制等行为参与到旅游经济与社会的发展之中。政府在包容性旅游战略规划实施过程中的执行角色主要表现为政府的参与行为，一方面，政府作为国家意志的执行者，是政府作为主要参与主体的具体体现。在包容性旅游战略的实施中，各级政府部门应各司其职，促进国家发展战略与政策落地实施，既要保证旅游地区短期发展战略的稳定性，又要确保包容性旅游发展战略的长期可持续性。另一方面，政府作为监督者，在包容性旅游发展中制定双向监督系统，在政府监督涉旅企业、社区居民、游客、高校、媒体等参与者行为的同时，政府应促进各参与主体监督责任意识的提升，实现包容性旅游的健康发展、绿色发展与可持续发展。

二、包容性旅游中政府的作用机制

在包容性旅游中政府发挥统筹与协调作用的机制主要通过引导与指导各参与主体的方式开展，可以将包容性旅游中政府的作用机制分别概括为政策引导、组织指导、管理服务。

（一）政策引导

政策引导是指政府以相关旅游政策为基础引导各参与主体积极参与到包容性旅游中的行为。

一是对涉旅企业的政策引导。涉旅企业作为包容性旅游中所涉及的利益相关者之一，与居民、游客等主体都有着密切的关联，政府在涉旅企业参与包容性旅游战略的前期规划、中期建设与后期发展中全程引导企业的负责任行为，确保包容性旅游战略中项目建设的有效性。

二是对旅游社区居民的政策引导。政府通过引导社区居民以创业、就业等多种方式参与到包容性旅游发展中来，提升居民参与积极性，确保居民在包容性旅游收益分配中受惠，这也是实现包容性旅游发展，惠及社区弱势群体的一个关键途径。

三是对游客合理旅游消费的引导。政府通过政策引导游客在旅游目的地消费过程中，实现健康消费和绿色消费，增强游客的负责任行为，提升游客体验感和满意度。同时，让游客在包容性旅游战略中发挥积极作用。

四是对媒体、高校等其他社会组织的引导。政府引导参与包容性旅游的社会第三方组织通过不同的方式为旅游目的地发展建言献策，发挥辅助政府对旅游目的地进行善治的功能，积极做出社会第三方组织的贡献。

（二）组织指导

组织指导是指政府作为包容性旅游战略实施的参与主体之一，为其他各相关主体提供组织保障。

一是对涉旅企业的组织指导。政府通过组织指导涉旅企业进行包容性旅游项目建设与投资，让企业能够并且愿意进行相关项目的投资建设，为包容性旅游战略做好基础性投资，以及履行企业应有的社会责任。

二是对旅游社区居民的组织指导。旅游社区居民作为包容性旅游战略规划的主要受益者，政府需根据地方发展需要和居民切实利益需求引导居民有序参与，发挥旅游地居民的创造性，激发包容性旅游战略发展的内生动力。

三是对游客正确体验的组织指导。游客作为包容性旅游发展市场的需求方，政府在满足游客休闲娱乐等需求的同时，应指导游客的负责任旅游行为，提升游客的社会责任感。

四是对媒体、高校等其他社会组织的组织指导。政府为媒体、高校等社会组织提供保障与服务，为各社会组织参与包容性旅游提供政策依托，构建社会第三方组织的参与渠道和平台，提高不同参与群体的社会参与度。

（三）管理服务

战略执行是指政府作为包容性旅游战略中的服务主体，在战略执行过程中发挥着对旅游目的地的管理职能与服务作用。

一是对涉旅企业的管理服务。在涉旅企业参与包容性旅游的过程中，政府应起到监督与服务的关键作用，帮助各企业能够如期实现战略目标，为企业承担社会责任提供良好的战略支持，同时帮助企业实现自身的利益。

二是对旅游社区居民的管理服务。旅游社区居民参与包容性旅游的目标是实现就业、提升收入、提高生活质量。基层政府应该做好服务工作，提升居民参与包容性旅游的技术能力和就业创业能力。

三是对游客消费体验的管理服务。在包容性旅游战略的执行过程中，政府在对游客消费和体验行为进行管理服务，保障消费市场绿色健康，游客体验优质难忘，通过加大旅游安全管理，保障游客人身和财产安全，为游客创造舒适的旅游环境，提升游客满意度。

四是对媒体、高校等其他社会组织的管理服务。各类社会组织的参与是促进包容性旅游战略目标实现的重要平台。政府应为各社会组织与旅游地之间建立良好的沟通渠道，做好社会第三方组织参与旅游业发展的政策保障和平台搭建。

三、包容性旅游中政府作用的案例阐释

通过选取河北省保定市涞水县野三坡景区旅游发展案例对包容性旅游中政府发挥作用的内在机制进行阐释。

（一）案例基本情况

河北省保定市涞水县野三坡景区位于太行山与燕山两大山脉交会处，距中国首都北京 100 千米，总面积 498.5 平方千米。野三坡景区自 1985 年开发建设，景区管委会作为涞水县委、县政府的派出机构，承担着诸多政府职能，负责景区的规划、开发、建设、管理和运营，始终坚持保护中开发、开发中保护的原则，坚持旅游富民。40 年来，经过开发初期、二次创业、精品景区建设、灾后重建、旅发大会、提档升级等多个发展阶段，景区基础设施大幅提升，旅游环境越发舒适，景区覆盖面积由 500 平方千米扩展到 700 平方千米，先后荣获了"世界地质公园""国家级风景名胜区""国家 5A 级旅游景区""国家森林公园""国家文化产业示范基地""国家全域旅游示范区首批创建单位""全国旅游系统先进集体"等多个荣誉称号。

（二）政府包容性旅游减贫模式的探索

依托野三坡景区旅游优势产业，实施旅游带动脱贫，当地政府探索形成了"双带四起来"的包容性旅游减贫模式，即景区带村、能人带户；把产业培育起来，把群众组织起来，把利益连接起来，把文化和内生动力弘扬起来。初步形成民宿旅游带动、工商资本带动、旅游合作社带动、自然资源带动、驻村帮扶带动、龙头企业带动 6 种具体形式，动员当地居民积极参与旅游产业发展，开发具有吸引力的旅游产业，实现旅游经济增收和旅游就业人口脱贫。2016 年以来，该景区带动 62 个村、5715 人实现脱贫。

（1）景区带村：实施"七带"举措。

一是以旅游规划带村。与野三坡景区总体规划相衔接，编制各村旅游扶贫规划，确立旅游扶贫目标定位、旅游功能设施、新业态项目等。目前，已有 33 个村编制完成并纳入旅游总规当中。二是以旅游业态带村。借势河北省旅发大会，突出旅游带动脱贫，打造了 10 余个新业态项目。三是以基础设施带村。按照国家 5A 级旅游景区标准，加快构建旅游扶贫基础设施支撑体系。尤其借势承办省旅发大会，新建、改造旅游路 35.8 千米、桥梁 13 座；铺设、改造输水管网 1.51 万米；对 15 个村的电网实施了改造。四是以旅游环境带村。与美丽乡村建设相统筹，着力改善乡村旅游环境。2016 年以来，投入 7 亿多元，在野三坡景区 31 个村实施了美丽乡村建设。同时大力推进厕所革命，改造厕所 10000 个，并建立了全覆盖的乡村垃圾处理体系。五是以旅游培训带村。按照"培训一人、就业一人、脱贫一家"的工作思路，针对贫困群体开展技能培训，带动贫困群众融入新业态。在百里峡艺术小镇建立了 5 个培训基地，已开展培训 18 期 680 人次。六是以旅游营销带村。把旅游扶贫村全部纳入全域旅游示范区总体布局，把特色小镇、旅游村全部纳入智慧景区系统和精品旅游线路，与核心景区一起统一管理、统一推介、统一营销。七是以资产平台带村。立足旅游资源与生态资源共享，涞水县政府投入 1000 万元旅游扶贫基金，入股河北野三坡旅游投资有限公司，山区扶贫对象每人获得股份，每年分红 1000 元。

（2）能人带户：实施"四带"举措。

一是法人带。引进工商资本和旅游管理公司，通过股份分红及流转土地、农宅，吸纳就业等形式，与贫困户实现利益联结；成立股份制合作社，贫困人口全部入社参股，带动增收；发展农家乐，吸纳贫困群众就业，野三坡景区农家乐经营法人已达 2203 家。目前，全县已有 4834 名贫困群众纳入法人带动体系。二是回乡创业带。进一步加大政策支持和项目资金扶持力度，吸引大多数在外务工人员回乡发展农家游等产业，带动当地贫困群众就业创业。野三坡大景区有意回乡创业人员达 800 余人，其中贫困人口 100 余人。三是先富群体带。先富裕起来的农户为贫困群众提供就业岗位，手把手培训旅游技能，增加贫困群众的工资性收入或经营性收入。目前，富裕户已带动贫困群众 1004 人。四是党员带。鼓励引导党员与贫困群众结对，实施"点对点"帮扶，带动贫困群众脱贫。现在 2120 名党员已结对帮扶 5598 名贫困群众。

（3）激发群众动力和产业活力，做到"四起来"。

通过"双带"，激发了群众动力和产业活力，做到了"四起来"。一是把产业培育起来。打造了一批旅游新业态，成立了 23 家旅游扶贫合作社，新建或改建了 800 家旅游农家院，发挥了有力的扶贫带动作用。二是把群众组织起来。强化基层组织和政府部门服务群众职能，有组织地开展技能培训、设置公益岗位、支持自主经营、回乡创业，以多种形式提高群众组织化水平。三是把利益联结起来。通过县级旅游资产收益扶持平台和旅游扶贫合作社，实现了资产到户、权益到户。四是把文化和内生动力弘扬起来。坚持物质脱贫与"精神脱贫"两手抓，尊重乡村文化，注重历史传承，着力培育新时期乡风民风，彻底打破了贫困乡村"久困成习"的生活方式。

（三）政府包容性旅游减贫的"三步曲"

通过分析涞水县野三坡景区的旅游发展战略，可以将政府在包容性旅游战略实施中发挥作用的过程总结为"政府统筹—主体参与—成果分配"三部曲。

1. 政府统筹

根据野三坡景区的资源现状和优势产业，当地政府紧密结合国家政策，以"旅游富民"为目标制定了景区的旅游发展战略，探索"双带四起来"旅游减贫新模式的过程，并形成了资源、资本、企业等不同带动发展的6种形式，体现了涞水县政府作为旅游资源掌控者和旅游资源管理者的重要角色。涞水县通过开展培训、就业支持等多种形式为野三坡景区提供组织保障，提高了群众的创业就业技能水平，党员亲自带头将旅游发展政策落实到位，实现"旅游富民"，发挥了政府的组织保障功能。

2. 主体参与

涞水县野三坡景区实行"景区带村、能人带户"的旅游发展模式，充分发挥当地居民的特长与优势，带动当地居民的积极参与，实现了居民作为主要受益主体的参与目标，体现了政府作为主要决策者和战略执行者的作用。在涞水县野三坡景区建设与发展过程中，将各村落旅游发展规划与总体规划进行有效衔接，通过"双带"模式激发了当地群众的参与动力与产业活力，实现了野三坡居民物质财富与精神财富的双重提升，发挥了政府的方向指导功能。

3. 成果分配

为了进一步激发旅游地区的内生动力和生产活力，涞水县野三坡景区打造了一批旅游新业态，通过建立旅游资产收益扶持平台和旅游扶贫合作社，实现了景区的利益联结和当地居民的脱贫致富愿景，充分体现了政府作为资源分配者和监督者角色的作用。通过发展产业、发动群众、发扬文化建立了以旅游促发展的实现模式，以实体产业为基础，深入挖掘文化资源优势，提升文化软实力，增强了景区旅游战略发展的持续性和长久性，发挥了政府统筹与协调的优势。

本章小结

本章从政府的责任与作用、政府统筹与协调的过程机制、包容性旅游中政府的顶层设计三个方面对政府政策统筹与协调的内涵机制和过程进行了深入剖析与阐释，包容性旅游中政府主要扮演引导角色、指导角色、执行角色，作用机制为政策引导、组织指导、管理服务。通过选取河北省保定市涞水县野三坡景区作为典型性案例，并对涞水县野三坡景区中政府统筹与协调的过程进行具体分析与说明，对政府如何在包容性旅游中发挥作用进行详细剖析和阐释，在包容性旅游的发展过程中，政府发挥作用的过程为"政府统筹—主体参与—成果分配"三部曲，并在包容性旅游减贫中探索出了"双带四起来"新模式，为其他地方政府统筹协调包容性旅游业发展提供了案例参考。

第五章　涉旅企业生存发展为关键

第一节　企业的本质与需求

一、企业的本质

（一）企业的界定

企业是由企业家将各种生产要素组合起来创立的一种具有盈利前景的组织。[1] 结合企业和旅游业的定义，包容性旅游中所讨论的企业主要是指旅游目的地中为游客提供旅游产品或旅游服务的涉旅企业。涉旅企业主要分为两类，一类为直接旅游企业，另一类为间接旅游企业。直接旅游企业是指其大部分营业收入都来自为游客提供产品或服务的企业，若没有游客，这类企业就无法生存，如旅行社、航空公司和旅游景区等。[2] 间接旅游企业则是指既为游客提供产品和服务，但同时也为当地居民或其他消费者提供产品或服务的企业，对于这类企业而言，即使没有游客，也不危及其生存和发展，例如，餐馆、日用品商店、娱乐企业等。[3] 无论是直接旅游企业，还是间接旅游企业，都是包容性旅游发展中的重要参与主体，对于促进旅游目的地经济社会的发展具有重要价值和意义。基于旅游活动内容涉及的食、住、行、游、购、娱六大要素，涉旅企业的基本构成至少应包括以下七类，即餐饮服务企业、住宿服

---

① 罗纳德·科斯.企业的性质［M］.姚海鑫，邢源源，译.北京：商务印书馆，2010：56-59.
② 李天元.旅游学概论［M］.天津：南开大学出版社，2014：161-162.
③ 李天元.旅游学概论［M］.天津：南开大学出版社，2014：162.

务企业、交通客运企业、旅游景区企业、旅游商品零售企业、娱乐服务企业、旅行社企业等。

（二）企业的内涵

包容性旅游中的企业主要是指为游客提供产品和服务的涉旅企业，本质属性还是要以营利为目的，其内涵主要包括以下三个方面：首先，涉旅企业是旅游产品的供给者和旅游利润的获得者，其通过为游客提供旅游产品或旅游服务获取经济利润。因此，企业需要根据旅游消费者市场的需要，组织适销对路的各种旅游配套产品和服务，或为自己的产品开发客源市场，寻找企业生存发展的盈利点，从而更好地为游客提供旅游产品或服务，进而提高企业自身的经济利益。其次，企业是旅游目的地资源的整合者，其通过自身的资金、技术、管理等条件，将旅游目的地的旅游资源、人力资源、土地资源和文化资源等相关资源要素进行一定程度的整合，将旅游目的地的资源条件转变为经济发展条件，促进旅游目的地旅游产业的发展，提高旅游目的地居民生活水平。最后，在包容性旅游中，涉旅企业除了生产旅游产品和为游客提供服务，还具有一些其他的社会功能，即承担特定的社会责任。企业只有把自己视为旅游目的地社会中的一员和一个功能性的机构，通过助力旅游目的地基础设施建设、为当地居民提供就业岗位、改善旅游发展环境等途径主动承担社会责任，促进旅游目的地社会发展，才能进一步体现企业在包容性旅游中存在的价值和意义，达成自己的价值理念。

（三）企业的作用

企业作为旅游目的地建设的重要参与主体，在包容性旅游中发挥着重要的作用，具体而言，主要包括以下三个方面：

一是为旅游目的地的旅游建设投入发展资金。旅游目的地的建设需要大量发展资金的支持，基础设施建设、资源开发、景区打造、环境改善等各个方面都需要资金，这些资金需求光靠当地政府的财政支出是远远不够的，而企业的营利性质使得企业在资金方面具有独特的优势，能够为旅游目的地的旅游发展提供充分的资金支持，在促进旅游目的地旅游产业发展的同时还能使自身获取经济利益。

二是为旅游目的地居民提供就业岗位。企业在旅游目的地发展或投资项目，必然需要大量的劳动力支持，而当地居民充分了解旅游目的地情况，能够为企业的招聘和生产提供更好的便利条件，因此当地居民成为企业招聘员工的首要选择，不仅能够解决剩余劳动力的就业问题，还能为企业生产节约一定的劳动力成本。

三是为游客提供旅游产品和服务。为游客提供旅游产品和服务是企业的本质功能，主要表现为游客提供餐饮、住宿、购物、娱乐、交通、导游等多个方面的服务，企业通过为游客提供旅游产品和服务不仅能够实现自己的营利目的，还能促进旅游目的地经济的增长，提高旅游目的地经济发展水平。

二、企业的需求

企业是一个由资本、劳动者、土地与企业家等多种要素组成的生产性单位，企业的现实存在意义就是将分工的劳动者以及生产所需的要素进行结合，从而带来高效的生产，形成企业收益。[①] 因此，包容性旅游中企业的需求，主要是指涉旅企业在旅游产业发展中的盈利需求、人才需求和土地需求。

（一）盈利需求

企业作为经济组织，其首要需求是盈利。企业只有通过经营不断盈利才能持续生产和发展下去；相反，如果企业不盈利，就会面临倒闭。从企业的角度出发，企业从事生产经营活动最大的目的就是使自身利润最大化，因此企业要想盈利，其具体的需求主要包括以下三个方面：

一是需要扩展销售渠道，打开客源市场。涉旅企业的盈利一般来自游客的消费，因此必须有充足的游客购买其产品或服务，才能使涉旅企业获得利润，而扩展销售渠道便是企业打开客源市场的一种有效方式，例如，通过发布广告提高企业知名度，通过拓展网上销售平台服务更多消费者，通过活动促销刺激潜在消费者的购买欲望等。

---

① 马歇尔.经济学原理［M］.北京：商务印书馆，1964：121-122.

二是需要提高员工素质，优化服务质量。涉旅企业不同于一般的生产制造企业，其盈利的主要方式是为游客提供一种无形的服务，服务水平的高低将直接影响游客的消费意愿。因此，涉旅企业可以通过完善制度设计、加强员工激励和人员培训、规范服务流程等方法，优化旅游服务质量，加强个性化服务，从而增加旅游产品和服务的盈利空间。

三是需要创新旅游产品，激发消费潜力。游客从自己的惯常环境前往陌生的旅游目的地进行旅游活动，一般都有求新求异的心理，即希望体验到与自己日常生活环境所不同的新奇事物。因此，涉旅企业应充分抓住游客的这一消费心理，通过为游客提供创新、独特的旅游产品，激发游客消费潜力，从而提高企业盈利水平，实现盈利需求。

（二）人才需求

人才或劳动者（以下统称"人才"）是企业运营的重要参与要素。在包容性旅游发展中，涉旅企业对人才的需求主要体现在以下三个方面：

一是对服务型人才的需求。服务型人才是指具有较强的服务意识和服务能力，娴熟掌握相关服务技能，能够为顾客提供满意服务的人才，这种人才不需要有太高的学历和背景，但必须具备良好的素质，可以为顾客提供周到和专业的服务。涉旅企业员工的服务水平直接影响到企业的口碑，因此加强服务型人才的招聘和培养，提高员工服务水平对企业尤为重要。

二是对销售型人才的需求。销售型人才是指能够有效开发客户资源、收集客户资料、与顾客进行交流从而了解顾客需求、推销企业产品和完成销售业绩的人才，这种人才一般要求具有良好的人际交往能力和语言表达能力。涉旅企业销售业务水平与企业的生存和发展密切相关，因此，加强销售型人才的招聘和培养，提高员工销售能力和销售业绩对企业尤为重要。

三是对管理型人才的需求。管理型人才是指具有决策能力、领导能力、应变能力和组织协调能力等才能的优秀人才，其能够正确提出企业发展的目标和方向，有效调动企业员工积极性，带领企业员工完成企业目标，促进企业的发展。管理型人才是所有企业都必不可少的人才类型，而对于包容性旅游中的涉旅企业而言，管理型人才除了具备以上各种能力外，还需要有较强的社会责任感，能够带领企业在促进旅游目的地旅游发展的同时积极承担社会责任，促进旅游目的地经济社会的共同进步。

例如，榕江县党细村打造独具特色的蓝染旅行手账本。通过招纳当地熟知地方传统文化和手工技艺的本土人才，培育旅游发展服务人才，旅游产品销售人才和旅游发展战略管理人才，利用媒体传播和旅游宣传，将榕江县党细村的传统文化、旅游资源与广大游客互联，推动当地旅游产业的发展，深刻体现了各方面人才对于涉旅企业助力旅游目的地产业发展的重要作用。

（三）土地需求

土地是企业生产和运营的重要发展要素。对于旅游产业而言，旅游业的发展离不开土地资源，无论是旅游项目的建设，还是涉旅企业的运营，都离不开土地的承载。因此，企业的土地需求主要包括以下三个方面：

一是旅游项目建设用地需求。旅游项目的建设需要占用土地，对于旅游开发公司而言，没有充足的土地，就无法开展旅游项目建设。旅游项目建设土地的供给与政府的相关土地规划政策密切相关，因此，为促进当地旅游产业的发展，政府应在合理范围内提高旅游项目建设用地指标，为旅游开发公司发展旅游项目提供良好的政策支持。

二是企业营业场所用地需求。营业场所是大部分涉旅企业参与旅游发展所必需的条件，如餐饮企业、住宿企业、娱乐企业等，这些企业的运营都必须在旅游目的地使用一定的土地，企业规模越大，对土地面积的需求也就越大。对于企业营业场所所需要的土地，除了可以从政府规划中获取部分以外，企业还可以向当地居民进行租用。

三是企业开展旅游活动的用地需求。由于旅游产业具有涉及范围广、关联产业多的特点，因此，旅游企业的用地需求表现出区域性、公共性和广泛性等特征，即涉旅企业不仅需要自身公司所在的营业场所用地，还需要为游客的旅游活动提供一定的场所用地，这种场所一般位于旅游目的地社区，这就需要与当地居民进行良好的沟通和协调，获得当地居民对提供这类土地用途的支持。

第二节　企业的生存与发展

一、企业的生存

企业的生存取决于企业的生存能力，即企业进入某一行业服务于特定市场必须具备的基本能力，虽然不直接表现为企业的竞争优势，但生存能力是企业竞争优势产生的前提和基础，只有具备较强的生存能力，企业才能在竞争激烈的市场上立足。在包容性旅游发展中，涉旅企业的生存能力很大程度上取决于影响企业生存的内部要素、外部要素和支撑条件。

（一）企业生存的内部要素

从涉旅企业自身内部的角度看，企业的生存主要取决于两个方面，即企业的管理水平和企业的盈利水平。

一方面，企业的管理水平主要表现在企业管理者对企业发展目标的定位、对企业重大事务的决策、对企业内部制度的构建、对企业面临风险的规避以及对企业员工的管理等各个方面。企业的管理能力在很大程度上体现了企业的基本素质和生存能力。

另一方面，企业只有获得足够的经济效益，才能持续地负担运营所需要的成本，进而维持企业的生存。经济效益的提高意味着企业获取的经济利益的增多，从而可以稳定企业的生存和增强企业的自我发展能力。因此，企业的生存不仅需要企业内部建立完善的管理运营制度，还需要通过一定的方式提高满足企业生存所必需的盈利能力，只有同时具备管理能力和盈利能力，才能使企业在激烈的市场竞争中可持续地生存。

（二）企业生存的外部要素

从涉旅企业生存的外部条件看，影响涉旅企业生存的外部要素主要包括以下三个方面：

一是经济环境。经济环境包括旅游目的地经济发展水平、经济发展结构、经济发展体制等方面的情况，这些经济发展要素将直接影响企业的生存状况。例如，旅游目的地的经济体制将对涉旅企业与其他经济主体之间的关系、涉旅企业的经营范围以及涉旅企业的经营活动方式等产生一定的限制和影响。因此，涉旅企业要在旅游目的地生存，必须高度重视对当地经济环境的考察和了解。

二是资源环境。资源环境一般包括自然资源和社会资源两个方面，对于涉旅企业而言，影响其生存的资源要素主要包括土地资源、市场资源、人力资源以及支持旅游产业发展的各类旅游资源等，这些资源要素对于涉旅企业的生存缺一不可。因此，涉旅企业在选址过程中一定要充分考察旅游目的地各方面的资源环境，选择一个合适的旅游目的地进行经营和发展。

三是市场环境。市场环境是影响企业生存的重要外部条件，对于涉旅企业而言，影响其生存的市场环境包括旅游目的地客源数量、游客消费水平和消费习惯、同类企业饱和度和竞争力、销售渠道和产品价格范围等，这些要素都会对涉旅企业在旅游目的地的生存产生重要的影响。因此，涉旅企业要在旅游目的地生存，必须对旅游目的地的市场环境进行充分考察，从而制定适销对路的生存战略。

（三）企业生存的必要条件

对于涉旅企业而言，其要在旅游目的地生存，必须有以下几个方面的条件作为支撑：

一是旅游目的地具有可进入性。旅游目的地的可进入性是指旅游资源所在地与外界交通往来的通畅和便利程度，包括旅游目的地的气候条件、基础设施条件、政策限制、地理位置等多方面因素。旅游目的地具有良好的可进入性是旅游产业发展的基础，也是涉旅企业生存的基础，如果不具备可进入性，那么旅游业将无法发展，涉旅企业也无法生存。

二是旅游目的地政府提供政策支持。一方面，涉旅企业的发展需要政府为其提供一定的土地，允许企业在旅游目的地进行旅游项目的开发和建设。另一方面，涉旅企业在参与包容性旅游发展过程中出于承担社会责任，会做出一些非营利性目的的行为从而让利于民，由此便会承担更高的亏损风险，这种情况下便需要政府为其提供减免税率、信息支持和融资支持等政策保障。

三是旅游目的地居民保持赞同态度。旅游目的地居民对企业在当地发展的态度也是影响涉旅企业生存的重要因素，居民的赞同态度有利于企业员工的招聘、企业产品的销售和扩大企业的客源市场，使企业在良好的社会关系中生存；反之，若旅游目的地居民对于企业在当地发展持反对态度，则会影响企业的生存和盈利，加速企业的倒闭。

二、企业的发展

企业生存只是企业最初级的目标，如何发展才是企业应该长期思考的问题。企业的发展取决于企业扩大规模、壮大实力的潜在能力。在包容性旅游中，涉旅企业的发展应明确企业发展目标、构建企业发展路径和承担企业发展责任，这也是企业参与包容性旅游发展的重要功能。

（一）企业发展的目标

包容性旅游中，企业发展的目标主要包括以下三个方面：

一是获取丰富的经济利益。获取经济利益是企业可持续发展的必要条件，也是企业经营业务的首要目标，其与企业产品质量和服务质量、客源市场条件、销售渠道和发展理念等因素密切相关，因此企业要不断提升自身业务经营能力和自身发展能力，从多个角度改善自身条件，从而提高企业的经营水平，获取更多的经济利益。

二是树立良好的企业形象。企业参与包容性旅游发展体现了企业家良好的社会责任意识，其不仅代表着企业愿意发挥自身资金、技术、管理等方面优势为改善落后地区经济社会面貌贡献一份力量的奉献精神，还代表着企业心系国家、感恩社会、参与慈善、勇于担当的企业文化。因此，企业参与包容性旅游一定程度上是为了树立良好的企业形象，赢得社会和公众的认可。

三是促进旅游产业的发展。在包容性旅游中，促进旅游目的地旅游产业的发展也是涉旅企业发展的目标之一，这主要是因为：一方面，涉旅企业的发展与旅游目的地旅游产业的发展同进同退，在其他条件不变的情况下，旅游产业发展得越好，涉旅企业获得的客源市场和经济利益便会越多。因此，涉旅企业要积极推动旅游目的地旅游产业的发展；另一方面，促进旅游产业发展进而推动当地经济社会的发展是涉旅企业参与包容性旅游的职责所在。

（二）企业发展的路径

包容性旅游中，企业发展的路径主要包括以下三个方面：

一是提供优质的旅游产品。旅游产品是指旅游企业提供给游客的有形旅游产品和无形旅游服务的集合，企业所提供的旅游产品质量决定了企业发展的效益和高度。因此，涉旅企业要发展，必须高度重视所提供给游客的旅游产品质量，优化旅游服务，充分把握游客需求，生产适销对路的旅游产品。

二是招纳和培养当地人才。企业的发展离不开人才的支持，对于涉旅企业而言，其发展一般不需要大量高学历和高水平的人才，而是需要更多具有专业服务技能、较强服务意识和服务能力的服务型人才，而这种类型的人才不需要从外地引进，直接面向旅游目的地居民进行公开公平招聘即可，并对招纳的当地居民进行系统的培训和教育，不仅能够提高居民发展能力，还能节约企业成本，促进企业的发展。

三是建立科学的发展制度。旅游业具有综合性的特点，意味着在以旅游目的地为单位的涉旅企业中，各个涉旅企业的发展是密切相关的，在整个旅游供应链上，任何一个企业的信誉缺失或行为失误，都会造成旅游消费者对该旅游目的地旅游产品或服务水平的消极评价，从而影响整个涉旅企业的发展。因此，处于同一旅游目的地的各涉旅企业应该联合起来，建立科学的协同发展制度，促进各企业之间的相互合作和相互协调，使该地食、住、行、游、购、娱各个领域的企业产品或服务都为旅游消费者满意，从而促进各涉旅企业的共同发展。

（三）企业发展的责任

包容性旅游中，企业发展的责任主要包括以下三个方面：

一是对企业内部利益相关者的责任。企业内部的利益相关者包括股东、债权人、管理者和员工等，其通过一系列显性契约或隐性契约为企业的发展投入了资金和劳动，并期望在企业的经营发展中获得一定的回报，因此，企业有责任满足这些利益相关者的利益诉求。例如，按期对股东进行盈利分红，按期偿还债权人债款，按期发放员工工资和对员工的工作环境、福利制度、休假制度等做出科学合理的安排等。

二是对企业外部利益相关者的责任。对于涉旅企业而言，企业外部的利益相关者包括旅游目的地政府、居民和游客等，各利益相关者的存在对于涉旅企业的发展都发挥了重要的作用。因此，企业应自觉承担起对这些利益相关者的责任，如自觉向当地政府缴纳税款、为居民提供就业岗位和为旅游消费者提供符合质量标准的旅游产品等。

三是对旅游目的地发展的公益性责任。企业参与包容性旅游体现了企业家良好的社会责任意识，意味着其不仅要承担对企业内部利益相关者和外部利益相关者的责任，还愿意承担带有公益性质的高层次社会责任。例如，在自己的能力范围内积极参与旅游目的地公益事业，设立慈善基金救助旅游目的地弱势群体，为公共教育提供支持，主动参与公共基础设施建设、促进旅游目的地经济繁荣和社会公平等。

第三节　包容性旅游中企业的岗位打造

包容性旅游中企业对旅游目的地居民就业岗位的打造与企业对包容性旅游发展理念的贯彻程度、企业自身实力和企业社会责任意识等密切相关。因此，推动企业对旅游目的地就业岗位的打造应做到以下三个方面：

一、以包容性旅游发展理念为指导

（一）坚持机会均等

企业在为旅游社区居民打造就业岗位时，应坚持机会均等的理念。包容性旅游发展中强调的机会均等不代表绝对的公平，而是倾向于保护弱势群体利益的一种相对公平。因此，对于不同类型的旅游目的地，企业在坚持机会均等原则时，其侧重点有所不同。

一方面，对于经济条件发展不均衡，居民贫富差距较大的旅游目的地而言，企业在为当地居民提供生产性就业岗位的过程中，应做好精准识别需要重点帮扶的目标人群，并为其提供就业服务，提高弱势群体参与旅游发展的内源能力，破除他们参与旅游发展的障碍，推进弱势群体参与旅游发展机会均等的规范建设。

另一方面，对于经济条件发展较平衡的旅游目的地而言，企业在为当地居民提供生产性就业岗位的过程中，可优先为被征地的农民以及为旅游发展做出突出贡献的居民提供相关就业岗位，同时应构建好居民轮流参与旅游服务的规范制度，保证社区居民能够公平、有序、有效地参与旅游发展。

（二）坚持协同合作

企业在为旅游社区居民打造就业岗位时，应坚持协同合作的理念。为旅游社区居民打造就业岗位不只是企业的单方面付出，而应该是旅游目的地政府、企业、居民以及相关社会组织的共同协作。首先，政府应针对涉旅企业的入驻和当地居民就业出台相应的优惠政策。例如，为旅游社区居民提供就业岗位的企业提供税收优惠，为当地居民就业提供便利的公共服务等。其次，企业应在为旅游社区居民提供就业岗位的同时保障社区居民作为员工的合法权益，包括对居民进行就业培训、保障员工的薪酬福利与休假需求、积极满足员工的自我发展需求等。再次，旅游社区居民在参与企业提供的就业岗位工作过程中，要自觉遵守企业规章制度和工作安排，培育良好的职业道德，在工作中充分发挥自己的积极性、主动性和创造性，为企业创造价值。最后，相关社会组织要做好服务和监督工作，如学校要培养好推动地方旅游发展的相关人才、旅游发展协会要制定包容性旅游制度规范，建立科学的矛盾调解机制等。在包容性旅游中，以市场需求和资源条件为导向，以政府、企业、居民、游客和社会组织协同合作为途径，共同创造丰富的旅游收益。

（三）坚持利益均衡

企业在为旅游社区居民打造就业岗位时，应坚持利益均衡的理念。利益均衡不仅指企业与旅游社区居民之间的利益均衡，还包括旅游社区居民之间的利益均衡，目的是在保障旅游社区居民合法利益的基础上缩小旅游目的地居民之间的贫富差距，促进旅游目的地社会公平。

一方面，涉旅企业通过整合旅游社区土地、文化、人力、社会等各类资源开发旅游项目，获取经济收益，该经济效益的获取离不开旅游社区政府的支持、旅游社区居民的付出与旅游社区环境的承载。因此，企业应与旅游社区各参与主体共享旅游带来的经济成果，特别是要与旅游社区居民共享旅游经济成果。

另一方面，在成果共享机制的建设上，各类企业需要在获取各自项目投资回报利益的同时，做好对应的包容性利益分红策略，根据项目建设、活动开展的需要，合理设定就业岗位的工资、工时、工数等硬性指标，针对合资项目的回报利润，制定企业之间的项目利润分成规范，保证企业合作的良性循环，保障旅游目的地居民公平获取旅游收益的权利。

例如，陕西省袁家村的乡村旅游有效融入了包容性旅游发展理念，使旅游产业得到了高质量的发展。袁家村的乡村旅游从初期的强调参与机会均等和参与主体协同，到后期的强调旅游发展成果共享，使旅游发展呈现出一种动态的演变过程。在政府引导、企业协作和村民参与的共同努力下，形成了各旅游发展主体共商共建共治共享的旅游发展机制，其以领导执行机制为核心，以公平参与为基础，以利益共享为关键，以引导服务为保障，推动了袁家村旅游经济成果的共享，促进了袁家村居民的就业和增收。[①]

二、以增强企业自身竞争力为目标

企业自身实力是参与包容性旅游发展并为旅游目的地居民提供生产性就业岗位的基础，这种实力包括企业的生产规模、盈利能力、管理能力等各个方面，只有先促进自身各方面能力的提升，才能更好地参与包容性旅游从而推动旅游目的地经济社会发展。

---

① 徐虹，王彩彩.包容性发展视域下乡村旅游脱贫致富机制研究——陕西省袁家村的案例启示 [J].经济问题探索，2019（6）：59-70.

（一）扩大企业经营规模

大多数涉旅企业属于劳动密集型企业，企业规模越大，所需要的岗位就越多，对于社区居民的就业接纳能力就越大。因此，企业结合自身实际情况，在资金条件允许、市场需求预期可观、抗风险能力较强等条件下，适当扩大企业规模，有利于为旅游社区居民提供更多的生产性就业岗位。企业扩大规模主要有两种发展方向，既可以通过开发多元化的产品横向扩大企业规模，又可以在专业化的基础上纵向扩展企业规模。参与包容性旅游发展的涉旅企业应结合实际情况，多渠道、多形式为旅游社区居民拓宽就业渠道，例如，积极开发旅游发展需要的物流、餐饮、酒店、休闲、手工艺品生产等劳动密集型产业，从而带动旅游社区居民参与就业。

例如，云南人家是云南省轿子山旅游景区的一家民宿企业，该企业最初规模较小，只有30间客房和5名员工负责打扫客房清洁，为游客提供相关住宿服务，随着轿子山旅游产业的逐渐发展，当地游客接待数量越来越多，云南人家扩大了该民宿规模和经营范围，不仅为游客提供住宿服务，也提供餐饮服务，同时还在附近新开了几家分店，从而为更多的游客提供服务。为促进几家分店的稳定经营，该民宿老板招聘了近一百名员工，为更多的当地居民提供了旅游就业岗位。可见，涉旅企业规模越大，所能提供的就业岗位越多。

（二）增强企业盈利能力

企业的盈利能力决定着其在生产经营活动中获取的利润多少，盈利能力越强的企业越能够为员工带来稳定的工资性收益保障。在包容性旅游发展中，企业岗位的提供对象大多是旅游社区居民，且大部分属于弱势群体，如果这些居民参与旅游发展的劳动收入得不到保障，不仅会给他们带来严重的经济损失，还会影响他们参与旅游发展的积极性，严重者还会使其对待旅游发展的态度发生相反的转变，即由支持旅游发展转变为反对旅游发展，从而对旅游目的地发展产生消极影响。因此，在为旅游社区居民提供就业岗位的过程中，企业必须保证自身具有足够的盈利能力，通过扩展销售渠道、创新旅游产品、优化旅游服务等方式提升自身盈利水平。

例如，乡土味道是湖北省恩施土司城旅游景区的一家餐饮企业，该餐饮店环境舒适、菜品味道纯正，多年来一直生意火爆，受到大量游客的认可和推荐。由于该餐饮企业盈利丰富，且该企业老板心地善良，具有较强的社会责任意识，能够为企业员工提供优渥的工资条件和福利条件。因此，当地居民争相到该企业应聘。可见，涉旅企业的盈利能力越强，越能够为员工提供良好的福利待遇，从而提高居民参与旅游发展的积极性。

（三）实现企业长远发展

企业参与包容性旅游的目标主要有两个，即获取经济利益和实现社会效益，而企业的战略发展和管理能力则将直接关系到企业能否在包容性旅游中实现长远的发展。因此，企业应制定科学的发展战略，精准定位目标市场，创新旅游产品和优化旅游服务；根据旅游目的地内部环境和外部环境，设计好企业发展的近期规划、中期规划和长远规划。同时，优化企业内部管理制度，包括人事、财务、安全、生产、宣传、营销等各个方面，加强企业文化建设、打造良好的企业形象，提升企业社会影响力。只有企业自身具有长远的发展前景，才能获得旅游目的地居民的认同和信任，从而吸引旅游目的地居民参与就业，共同促进旅游目的地旅游产业的发展。

例如，在脱贫攻坚时期，万达集团利用其强大的企业战略发展和管理能力，精准定位贵州旅游市场，在贵州省黔东南州丹寨县捐资建设万达旅游小镇，打造一站式的苗侗文化体验中心，对口帮扶丹寨县脱贫致富，累计捐赠投资 23 亿元，用于促进丹寨县旅游产业发展，帮助贫困居民就业增收，带动全县旅游收入 120 亿元，促进了丹寨县 20 个大产业和 50 个子行业发展，为 5.88 万贫困人口解决了就业和收入难题。① 可见，企业战略发展和管理能力越强，越能够为旅游目的地居民提供更多的就业机会，就越能促进旅游目的地经济社会更好更快发展。

---

① 中国旅游研究院发布《万达丹寨旅游扶贫模式和效果评价报告》[J].新西部，2020（22）：95.

三、以切实履行企业社会责任为原则

企业是否具有社会责任意识以及能否切实履行社会责任是企业参与包容性旅游并为旅游目的地居民打造更多更好生产性就业岗位的前提。因此，涉旅企业在参与包容性旅游发展过程中要做好对自身发展观念的调整，必须将实现社会效益放在企业发展的重要位置，具体而言，应做好以下几个方面。

（一）自觉保护从业者合法权益

从业者在就业过程中的合法权益能否得到保护，是决定其是否愿意在该企业就业的关键要素。企业在为旅游目的地居民提供就业岗位时，应按规定与旅游目的地居民从业者签订劳动合同，自觉保护旅游目的地居民作为旅游从业者的合法权益，包括保护从业者平等就业和选择职业的权利、接受职业技能培训的权利、按期取得劳动报酬的权利、享受社会保险和福利的权利、休息休假的权利、获得劳动安全卫生保护的权利以及法律规定的其他劳动者权利，不能因性别、种族、年龄、婚姻、社会地位或宗教信仰的不同对员工有不公平待遇，尊重从业人员的人格尊严，积极满足员工的发展需求，建立与旅游目的地居民和从业人员之间和谐的社会关系。

例如，安徽省池州市九华山旅游发展股份有限公司是位于安徽九华天池景区的一家旅游企业，该企业在经营过程中广泛招纳当地居民参与旅游服务工作，并根据不同员工的特点为其安排合适的职务，如为前来应聘的当地老人提供旅游向导岗位、为年轻人提供文艺演出岗位和为当地越裔小矮人提供活动表演岗位等，并按规定与从业者签订劳动合同，高度重视对从业者合法权益的保护，在福利待遇方面为弱势群体提供特殊补贴，自觉承担了涉旅企业对内部员工的社会责任。

（二）增强企业的社会责任意识

企业家的社会责任意识是决定其是否愿意参与包容性旅游并在包容性旅游中有效发挥自身作用的重要因素，其不仅决定着企业家的个人决策，也会对企业的经营理念产生重要影响。在包容性旅游中，企业的社会责任不仅包

括自觉遵守法律法规、依法缴纳税款和依法排污治污、保障职工正当权益等方面，还包括为旅游社区居民特别是弱势群体提供就业岗位、就业服务和社会帮扶等公益性的社会责任。因此，企业家应通过积极参加社会慈善活动，增强自身的社会责任意识。企业家只有具备强烈的社会责任意识，才能更加公平、公正地为旅游目的地居民提供就业岗位，才能可持续地参与包容性旅游的发展。

（三）树立正确的企业价值观念

企业价值观念是引导企业生产产品、选择经营方式和销售模式、制定发展目标和发展战略等一系列企业行为的一种指导思想，也是支配企业从业者工作行为的重要观念。涉旅企业既然决定参与包容性旅游，就应该高度重视旅游目的地的社会效益，即在企业自身发展的同时促进旅游目的地经济社会的进步。因此，企业在为旅游目的地居民打造就业岗位时，应注重机会均等、利益共享以及对弱势群体的包容，平等、善良地对待旅游目的地居民，为弱势群体提供和其他员工相同或更好的就业待遇，体现对弱势群体的人性关怀，并在企业取得盈利后，应与参与企业发展的员工和为企业提供土地与资源的旅游目的地社区居民共享旅游发展成果。

本章小结

本章通过分析涉旅企业的本质与需求，生存与发展，构建了包容性旅游中企业岗位打造的方法和途径，为企业助力旅游目的地包容性旅游发展奠定了理论基础。包容性旅游中的涉旅企业不仅是旅游产品的供给者、旅游利润的获得者和旅游目的地资源的整合者，其还对旅游目的地经济社会的发展承担着一定的社会责任。因此，包容性旅游中的涉旅企业要在满足自身盈利需求、人才需求和土地需求的基础上，增强自身的生存能力和发展能力，打造更多的就业岗位。企业为旅游目的地居民提供就业岗位的途径包括：一是以机会均等为基础、以协同合作为途径、以利益均衡为目标，积极贯彻执行包容性旅游发展理念，保障弱势群体权益、缩小旅游目的地贫富差距。二是通过扩大企业规模、增强企业盈利能力和提高企业战略发展能力提升企业自身实力，使企业能够为更多旅游目的地居民提供就业岗位。三是通过自觉保护从业者合法权益、增强企业的社会责任意识和树立正确的企业价值观念，切实履行企业社会责任，使企业能够有效帮助旅游目的地居民改善生活水平。

第六章　社区居民参与建设为动力

第一节　居民的本质与需求

一、居民的本质

居民是指在一个国家或地区长期从事生产和消费的人。历史上中外学者对人的本质进行了长期的探索，本节从历史中人的本质为落脚点，最终落到新时代下包容性旅游中居民的本质。

（一）人的本质

从古至今中外学者仁者见仁、智者见智，对人的本质进行了长期的探索。

一是中国传统文化对人的本质的探索。以儒家为主体的中国传统文化在几千年历史中对人的本质进行了深刻的思考和探究，逐步形成了一套源远流长，以"仁"学为核心的思想体系，并影响着居民的生产生活方式。以孔子为代表的儒家学派对人生、道德和社会问题进行了深刻的反思，如：《礼记》中的"凡人之所以为人者，礼仪也"，《孟子·离娄下》中的"人之所以异于禽兽者几希；庶民去之，君子存之。舜明于庶物，察于人伦，由仁义行，非行仁义也"等。以儒家为代表的中国传统文化将人的本质归结为伦理道德性，把追求人性的道德完美看作人类社会的终极目标。

二是亚里士多德对人的本质的三个论断。首先，他在《形而上学》一书中指出"求知是所有人的本性"。① 把求知看作是人的本性，把从事理智活动看作是生活的基本内容，把从事理智活动进行哲学思辨看作是幸福的完满体现和人生的理想归宿。② 人都是因为好奇而开始探索这个世界的，初始是对身边不解的东西感到惊奇，继而逐步前进，进而对更重大的事情产生疑问，如关于月相的变化，关于太阳和星辰的变化，以及关于万物的生成。一个感到困惑和惊奇的人，便自觉其无知。其次，他提出"人是理性的动物"。亚里士多德认为，理性和智慧是人之所以为人而区别于其他一切动物的重要标志，提出了"人是理性的动物"这个重要命题。最后，亚里士多德在其《政治学》一书中指出"人是政治动物"。人从出生到成人再到老去，都是离不开社会的，都是社会中的人。人既然存在于社会中，那么必然与社会有千丝万缕的联系，政治是社会在任何时期都存在的，在当时的古希腊实现政治的途径就是城邦民主，所有成年男性公民都必须参加到政治生活中。

三是费尔巴哈对人的本质的探究。人的本质是区别于其他生物的各种属性的合集。简单来说，人所共有的本质总共包含三个方面：人的自然本质、人的社会本质、人的精神实质。三者有联系而又有区别地构成了人的完整本质。

四是马克思对人的本质的思考。首先，马克思在其《1844 年经济学哲学手稿》中指出："劳动这种生命活动、这种生产生活本身对人来说不过是满足他的需要即维持肉体生存的需要的手段。而生产生活本来就是人类生活，这是产生生命的生活。一个种的全部特性、种的类特性就在于生命活动的性质，而人的类特性恰恰就是自由的自觉的活动。"③ 即人的特性是自由的自觉的活动，也就是劳动。其次，马克思在《关于费尔巴哈的提纲》中提出，"人的本质不是单个人所固有的抽象物，在其现实性上，它是一切社会关系的总和"。④ 即人的本质是一切社会关系总和。最后，马克思在《德意志意识形态》

---

① 亚里士多德.亚里士多德全集：第7卷［M］.苗力田，译.北京：中国人民大学出版社，1997.
② 王善超.论亚里士多德关于人的本质的三个论断［J］.北京大学学报（哲学社会科学版），2000（1）：114–122.
③ 马克思恩格斯全集（第42卷）［M］.北京：人民出版社，1979.
④ 马克思恩格斯选集（第1卷）［M］.北京：人民出版社，1995.

中指出，在任何情况下，个人总是从自己出发的，但由于从他们彼此不需要发生任何联系这个意义上来说他们不是唯一的，由于他们的需要即他们的本性，以及他们求得满足的方式，把他们联系起来，所以他们必然要发生相互关系。① 即人的本质是人的需要。

五是习近平有关人的本质的论述。习近平总书记在探讨马克思的《关于费尔巴哈的提纲》中指出，"人的本质是一切社会关系的总和的原理，为我们回答和解决社会主义改革和建设中遇到的各种疑难问题，提供了开锁的钥匙"。② 这表明对人的本质的探索不仅仅在哲学上有着重大意义，对建设新时代中国特色社会主义也有重要作用，同时，对思考包容性旅游建设具有重要的参考价值。

（二）居民的界定

广义的居民是指在一个国家或地区长期从事生产和消费的人。根据国际惯例及中国相关现行法规的规定，居民指中华人民共和国居民自然人以及居民法人。其中居民自然人包括在中华人民共和国境内连续居留一年或一年以上的自然人，但台、港、澳地区和外国的留学生、就医人员以及外国驻华使领馆、国际组织驻华办事机构的外籍工作者及其家属除外。而法人居民是指在本国从事经济活动的各级政府机构、企业和非营利团体，但是国际性机构，诸如联合国、国际货币基金组织等是任何国家的非居民。在包容性旅游中，居民主要是指旅游目的地原住居民。这些居民在没有发展旅游之前，也常年定居于此。这些人口在所住的地方土生土长，他们的祖先在本地形成了不同的文化甚至不同的种族。在旅游开发过程中，旅游目的地居民可以指世世代代都居住在开发地，依靠开发地生存和发展的居民。在旅游开发之后，为了区分游客或者外来者而被称为原住民或当地居民。

---

① 马克思恩格斯全集（第3卷）[M].北京：人民出版社，1960.
② 习近平.略论《关于费尔巴哈的提纲》的时代意义[J].中共福建省委党校学报，2001（9）：3-10.

（三）居民的内涵

包容性旅游中居民的内涵具体包括三个方面：

一是包容性旅游的主体。包容性旅游的主体包括政府、企业、居民与游客，各个主体相互关联，构成包容性旅游的主体框架。社区居民的日常活动与当地旅游业紧密相连，参与当地旅游业建设的积极性与参与度会影响到当地旅游业的发展水平，同时旅游开发能够促进当地经济发展，但可能会对居民生活环境与地方传统文化带来外部冲击，带来居民与其他利益主体之间的利益纠纷和矛盾冲突等问题，包容性旅游就是要通过不同主体结成利益共同体，发展旅游业，实现弱势群体的话语权，实现社区居民参与经济成果的相对公平分配。

二是包容性旅游的参与者。在包容性旅游中，当地居民参与旅游业发展应该是多种形式的，如资本参与、资金参与、劳动参与、自主创业等，并且给予当地居民充分的自主选择权利，才能使当地旅游业实现主体间和谐共生，行业可持续发展。

三是包容性旅游的获益者。一方面，包容性旅游为当地居民提供长久的生产生活空间，居民通过在旅游产业中积极就业，寻找可持续生计，实现永续发展，助力旅游目的地在经济发展的同时，也能够推动减少居民相对贫困的长效机制的构建，最终实现旅游经济的包容性增长和旅游发展成果由居民"共建共治共享"的格局。另一方面，包容性旅游通过旅游基础设施建设，推动当地完善交通基础设施，使当地居民出行更加便利。

二、居民的需求

西方社会学家马斯洛在其 1943 年出版的《人类动机理论》一书中认为，"人是有需求的动物，其需求取决于他已经得到了什么，还缺少什么，只有尚未满足的需求才能够影响人的行为"。[①]包容性旅游中居民的需求是多样的，以马斯洛的需求理论出发，深入分析在包容性旅游视角下居民的五大需求，

---

① （美）马斯洛. 动机与人格［M］. 许金声，译. 北京：华夏出版社，1987.

即居民的生理需求、安全需求、社交需求、尊重的需求和自我实现的需求，如图 6-1 所示。

（一）居民的生理需求

生理需求是一个人最基本的生存生活需求，主要包括衣食住行等方面。首先，生理需求主要为了维持人们生理机能的正常运转，是推动人类生存的动力，只有当人们生理需求得到一定的满足后，人们才会追求更高层次的需求。其次，生理需求在历史发展的不同阶段都占据了重要地位，如春秋时期《管子·牧民》一书中有"仓廪实而知礼节，衣食足而知荣辱"，表达了类似的观点，即百姓的粮仓充足，丰衣足食，才能顾及礼仪，重视到荣誉和耻辱，表明了生理需求在人类需求中的基础地位。最后，基于人们的生理需求，在包容性旅游建设的过程中需求把握各个主体的生存生活需求，尤其是社区居民这个重要主体，其长期生活在旅游目的地，社区居民需求借助旅游业发展维持自己的生存和更高层次的发展。

（二）居民的安全需求

安全需求其中包括对人身安全、家庭安全、财产安全、生活安全、工作安全、健康保障以及免遭痛苦、威胁或疾病等。首先，马斯洛认为，整个有机体是一个追求安全的机制，人的感受器官、效应器官、智能和其他能量是寻求安全的工具，甚至可以把科学和人生观都看成满足安全需求的一部分。其次，在当今社会中，安全需求仍在不断完善过程中，主要在医疗、教育、社会秩序、法律、市场经济等各方面的安全和社会保障中体现，体现了人们对美好生活的追求。最后，在包容性旅游发展过程中安全需求对各主体都是至关重要的，其中居民是在旅游目的地长期生活的主体，其安全需求则是多方面的，如旅游目的地的基础医疗条件、地方治安环境等。借助包容性旅游的开发，当地医疗设施水平等能够实现快速提升，从而保障当地居民的安全需求。

（三）居民社交需求

社交需求包括友情、爱情以及隶属关系。首先，当生理需求和安全需求得到满足后，社交需求就会突显出来，人人都希望得到相互的关心和照顾。感情上的需要比生理上的需求来得细致，它和一个人的生理特性、经历、教育、宗教信仰都有关系。其次，社交需求主要体现在个人渴望得到家庭、社区、朋友等的关怀爱护理解，融入大团体，和大家建立起良好的社交关系，得到团体的喜欢，也是对友情、信任、爱情的需求。最后，包容性旅游中居民的社交需求将不局限于家庭、社区、朋友等，由于政府、企业与游客的加入，当地居民需要与其他各个主体建立好沟通交流机制，防止冲突的出现，居民通过获得游客的肯定，从而形成投身于包容性旅游发展的精神动力。这一层次是与前两个层次截然不同的另一层次，如果当地居民对于这些需求得不到满足，就会影响居民的精神状态，从而导致低生产率、对旅游开发的不满及情绪低落等。

（四）居民尊重的需求

尊重需求属于较高层次的需求，如成就、信心、名声、地位、被他人尊重和晋升机会等。首先，尊重需求既包括对成就或自我价值的个人感觉，也包括他人对自己的认可与尊重。人人都希望自己有稳定的社会地位，要求个人的能力和成就得到社会的承认。其次，在包容性旅游中当地居民可以分为内部尊重和外部尊重。内部尊重也就是自尊，在当地旅游业发展过程中希望自己有能力，在各个方面都可以做好，能够在旅游业发展中做出自己的成就，实现自己的目标。外部尊重即当地居民追求外界的权利、地位，渴望得到游客对自己的认可。当地居民的尊重需要得到满足，能使居民对自己充满信心，对旅游业发展满腔热情，促进包容性旅游长期稳定的发展。

（五）居民自我实现的需求

自我实现的需求是最高级的需求，是指个体实现自己的理想抱负，实现自己的追求，成为伟大的或具有影响力的人物。首先，居民能够通过实现个人理想、抱负，将个人能力发挥到最大程度，达到自我实现境界的人，接受自己也接受他人，解决问题能力增强，自觉性提高，善于独立处事，完成与自己的能力相称的一切事情的需要。其次，在包容性旅游过程中，满足自我实现需求所采取的途径是因人而异的，当地居民参与到旅游开发建设过程中，可以通过政府培训、自我锻炼等方式，增强居民的视野范围，解决问题的能力，自主性的提高，在努力开发自己的潜力中，使当地居民逐渐成为自己所期望的人物。

图 6-1　马斯洛需求层次理论 [①]

第二节　居民的生活与参与

　　包容性旅游中的居民主要是指旅游目的地原住人口，这些人在当地没有发展旅游之前，也常年定居于此。

一、居民的生活

（一）景区居民的生存条件

　　包容性旅游中景区居民的生活条件主要包括以下三个方面：

　　一是基础设施。旅游基础设施是指为服务游客观光游览过程而建设的各

---

　　①　范水生，朱朝枝.基于马斯洛需要层次理论的休闲农业开发探讨 [J].中国农学通报，2011，27（14）：286-290.

项物质设施的总称。[①]景区基础设施是包容性旅游开发的物质基础，主要包括水利排污系统、电力电气系统、道路、通信网络等基础设施。包容性旅游发展能够促进地方基础设施不断改善，使景区居民同样享受到基础设施完善带来的生活上的便利。

二是生产活动。包容性旅游促使传统农业生产活动发生了翻天覆地的变化，居民不再简单地以"种植—收获—售卖"的方式从事农业生产活动，而是通过发展休闲农业乡村旅游为契机，引导休闲农业由基础型服务向农业生产、农产品加工、现代服务业一体化升级，促进一、二、三产业融合发展。

三是居住环境。旅游产业与乡村建设的结合已经成为新时代背景下乡村发展的新路径，包容性旅游通过把休闲农业与打造村庄景观、创建村落景区融为一体，促进生产、生活、生态"三生融合"，让社区成为一个美丽的"大景区"，从而改善当地居民的居住环境。

（二）景区居民的生活状态

包容性旅游中景区居民的生活状态主要包括以下三个方面：

一是关于教育培训，景区居民从传统的生活方式融入旅游业发展中去不是一蹴而就的，而是需要政府、企业等主体不断地引导，其中教育培训是一种常见的方式。景区居民的培训种类是多种多样的，如通过技能培训使景区居民掌握新的生产生活技能从而快速适应当地旅游业发展，通过安全培训使景区居民实现安全生产等。

二是关于民俗文化，中华民族五千多年源远流长的历史造就了丰富多彩的传统文化，形成了丰富的文化资源，地方景区可以通过民俗文化旅游，打造文化品牌，避免同质化竞争。景区居民肩负着文化传承的重任，对于民俗文化我们要辩证地看待，要顺应历史，对于不符合新时代发展的要抛弃，同时地方民俗文化也不是一成不变的，要根据新时代的要求与时俱进，营造一个积极向上的民俗文化环境。

三是景区居民的生活状态也面临着一些问题，如人口空心化。在中国城

---

① 查尔斯·R.格德纳.旅游学（第12版）[M].北京：中国人民大学出版社，2014：264.

镇化的进程中，人口空心化是乡村发展所面临的主要问题，人口空心化已成为影响深远的长期历史趋势。面临着青年劳动力流失，耕地资源闲置以及乡村社会资本瓦解等问题，包容性旅游的目标之一就是阻止乡村人口流失，通过旅游产业化，带动景区居民就业，从而阻止人口流失。

（三）景区居民的发展进步

景区居民的发展进步可以从多个维度去衡量，具体来说：

一是收入渠道增多。景区居民不但可以通过原有的传统生产生活方式获得收入，而且可以参与到旅游业发展中，通过直接参与乡村旅游经营，或是通过发展乡村旅游出售自家的农副土特产品获得收入，同时也可以通过乡村旅游合作社和土地流转获取租金等方式获得收入。

二是精神文明丰富。伴随着景区居民收入不断地提升，景区居民的精神生活也在不断地丰富，包容性旅游向着村庄美、产业富的方向前进，老百姓的精神面貌更是有很大提升。只有景区居民的综合素质不断增强，才能实现景区的可持续发展。

三是旅游减贫。快速发展的乡村旅游是居民稳定脱贫的重要方式，包容性旅游同时强调旅游业发展与成果共享，景区居民可以直接或间接参与到包容性旅游发展的过程中，部分景区居民的生产生活已经与旅游业紧密地连接到了一起。

二、居民的参与

（一）资本参与

一些符合条件的景区居民可以根据国家政策，流转自身拥有的房屋、土地等资产，以买卖或租赁形式转让给涉旅企业或个体工商户，获得一次性或阶段性收益。如居民为旅游业提供特色资源及发展空间，从而提高生活质量，通过对空间的合理利用，社区空间的功能和样式均发生变化，演变为生活—旅游服务功能的复合空间。但是，在空间开发的过程中如何避免引发地域特色与民族特色消减、旅游生命周期缩短等危机，这是旅游社区在快速经济发展中保持地方特性，协调旅游开发与社会生态可持续关系时面临的难题。旅游业发展既需要不同市场主体的进入，更需要当地居民的参与，政府要穿针引线、组织引导和统筹规划，搭建投资平台，提供投资优惠政策，推动居民资本对旅游项目的投资。但是个体居民资金有限，可以通过适合居民贷款需求的旅游金融新产品，解决居民参与当地旅游发展中的资金问题，从而调动居民主体参与旅游开发的积极性。

（二）资金参与

对于拥有资金优势的景区居民，可以通过投资入股参与方式实现金融领域的收入，达到可持续收益的目的。对于二级市场，可以投资涉及当地旅游产业的股票，不参与管理；对于参股非上市公司，可以通过社区、私募或股权投资公会参与到旅游项目投资。

例如，海南省三亚市天涯海角景区整治和整合了"海上游天涯"项目，联合马岭社区居委会及当地居民创建了"景区＋社区＋居民"合作模式，居民可以通过多种形式参与到项目投资中，如通过资金参与实现利益共享，促进区域旅游产业发展、带动周边地区经济繁荣。

（三）劳动参与

景区居民可以积极通过劳动参与涉旅相关就业岗位，为旅游经济发展提供劳动服务，并实现自身可持续脱贫的一种有岗状态。居民借助国家推行发展乡村产业吸纳就业，推动休闲观光、健康养生、农事体验等乡村休闲旅游业的同时，搭上全域旅游的快车，通过旅游业的发展，使居民创业增收，也是社区促进居民就业的一大途径，依托地理优势，地方资源禀赋，以美丽乡村建设为契机，打造综合一体的旅游经济。利用人社部门积极动员引导，大力开发居民就业岗位，利用多种渠道为有想法、有能力通过旅游实现就业的居民提供平台。但是地方社区要做好谋划，因地制宜、因时制宜，有条理、有顺序地开发和推进旅游产业发展，不急功近利，不好高骛远，切实为社区居民提供合适的就业岗位和公平的就业机会，真正让旅游发展成果为他们所共享，使旅游业逐步成为调结构、促就业、惠民生的富民产业。

例如，江西省吉安市吉安县通过重点打造永阳中洲岛、大冲百香果科技园、浬田田岸上村等多个乡村旅游点，带动当地居民参与乡村旅游的治安保洁、餐饮服务、农产品加工销售、后勤保障、创业发展乡村民宿、农家乐、旅游农产品种植加工等产业，实现景区居民通过劳动参与的方式融入当地旅游经济发展中。

（四）自主创业

包容性旅游为景区居民创造了良好的创业环境，景区居民创业方式丰富多样，根据自身要素禀赋条件，可以通过"农家乐"、旅游工艺品、民俗、电子商务等方式实现旅游"二次创业"。还可以通过"政府＋企业＋居民"的方式，政府提供平台、企业提供投资，实现当地居民的创业增收。

例如，湖南省湘西土家族苗族自治州十八洞村居民借助当地旅游业发展，通过农家乐、果树采摘、苗绣等方式自主创业，形成了十八洞村家家有自己的"拿手的特产"，依托十八洞村为品牌的系列文创产品正在形成逐步延伸、扩大的局面，使当地居民在致富道路上大踏步迈进。

（五）决策参与

居民决策参与主要体现在旅游的发展、参与决策、参与旅游收入分配等方面，与当地政府和企业形成一个共建共治共享的利益格局。包容性旅游发展主张居民参与到旅游开发、规划和决策过程中，适当引导当地居民的参与，可以通过个人、村集体等形式，使居民的想法和态度贯穿其中，以减少居民对旅游的反感情绪和冲突，以便规划的最终实施。一方面，居民的意愿得到尊重，有利于培养居民的主人翁意识，激发居民参与旅游发展的源动力；另一方面，旅游发展规划与社区居民联系更加密切。社区居民参与旅游规划应对旅游发展的战略方向和目标提出建议，参与旅游发展的具体目标和措施的确定，参与选择具体的旅游形式等。在社区参与旅游规划中，政府处于特别重要的位置，必须考虑居民的社区参与，并保证参与渠道畅通，让居民对旅游规划和发展决策的意见体现在旅游发展规划中，促使旅游规划、决策的实施成为社区居民的责任。

例如，内蒙古鄂尔多斯市达拉特旗恩格贝镇蒲圪卜村在开发旅游业时，以村集体的形式参与到旅游项目的开发过程中，确保当地居民能够充分参与到旅游开发过程中的决策，保障了当地居民的利益。

第三节　包容性旅游中居民的权益保障

一、景区居民的权益类型

包容性旅游是要实现经济成果的相对公平分配，通过旅游业带动当地经济社会发展。相对于政府和企业两个主体，居民属于松散的个体状态，缺乏组织性。在包容性旅游发展过程中，居民处于弱势地位，需要保障其基本权益。首先是居住权，居住权一般指原住居民生活在当地的权力。其次是经济权益，是指居民在包容性旅游发展过程中所能获得的经济利益。最后是文化权益，保障当地居民对中华优秀传统文化或特色健康民俗文化的传承。

二、居民权益保障原则

（一）以保障居住权益为根本

居住权是居民在景区赖以生存的基础。在旅游开发过程中对基础设施的完善，常会出现对土地进行征用的情况，此时便涉及居民的居住权益。旅游资源的开发在于不断提高当地的旅游竞争力，一方面可以推动乡村生活环境改善，另一方面也会出现居民的社区空间得不到尊重，居民的生存空间不断被压缩的状况。因此，在包容性旅游开发的过程中，仍需尊重居民的居住空间，将旅游空间与居民生活空间做适度分离，切实保护居民的居住权益。同时，在新时代旅游开发的过程中，要解决随之而来的生态环境问题，最好的办法不是将旅游区的常住居民迁移到城市商品房中去，而是构建一种能够实现让常住居民和临时居民展开和谐对话、共同维护生态环境的价值和制度体系。

（二）以保障经济权益为目标

包容性旅游的发展离不开当地居民的支持，在企业及当地政府通过旅游资源开发获取经济利益的同时，可能会割裂景区与当地社区的经济联系，导致当地居民较少甚至不能从旅游开发中获益。因此，在包容性旅游发展过程中要以当地居民的利益为优先，倘若不以当地居民的利益为前提发展旅游业，甚至出现当地居民利益受损的情况，居民则会成为当地旅游业发展的阻碍。

（三）以保障文化权益为重点

旅游资源的开发对当地居民的传统文化保护既是机遇也是挑战。一方面异彩纷呈的民俗文化活动可以化身为旅游生产要素，借助旅游业快速发展使更多人了解当地传统文化，从而弘扬传统文化、强化对其重视程度，使传统文化进一步得到发展以及受到保护；另一方面旅游资源的开发也有可能冲击到当地居民的传统文化，经常存在当地居民的传统文化伴随旅游业发展变得过于商业化，失去了原有的民风民俗的现象。

三、居民权益的保障措施

（一）法制保障

《中华人民共和国宪法》从政治、经济、文化、人身等方面对公民的基本权利进行了保障，这是旅游地居民权益保障的法制基础。《中华人民共和国劳动法》《中华人民共和国社会保障法》《中华人民共和国旅游法》等法律对居民权利保护的深化，构成了旅游目的地居民权益保护的主要框架。随着旅游业的不断发展，同时也会产生各种社会、经济矛盾。因此，对旅游地居民法制的保障应该与时俱进，全方位保护居民的权益，这样才能体现包容性旅游注重保障旅游地居民的基本权益与经济利益。

（二）机制保障

完善旅游地居民的参与机制，构建社区居民与包容性旅游的利益共同体。

居民不仅仅要积极主动参与对旅游开发过程中涉及的自身利益的事件，而且要通过劳动力、资本等方式融入包容性旅游开发过程中，通过广泛的参与，建立起公平的社区居民利益分配机制。同时，建立有效的信息沟通机制，强化政府与居民之间的沟通，一方面保障居民提出诉求的通道，另一方面主动传递信息于居民，增加居民的参与感与信任感。

（三）动力保障

首先，要让社区居民认识到发展旅游的愿景，激起自我发展的自觉性，增强居民参与意识，以利益联结为依托，增强社区居民的归属感和依恋感，从而主动参与到包容性旅游中。其次，要建立培训体系，提高旅游地居民的整体素质水平，同时可以帮助旅游地居民了解、融入包容性旅游中去。最后，要建立利益诉求和获取渠道，提高居民对旅游参与的积极性，增加居民愿意参与旅游建设的意愿，拓宽包容性旅游建设成果的分享人群覆盖面。

（四）技术保障

对于居民各种权益的保障不能墨守成规，需要与时俱进。伴随现代科技水平的不断提高，诸如大数据、区块链、5G、智能化等新兴技术的不断涌现，利用现代科技对居民权益保障的各种形式提供技术支撑。

本章小结

首先，本章以居民的本质为出发点，从孟子、亚里士多德、费尔巴哈、马克思、习近平等人的论述中，探究了居民的本质，指出人的重要本质含义，对思考完善包容性旅游中居民的本质属性有着重要的指导意义。其次，从人的五大需求出发，探究了社区居民生理需要、安全需要、归属和爱的需要、尊重的需要和自我实现的需要与包容性旅游的关系，随后对不同群体的居民生活变化做出了描述，以及对居民的参与方式进行了研究。最后，论述了居民在包容性旅游中的权益要以保障居住权益为根本、保障经济权益为目标、保障文化权益为重点，并强调以法制保障、机制保障、动力保障与技术保障这四类措施保障居民在包容性旅游中的权益。

第七章　游客优质旅游体验为导向

第一节　游客的本质与需求

一、游客的本质

（一）游客的定义

根据世界旅游组织的定义，游客是指任何一个人到他的惯常环境外的地方去旅游，连续停留时间不超过 12 个月，其旅游目的不是通过所从事的活动从访问地获取报酬的人。李天元（2014）通过对世界旅游组织相关资料的整理，提出在旅游统计中游客通常分为国际游客和国内游客。其中国际游客是指到一个不是自己惯常居住地的国家去旅行，连续停留时间不超过一年，主要访问目的不是去从事从所到访国家获取报酬的活动的人；国内游客是指身为本国居民，离开自己的惯常居住地前往本国境内的其他地方旅行和访问，连续停留时间不超过 6 个月，并且主要访问目的不是去从到访地区获得报酬的人。① 非营利性是游客的重要特征之一。

（二）游客的内涵

一是旅游活动的主体。旅游活动的基本要素包括游客、旅游资源、旅游业三大类，其中游客是旅游活动的实践者，是旅游活动的主体。游客的存在

---

① 李天元 . 旅游学概论［M］. 天津：南开大学出版社，2014.

是旅游活动得以实现的前提条件，没有游客就没有旅游活动，也不会有由旅游活动所引起的各种现象和关系。作为旅游活动的主体，游客的数量规模和消费水平等都会对旅游业的整体发展水平产生直接影响。因此，游客是旅游活动构成部分中最为活跃的因素，处于主体地位。

二是旅游资源的实践者。旅游资源作为旅游活动的客体，是游客进行旅游活动的重要基础，游客是旅游资源的实践者和作用对象。游客在进行旅游准备时，首先要考虑的便是旅游所在地的旅游资源能否对自身具有足够的吸引力，产生前去进行旅游活动的强烈兴趣。旅游资源的价值在一定程度上通过其对游客的吸引力和游客游览的时间程度得以体现。方世敏和陈洁（2013）通过对大云山国家森林公园的研究，认为游客的停留时间与旅游项目的丰富度以及旅游吸引力具有显著相关关系，应当不断完善旅游目的地产品丰富度，增加旅游价值和吸引力。①

三是旅游业的享用者。旅游业作为旅游活动的媒介，是满足游客进行旅游活动的服务机构，在游客和旅游资源之间起到连接的作用，是为游客提供良好旅游体验的重要保障。换言之，游客是旅游业的享用者，主要包括有形的产品和无形的服务两个方面。根据游客对旅游产品和服务的体验后所提供的反馈不断丰富旅游供给，进而不断推动旅游活动规模的扩大和发展速度的提升。

四是多种因素的共同产物。居民要成为游客，必然要受到主观和客观因素的共同影响，只有二者均得到满足，游客才能产生。在客观因素方面，主要包括游客的可自由支配收入和闲暇时间。旅游作为一种较高层次的消费，必然需要一定的经济实力为旅游过程中发生的消费提供资金保障。闲暇时间是指人们在节假日等时段中可以用于进行旅游活动的时间，时间和可自由支配收入是形成游客的两大必要条件，缺一不可。在主观因素方面，旅游动机占据着主导地位，包括旅游意愿、自身身体条件以及家庭经济状况等因素。

---

① 方世敏，陈洁.景区游客停留时间的影响因素研究——以大云山国家森林公园为例［J］.中南林业科技大学学报（社会科学版），2013，7（6）：1-4.

（三）游客的重要性

一是拉动落后地区经济发展。目前，旅游作为带动当地经济发展的重要途径之一，越来越多的游客到一些相对落后的旅游目的地进行旅游活动，带动了当地旅游消费市场的发展，对当地整体经济发展水平和居民收入水平起到了一定程度的推动作用。通过游客的流动，有效带动了资金向部分农村落后地区流动，加快了落后地区经济和社会的发展速度。

二是传递不同区域文化。旅游作为一种具有空间转换的活动，在旅游过程中，来自不同地区、拥有不同文化背景的游客作为地方文化的传播者，会在一定程度上带动其惯常居住地和旅游目的地文化的融合交流，为地方带去新的文化活力。同时，可以给旅游目的地居民带去新的文化理念，帮助更新已有的文化结构。

三是推动旅游目的地建设。通过旅游活动，游客不仅可以帮助当地居民提升收入水平，部分游客还参与到当地旅游事业的建设之中，结合自身的真实旅游经历和体验，通过游客反馈、出谋划策以及文化志愿活动等方式，积极主动地参与到旅游目的地建设之中。

二、游客的需求

（一）求新

旅游中的求新是指游客暂时变换其惯常居住的生活环境，而尝试不同于平常的活动。求新体现在新鲜感和新奇感两个方面，新鲜感表现在游客离开长期居住的环境，在旅游中体验到新的生活环境，对于接触到的和日常生活有所不同的地方产生兴趣，以及有别于惯常居住地的新异体验，比如，山区居民到沿海地区旅游体验等。另外，求新驱动游客旅游体验关键在于对新奇感的获得，新奇感体现在对于游客具有更强的吸引力方面，能够引起游客较高程度和较长时间的好奇心。

例如，一直以来，河北省秦皇岛市的游客多以京津唐为主。[①] 2018 年，秦皇岛市举办的"国际旅游地标滨海休养胜地"为主题的旅游巡回推介活动先后走进西安市、成都市、贵阳市，充分运用秦皇岛尤其是北戴河的海边旅游资源，以及发达的旅游交通网络，利用内陆游客的求新旅游需求——海边旅游，加大了秦皇岛中远程高端市场的开发力度。

（二）求异

求异是指游客期望能在旅游目的地感受到有别于自身惯常居住地和其他旅游景区的民俗生活、社会风情、礼仪文化等。求异的前提在于具有差异性，体现在与游客惯常居住环境的差异和与其他旅游目的地的差异。其中和游客惯常居住环境的差异是最基本的差异，是满足游客求异需求的基本条件。与其他旅游目的地的差异层次更高，最本质的特征便是本土化和地方特色，比如地方民族文化特色、生活文化特色、礼仪文化特色等，是其区别于其他旅游景点，构成鲜明特色、满足游客更为个性化、更高要求的旅游需求。

例如，贵州省黔东南州西江千户苗寨是世界上最大的苗族聚居村落，其主要是以浓郁的少数民族风情作为吸引物，打造地方文化特色，吸引具备求异心理的游客前往。

（三）求知

游客在求新、求奇、求异的旅游需求中也包含着求知的成分，求知主要侧重于增长人们的阅历和见识。怀有这种心理的游客不满足于一般的观光性游览，游客对旅游的求知需求不仅包括扩大知识领域，而且包括从专业发展的角度出发，对某一专业领域进行较深入探索和研究。为了在扩大知识领域的同时，寻觅与其相关的信息，探讨专业发展的一些专门问题。比如，外出进修的学习旅游、专业人士从事的专项旅游以及专业会议旅游等旅游形式。怀有这种心理的游客往往在旅游中不仅要求参与与专业发展相关的旅游项目，

---

① 中国经济网.京津唐成为北戴河旅游主要客源地.［EB/OL］.http://www.ce.cn/culture/gd/201409/30/t20140930_3632550.shtml.［2014-09-30］.引用日期［2021-04-16］.

而且希望同所访地之间的同行进行交流。这种游客一般文化水平较高。

例如，贵州省平塘县"中国天眼"天文科普基地是近年来吸引研学旅游和天文爱好者的热门景点，通过开设国家天文体验馆，并配备馆内研学导师讲解等服务，同时开设了天文时空塔、赛博城市、火星文明、未来科技三大太空主题体验区以及九号宇宙航天科技馆等，[①] 帮助游客体验到更为多样、更为全面的天文科学技术，在一定程度上满足了游客的求知需求。

（四）求美

求美是指游客在旅游过程中对自然和社会中具有美感事物和活动的追求，求美心理是一种促使其进行旅游审美活动的内驱力。随着游客素质的不断提升，他们对旅游中接触到的事物和参与活动的审美价值要求也在不断提高，从酒店客房、餐厅的装修和菜肴的色、香、味、形、器到旅游景观的动态和质感等都十分关注，不同的游客在求美需求上也存在较大的差异，侧重方面会有所不同，有的游客偏向于观赏自然美，有的人注重体察节日习俗、民族服饰等社会美，有的在追求绘画、书法等文化艺术美，有的则侧重于享受特色菜肴、名烟名酒等饮食美。怀有这种心理的游客一般文化素养较高，出游的目的之一是满足他们不同的旅游审美需求。

例如，苏州园林作为中国古典园林的代表，素有"在咫尺之内再造乾坤"的美学典范，是满足游客求美需求的热门景点，在一个较小的范围内，很好地体现了游赏价值。采用各式各样的景观建造手法，对有限的园林空间进行了极佳的园林景观打造，可以较好地满足对园林艺术感兴趣的游客的求美需求。

（五）求乐

求乐是从个人兴趣、爱好出发，在参与旅游活动中寻求身心愉快和乐趣的心理。今天，人们生活水平有了较大提高，游客在旅游中对参加各种娱乐

---

① 贵州省文化和旅游厅.平塘"中国天眼"暑期研学游升温.［EB/OL］.http://whhly.guizhou.gov.cn/xwzx/wldt/202007/t20200730_61967306.html.［2020-07-30］.引用日期［2021-04-16］.

活动的兴趣也在增加，娱乐活动的类型也越来越多，活动内容越来越丰富，如滑雪、观看体育赛事、参加节日活动等。持这种心理的游客多为青年人，他们以参加这类活动为目的，并将其作为提高生活质量的内容之一。

例如，黑龙江省哈尔滨市亚布力滑雪场充分运用游客的求乐心理，2020年在原本的滑雪项目基础设施之上，进一步完善了滑雪赛道的连接系统，并进行了魔毯铺设，带给游客更加愉悦的滑雪体验。并借助亚布力论坛二十届年会、第十八届亚布力滑雪节以及全国冰雪诗歌朗诵会等活动的举办，给予滑雪游客更为丰富和多样化的旅游项目体验，更进一步满足游客的求乐需求。

第二节　游客的消费与体验

一、游客的消费

（一）游客消费的概念

游客消费主要是指旅游消费。林南枝和陶汉军（2000）认为旅游消费是人们在旅行游览过程中，通过购买旅游产品来满足个人发展和享受需要的行为和活动。[1] 邹树梅（2001）认为旅游消费是人们在旅行游览过程中为了满足个人发展和享受需要而对各种产品、劳务使用和消费的行为与过程。[2] 罗明义（2005）认为旅游消费是指人民在旅行游览过程中，为了满足其自身发展和享受需要而进行的各种物质资料和精神资料消费的总和。[3]

（二）游客消费的类型

1. 按照消费资料进行划分

按照游客消费资料划分，可以划分为食、住、行、游、购、娱六个方面。

---

① 林南枝，陶汉军.旅游经济学－第2版［M］.南开：南开大学出版社，2000.
② 邹树梅.现代旅游经济学［M］.山东：青岛出版社，2001.
③ 罗明义.旅游经济学：分析方法·案例［M］.天津：南开大学出版社，2005.

一是食：餐饮消费。餐饮消费主要是指游客在旅游景区及其周边的旅游饭店、餐馆、小吃摊以及旅游交通站点附近等场所进行的餐饮消费。但是随着目前旅游散客的迅速增长，之前满足当地居民餐饮消费的餐馆和饭店也逐渐成为游客旅游餐饮消费的重要场所，游客在此进行的旅游餐饮消费占比有了一定程度的增长。

二是住：住宿消费。住宿消费主要是指游客在旅游过程中在招待所、酒店、旅馆等各种住宿点所进行的消费。近年来，除去传统的住宿消费外，以民宿、青年旅舍等为代表的经济型、个性化住宿消费颇受游客喜爱。在消费形式上，目前多已形成了线上预订的住宿消费模式，即"OTA+住宿"。

三是行：交通消费。游客的交通消费主要包括旅游客源地到旅游目的地之间的消费和在旅游目的地内的消费两大类。第一种消费以远途交通费用为主，其距离远，空间变动范围更大，交通方式主要包括飞机、高铁、火车、客运汽车、轮船等形式，主要目的在于将游客送达旅游目的地。在旅游目的地内的消费主要表现为城市、乡村交通或景区内部交通，以短途公共汽车、出租车、私家车、观光车、缆车等运输方式为主，提高旅游目的地内的通勤便利性，帮助游客获得更好的旅游体验。

四是游：游览消费。游客的游览消费是指游客为了满足自身对于旅游景区的观赏需求而进行的消费，主要体现在游览门票以及一些景区中所必要的缆车等辅助性观赏工具的消费，主要场所包括观光型旅游景区、公园以及博物馆、历史纪念馆等。

五是购：购物消费。购物消费是指游客在旅游过程中进行的旅游商品的消费行为，是游客消费的重要组成部分，对于提升整个旅游消费市场的消费水平具有重要的意义，是提升旅游收入的重要来源。目前许多以购物为主要旅游收入的景区，如磁器口、西湖景区等通过取消门票等方式吸引更多的游客前往景区进行购物消费，从而带动当地和周边地区的旅游经济收入增长。

六是娱：娱乐消费。娱乐消费是指游客在旅游过程中使用游乐设施，以满足自身娱乐需求而进行的消费。主要体现在欢乐谷、方特、迪士尼等大型娱乐主题公园。除此之外，还包括在旅游目的地及其附近的KTV、电影院等进行的消费，同时，度假村里面的体育设施，如冲浪、滑雪等项目也是娱乐消费的热点。

2.按照消费层次进行划分

游客消费按照消费层次进行划分，可以分为生存消费、发展消费和享受消费三种类型。但是三种消费类型之间并没有完全明确的界限，很多情况下都有相互交叉的部分。比如，游客在进行基本生存消费的过程中，在果腹的同时享受到了当地的美食，进行了享受型消费。

一是生存消费。生存消费主要是指游客在旅游过程中出于生存需要而进行的消费。在游客消费中，食、住、行这三类消费一般被认为生存消费，主要是为了满足游客在旅游过程的基本生存需求，是游客顺利进行旅游的基本保障。

二是发展消费。发展消费是指游客在旅游过程中在自身现有知识结构和能力的基础之上，不断追求进一步发展而进行的消费。发展型消费主要表现在游客对自身能力和素质水平的提升。"求知型"游客对于发展消费的体现最为明显，其主要目的是在旅游过程中追求自身知识结构更为完善。

三是享受消费。享受消费是指游客在旅游过程中谋求身体和精神的满足感方面而进行的消费。在游客的需求中"求乐"型游客的体现最为明显，游客借助旅游这一途径达到自身进行娱乐、观赏、放松身心的旅游需求。

例如，对于浙江嘉兴乌镇游客而言，在乌镇景区中出于补充体力和休息而进行的餐饮、住宿消费属于生存消费；对于从事互联网行业的游客而言，参加乌镇的互联网论坛便属于发展型消费；而参加戏剧节，在乌镇进行休闲度假的游客属于享受消费。

3.按照产品消费形态进行划分

一是物质消费。物质消费是指游客在旅游过程中所进行的实物资料的消费，如酒店用品、餐饮支出、旅游纪念品和日常用品的购物支出等。主要包括住宿消费、餐饮消费以及旅游纪念品消费三个方面。

二是精神消费。精神消费是指游客在旅游过程中进行的精神产品的消费，如供游客观赏娱乐的风景名胜、民俗风情等，以及在旅游过程中所享受的一切服务性的精神产品，是以满足游客的精神文化需要，陶冶游客思想性情、愉悦旅游体验等为目的旅游消费。

例如，作为四大佛教圣地之一的四川峨眉山，游客在旅游过程中峨眉山雪魔芋、峨眉山峨眉糕等当地特产的消费便属于物质消费。出于满足游客自身的精神消费，如求佛所进行的香火钱、功德箱等项目的花费则属于精神消费。

4. 按照消费内容划分

一是基本消费。基本消费是指游客在进行旅游活动时所必需而且比较稳定的消费，主要包括旅游餐饮、住宿、交通、游览等方面的消费，是构成整个旅游消费的基本和主要构成部分。

二是非基本消费。非基本消费是指在整个旅游过程中处于非必要地位，可以选择性消费的一种消费，如购物消费、按摩消费、娱乐消费等，主要取决于游客本身的额外消费需求，具有很大的不稳定性。

例如，游客到贵州省贵阳市青岩古镇进行游览观光时，在门票、餐饮，以及到达目的地所花费的交通费用便属于基本消费。对在游览过程中出现的崴脚等意外事故而产生的医疗费用，以及对旅游景区中的旅游纪念品，如银饰商品的消费等便属于非基本消费。

（三）游客消费的特点

1. 综合性

游客消费是一个综合性的过程。首先，从游客消费的对象来看，旅游产品和服务具有综合性。其次，从游客的消费内容来看，消费内容包括酒店用品、旅游餐饮、纪念品等物质消费，还包括求知求乐等精神性消费，并贯穿于旅游过程中食、住、行、游、购、娱的各个方面和部门的综合性消费过程。最后，在游客消费目的方面。游客进行旅游消费过程中，不仅满足了游客食、住、行等基本生存需求，还满足了游客进行观赏娱乐、愉悦身心的高层次需求，给予游客综合性的旅游体验。

例如，河北省秦皇岛市北戴河地中海俱乐部是集游客"食、住、行、游、购、娱"于一体，集休闲观光、海上运动于一体的综合性旅游度假村。在社区中游客可以选择"一价全包"的方式，享受到餐饮、住宿、社区观光车、海域观光、海上冲浪、室内健身、KTV 等全方位的综合性旅游服务，属于综合性消费。

2. 异地性

游客消费具有异地性。主要在于旅游消费具有空间的转移性，即游客为了满足某种目的，从自己的惯常居住地到另外一个地方进行旅游消费活动，即游客消费发生的地点并不是在自身的惯常居住地，属于异地消费。同时，异地性表现在旅游产品具有不可转移的特点，游客若是要对其进行消费，就需要进行空间转移，即异地消费。

例如，构成游客的条件之一便是离开自己的惯常居住地，这便使得游客消费产生了异地性的特点。如南方游客冬天多喜欢到北方（如东北雪乡）进行冰雪旅游，如 2018 年 12 月至 2019 年 4 月，广西壮族自治区桂林市以人均消费 7069 元登上冰雪旅游消费榜首，这样的消费便具有异地性。

3. 不可重复性

游客消费具有不可重复性。一方面表现在旅游产品的不可复制性。游客在旅游过程中不会消费到完全相同的旅游产品，即使是同一类旅游产品，也会因为旅游地自然、文化资源的不同而具有不同的表现形式和文化内涵。另一方面表现在游客只有在旅游活动过程中才拥有对于旅游产品的使用权。

例如，河南省郑州市方特欢乐世界作为国内知名的主题乐园，里面设有包括乘船漂流、过山车等各种各样的娱乐项目，该类旅游项目便体现了旅游消费不可重复性的只有使用权，没有所有权的特征。

4. 弹性较大

游客消费具有较大的弹性。一方面表现在游客消费具有较大的需求弹性。旅游产品属于精神需求产品，是游客为了更高层次的需求而进行的消费，因此具有较大的需求弹性，游客的消费受旅游商品的价格影响较大。另一方面表现在游客的消费属于季节性消费，容易受到季节的影响，尤其是一些以季节特征为明显卖点的旅游景区，如东北雪乡游客消费主要集中在冬季、秦皇岛北戴河黄金海岸主要集中在夏季等。这些地区在淡旺季的游客消费差距明显，具有季节性消费的特点。

例如，河北省秦皇岛市北戴河黄金海岸属于典型的淡旺季差异明显的旅游景区，由于气候因素，旅游旺季集中在夏季的 90 天之内，属于"忙一季养一年"的典型景区，在旅游消费方面，就景区内阿那亚社区部分酒店客房价格而言，淡旺季的价格相差可达到两倍之多。

二、游客的体验

（一）游客体验的定义

游客体验即游客的旅游体验。谢彦君（2002）提出旅游体验是指游客通过与外部世界取得暂时性的联系，从而改变其心理水平并调整其心理结构的过程，是游客的内在心理活动与旅游客体所呈现的表面形态和深刻含义之间相互交流或相互作用的结果，是借助于观赏、交往、模仿和消费等活动方式实现的一个序时过程。[①]

（二）游客体验的类型

1. 娱乐型游客体验

娱乐型体验作为游客旅游体验的重要内容之一，与游客需求中的"求乐"相对应，通过不同的娱乐活动满足游客的个性化、多样化需求。其中，主要包括观赏性娱乐和参与性娱乐两种，在很多情况下，观赏和参与相互融合，形成"观赏—参与型"娱乐。观赏型娱乐是指游客在娱乐过程中主要是通过静态观赏的形式进行娱乐体验。参与型娱乐则是游客亲身参与到旅游娱乐活动过程之中，如主题公园的娱乐活动等。

例如，阿拉善英雄会作为沙漠旅游和汽车旅游的重要旅游形式，通过举办汽车赛事、赛车锦标赛和汽车特技表演，以及举办烟火晚会、音乐节等各式各样的娱乐项目，从不同方面让游客积极参与到旅游娱乐活动中来，让游客从观赏到参与都得到了娱乐型旅游体验。

2. 教育型游客体验

教育型游客体验与游客需求中的"求知"相对应，是指游客通过旅游所得到的知识方面的提升，主要包括有意和无意两种。有意是指游客是以求知为目的进行的旅游活动，如研学旅游、博物馆参观学习以及部分商务旅游、

---

① 谢彦君.基础旅游学（第2版）[M].北京：中国旅游出版社，2004.

会议旅游等。无意是指游客出游目的并非获取知识，但是在旅游过程中通过导游讲解等方式也收获到了部分知识。

例如，陕西省韩城市依托"史圣故里"历史文化资源，以非遗文化和民俗文化为发展重点，成功打造了古城景区、龙门钢铁旅游景区研学实践教育基地，利用司马迁祠等文化景点，培养学生的文化情操，促进其在相关历史文化方面的深入了解，为游客提供教育型旅游体验。

3. 审美型游客体验

审美型游客体验和旅游需求中的"求美"相对应，主要包括对自然风景的欣赏和对人文艺术的欣赏两大类。自然审美主要是指游客在对自然美景、山水林湖田进行欣赏的过程中所获得的美好体验。人文艺术审美主要是指从房屋建筑、艺术表演、艺术品等旅游资源方面所获得的良好体验。

例如，贵州省毕节市百里杜鹃景区杜鹃素有"地球彩带""世界花园"的美称。每年3月花期，都会吸引众多游客前来观赏游览，摄影纪念。同处于贵州的拥有世界上樱花面积最大的平坝樱花园，同样吸引了许多有求美需求的游客，二者都会给游客带来赏心悦目的审美型旅游体验。

4. 逃避型游客体验

逃避型体验顾名思义，即游客为了躲避现实生活中的压力，选择通过旅游获得暂时性逃离的过程，主要包括逃避现实生活中由于人际关系、家庭生活、工作学习等各方面所带来的各种压力，通过旅游暂时获得身体和精神放松的一种过程。

例如，浙江省嘉兴市潘家浜景区公园的游客群体多为来自上海、苏州周边地区的城市居民，景区以农耕文化为切入点，开展特色农耕或者乡间活动，通过让游客自己动手用焖头煮饭等方式切实感受农家生活，让游客在旅游过程中暂时抛却现实生活压力，给游客带来逃避型旅游体验。

（三）游客体验的影响因素

1. 游客自身因素

在游客自身方面，对游客旅游体验产生影响的因素主要包括可自由支配收入、闲暇时间、已有的知识结构以及旅游期望等方面。可自由支配收入和闲暇时间既是游客产生旅游动机的必要条件，也会对游客旅游的行程规划和整体体验产生较大的影响。已有的知识结构是形成美好旅游感受的附加条件，一般而言，游客拥有旅游资源相关的知识越丰富，所获得的旅游感受也会越好。

例如，博物馆作为一种文化教育手段的载体，特别是文史类博物馆，大多具有展览内容专业化、讲解专业化、展品静态化等方面的特点。对于博物馆游客而言，良好的背景知识储备是游客获得良好旅游体验的重要因素，即游客自身的相关知识储备、知识结构等自身因素会对游客的旅游体验产生较大的影响。

2. 旅游客体因素

主要包括旅游资源、公共服务两个方面。其中旅游资源是进行旅游活动的基础，公共服务是形成良好游客体验的必要加分项。具有鲜明特色、文化底蕴浓厚的旅游资源和完善的设施配备、高质量的服务水平是帮助游客获得良好旅游体验的重要保障。

例如，2020年江苏游客在云南参加公司团建活动时，其负责的导游郭某在该团队前往石林景区的途中，存在威胁和要求游客购物的语言，因为言语问题不当引发了众多游客的不满。[①]对于游客而言，导游服务质量低下必然会在较大程度上降低游客的旅游体验，特别是经过舆论发酵之后，甚至对整个旅游目的地的社会形象都会产生很大的影响。

3. 外部环境因素

外部环境主要包括旅游目的地的政治环境、经济环境、社会环境和文化环境四个方面。良好的大环境可以给游客带去较好的印象，政治生态良好、经济的稳定发展、社会的治理有序、文化环境的鲜明特色都是游客获得美好旅游体验的必要条件。

例如，2015年第二季度全国游客满意度调查报告提出旅游目的地的外部环境会对游客的整体旅游体验产生较大程度的影响，主要表现在旅游目的地缺乏地方特色、旅游资源开发雷同、旅游形象不佳以及在卫生设施建设、自

---

① 昆明旅游质监网. 网曝"云南导游威胁游客"舆情调查情况的通报.［EB/OL］.（2020-12-29）［2021-04-16］. http://kmzj.km.org.cn/infodetail.aspx?Aid=33&id=5411.

然生态保护、市民行为文明程度、重大旅游安全事件和社会突发事件等城市总体形象和旅游形象问题等方面。

第三节 包容性旅游中游客的责任担当

一、社会环境责任

（一）遵守相关法律法规

在旅游过程中，游客遵守法律法规是其必须履行和遵守的责任和义务，主要包括以下三个方面：

一是遵守国家相关法律法规。国家相关法律法规是保障我国社会主义现代化建设顺利进行的强有力工具，同时也是游客安全美好顺利完成旅游过程，获得良好旅游体验的重要保障。因此，遵守国家法律法规主要针对的是游客在旅游过程中，不论是国内游客，还是国外游客都必须遵守自身惯常居住地的法律法规政策，不做有违反游客祖国法律法规的事情。

二是遵守旅游目的地相关法律法规。遵守旅游目的地（国）相关法律法规，既是底线，也是文明旅游的重要标志。作为具有异地特性的游客，特别是出境游客，在出发之前对旅游目的地相关法律法规进行深层次地了解和掌握，在旅游过程中，严格遵守当地法律法规，是其进行旅游的重要部分，也是确保进行文明旅游、安全旅游的重要前提条件。

三是不断加强自身法律意识。对于游客而言，加强自身法律意识主要包括两个部分。一方面体现在旅游之前，游客需要不断加强自身对于法律法规知识的学习，尤其对于跨国游客，不同国家之间的法律存在差异，更应该加强在该方面的知识储备。另一方面体现在旅游过程中，游客应该严格规范自身行为，不做任何违法违纪的事。

（二）与其余主体相互监督

一是"游客—游客"方面。"游客—游客"监督针对的是游客内部的监督，在旅游过程中，对于已经察觉到具有违法迹象的游客，需要对其进行及时的劝导和制止，以防后续不法事件的发生，并在同行过程中加强对法律意识的教导工作。对于出现违法行为的游客，要及时向导游及相关人员反映，避免情况继续恶化。

二是"游客—居民"方面。"游客—居民"监督是指旅游目的地对该地游客进行旅游的一种监督途径。对于游客而言，可能会因为地方法律以及风俗习惯方面的差异而产生一些无意识的违反当地法律道德的事情。对此，当地居民对其进行监督工作则显得尤为重要。加强居民监督工作，不仅可以在一定程度上规避游客不法行为的出现，同时还可让当地居民真正地参与到旅游过程之中，彰显东道主之职。

三是"游客—企业"方面。这里的企业主要指的是与旅游相关的企业，包括旅行社、景区、酒店等旅游企业。"游客—企业"则指的是旅游相关企业人员加强对游客旅游行为监督的一种途径。其中导游体现最为明显，导游在旅游过程中需要不断对游客进行旅游相关事项的强调工作，增强游客文明旅游意识。同时需要对违法行为进行及时制止并及时向相关部门举报，保证旅游过程顺利进行。

（三）积极履行社会责任

游客承担社会责任担当主要体现在三个方面：

一是共建良好社会环境。共建良好社会环境是指游客和政府、居民、企业等相关主体共同守好社会道德秩序、践行自身行为责任、自身应有义务的良好共建机制，不断打造更加自由、平等、公正、法治的和谐社会。

二是共治社会不良现象。共治社会不良现象主要指的是游客同政府、居民、企业等相关主体共同治理社会上的不良现象，尤其是旅游过程中共同治理不良现象、遏制不良意识形态、制止危害社会行为、争当社会治理者，不断加强自身社会环境意识，不断巩固游客现有社会责任，拓展游客社会担当，向更加和谐美丽的社会环境迈进。

三是积极主动建言献策。游客作为旅游活动的享受者，特别是在进行旅游消费活动时，作为消费者群体之一，具有监督权，游客可以充分使用这一权利，在旅游过程中对遇到的不良行为进行及时披露和反馈。同时，游客作为旅游活动的实践者，可以结合自身经历和体验，积极向相关部门和人员献言献策，助力当地旅游经济发展。

二、生态环境责任

（一）加强生态旅游意识

加强游客生态旅游意识主要表现在政府、旅游企业、游客三个方面：

一是发挥政府主导作用，不断加强生态旅游宣传教育工作。逐步完善生态旅游环境保护工作制度，不断强化主流媒体对生态旅游意识的宣传工作，带动广大游客积极参与生态旅游环保实践工作。并不断普及生态旅游相关知识，加大宣传经费投入。

二是旅游经营部门需要加强旅游服务人员队伍的素质提高工作，特别是导游等服务人员，面对目前旅游服务市场人员素质参差不齐的情况，要充分利用各种人才培训资源，积极培养符合生态旅游发展所需要的各类人才，以确保在提供旅游服务的过程中对游客的生态意识起到正向引导作用。

三是游客不断提升自我生态旅游意识，以生态旅游、环境保护为己任，以不破坏当地自然资源、旅游设施为基本要求，不断规范自身生态旅游行为。

（二）保护当地生态环境

随着旅游业的快速发展，因为开发旅游带来了环境问题，其中，游客影响最为明显，保护当地生态环境是游客义不容辞的责任和义务。保护当地生态环境主要表现在两个方面：一方面，表现在游客的自我规范。在旅游过程中，游客要严格规范自身行为，不乱丢乱弃垃圾，不随意破坏旅游设施和当地自然资源等。另一方面，表现在督促同行者做好文明旅游工作。对于同行者，游客之间应相互监督，对于出现破坏环境的行为要及时制止并督促其尽力改善恢复，还可对其进行一定的思想教育工作，减少后续类似情况的发生。同时，对于在旅游过程中遇到的环境脏乱差等问题，要及时向当地相关部门和人员反映，争做文明建设者。

（三）发挥反向影响作用

一是"政府—旅游企业—游客"方面。在该种模式中政府发挥主导者作用，负责制定生态旅游相关制度规定，从明文规定角度出发，对旅游经营部门和游客在进行生态旅游过程中的行为做好硬性要求，同时做好相关调查工作，对于旅游过程中出现和反馈的问题，及时采取相关措施。

二是"政府—游客"方面。政府对游客行为进行相关规范要求，同时游客对于政府相关要求的制定起着反向影响作用。主要表现在意见制定之前，政府需要对游客旅游中的生态行为进行调查，从而进行针对性制定，同时，在意见制定之后，可以利用收集游客反馈和调查实际情况的方式进行一定程度的调整。

三是"企业—游客"方面。同"政府—游客"方式大同小异，企业主要负责对游客行为进行监督引导，游客主要起反馈作用。

三、文化环境责任

（一）尊重当地风俗习惯

尊重当地风俗习惯是作为一名合格游客所必须具备的良好素质，主要表现在以下几个方面：

一是尊重当地宗教信仰。对于具有宗教信仰的国家和地区，游客需要充分了解并尊重其风俗习惯。比如，对于信仰伊斯兰教的国家和地区，在饮食方面切忌猪肉以及饮酒，对于信仰印度教的国家和地区，饮食方面忌吃牛肉，对于信仰佛教的国家和地区而言，切忌摸头等。

二是尊重当地特色风俗。特色风俗是指旅游目的地所具有的独特风俗习惯。比如，泰国人不能用红笔签名，日本人忌讳"四"和"九"，西方人忌讳"十三"等。除此之外，在颜色以及鲜花的使用方面游客也需要格外注意，颜色及鲜花的使用在不同地区所代表的含义可能存在较大差异。

三是尊重少数民族习俗。每个民族都有属于自己的传统而独特的生活方式，除去饮食之外，还包括婚俗习惯，如土家族的哭嫁，以及一些民族要求不能跨族结婚等。同时，这些民族传统及生活方式在节日习俗方面也有所体现，在参与少数民族的节日活动时，要完全按照其传统形式，不得对其进行不当的质疑和反对。

（二）传播地域优秀文化

游客作为具有异地性的特殊群体，在传播区域优秀文化方面具有较大的优势，游客参与的旅游过程在一定程度上也属于一种文化交流活动，主要表现在传播客源地优秀文化和传播旅游地优秀文化两个方面。

一是在传播客源地优秀文化方面，客源地作为游客的惯常居住地，游客对其文化具有深刻的理解，在旅游过程中可以通过向他人讲解自己家乡的特色风俗习惯以及名人逸事等方式传播客源地文化，加强他人对客源地文化的了解。

二是在传播旅游地优秀文化方面，游客通过自身的实际旅游经历，充分感受到旅游的文化氛围，在其返程以及后续其他旅游过程中，可以将在目的地所吸收学习到的优秀文化向他人介绍，并通过与他人进行文化的交流等方式扩大旅游目的地优秀文化的传播面。

（三）培养居民文化自信

一是打造旅游目的地文化品牌。打造本土文化品牌主要在于深耕本土文化特色，政府和相关企业进行合作，通过考察地方的历史、传统、地域、自然、经济、文化资源和优势，认真分析目前文化资源的优势、劣势、机遇和挑战，从而制定相应的城市发展战略和规划，进行文化品牌打造。

二是扩大地方文化影响力。扩大地方文化影响力主要从宣传方面入手。一方面在于积极运用新媒体网络技术，例如，抖音短视频、宣传片和纪录片等方式打开地方文化知名度。另一方面在于以特色产业引领地方文化发展，比如茶文化、红色文化等。

三是提升居民文化素质。以社区党建为引领，充分发挥社会组织力量，大力开展文化活动建设。主要包括设置图书室等文化场所，并积极利用当地文化能人带动示范作用，通过开展地方特色文化讲座和座谈会等形式，助力提升居民文化素质。

本章小结

本章旨在以游客优质旅游体验为导向，从游客角度出发推动包容性旅游建设，分为游客的本质和需求、游客的消费与体验、包容性旅游中游客的责任担当三个方面。首先，从游客的本质和需求出发剖析游客的深刻内涵和旅游需求。其次，从游客的消费与体验出发，分析游客在实际旅游过程中所产生的消费行为以及实际旅游体验。最后，对包容性旅游中游客的责任担当进行分析，游客作为一种特殊的社会群体，其主要包括社会环境责任、生态环境责任、文化环境责任三大方面。总的来说，深刻理解游客本质，掌握游客需求，客观分析游客消费与体验，全面遵循游客责任与担当，对于从游客角度出发构建包容性旅游系统具有重要意义。

第三篇

包容性旅游的生成系统和发展维度

第八章　包容性旅游生成的
创新生态系统

第一节　包容性旅游的五大发展理念

创新生态系统是一个具备完善合作创新支持体系的群落，其内部各个创新主体通过发挥各自的异质性，与其他主体进行协同创新，实现价值创造，并形成了相互依赖和共生演进的网络关系。[①]包容性旅游创新生态系统以习近平生态文明思想为指导，以创新、协调、绿色、开放、共享为发展理念，以政府、涉旅企业、社区居民、游客、社会组织等为主体，相互间协同创新，优势互补，创造旅游价值，实现旅游发展成果的共建共治共享。

一、旅游发展新格局

一是从旅游业发展的新形势来看，新发展格局中旅游业高质量发展加速推进。当前我国旅游业正在快速复苏，大众旅游消费将在新发展格局中扮演更加重要的角色；科技成为旅游业高质量发展的重要动能，以智慧旅游为核心的现代旅游体系建设进程进一步加快；文旅融合不断开创新局面，在文化强国建设进程中，文化和旅游融合发展的方向将会更加明确，发展空间将更加广阔；"十四五"规划对旅游业高质量发展提出了更高的要求，明确了发展方向、提出了重点任务，要求旅游业在坚持旅游为民、实现旅游带动方面作

---

① 苏策，何地，郭燕青.企业创新生态系统战略开发与竞争优势构建研究［J］.宏观经济研究，2021（4）：160-169.

出更大努力。党的十九届四中全会指出，消除绝对贫困后，脱贫攻坚战的重心将转向解决相对贫困，解决相对贫困是未来扶贫工作的重要核心内容，而发展包容性旅游相关产业是促进贫困群众持续增收致富、摆脱贫困的可选途径之一。

二是国家对经济社会高质量发展的要求，也是对脱贫后的可持续减贫工作提出了新的要求。脱贫后相对贫困问题占据减贫工作的主导领域，相对于由物质财富匮乏造成的绝对贫困问题，相对贫困则是对特定参照群体而言的，即同一时期，不同地区或不同阶层成员之间，由于主观认定的可维持生存水准的差别而产生的贫困。包容性旅游是促进新旧动能转换及经济高质量发展，缩小相对落后地区与中东部地区的发展差距，实现区域经济协调发展战略的举措。

二、包容性旅游发展新理念

包容性旅游围绕"旅游经济发展方式创新、城乡区域间发展协调、生态屏障绿色、文化发展包容开放、发展成果共享"五大发展理念，见图 8-1。

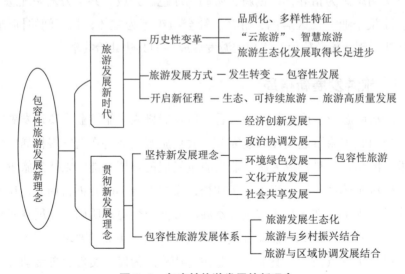

图 8-1　包容性旅游发展的新理念

一是旅游经济创新发展。经济创新是实现包容性旅游经济高质量发展的重要途径。包容性增长要求在经济发展中做到参与机会均等、发展成果共享、利益相关者协同和发展效益的可持续，尤其关注对弱势群体的照顾，强调就业机会、收入分配等适当地向弱势群体倾斜，保障弱势群体的利益。包容性旅游经济创新推动的经济高质量发展将使社会医疗、养老、社会保障等公共产品的数量和质量进一步满足全体居民的需要，为民众提供更充分的就业机会，形成更加公平合理的收入分配机制。同时，促进社会风气的积极向上、文化事业的蓬勃发展和社会文明程度的不断提升，使社会氛围更加公平、公正、民主与和谐。

二是旅游政治协调发展。包容性旅游发展的战略目标是以旅游业的发展为依托，实现经济发展成果在各利益主体之间的相对公平分配，在包容性旅游中实现政治协调的方式主要以政府为指导，贯彻落实战略规划与发展目标。包容性旅游战略执行中的政治协调内涵包括"化解利益冲突、解决主体矛盾、推动公平发展"三个方面。首先，化解利益冲突。准确把握政府、企业、居民、游客和其他社会第三方机构的参与动机和参与能力，精准把控不同主体在包容性旅游发展过程中的角色定位，通过政治协调理念的贯彻落实，确保实现政府的统筹协调、企业的发展目标、居民的利益追求、游客的消费体验和社会第三方机构的参与需求。其次，解决主体矛盾。通过开展以政府为中心的政治协调工作，推动政府顶层设计与基层探索相结合，进一步权衡利弊，并采取措施协调解决主体矛盾。最后，推动公平发展。确保各利益主体的文明参与，实现过程公平；落实公平分配制度，实现发展战略的协调开展；落实政策公开制度，实现政策制度的协调开展。

三是旅游环境绿色发展。建设良好的包容性旅游生态环境是政府的基本职能。一方面，对于企业而言，尽可能地降低企业对环境的污染和破坏，是必须坚持的原则，环境友好型企业在其社会公众形象塑造以及后续的可持续发展中有着积极的作用。另一方面，建立以社区内生力量为核心的环境治理模式，定期组织社区居民代表、干部等对环境进行整治；形成长效污染控制工作机制，重点改善农村生活环境、生活污水、生活垃圾和工业废气等。此外，身为新时代背景下的游客，积极践行负责任旅游理念是树立游客新形象、新面貌的重要途径。包容性旅游发展，注定离不开基础设施建设、环境保护、污染防治等具体工作，这不仅需要地方政府、旅游投资者、地方居民和社会公众加强对旅游行为的管理与监督，更需要游客在开展具体旅游活动之时，践行负责任旅游理念，在严格要求自身的同时，积极宣传负责任旅游的理念。

四是旅游文化开放发展。包容性旅游文化的开放过程中旅游企业作为旅游活动中的主要经营者，其对旅游文化的开放交流起着至关重要的作用。旅游企业在加强建设企业战略和企业文化的基础之上，应主动与其他相关企业进行交流，将自身优秀的企业文化进行推广，并在与外来企业文化的交流互鉴中，通过企业之间的文化交流，来带动整个行业的文化开放交流氛围，以达到促进旅游文化开放的目的。文化开放发展的重要目的是加强各民族、区域、国际间文化的交流，减少文化冲突和排斥。无论是当地文化，还是外来文化，通过旅游方式促进文化之间的相互碰撞与融合，显得极其重要，这也提高了当地经济发展的质量和水平。因此，包容性旅游的文化开放发展在保护当地文化、培育地方特色优势产业、弘扬民族优秀文化、开展文化风情旅游的同时，改善了当地居民生产生活条件，增加了当地居民的收入。

五是旅游社会共享发展。社会共享包括人民对经济、政治、文化、社会等各个方面发展成果的共享，是一个不断促进人的全面发展，实现全体人民共同富裕的过程。从包容性旅游的角度出发，社会共享发展理念体现中国特色社会主义的本质要求：在包容性旅游中，包容性是解决旅游发展中各种利益问题的关键，通过做大旅游发展的蛋糕，同时将做大的蛋糕分好，从而体现发展成果全面共享和全民共享的理念。落实包容性旅游的共享发展理念，是一个解放思想与求真务实、效率与公平相统一的过程，同时，共享发展理念要求以脱贫群众为重点，注重缩小地区之间的贫富差距，体现了社会主义制度的本质要求。

第二节　包容性旅游的创新生态系统

包容性旅游的创新生态系统重点关注旅游产业链和价值链上有机联结的各种创新种群（政府、企业、居民、游客）间，以及与创新环境之间的协同互动、共生演化的关系，其根本目标是在包容性发展理念下促进创新持续涌现，推动旅游经济高质量发展，见图8-2。

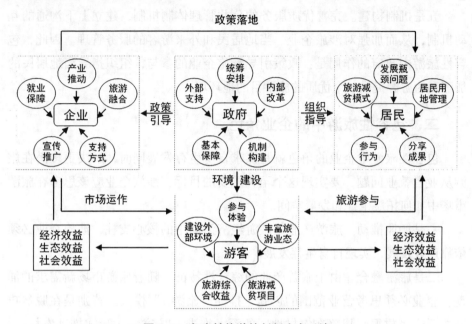

图8-2 包容性旅游的创新生态系统

一、包容性旅游中的政府职能

"五级"政府从上到下，通过打造政府优质服务的功能，全局统筹规划包容性旅游"共建共治共享"的制度性安排。

一是统筹安排。包容性旅游作为一种发展方针，必须由政府制定规则后，进行统筹安排，合理布局各方利益相关者的参与渠道和形式。

二是内部改革。优质服务的提供，要求必须进行内部改革，提高旅游相关项目的审批服务能力。

三是外部支持。制定监察监督机制，让社会力量参与政府在旅游业建设施政过程中的"三公"监督，尽量杜绝一切可能的"失职"或"腐败"，为企业参与包容性旅游提供适宜的外部力量支持。

四是基本保障。提供居民可参与的多元化基本保障措施，建立公平的利益分配制度，保障居民的基本权益，让易返贫人群和边缘人群能够得到发展权益的保障和发展成果分享的保障。

五是机制构建。完善优质服务的公共管理体制机制，建立上下沟通的互动机制，从而加强对涉旅企业、当地居民和外来游客的服务管理。因此，包容性旅游中政府的作用是：政策引导涉旅企业的参与，组织指导当地居民的加盟和为游客提供一个优质的旅游目的地环境。

二、包容性旅游中的企业角色

包容性旅游中企业的角色就是谋求自身生存发展同时，解决更多潜在旅游从业者就业问题，要实现这个至关重要的目标，涉旅企业应该思考在旅游市场中如何拓展生存和发展空间。

一是产业推动。旅游产业是旅游经济活动中的核心支柱，涉旅企业必须依靠产业发展，实现自身生存发展。

二是旅游融合。由于旅游产业的综合性特征，随着旅游市场新需求的涌现，企业必须思考营业范围的创新，推动"旅游+"模式。特别是在脱贫攻坚之后，乡村振兴战略在农村地区的深入推进，"旅游+"形式推动农村一、二、三产业融合，有着积极的催化作用。

三是支持方式。依靠涉旅企业单方面提升整个旅游市场经济活力是存在困难的，需要基层政府、当地居民、专业机构等多方面支持，形成一个利益共享、风险共担的可持续发展态势。

四是宣传推广。"酒香也怕巷子深"，特别是旅游业的发展，需要在广阔客源市场中为服务与产品树立良好的形象，提高企业的知名度和美誉度。

五是就业保障。鼓励涉旅企业积极参与旅游经营活动，除了能够帮助其获得自身的生存与发展以外，更重要的目的是解决当地居民可持续生计问题，造福一方百姓，为其提供就业保障，解决居民生存与发展的问题。

三、包容性旅游中的居民举动

包容性旅游是通过旅游产业建设为居民谋求生计发展的一种方式，因此，居民的举动对于旅游目的地政府、涉旅企业和游客来说，显得十分关键。

一是发展瓶颈问题。居民参与旅游经营活动实现自身就业，存在用什么参与，怎样参与，如何收益等一系列瓶颈问题，特别是对于一些弱势群体和边缘人群，自身知识文化和能力技能十分有限，这些瓶颈问题直接影响了居民加入涉旅就业岗位的可能性和具体的行为举动。

二是居民用地管理。土地是旅游建设开发的一个最为关键的要素。在旅游建设中涉及土地产权、使用权、经营权、收益权、流转费等一系列问题，往往也是居民引发矛盾和冲突的聚焦点。如何科学合理地实现旅游开发的居民用地管理，使得既能够激发居民有效参与的积极性，又能够保障旅游事业发展需要，这是实际操作中必须面对的困难问题之一。

三是旅游减贫模式。如何保障弱势居民群体利益不受损，一个合理的旅游发展模式显得十分重要。弱势居民群体在包容性旅游中的权利和义务，需要一个明确且有限的旅游减贫模式。例如，"龙头涉旅企业 + 农户 + 村集体"这种三方合作分红模式，明确规定各方参与者在旅游建设中的权利和义务，实现旅游业共建共治共享。

四是参与行为。居民要具体参与到旅游可持续生计行动之中，参与行为包括资本支持、劳动支持、资产支持、口头支持等多种形式。

五是成果分享。不见实效，不聚民心。包容性旅游减贫事业如何"按劳分配"共享发展成果，也直接影响到居民参与建设的积极性。必须让居民切身感受到旅游开发对所处环境的氛围、生活的质量、居住的条件、邻里的关系、社会的治安等产生的积极影响。

四、包容性旅游中的游客体验

游客体验创造旅游综合效益，产生经济效益、社会效益和生态效益。游客的体验感受是检验旅游经济是否具有活力的关键影响因素，也是包容性旅游能否可持续发展的根本驱动性因素。因此，丰富提升包容性旅游中游客的体验，从影响因素来看，需要考虑以下几个方面：

一是参与体验。旅游目的地需要增加自身吸引力，来激发游客参与体验的动机，产生愿意体验的消费行为。

二是丰富旅游业态。丰富多样的旅游吸引物和旅游体验项目，是丰富旅游业态的关键，是满足游客差异化和个性化需求的关键，也是提升旅游目的地吸引力的关键。

三是建设外部环境。一个优质的外部环境，包括生态环境、文化环境、社会环境等，直接影响到游客的体验参与意愿，健康消费意愿和长期停留意愿。

四是旅游减贫项目。旅游目的地要用激励政策刺激游客参与益贫事业发展，建立一个与当地弱势群体和边缘群体互动交流和提供帮助支持的项目平台，倡导游客展现负责任的旅游态度，提升游客旅游体验的存在感、价值感和归属感。

五是旅游综合收益。包容性旅游的综合收益，关键依靠游客积极健康的市场消费和互动参与的公益支持，把旅游活动变成一个游客与旅游目的地有效互动的方式。

第三节　包容性旅游的系统运行条件

包容性旅游的系统运行要以平衡各主体之间的利益为基础，在进行包容性旅游创新生态系统运行时，需要以下创新子系统协同运作，见图8-3。

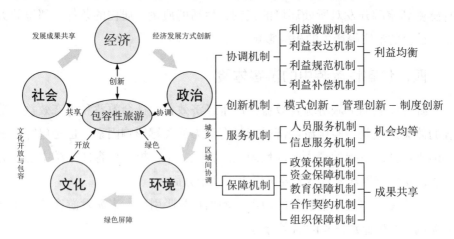

图8-3　包容性旅游的系统运行条件

一是协调创新子系统。社区居民参与旅游开发可能会造成旅游资源分配不均、参与机会不均衡、信息沟通不顺畅等诸多问题，较早参与旅游开发的居民在资源分配、利用、参与模式选择、教育培训、管理认知、信息获取等方面具有更大的优势，在收益等方面远高于较晚参与旅游开发的居民，导致社区居民之间收益不均甚至分化等问题。因此，基于利益分配原则来科学合理建立协调创新子系统，包含利益激励机制、利益表达机制、利益规范机制以及利益补偿机制四个模块，为社区居民参与旅游减贫提供人力、物力、财力、制度、渠道、反馈等方面的保障系统，能够为居民参与包容性旅游创造良好的环境和氛围，为社区居民提供更多的发展机会。

二是机制创新子系统。包容性旅游的机制创新子系统除了旅游企业自身发展模式创新、管理方式创新和管理制度创新以外，最主要的是保障机制的创新，保障机制是体现包容性旅游发展的关键，主要包括政策保障机制、资金保障机制、教育保障机制、合作契约机制以及组织保障机制。政策保障是从制度上保障居民能够参与旅游开发建设，涉及社区参与的有关内容，必须具有可操作性、约束性和强制性；资金保障中环保基金、土地补偿基金、利益补偿基金既是社区可分配的经济利益，也是社区参与的重要保障措施；教育保障是社区居民能够参与包容性旅游开发的关键；而契约是为防止合作一方的机会主义行为而签订的，具有约束力、限制性以及法律效力；社区申诉机构是组织保障的体现，能够保证社区居民对利益诉求的表达，同时保障政府、企业和社区居民间信息的畅通。

三是创新服务子系统。创新服务子系统包含人员服务机制与信息服务机制两大模块。信息服务机制可以减少因信息量大而复杂造成的信息不对称、错误、重复等问题，创新服务子系统可以建立人员服务与信息服务的"云平台"，政府、旅游企业等相关单位可以及时发布"减贫""返贫"的供需信息，将脱贫不稳定户的贫困特征、风险等级、教育、医疗情况、帮扶需求、培训情况等基本信息通过云平台发布，帮助相关帮扶企业、社会组织以及公众了解情况，以此来降低甚至消除帮扶主体与客体之间的信息沟通缓慢、不对称、错误等问题，实现各帮扶主体与脱贫不稳定户之间的供需匹配，实现精准定位和帮扶，同时实现对帮扶过程的实时跟踪，提升包容性旅游减贫的效率。

本章小结

包容性旅游的创新生态系统主体要素包括政府、企业、居民和游客，应该抓住"统筹协调服务、提升经营能力、扩大参与程度、实现健康消费"四方面的主要矛盾，以"服务优质、事业可观、居民友善、体验美好"发展目标为导向，发挥政府服务、企业参与、居民参与和游客参与的协同作用，构建包容性旅游的创新生态系统。这需要政府做好旅游业管理的统筹服务、企业提升旅游市场经营的生存能力、居民参与营造旅游社区良好氛围和游客愿意主动履行健康消费的责任。

第九章 包容性旅游的经济发展：创新

第一节 经济创新的内涵与意义

一、经济创新的内涵

著名经济学家约瑟夫·熊彼特（Joseph Alois Schumpeter）率先提出了经济创新这一概念，从理论上系统阐述了创新在经济上的重要作用。约瑟夫·熊彼特认为，在现代经济条件下，创新就是各类生产要素实现新的组合，从而产生经济的创新，例如，新技术与新生产过程的组合、新技术与新市场开发的组合以及新产品与新营销方案的组合等，这些新的组合会形成一种新的生产函数，从而带来经济生活领域的革命，使经济活动不断产生新的附加值。[①] 美国企业管理家彼得·德鲁克（Peter F. Drucker）认为，经济的创新不是单方面的创新，而是体现在经济活动的各个方面，包括企业管理方式的创新、市场营销的创新以及组织体制机制的创新等，凡是能够改变已有资源创造财富潜在能力的新行为和新制度，都属于经济创新的范畴。[②] 英国经济学家克里斯托夫·弗里曼（Christopher Freeman）指出，经济创新是使各类生产技术以新产品、新工艺、新系统或新设备的形式进行的商业化转变，包括技术创新、产品创新、制度创新、生产流程创新、管理创新和营销创新等各个方面，经济创新有利于更好地引导和促进企业的生产发展，实现国家经济的高

---

① 美约瑟夫·熊彼特.经济发展理论［M］.何畏，易家详，等，译.北京：商务印书馆，2020：78-86.

② 美彼得·德鲁克.创新与企业家精神［M］.蔡文燕，译.北京：机械工业出版社，2007：25-39.

效发展。① 我国学者叶静怡指出，通过创新促进经济社会的进步，一般要经过四个阶段：一是创新投入，即通过一定的形式将创新经费、创新技术、创新人才等创新要素投入经济活动中。二是创新生产，通过促进制度创新在经济活动中进行创新生产，推动生产技术、创新知识、产业品牌等方面的产出。三是创新效益，将经济活动中的创新技术和创新机制等各类创新要素转化为现实的发展效益从而促进产业和经济的发展。四是创新扩散，即将创新要素融入经济社会发展的各个领域，形成创新辐射作用，驱动经济社会各类产业的发展，提高经济创新影响力。②

综上可见，各国学者对于经济创新的理解各不相同，但都有一个共同点，即都肯定了技术创新和发展机制创新对于国家经济创新的重要作用。自党的十八大报告指出"坚持走中国特色自主创新道路、实施创新驱动发展战略"以来，创新驱动就成为引领我国发展的第一动力。创新驱动发展战略要求提高经济自主创新能力，加快科技体制的改革创新，实现科技创新与制度创新、文化创新、管理创新与业态创新等相结合，促进我国发展方式向技术进步和劳动力素质的提升转变，构建以企业为主体、市场为导向、产学研相结合的技术创新体系，从而推动经济向形态更高级、分工更精细和结构更合理的目标演进。对于我国而言，经济竞争力提升的关键要素是推动产业技术体系的创新，建设高水平的创新人才队伍，发展重要领域的创新项目和创新工程，优化区域产业创新布局等，从而提升社会经济创新能力，激发创新对经济发展的重要促进作用。③ 2020 年 10 月，党的十九届五中全会指出，要继续坚持创新驱动发展战略，从强化国家战略科技力量、提升企业技术创新能力、激发人才创新活力和完善科技创新体制机制四个方面塑造我国经济发展新优势。④ 因此，在推动经济社会发展的过程中，应重视对创新创业活力的激发，积极发展新的经济运行模式和发展机制，促进万众创业和大众创新，为

---

① 陈劲，王焕祥，等. 创新思想者：当代十二位创新理论大师 [M]. 北京：科学出版社，2011：156-178.

② 叶静怡. 创新经济学理论、实证与创新调查 [M]. 北京：北京大学出版社，2020：68-73.

③ 中共中央国务院印发《国家创新驱动发展战略纲要》[N]. 人民日报，2016-05-20（001）.

④ 中共中央关于制定国民经济和社会发展第十四个五年规划和二〇三五年远景目标的建议 [N]. 人民日报，2020-11-04（001）.

经济社会的发展释放新的需求，创造新的供给，实现新技术、新制度和新业态的蓬勃发展。

二、经济创新的意义

（一）有利于促进经济的高质量发展

党的十九大后，我国社会主要矛盾已经转化为人民日益增长的美好生活需要和不平衡不充分的发展之间的矛盾，这意味着我国经济发展应以解决我国社会新的主要矛盾为目标，实现经济的高质量发展。经济创新是实现我国经济高质量发展的重要途径，其作用主要体现在以下三个方面：

一是微观层面，经济创新能够激发劳动者的创造活力，促进万众创业、大众创新，使生产经营者提高产品和服务质量，促进市场和谐发展，使企业加快产品技术创新，改善经济发展方式，提高经济发展效益。

二是宏观层面，经济创新有利于解决我国发展不平衡、不充分的问题，构建共建共治共享的经济发展模式，进一步提高经济发展水平，促进社会公平。

三是经济创新对于促进经济高质量发展的作用将最终落到民生问题上，即满足人民日益增长的美好生活需要，主要表现在：首先，经济创新推动的经济高质量发展将使社会医疗、养老、社会保障等公共产品数量和质量的改善，进一步满足全体居民的需要。其次，经济创新推动的经济高质量发展将为人民提供更充分的就业机会，形成更加公平合理的收入分配机制，进一步提高居民收入。最后，经济创新推动的经济高质量发展将促进社会风气的积极向上、文化事业的蓬勃发展和社会文明程度的不断提升，使社会氛围更加公平、公正、民主与和谐。

（二）有利于推动经济的可持续发展

可持续发展是经济发展的基本要求之一，经济的可持续发展程度一般与该国在技术、观念、体制、文化等要素方面表现出来的能力密切相关。经济创新不仅能够推动技术、体制、观念等要素的发展，还能促进经济建设与人口增长、资源利用和生态环境保护之间的和谐，进而实现社会经济的可持续发展。陈宏在《中国经济增长的可持续性》一书中指出，资本、技术和能源是影响中国经济增长可持续性的三个主要因素，经济创新也将从优化这三个因素的基础上推动我国经济发展的可持续性。[①] 首先，经济创新有利于增加资本投资。经济的创新将大大改变经济发展方式，使政府对市场的管控更加制度化、规范化，加大对教育改革、新农村建设、环境保护、技术改造与科技创新等方面的投资，加强对重大投资项目的管理和督查，从而提高投资效益。其次，经济创新有利于促进技术进步。经济增长理论表明，技术进步是经济发展的源泉，但技术的进步与否依赖于市场机制的利益激励，在该前提下，经济的创新便能推动完善市场体系、法律环境和制度保障，从而引导企业加强人才培养，推动技术进步。最后，经济创新有利于减少能源消耗。经济创新能够在一定程度上减少能源消耗率，并将能源消耗控制在环境承载力范围之内，引导企业从"高能耗、高污染、低效率"的旧增长模式向"低能耗、低污染、高效率"的新增长方式转变。

（三）有利于提高国家综合实力和国际竞争实力

国家综合实力的强弱代表着该国家的经济社会发展水平，意味着其满足国民需求和解决国内基本问题的能力，也决定着其在国际上的地位和作用。随着世界综合国力竞争的日益激烈，如何提高国家综合实力和国际竞争力这一问题越来越重要。经济创新水平作为衡量一个国家综合实力的重要因素，对于提高国家综合实力、增强国际竞争力具有重要的影响和意义。在全面建成小康社会的新时代新征程下，推动实现经济创新，提高经济发展效益，不仅能够增强我国的综合实力，同时，还能提高我国的国际竞争力，提升我国在世界大国中的地位。

具体而言，主要体现在以下两个方面：一方面，经济创新能够培养更多的高水平人才。国家之间的竞争归根结底是人才的竞争，经济创新的发展必将驱动一批创新型人才的培育，人才资源的增长和优化能够推动我国经济社

---

① 陈宏．中国经济增长的可持续性［M］．北京：中国财经经济出版社，2008：21-56.

会各方面的提质升级，进一步促进我国综合实力的提升。另一方面，经济创新有利于提高我国的科技实力。科技进步是促进国家综合实力和竞争力的重要途径，也是世界各国相互竞争的焦点，经济的创新发展不仅有利于推动我国科技水平进一步提高，还能进一步缩小我国与发达国家之间的差距，进而增强我国的国际竞争力。因此，经济创新对提高我国国家综合实力和国际竞争实力具有重要意义。

第二节　包容性旅游中经济的创新理念

包容性旅游中的经济的发展理念主要在于促进旅游目的地经济的包容性增长。包容性增长是 2007 年亚洲开发银行提出的一种经济发展新理念，其主要观点是强调社会公平正义，缩小地区贫富差距，追求区域经济、社会、生态等各个方面的平衡与协调，使地区经济实现可持续的增长。[①] 包容性增长理念与单一地追求经济效益的增长相比，不仅重视创造发展的机会，同时关注各主体参与机会的平等性，为经济社会的健康和可持续发展提供了理论依据。[②] 经济增长是包容性增长的前提和基础，因为只有经济发展水平逐渐提高，才能创造更多的发展机会，从而相对公平地分配好这些机会。包容性增长要求在经济发展中做到参与机会均等、发展成果共享、利益相关者协同和发展效益的可持续，尤其关注对弱势群体的照顾，强调就业机会、收入分配等适当地向弱势群体倾斜，保障弱势群体的利益。

一、参与机会均等

旅游业的发展，为解决就业、脱贫致富，特别对那些自然和文化资源丰富，但发展相对滞后地区的经济增长做出了重要贡献，成为地方财政收入的

---

① Ifzal Ali and Hyun H. Son.Measuring Inclusive Growth［J］.Asian Development Review，2007（5）：11-31.

② 王京传，李天元.包容性旅游增长的概念内涵、实现机制和政策建议［J］.旅游科学，2011（5）：21-26.

重要来源。但同时旅游经济的发展也带来了一些社会问题，特别是旅游社区居民参与机会不均导致的贫富差距扩大问题，影响着旅游目的地社会的和谐发展。因此，这一问题是我国旅游经济创新发展必须解决的问题，只有实现旅游目的地居民参与机会的均等，才能促进旅游经济惠及更多人群，进而缩小我国的社会贫富差距。包容性旅游中的参与机会包括参与旅游开发、经营、管理、决策等各方面，参与机会均等是指在旅游发展过程中，旅游目的地的全体居民都能够公平地参与旅游发展项目，从而共同享受旅游发展带来的利益。参与机会的均等是缩小旅游目的地贫富差距，实现共同富裕的基础。要实现旅游经济的参与机会均等，可以从两个方面入手：一方面，扩大当地产业，增加生产性就业岗位，满足更多当地居民的就业需要。另一方面，通过政策保障促进实现发展机会的公平竞争，政策优惠向弱势群体倾斜，维护弱势群体利益，增强旅游目的地社会公平。旅游目的地居民参与旅游发展机会的均等，不仅可以缩小旅游目的地社会的贫富差距，促进社会公平，还能提高居民参与旅游工作的积极性，促进当地旅游产业的高质量发展和可持续发展。

二、发展成果共享

旅游发展成果是指旅游目的地在发展旅游产业的过程中获得的一系列经济收入、社会声誉、游客市场，以及因发展旅游建设的一系列基础设施、公共服务等。因此，旅游发展成果共享强调的是这些经济收入、社会声誉、游客市场、基础设施和公共服务等，应由为此作出贡献的当地政府、居民、企业、游客和社会组织等主体共同分享，并实现旅游利益相关者之间的相对公平分配。因此，应在共建共治共享的社会发展理念下完善旅游包容性发展体系，实现旅游经济发展成果的共享，具体而言，可以从以下几个方面入手：一是提升旅游目的地经济发展水平，创造更多的经济效益，提高旅游目的地居民的人均收入水平。二是构建科学合理的旅游收入分配机制，根据旅游目的地旅游发展模式和居民参与旅游发展的实际情况，建立相对公平的收入分配方式，包括对景区门票收益的分配、居民土地入股发展旅游所获经济效益的分配等。三是创建旅游经济发展成果共享的保障机制，建立相应的监督管理部门，对旅游经济发展成果共享机制的执行进行监督和管理，解决因旅游利益争执引发的社会矛盾，保障旅游目的地社会的和谐稳定。

三、利益相关者协同

利益相关者是指任何可以对组织目标产生影响或被组织目标影响的群体或个人。[①]旅游产业的发展涉及多方利益主体，具体包括当地政府、企业、居民、游客以及旅游协会等相关社会组织。各类主体皆带着一定的愿景参与旅游发展，例如，政府的目的在于促进地区经济社会发展，企业的目的在于扩大市场和获取经济收入，居民的目的在于获得发展机会并提高经济收入，游客的目的则在于得到美好的旅游体验等。在包容性旅游发展过程中，各参与主体形成了一个利益共同体，只有各利益主体的价值诉求都得到重视和实现，才能有效地推动旅游目的地经济的发展。所有旅游发展主体要想实现自己的目的，就必须与其他主体相互合作和相互协同，否则就无法促进旅游目的地产业的发展，更无法在旅游发展中获得经济利益。

在包容性旅游发展过程中，利益相关者的协同合作主要体现在以下三个方面：一是有序合作，即自觉遵守市场规则和法律法规，杜绝合同诈骗、虚假广告、非法经营、强迫交易、寻租等扰乱市场秩序的行为。二是风险共担，任何经济行为都会存在一定的风险，在旅游发展中，政府与企业是主要的风险承担者，因此，政府与企业要构建好完善的风险共担机制，包括如何选择项目、如何制定拨款机制和如何监督市场有序运行等。三是互利共赢，为实现政府、企业和居民等旅游参与主体的经济社会效益，应在各参与主体之间构建良好的利益分配机制，实现各参与主体的互利共赢。

四、发展效益可持续

旅游发展效益的可持续也是包容性旅游发展理念强调的重要内容之一，只有促进旅游产业健康发展，实现旅游发展效益的可持续，才能使旅游目的

---

① 爱德华·弗里曼.战略管理：一种利益相关者的方法［M］.梁豪，译.上海：上海译文出版社，2006：37.

地居民长效获得旅游发展成果。任何一个旅游目的地都存在一定的生命周期，旅游产品吸引力和质量、旅游市场需求变化、经济社会环境、旅游发展主体的决策、旅游发展模式等，都是决定旅游目的地生命周期长短的重要因素。因此，要使旅游经济发展效益实现可持续，必须全面把握影响旅游目的地生命周期的各类因素，并结合旅游目的地实际情况对各类因素的优势和劣势进行深入分析，客观掌握地区旅游产业发展面临的实际情况，充分发挥优势条件，调整和改善不利条件，促进旅游目的地的可持续发展。从旅游经济的包容性增长角度出发，实现旅游目的地经济发展效益的可持续性，关键在于实现各旅游发展主体之间的协同合作。

具体而言，包括以下几个方面：一是充分发挥政府的统筹规划职能，强化制度供给，完善旅游规划，为旅游产业的发展提供健全的公共服务。二是加强旅游市场监督，优化旅游市场秩序，促进旅游市场的有序运行。三是保护好旅游目的地的生态环境和文化遗产，实现旅游经济效益与社会效益的协同推进。

第三节　包容性旅游中经济的创新机制

基于包容性增长理论，包容性旅游经济的创新机制主要强调四个维度，即参与机会均等、发展成果共享、利益相关者协同和发展效益可持续。包容性旅游中经济的发展离不开政府的引导、企业的协作、居民的参与和游客的消费等方面，这些共同构建了包容性旅游经济发展的创新机制，如图9-1所示。

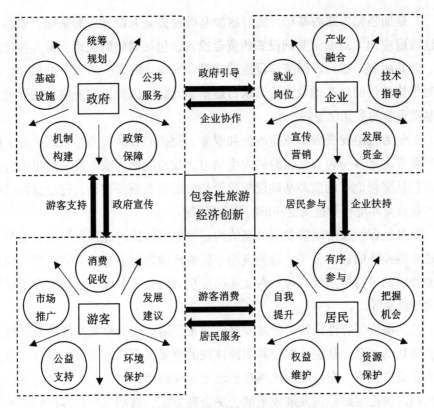

图9-1 包容性旅游中经济的创新机制

一、政府引导：为旅游社区企业提供参与动力

这里的政府是指旅游目的地所在省市的地方政府，即能够为旅游目的地旅游发展提供政策供给和制度保障的最直接层面的政府。政府作为强制性制度供给、管理和分配公共资源的主体以及社会经济发展的直接干预者，能够对包容性旅游发展产生引导作用，这种引导作用表现在以下五个方面：

一是统筹规划，包容性旅游作为一种地方经济的发展模式，地方政府的统筹规划尤为重要。政府对当地旅游发展进行顶层设计、中层规划和底层落实，发挥决策和引导职能，对地方旅游产业的发展作出明确的规划，对于促进旅游目的地包容性旅游经济的健康发展具有重要意义。

二是加强完善旅游基础设施。旅游基础设施是旅游发展的基础，旅游目的地政府应加大对旅游基础设施的资金投入，包括对旅游交通、游客接待中心、公共厕所、银行、医院等设施的建设和完善。随着生活水平的提高，游客对于旅游目的地基础设施的需求将逐渐多元化。因此，政府应加快促进旅游基础设施的多元化发展。

三是为旅游发展提供便捷的公共服务。便捷的公共服务是激发企业、居民等多方主体参与包容性旅游的内生动力。政府能够为旅游发展提供的公共服务包括完善地区的旅游基础设施建设和旅游公共服务建设、打造良好的旅游产业营商环境和营造安全和谐的社会氛围等。

四是包容性旅游经济发展机制的构建。包容性旅游经济发展机制是为了促进旅游经济的相对公平，避免或缩小旅游产业发展造成的贫富差距，促进旅游经济的可持续发展，包括对就业岗位机会的公平分配、对旅游发展成果的共享机制等。

五是提供包容性旅游可持续发展的政策保障。政府政策与旅游发展模式具有密切的关系，这是政府公共职能体现的重要方面。政府可以通过调节地区固定资产投资、财政收入比例和财政支出领域等，制定科学合理的利益分配机制，促进旅游经济发展成果的公平合理分配，推动实现包容性旅游的可持续发展。

例如，在脱贫攻坚时期，贵州省贵阳市通过引导地区旅游产业的发展，实现了市内贫困区县的脱贫摘帽，具体措施包括做好旅游精准扶贫规划设计、推动旅游业解决建档立卡贫困户就业，实施乡村旅游基础设施改善工程、旅游扶贫示范区打造行动、乡村旅游扶贫产品精准营销行动和旅游扶贫人才培养和结对帮扶行动等，促进了旅游经济的发展。可见，当地政府在地方旅游经济发展中发挥着基础设施建设作用、提供公共服务作用、社会动员作用、市场引导作用、利益联结作用和产销衔接作用等，能够有效促进地方包容性旅游经济的健康发展。

二、企业协作：为旅游社区居民提供就业岗位

企业一般是指以营利为目的，运用各种生产要素（土地、劳动力、资本、

技术和企业家才能等），向市场提供商品或服务，实行自主经营、自负盈亏、独立核算的法人或其他社会经济组织。[①]这里的"企业"则主要是指涉旅企业，如，旅行社、旅游景区、旅游饭店、航空公司、铁路公司、旅游商店等，包括食、住、行、游、购、娱各个方面，即主要为游客提供服务的企业。涉旅企业在包容性旅游发展中扮演着重要的角色。具体而言，主要包括以下五个方面：

一是实行产业融合，即各企业将自己的经营业务与旅游业进行深度融合，从而调整旅游目的地产业结构，完善旅游目的地旅游产业链条，促进旅游业与农业、工业等各个领域的融合发展，从而带动当地经济的增长。

二是为旅游目的地居民提供生产性就业岗位。旅游业属于劳动密集型产业，对劳动人员需求量大，且对员工专业技能要求相对较低，可以较好地满足旅游目的地社区居民的就业，对于解决农村地区妇女、低学历人群就业和促进居民本地就业改善"空心村"状况具有重要作用，这也是包容性旅游发展的价值所在。

三是为旅游目的地居民就业或创业提供技术指导，为就业人群开展旅游服务方面的专业培训，不仅能够提高企业的运营水平和运营效率，同时，还能提高旅游目的地居民参与旅游发展的积极性，促进旅游目的地居民自我发展能力的提升。

四是为旅游目的地旅游产业的发展进行宣传和营销。宣传营销对于旅游目的地而言至关重要，旅游企业可以充分利用其资金、社会资源等优势，提高旅游目的地社会知名度，开拓游客市场，促进游客消费，进而推动旅游目的地经济收入的增长。

五是为旅游目的地的旅游项目开发提供发展资金。资金是旅游开发和项目建设的必要基础，仅依靠政府的财政支出是远远不够的，而拥有资金优势的企业参与则可以较好地解决旅游目的地发展资金不足的问题。企业通过在旅游目的地进行投资开发，促进旅游项目的开展，能够有效为旅游产业的发展奠定经济基础。

---

① 程艳. 高质量发展下企业转型发展研究［J］. 中外企业家, 2020（1）: 53.

例如，在脱贫攻坚时期，云南省红河州红柑相关企业对云南省红河州的包容性旅游减贫项目的参与协作，有效促进了云南红河州旅游产业的发展。同时，推动实现了旅游经济的迅速增长。参与企业采取"农村基层组织＋合作社＋协会＋公司＋产业基地＋农户（贫困户）＋物流配送＋社群电商＋社会扶贫＋城市家园建设"的模式发展云南省红河州包容性旅游，在元阳县、红河县等地区投资约5000万元资金，新建6个柑橘种植示范基地，共3000余亩，油菜花标准化示范种植基地300亩，冬早蔬菜种苗培育基地15亩，蔬菜种植示范基地200亩，指导农民发展乡村旅游产业。截至2019年3月，参与企业向135户建档立卡贫困户流转土地634.65亩，为贫困户增收50.8万元，通过扶贫柑橘认养援助计划，帮扶贫困户1200户，接收农民专业合作社300万元资金入股，保证回馈农民合作社不低于10%的保底分红，解决了当地居民就业难、收入低、收入差距大等问题。① 可见，企业参与协作的包容性旅游发展，不仅能够促进实现企业的经济效益和社会效益，还能推动地方旅游经济的发展，是一种互利共赢的行为。

三、居民参与：为旅游社区游客提供优质服务

这里的居民主要指旅游目的地的原住居民，这些居民在当地旅游发展之前就居住于此，土生土长，世代沿袭，形成了独特的地域文化和稳定的社会关系。社区居民是包容性旅游发展的重要参与者，也是包容性旅游发展的主要受益对象，居民对旅游发展的态度和行为关系到游客的满意度，也决定着旅游目的地能否实现可持续性的发展。因此，居民的参与意愿和参与态度对于包容性旅游发展至关重要。作为旅游发展的利益主体之一，居民与其他利益主体之间协作的方式主要是通过为游客提供服务，提升游客满意度进而吸引更多游客来实现。具体而言，包括以下五个方面：

一是有序参与旅游产业发展，即能否遵守当地旅游产业发展的法律法规，能否自觉维护旅游市场秩序等，这种居民表现出来的秩序性与居民的个人素

---

① 陈鹏，陶长虹.边疆民族地区产业精准扶贫问题研究——以云南省红河州为例［J］.中共云南省委党校学报，2020，21（4）：104-110.

质密切相关。因此，要想促进当地居民有序参与包容性旅游发展，必须对当地居民的思想观念等进行教育，同时，还要制定严格的规章制度对不良行为进行约束。

二是自我发展能力的提升，特别是与从事旅游服务工作相关的能力。旅游目的地居民从事旅游服务工作不仅能提高家庭经济收入，还能给参与旅游发展的相关企业和政府带来经济效益和社会效益，促进地方经济发展水平的提升。因此，居民应自觉提升旅游服务相关业务能力。

三是切实把握好参与旅游产业发展建设的机会，积极响应当地政府发展旅游的战略计划和行动方案。把握市场机会，在旅游领域创新创业，促进当地旅游产业链的完善，推动旅游目的地旅游经济的增长。

四是主动维护自身权益，对于政府、企业等相关利益主体的不公平行为要勇于提出建议，积极参与当地旅游发展决策，对旅游发展成果的公平分配进行监督，从而维护自身的经济利益和参与权利。

五是保护好所在旅游目的地的各类发展资源，包括当地的历史遗迹、文化遗产、生态环境等重要的旅游资源，不能为了短期的经济效益而牺牲长远的社会效益。

例如，贵州省黔东南州西江千户苗寨的包容性旅游发展，当地居民旅游参与积极性高，苗族女性通过参与旅游发展，提高了经济地位，促进了当地的两性公平，使原本作为弱势群体的苗族女性得到了较为公平地对待，这也是包容性旅游经济发展理念的价值体现之一。西江千户苗寨是典型的景区社区一体化旅游目的地，对于这种旅游目的地而言，居民对旅游发展的参与行为至关重要。旅游产业的发展使西江千户苗寨不仅有社会生活的功能，还发挥着观光体验和商业服务等功能，这种景区与社区的深度融合使当地旅游就业机会增多，居民不仅可以参与涉旅企业提供的生产性就业岗位，还可以充分发挥自身在家门口进行自主创业的优势，使外出打工的居民大大减少。同时，在当地政府的引导和涉旅企业的协作下，西江千户苗寨形成了以社区为单位的利益共享机制，各利益相关者之间协同合作，相互监督，建立了"共商、共建、共享"的旅游发展模式，使旅游成为当地居民的主要收入来源，同时，增强了当地居民的文化自信和主人翁意识，实现了包容性旅游对旅游社区经济发展能力的提升。

四、游客消费：为旅游社区政府带来经济增长

游客是包容性旅游发展中的消费主体，在旅游发展中发挥着激发旅游目的地经济潜力、促进旅游资金向旅游目的地流动、推动旅游目的地产业、文化、社会、生态等资源配置要素与外界交流互动等重要作用。大部分游客旅游的目的是获得美好的旅游体验，因此，为游客提供其较为满意的服务和产品是其愿意消费的前提，也是游客参与包容性旅游的重要基础。在包容性旅游经济发展中，游客与政府、企业和当地居民之间的协作主要表现在以下五个方面：

一是带动旅游目的地消费，促进旅游目的地经济增长。游客来到一个陌生的旅游环境中，其食、住、行、游、购、娱等各个方面的需求都必须通过消费来实现，因此，必然促进外界资金向旅游目的地的流动，从而为旅游目的地政府、企业和居民带来经济效益。

二是市场推广，通过与亲朋好友传递旅游目的地文化和旅游体验感知，提升旅游目的地社会知名度，增加旅游目的地游客数量。游客旅游结束后一般会与身边的亲朋好友讨论自己在旅游目的地的旅游过程和旅游体验，这种交流便会起到一种广告宣传的效果，游客对该旅游目的地的满意程度越高，这种宣传效果就越明显。

三是通过旅游评价、献言献策等方式，为旅游目的地提出发展建议，促进旅游目的地建设。一些游客在结束旅游行程后，会对所到达的旅游目的地的景区环境、景区服务、社会氛围和治安管理等方面作出一定的评价和提出一些建议，从而使旅游目的地政府、企业和居民等主体能够及时弥补发展短板，提升发展质量。

四是公益支持，部分游客在旅游过程中会为旅游目的地或当地居民存在的困难献出一份爱心，包括对弱势群体进行帮扶，改善旅游目的地的经济、教育、环境、医疗等方面的不足，从而促进旅游目的地经济社会的发展。

五是自觉保护旅游目的地环境，减少自身利益活动对旅游目的地社区环境造成的负面影响。游客在旅游活动开展过程中应充分考虑自身行为给当地

社区以及当地居民造成的影响，主动保护好旅游目的地的生态环境和社会环境，促进旅游目的地的可持续发展。

例如，湖北省武汉市红石榴村的农家乐旅游便是以游客消费为基础的包容性旅游发展模式，这种旅游发展模式基于城市居民的旅游需求设计了各种具有吸引力的旅游产品，将农田景观、农事体验及农特产品销售等融为一体，满足了城市居民与大自然融合相处的旅游需求，在为游客提供心灵放松和精神享受的同时，促进了当地经济的健康发展。随着多元化、体验化和个性化消费趋势的发展，人们对于精神享受方面的消费比例逐渐增长，红石榴村准确把握游客需求，推出了娱乐型、教育型及审美型等多元化的乡村旅游产品，不仅为游客提供了新奇和良好的旅游体验，还为游客构建了一个线上线下一体化的交流平台。同时，这些游客带着良好的旅游满意度为该旅游目的地进行宣传推广，提升了红石榴村的旅游知名度，并主动对当地经营者提出自己的旅游需求和发展建议，推动了当地旅游产业和旅游服务的进一步完善，有效促进了经济的增长和居民收入的增加。

本章小结

包容性旅游经济发展的实质是创新，不仅需要发展理念的创新，还需要发展机制的创新。包容性旅游中经济的创新理念主要包括了四个方面，即参与机会均等、发展成果共享、利益相关者协同和发展效益可持续。因此，将这些包容性旅游中的经济创新理念融入政府、企业、居民和游客等旅游利益相关主体中，可以形成包容性旅游经济的创新机制。这种机制便是：政府引导，为旅游社区企业提供参与动力；企业协作，为旅游社区居民提供就业岗位；居民参与，为旅游社区游客提供优质服务；游客消费，为旅游社区政府带来经济增长。各利益相关者之间相互协作，互利共赢，共同促进包容性旅游经济的发展。

第十章 包容性旅游的政治发展：协调

第一节 政治协调的内涵与意义

一、政治协调的内涵

2015年10月在北京召开的党的十八届五中全会提出了"创新、协调、绿色、开放、共享"的五大发展理念，贯彻落实五大发展理念对推动经济社会深刻变革具有重要意义。协调发展是增强我国发展实力的重要理念之一，是中国特色社会主义事业总体布局的体现，协调发展的内涵主要体现在以下四个方面：

一是推动区域协调发展。推动区域协调发展要在各区间构建协调发展机制，发挥市场作用，推动不同地区间要素的有序流动，通过建立政策体系对经济发展主体进行有效约束，发挥主体功能约束作用，增强区域间发展的协调性，完善各地区的基本公共服务设施，实现区域间的公共服务均等化。根据不同地区间的资源禀赋情况建立环境承载约束条例，促进建立区域协调发展的新格局。当前区域发展的不协调主要体现为东西部地区和沿海与内陆地区在经济发展实力、工业化实现进程、基础设施建设等方面的不平衡，造成地区间发展差异的原因主要有资源条件、地理环境、发展战略、政策导向等多重因素，新时代实现区域间的协调发展要在理念上、战略上、经济增长等多个层面构建协调发展格局，通过各级政府和各地区发展主体之间通力合作，采取多方举措推动我国资源禀赋条件差异的地区实现协调发展的目标。①

---

① 汪彬.新时代促进中国区域城乡协调发展的战略思考［J］.理论视野，2019（5）：60-67.

　　二是推动城乡协调发展。推动城乡协调发展要求在体制机制方面为城乡一体化发展提供保障，完善乡村基础设施建设，建立基础设施建设的长效机制，为乡村居民提供基础设施保障政策，实现城乡公共服务均等化发展。城乡发展差距的关键问题是在农业发展中劳动生产率和回报率较低，推动农业发展和非农产业的现代化是实现城乡发展的基础；目前，我国的城镇化程度与欧美等发达国家相比仍然较低，推动城乡协调发展的另一个重要因素是实现高度城镇化，根据我国城乡格局和不同地区的现实特征、发展差异制定适宜的战略；同时，应注重经济发展环境和经济发展权益的协调，从政策上保障城乡居民共享经济发展成果和经济发展福利，实现城乡居民福利均等化。①

　　三是推动物质文明和精神文明协调发展。推动物质文明和精神文明协调发展是我国推动建设文化强国的重要战略支撑，要持续推进文化改革的快速发展，加强教育体系的建设，提升全民文化素质水平，加强社会主义精神文明建设，以道德体系建设为基础推进我国社会的整体道德水平，以法律法规为基础提升国民的国家意识和法律意识，加强爱国主义教育，提升全社会的责任意识和爱国意识，推动科学和科技水平的快速提升，发扬科学精神，弘扬中华民族传统美德，建设社会主义文化强国。在当前物质文明和精神文明协调推进的过程中存在着体制机制不够完善、资源挖掘不够充分、价值观扭曲、区域发展不平衡等问题，统筹协调物质文明和精神文明协调发展要求完善工作机制，形成物质发展和精神文明建设共同实现的发展格局，通过建立健全责任机制推动精神文明建设工作和相关政策的落地实施。②

　　四是推动经济建设和国防建设融合发展。国家经济实力和国防实力同等重要，经济发展和国防建设是国家立足于世界之林的命脉，推动经济建设和国防建设融合发展要求国家经济发展战略和国家安全战略的统一推进和融合发展。通过促进经济建设与国防建设的融合发展实现富国和强军统一的目标，促进经济战略和国防安全战略相辅相成，以经济发展促国防安全，以国防安全保障经济发展的健康环境。在推进经济建设和国防建设融合发展的过程中，

---

　　①　王琼.现代化经济体系下的城乡协调发展［J］.人民论坛，2018（36）：96-97.
　　②　赵传珍.推动物质文明和精神文明协调发展　实现广东精神文明建设走在全国前列［J］.党建，2019（4）：36-37.

通过实施军民融合发展战略，实现经济与国防的有序稳步发展，发展目标是形成全要素、多领域、高效益的军民深度融合发展格局。①

基于以上协调发展理念的内涵，政治协调是指相关政治主体对社会关系和矛盾进行调节，促进政治关系和社会关系的稳定，解决政治矛盾和社会冲突的一种发展理念。政治协调的目的是确保政治利益的全局性发展，协调方式包括政治干预、政治调整等，协调理念在政治发展中的内涵体现为以下三个方面：

一是政治协调是化解经济社会发展中出现的利益冲突的有效手段，由于任何经济社会事务的发展都会关系到多个利益相关者，导致经济社会中存在利益发展的矛盾性和利益主体关系的复杂性，不同市场中的相关利益主体都有着不同的发展目标和需求，因此，不同利益主体之间的矛盾和利益冲突必然存在，通过具有政治权力的权威部门进行协调和统筹，有利于解决经济社会发展中利益主体之间的矛盾，对梳理不同利益主体之间错综复杂的关系具有重要作用。

二是政治协调有利于控制调整经济社会发展与改革中出现的无效性状况。在实施改革的过程中，改革措施对不同社会群体造成的影响不同，经济社会发展中的改革战略是以解决社会发展中遇到的现实问题和长远计划为目标的，但是由于社会环境的复杂性和社会群体的多样性等因素的存在，不同的利益相关者在社会改革方案中会得到不同的利益，改革战略对涉及的群体带来的影响有所不同，甚至存在着正负面效应的差异，由此会造成不同的利益主体对于社会改革方案有着不同的态度。因此，通过具有政治权力的权威性领导机构进行统筹协调能够解决改革战略带来的局部性问题。

三是政治协调的原则是体现社会发展中的公平正义，在国家的社会发展中，不同利益组织获得利益的实现机会和资源禀赋情况存在巨大差异，强势群体因组织力量、资源数量等优势会先于弱势群体获得利益，在这种社会现实下，国家改革的发展战略在实施过程中会受到较大的阻力，影响改革措施

---

① 刘朝勋.论国防与经济建设协调发展的财政资源配置决定因素［J］.理论月刊，2010（12）：125-128.

的推进，政治协调的本质就是实现公平公正的价值观，实现经济社会的规范发展，保障弱势群体的权益得以实现。[①]

二、政治协调的意义

协调发展在政治工作中具有非常重要的实践价值，通过深入分析政治协调的内涵机制，发现政治协调理念对于推动包容性旅游发展具有重要指导意义。

2015 年 10 月，习近平总书记在北京召开的党的十八届五中全会上强调，"必须牢固树立并切实贯彻创新、协调、绿色、开放、共享的新发展理念"。[②] "协调"理念是推进国家发展战略的重要理念之一，在政治方面，协调发展的意义主要表现为以下四个方面：

一是在政府职能转变过程中，由于政府部门的传统工作模式转变困难，导致政府管理与公共治理目标难以实现，在政治发展中纳入"协调"理念，促进社会公共服务与公共治理中政府职能的调整，建立政治协调发展的工作机制，促进不同部门与机构之间的共商协作，有利于促进实现政府协调与治理的全面与可持续发展。

二是在经济社会发展与变革的过程中，由于地理位置、资源环境、区域发展战略等因素的不同，各地区或区域在政策支撑体系方面存在差异，通过发挥政治协调理念，有助于打破各地方的区域发展壁垒和贸易壁垒，促进各地区建立经济发展协调机制形成经济共同体，促进不同区域经济资源和要素的自由流动，实现经济发展新格局。

三是在历史发展的过程中，不同地区形成了各具特色的区域文化，各地区居民在价值观、生活理念、传统习俗、文化习惯等方面存在着较大的差异，在社会治理中通过发挥政治协调理念的优势，践行落实民主、正义、文明、和谐等社会理念，有助于减少各地交流、交往中的矛盾与摩擦，推动社会主

---

① 余敏江.基于政治协调的社会转型陷阱及其治理［J］.中共四川省委省级机关党校学报，2012（6）：56-62.

② 共产党员网.中国共产党第十八届中央委员会第五次全体会议公报.［EB/OL］. http://news.12371. cn/2015/10/29/ARTI1446118588896178.shtml.［2015-10-29］.

义核心价值观的贯彻落实。

四是在社会发展与治理中，不同地区、不同教育水平和不同生活背景等群体之间的交往存在着摩擦性因素，在城乡人口转移、城乡一体化发展等措施的实行过程中存在着社会治理困难、政策对接困难、政策执行困难等障碍性因素，在政治发展中通过促进公共服务和资源利用机会的均等化，有利于发挥政治协调的社会治理功能，提升社会管理效率与社会秩序的稳定性。[①]

第二节　包容性旅游中政治的协调理念

包容性旅游发展的战略目标是以旅游业发展为依托，实现经济发展成果在各利益主体之间的共建共治共享。在包容性旅游中实现政治协调的方式主要是以政府为主导，包括化解利益冲突、解决主体矛盾、推动公平发展三个方面。

一、化解利益冲突

包容性旅游发展过程中涉及的利益相关者主要有政府、企业、居民、游客等，不同主体在旅游中的参与模式、参与目的、参与手段、参与机会各不相同，追求的利益存在着差异。包容性旅游中政治协调理念的内涵是通过权威性机构行使正当权力，以化解不同主体之间存在的利益冲突，具体方式是通过了解各利益相关者的特点和利益诉求，准确把握政府、企业、居民、游客和其他利益相关者的参与动机和参与能力，精准把控不同主体在旅游发展过程中的角色定位，通过政治协调理念的贯彻落实，确保实现政府的统筹协调、企业的经济发展、居民的利益诉求、游客的消费体验和社会组织的社会责任。

---

① 臧乃康.区域公共治理中政治协调的功能论析［J］.江苏社会科学，2012（3）：101-106.

二、解决主体矛盾

包容性旅游是推动社会建设公平公正，缩小地区间发展差距的可选举措之一，是建设中国特色社会主义旅游强国的有效途径，在参与包容性旅游过程中，各参与主体存在着"组间矛盾"和"组内矛盾"。其中，组间矛盾是指不同主体之间因发展成果分配权利、空间使用权利等因素产生的矛盾，组内矛盾是指同一主体内部因资源差异、成果分配不均等因素产生的矛盾。包容性旅游是以公平公正的价值观为基础的发展战略，目标是实现发展成果的共享，减少贫富差距。但是由于环境的多变性、预期与现实存在差距、主体的差异性等因素的存在，在贯彻落实战略的过程中也必然会出现利益相关者原有利益受损的情况。因此，要通过开展以政府为中心的政治协调工作，推动政府顶层设计与基层执行相结合，进一步权衡利弊，并采取措施协调解决主体矛盾。

三、推动公平发展

将"协调"理念应用于政治发展中的本质是解决经济社会中存在的资源差异、机会差距、区域差异、发展差异、能力差异等客观矛盾问题。包容性旅游中的政治协调理念是指以政府服务各参与主体为基础，解决社会发展中存在的矛盾问题，建立健全地区协调发展长效机制，推动旅游目的地的公平发展。具体而言，应做好以下三个方面：

一是贯彻落实司法公正制度，实现法律法规在旅游地区的协调落实，在包容性旅游战略的实施过程中确保各利益主体的文明参与，实现过程公平。

二是贯彻落实公平分配制度，实现发展战略的协调开展，根据各利益主体的参与方式和能力，通过包容性旅游发展成果的公平分配和利益共享，实现结果公平。

三是贯彻落实政策公开制度，实现政策制度的协调开展，将包容性旅游发展过程中的工作进行公开披露，接受群众和相关部门的有效监督，实现政策公平。

第三节　包容性旅游中政治的协调机制

包容性旅游要求不同利益相关者的权益都能够得到有效保障，确保各参与主体的权责匹配，包容性旅游中政治协调发展涉及的发展主体主要包括政府、企业、居民、游客以及其他社会组织。包容性旅游中的政府、企业、居民、游客、社会组织各主体之间存在着密不可分的关系，以政治协调为基础推动各参与主体之间的平衡，有助于减少旅游目的地发展过程中的矛盾与摩擦，包容性旅游中政治协调发展的理论机制，如图 10-1 所示。

图 10-1　包容性旅游政治协调发展的理论机制

一、政府：以服务规划引领包容性旅游政治协调

政府是包容性旅游中进行统筹全局和规划的引领者，在地区发展包容性旅游的过程中，根据各主体的现实需求和宏观环境对包容性旅游战略进行全局规划和顶层设计，为旅游中的不同参与主体提供组织保障。政府通过严格把控宏微观环境，紧密结合包容性旅游涉及的利益主体需求和参与条件，为包容性旅游发展把控全局并指明发展方向，从总体上对包容性旅游发展规划

和既定目标进行指导。政府通过建立政策保障体系和工作服务机制为包容性旅游发展地区提供人才、技术、金融等方面的支持，从发展方式、工作模式、参与制度方面推动旅游地发展战略的改革，设定弹性工作机制，促进不同地区在包容性旅游发展中采取因地制宜的发展模式，并完善各部门和各机构的工作协同机制，实现地区交通部门、农业部门、环境规划部门等相关政府机构的合作。

政府部门在整个包容性旅游发展过程中将政治协调理念纳入整体的统筹规划中，助力实现各主体间关系的协调发展与旅游规划的协调发展。一方面，政府部门通过行使服务职能和管理职能，根据社会整体环境进行总体测度，对包容性旅游项目规划方向进行严格把控，以制定科学可行的包容性旅游战略规划，并紧密结合经济发展的阶段性、社会环境的整体性、资源环境的差异性等区域特点，根据不同地区的现实情况因地制宜地制定差异化战略，为包容性旅游发展中的利益相关者提供组织服务。另一方面，包容性旅游中政府通过构建组织服务保障体系，化解不同利益相关者之间的矛盾，基于整体的统筹引导解决社会主体之间的发展矛盾，推动包容性旅游发展目标如期实现。

二、企业：以项目支持推动包容性旅游政治协调

包容性旅游中的企业参与主要是指与旅游项目建设相关的涉旅企业通过旅游项目的建设与投资实现企业发展目标的过程，涉旅企业参与包容性旅游的目标主要是实现短期内的业务拓展和长时期的经营生存，在企业的运营中需要承担起相应的社会责任。企业参与包容性旅游是基于旅游项目的投资与建设，通过成熟的宣传营销与商业运作打造具有可持续性的包容性旅游项目，在企业参与过程中既要实现旅游的经济效益，维持企业的正常运转和长远发展，同时，还需发挥企业的带动作用，助力旅游地区居民的就业与创业，扩大企业外部性的覆盖范围。在包容性旅游战略的贯彻落实中，要实现旅游业与其上下游产业的联合发展，创新旅游产业链利益联结形式，建立产业间的利益联结机制，助力旅游地实现产业的长远发展，促进旅游地实现短期发展效益目标的同时，确保企业在旅游目的地稳定建设中有着较好的发展前景。

在涉旅企业进行包容性旅游发展项目的规划与建设中，其目标是如期完

成项目建设并实现计划中所预期的投资回报。首先，涉旅企业应精准定位旅游市场中的盈利点，来保障企业的生存和发展。其次，涉旅企业在获得预期回报的同时需承担起相应的社会责任，以促进涉旅企业与当地居民关系的和谐发展。再次，涉旅企业通过旅游项目给予旅游地区长期发展的支持，通过旅游项目的建设为当地居民提供更多的就业岗位，带动旅游地居民进行创业与项目开发，实现旅游业与其上下游产业的联动发展，最大化挖掘旅游资源和旅游发展潜力，实现旅游地区的发展效益。最后，包容性旅游中政治协调发展理念为企业参与包容性旅游制定了基本准则，有助于从政策和制度规范上化解企业与其他主体之间的冲突，解决企业发展中遇到的现实与计划不符、旅游地资源环境与建设需求不匹配等矛盾，保障各企业在包容性旅游参与中涉旅项目的公平发展。

三、居民：以积极参与促进包容性旅游政治协调

旅游目的地社区居民是包容性旅游发展中的主要受益群体。在包容性旅游发展规划中应充分考虑居民的现实需求和参与能力，将居民作为主体范围之一纳入包容性旅游的长期规划中。居民在参与包容性旅游的过程中应根据自身参与需求和参与目标，提升自身参与能力并加强对包容性旅游发展的深入了解，加强对自身角色定位的认识，借助外力扩大在包容性旅游中的参与程度，依据居民自身的物质资产、人力资本、技术支撑等把生产要素加入包容性旅游发展中。在包容性旅游的规划、发展与利益分配的整个过程中，居民扮演着非常重要的角色。根据旅游目的地的现实情况，建立利益分享机制，通过激发居民的创造力和积极性，转变旅游地居民传统的思维方式和思想观念，解决包容性旅游内生动力不足、发展基础薄弱的问题，以确保实现包容性旅游发展"共建共治共享"的目标。

旅游目的地居民通过积极参与包容性旅游规划建设，充分挖掘当地可获得资源和可利用资源，依据自身能力和资源情况参与到旅游产业的不同岗位之中，促进生活方式、就业待遇、创业机遇、受教育机会、学习能力方面的改善。根据包容性旅游发展阶段的不同，当地居民参与包容性旅游的方式不同，包括以技术入股、资产入股等形式支持旅游地区的发展建设，通过入股

分红、租金分红、投资分红等方式进行发展效益的分配。包容性旅游中政治的协调发展有助于推动居民参与的积极性，激发居民的创造活力，平衡旅游发展资源，化解冲突。通过确保居民参与包容性旅游机会的公平公正，解决旅游目的地居民之间的内部矛盾，在参与机会和能力上保障居民的参与公平。

四、游客：以健康消费支撑包容性旅游政治协调

游客进行旅游活动的目的在于实现休闲、康养、娱乐、学习、修身、养性等追求，包容性旅游发展应是以满足游客的消费需求、提升游客的消费水平为基础的，游客参与是包容性旅游发展成功实施的关键因素。随着我国经济社会发展水平的快速提升，对于生态环境质量和地区资源保护情况有着越来越高的要求。在旅游业的发展中，除了对经济效益有着明确的需求外，社会效益和生态效益，也是旅游规划需要纳入考虑范围的重要指标。当今社会发展中人们对于旅游消费的需求呈现出多样性和多元化的特点，为确保游客具有良好的消费体验，在包容性旅游项目建设与开发中，应以满足游客的需求为出发点，集中当地普通老百姓文化传承的优势，开发具有当地文化特色的旅游产品，惠及普通百姓。在旅游项目的建设中强化生态保护观念，加强旅游基础设施的建设，提升游客满意度，实现游客的健康消费，通过外部游客的进入和跨地区文化的交流融合，推动旅游地经济效益、社会效益和生态效益的提升。

游客以健康消费支撑包容性旅游政治协调。一方面，在包容性旅游的统筹规划和发展中，游客始终是项目开发与建设全程需要纳入考虑的主体因素，游客不仅是促进包容性旅游中产生经济效益、社会效益和生态效益的重要因素，更是助力企业实现战略目标与居民实现收益的重要因素。另一方面，随着全面建成小康社会时代的到来，人民生活水平和生活质量快速提高，游客对于旅游目的地有着更高层次和更多元化的需求，根据市场需求进行包容性旅游的规划设计，让游客能够进行休闲舒适的旅游活动，为游客提供满意服务的同时确保旅游目的地综合效益的实现是包容性旅游发展的重要目标。因此，包容性旅游中的政治协调理念对于倡导绿色健康消费观念有着积极的作用，有利于化解外部游客与当地居民之间的空间占有和资源使用冲突，引导

游客进行绿色健康消费，助力解决消费环境中的供需矛盾，促进旅游地区消费市场的开放与公平。

五、社会组织：以平台支持保障包容性旅游政治协调

包容性旅游中涉及的社会组织主要包括高校、公民组织、媒体、研究机构等，社会组织对包容性旅游发展目标的实现起着关键的作用。高校是为包容性旅游发展地区输送人才的主要供应渠道，校企联合培养旅游专业人才是实现包容性旅游长期健康发展的主要方式，高校和旅游目的地联合开展包容性旅游项目的研究，是促进理论与现实相结合的重要平台。包容性旅游发展中的公民组织主要是指涉及旅游产业发展的行业协会，主要作用是监督旅游发展过程中主体的负责任行为，确保包容性旅游中的主体权益得到保障，实现旅游业发展中的合作共赢。旅游地区与各大媒体平台进行合作是实现包容性旅游战略目标的重要营销与宣传渠道，媒体是扩大旅游发展效应的主要媒介，对于协调包容性旅游中各利益主体之间的关系起着桥梁纽带作用。研究机构可以成为包容性旅游发展的智囊团，为旅游又好又快地发展提供智力支持。

社会组织是旅游目的地在开展包容性旅游建设过程中的重要依托。高校在人力资源方面为旅游地区提供战略支撑和专业人才，公民组织在社会保障方面为包容性旅游发展提供外部保障，媒体在旅游市场拓展，旅游地营销宣传方面为旅游地区提供重要渠道，研究机构成为包容性旅游发展的重要智力支持。社会组织为包容性旅游发展提供平台支撑，为旅游目的地实现既定发展目标提供重要支持和外部保障。包容性旅游中政治协调发展助推高校、公民组织、媒体等社会组织参与到旅游目的地的长期规划与建设中，有利于化解旅游地区在实行战略规划与实际发展过程中遇到的外部社会冲突与内部主体矛盾，促进实现包容性旅游战略中的公平参与和旅游发展成果的共同享有。

例如，湖南省凤凰县对"门票事件"的处理，便较好地体现了包容性旅游中政治协调理念，即通过化解利益冲突、解决主体矛盾和推动公平发展，促进旅游目的地产业的可持续发展。2013 年，凤凰县政府为扩展财政收入提出了凤凰古城"大门票"政策，该政策改变了最初"入城免费、景点收费"

的旅游发展模式，虽然有利于提高政府财政收入，但却损害了商户为代表的旅游从业者群体和商铺产权人的利益，由此，凤凰县政府、凤凰景区旅游公司、古城社区居民与游客等利益相关者爆发矛盾，甚至发生小商户罢市、船工罢工、野导聚集等抗议事件。在此风口浪尖下，凤凰县政府基于包容性旅游中政治的协调理念出台了系列补丁政策和利益协调制度，包括出台门票优免"补丁"政策、散客宽松验票；景区公司吸收、规范部分野导，尝试"民族讲解员"制度；农家船户集体合法经营等，从而提高了公众对凤凰古城"门票新政"的认同度及其对古城旅游发展的支持度。

本章小结

本章对包容性旅游中政治发展的"协调"机制进行了论述，主要包括以下三个方面：一是政治协调的内涵与意义。政治协调的内涵在于其是化解经济社会发展中利益冲突的有效手段，能够调整经济社会发展与改革中出现的无效性状况，体现社会发展中的公平正义，政治协调的意义在于有利于促进实现政府协调与治理的全面与可持续发展、促进各地区建立经济发展协调机制，形成经济共同体、实现经济发展新格局、提升社会管理效率与社会秩序的稳定性等。二是包容性旅游中政治的协调理念，即化解利益冲突、解决主体矛盾和推动公平发展三个方面。三是包容性旅游中政治的协调机制。通过深入剖析包容性旅游发展中政治协调的利益相关主体和各主体之间的结构关系，构建了以政府规划引领、企业项目支持、居民积极参与、游客健康消费和社会组织平台支持为内容的包容性旅游政治协调机制。

第十一章　包容性旅游的环境发展：绿色

第一节　环境绿色发展的内涵与意义

一、环境绿色发展的内涵

绿色发展的概念由联合国开发计划署（UNDP）在《2002年中国人类发展报告：让绿色发展成为一种选择》中提出，其本质是强调经济发展与生态环境保护的统一，是一种可持续的发展模式。[1]胡鞍钢（2012）认为绿色发展是经济、社会、生态三位一体的新型发展道路，以合理消费、低消耗、低排放、生态资本不断增加为主要特征，以绿色创新为基本途径，以积累绿色财富和增加人类绿色福利为根本目标，以实现人与人之间和谐、人与自然之间和谐为根本宗旨的发展观。[2]牛文元（2017）指出，绿色发展是以效率、和谐、持续为目标的经济增长和社会发展方式。[3]2015年在党的十八届五中全会上提出了创新、协调、绿色、开放、共享五大新发展理念，体现了党对经济社会发展规律认识的深化，是马克思主义生态文明理论同我国经济社会发展实际相结合的创新理念，是深刻体现新阶段我国经济社会发展规律的重大理念。[4]首都科技发展战略研究院（2020）将绿色发展定义为将资源环境作为

---

① 辛春林，张婷婷，李梦柔. 绿色发展的起源、概念和评价［J］. 化工管理，2018（13）：1-2.
② 胡鞍钢. 中国创新绿色发展［M］. 北京：中国人民大学出版社，2012.
③ 牛文元. 五大发展理念与新型城镇化之路研究报告［M］. 北京：科学出版社，2017.
④ 中国共产党新闻网. 坚持绿色发展——"五大发展理念"解读之三［EB/OL］.（2015-12-22）［2021-04-08］. http://theory.people.com.cn/n1/2015/1222/c40531-27958738.html.

经济社会发展的内生变量，以制度创新和技术创新为发展的根本动力，以资源节约、环境友好的方式获得经济增长，关注社会福祉，实现可持续增长的一种发展模式。

目前，国内学界关于环境绿色发展并没有统一定义，研究认为，环境绿色发展是政治环境、经济环境、社会环境、文化环境、生态环境五个环境绿色发展的综合体现，是以政府统筹协调和顶层设计为保障，以生态资源环境作为发展基础和内在要素，以环境友好型、资源节约型的生产方式实现经济增长，在发展过程中关注社会福利和公平性，坚定人与自然和谐共处的绿色文化理念，实现可持续增长的一种绿色发展模式。因此，环境绿色发展的内涵主要包括以下几个方面：

一是生态环境的绿色发展是实现高质量发展的基础保障。"绿水青山就是金山银山""生态兴则文明兴，生态衰则文明衰"，若没有良好的生态环境作为基础和保障，经济的发展、社会的进步、文明的延续都将难以进行。党的十九大以来，我国已进入了高质量发展阶段，任何领域的高质量发展，都是以良好的生态环境为基础，即在生态环境绿色发展的基础上进行的各方面的高质量发展，要坚定不移走生态环境绿色发展优先的高质量发展道路。

二是环境绿色发展的重点在于处理好生态环境和经济发展的关系。尊重自然、保护自然、顺应自然是发展生产力的前提，生产力的长期向上发展必然需要建立在人与自然和谐相处的基础之上，需要摒弃原有的"先污染、后治理"的旧发展思想，从之前的资源驱动型转向资源节约型的社会生产方式，将生态文明建设贯穿到包容性旅游环境中的经济建设、政治建设、文化建设、社会建设之中，做好生态文明建设，就是为发展生产力提供良好的发展潜力、发展动力和生态效益。

三是环境的绿色发展是政治环境、生态环境、社会环境、经济环境、文化环境五个方面的综合体现。环境的绿色发展遵循"五位一体"总体规划，即经济建设是根本，政治建设是保障，文化建设是条件，生态文明建设是基础。五个环境的绿色发展相互促进，共同构建政治环境清明、生态环境改善、社会环境安定、经济环境优化、文化环境健康向上的良好环境发展局面，五个环境相互促进、形成包容性旅游环境绿色发展的良性循环，努力满足人民日益增长的美好生活需要。

二、环境绿色发展的意义

（一）政治环境的绿色发展促进政治清正廉明

政治环境的绿色发展指的是具有良好的政治生态、清正廉明的政府官员作风、清明的政治环境等。习近平总书记指出，"自然生态要山清水秀，政治生态也要山清水秀""政治生态同自然生态一样，稍不注意就容易受到污染，一旦出现问题再想恢复就要付出很大代价"。[①] 政治环境的绿色发展，一方面有利于实现党的十八大以来所提出的"反对腐败、建设廉洁政治"的政治要求，为广大人民群众提供廉洁奉公的政治服务队伍，更好地保障群众基本权利。另一方面有利于实现清明的民主政治环境。民主政治的核心是法治，强调人民权利的平等，反对特殊对待，并注重公民权利的保障，[②] 主要体现在政策参与、政治决策、政治监督和协商等方面。因此，政治环境的绿色发展有助于加快构建我国社会主义法治体系和推动社会主义法治国家建设。

（二）经济环境的绿色发展促进经济高质量发展

经济环境的绿色发展指的是基于可持续发展思想，在实现人与自然和谐相处的前提下发展经济，致力于提高人类福利和社会公平，[③] 主要包括"经济要环保""环保促经济"的双重含义。[④] 党的十九大以来，我国的经济已经由高速增长阶段转向高质量发展阶段，遵循"建立健全绿色低碳循环发展的经济体系"的绿色发展方向，推动经济环境的绿色发展对推动经济高质量发展具有重要意义。一方面体现在经济中的环保理念，即要求经济活动既要遵循

---

① 中国共产党新闻网. 守住政治生态的"绿水青山"［EB/OL］.（2018-03-16）［2021-04-08］. http://theory.people.com.cn/n1/2018/0316/c40531-29871250.html.

② 中共中央纪律检查委员会. "政治清明"的三维解读［EB/OL］.（2013-08-05）［2021-04-09］. http://www.ccdi.gov.cn/lswh/lilun/201307/t20130723_119207.html.

③ 董梦鑫. 习近平的绿色发展理念及其在云南的实践［J］. 戏剧之家，2020（4）：200，202.

④ 中国共产党新闻网. 追求绿色发展繁荣做强做大绿色经济［EB/OL］.（2019-05-20）［2020-04-09］.http://theory.people.com.cn/n1/2019/0520/c40531-31092972.html.

经济发展的规律，又要遵守自然界的客观发展规律，是在生态环境的绿色发展基础之上进行的经济增长。另一方面体现在环保中的经济理念，环保中的经济理念要求摒弃原有的"先污染、后治理"的老路子，在良好绿色的生态环境基础上获取经济效益，即在生态环境绿色发展的基础之上进行经济环境的绿色发展，不断推动构建资源节约型、环境友好型企业。

（三）社会环境的绿色发展促进社会和谐稳定

社会环境的绿色发展是关系人民幸福、社会安定和文明进步的重要问题，是人民美好生活的底色，与广大人民群众的切身利益紧紧相连，是现代社会文明的标志，有利于促进社会的和谐稳定。社会环境的绿色发展具有较强的辐射带动作用，[①] 其发展水平的不断提升和优化可以更好地带动政治环境、文化环境、生态环境和经济环境的绿色发展建设。社会环境的绿色发展是按照自由、平等、公正、法治的社会主义核心价值观中的社会层面的基本要求，不断改善社会的治理和保障体系，将解决人民切身利益问题作为工作重点，从解决不平衡、不充分发展方面着手满足人民日益增长的美好生活需要，从而增加人民幸福感，创建更加和谐稳定的社会环境。

（四）文化环境的绿色发展保障文明永续发展

文化环境的绿色发展一方面体现在文化环境的生态化，良好的生态环境是保持我国文明永续存在的根基。尊重自然、敬畏自然一直是中华文明的重要组成部分，"生态兴则文明兴、生态衰则文明衰"，环境绿色是保持我国文明永续存在的根基，以环境绿色发展为基本要求，延续我国自然文明理念，以史为鉴，汲取因破坏环境造成文明破坏的经验教训，保持我国文明永续发展。文化环境的绿色发展的另一方面体现在生态环境的文化理念。在生态建设中不断融入绿色文化理念、中华优秀传统文化等先进文化知识，不断引导人民文明价值和建设生态文明的意识，自发地做好优秀文化传承。

---

① 人民网.准确把握五大建设的内在关联［EB/OL］.（2013-07-10）［2021-04-09］.http://theory.people.com.cn/n/2013/0710/c351520-22148858.html.

（五）生态环境的绿色发展促进生态文明建设

生态环境绿色发展对生态文明建设的促进作用一方面体现在生态文明建设是生态环境绿色发展的基础。党的十八大提出了"五位一体"总体布局，生态文明建设便是其中的重要一位，将其提到了新的战略高度，要求着力推进绿色发展建设。同时，党的十八届五中全会将绿色发展作为五大新发展理念中的重要部分，进一步说明了生态文明建设的重要性。生态环境的绿色发展对生态文明建设的促进作用。另一方面体现在生态环境的绿色发展是进行生态文明建设的重要措施。生态环境的绿色发展要求我国全面实施节约和高效利用资源、不断加强污染防治的攻坚力度、筑牢生态安全屏障等措施。这有利于我国生态文明建设的决策部署有效落地实施，推动构建形成资源节约型的生产方式、绿色环保的生活方式、清洁美丽的自然环境以及经济、生态、社会环境的协调绿色发展，推动我国在 21 世纪中叶形成美丽的社会主义现代化强国。

第二节　包容性旅游中环境的绿色理念

一、共建绿水青山，打造绿色旅游环境

（一）加强生态保护，筑牢绿色屏障

一是发挥政府主导作用。从政府层面出发建立健全关于环境保护的相关规定制度，对生态环境进行强制性保护，统筹推进山水林湖田生态治理体系，对相关旅游企业、游客以及居民在生态环境保护方面起到规范作用。二是居民和企业方面。作为长期驻扎于包容性旅游目的地的群体，其行为和当地的生态环境息息相关，更应从切身长远利益出发，加强自身行为引导，做当地包容性旅游绿色环境的建造者和生态环境的守护者。三是从游客方面出发，目前，游客对于旅游目的地生态环境的影响已经成为各界关注的重要问题，在旅游过程中，加强自身行为规范，贯彻绿色生态旅游理念，做实现包容性

旅游中可持续发展理念和人与自然和谐相处的践行者。

例如，吉林省白山市在 2019 年进行了"绿盾 2019"自然保护区专项监督检查行动，并制定了《污染防治攻坚"2019 秋冬百日会战"实施方案》，不断强化环境责任担当，坚持以问题为导向，不断加大环保问题整改力度，并不断加快推进环保问题反馈整改，狠抓信访案件和暗访工作，为加快实施生态文明建设、加快转变绿色生产生活方式，为加快乡村振兴进程提供生态保障。

（二）培育绿色产业，加强产业融合

一是进行产业生态化建设，培育生态产业。运用现代化农业技术，将当地特色产业进行规模化发展，在适当程度上，可与相关农业单位合作开发有机农业园区等。比如，山西省大同市灵丘县通过和中国农业大学合作建造了"平型关国家有机农业公园"，成为当地著名的有机旱作农业示范点。①

二是将产业建设与包容性旅游相融合，发展包容性旅游融合产业。在对地区进行生态建设，尤其是对于环境破坏较为严重的地区进行生态修护时，可从发展生态旅游的角度出发对其进行规划设计。比如，吉林省白山市抚松县露水河作为曾经的商品林采伐的兴盛地，经过生态治理，目前，已经成为露水河国家森林公园。②

三是加快更新高耗能产业，降低环境压力。对于传统的耗能较高的产业，加快研发引进清洁技术和设备，尽量降低对环境的污染程度，加快向环境友好型企业转变，在一定程度上也可以实现经济环境的绿色发展。例如，广东省西部罗定市近年来通过开展中药材的种植、研发、生产加工、销售、观光农旅融合、田园音乐会等多种形式的生态园建设，推动了一、二、三产业的融合发展。不仅打造了良好的生态环境，并积极吸引游客前往观光体验，增

---

① 中国青年报.守护绿水青山，盘活绿水青山，共享金山银山——构建"两山"转化途径，架起生态扶贫桥梁［EB/OL］.（2020-10-23）［2021-03-27］.https://baijiahao.baidu.com/s?id=1681338642121559157&wfr=spider&for=pc.

② 央广网.保护生态环境　建设美丽中国［EB/OL］.（2019-05-02）［2021-03-27］.https://baijiahao.baidu.com/s?id=1632410611075700014&wfr=spider&for=pc.

加了当地的开放度，为包容性旅游提供了良好的经济环境。

（三）建设绿色环境，奠定包容性旅游底色

一方面是加大绿色建设力度，建设绿水青山。绿色是包容性旅游发展的底色，人与自然的和谐相处是建立在绿色之上的。不断加大植树造林力度，加快对生态环境脆弱地区的植树植草，防风固沙工作，为开展包容性旅游创造环境基础。同时加强环境污染治理，不断加大水体和空气质量监测力度，严格把控生活污水、工业污水、废气的乱排乱放，不断加大排污净化处理以及监督力度。另一方面在于加强对当地社会环境的治理、文化环境的维护以及基础设施的建设力度等方面，多角度出发构建包容性旅游绿色环境，奠定包容性旅游基础。

例如，江苏省扬州市以"让绿色成为城市底色、发展主色"的总体要求，不断推进全市绿色环境整体建设。一方面，以生态文明建设为基础要求，不断践行绿色新发展理念，进行江淮生态大走廊项目以及城市公园体系建设，为百姓打造绿色居住环境。另一方面，扬州市不断调整产业结构，发展与绿色发展理念相契合的产业体系，并不断推动江淮生态经济区建设与大运河文化带互相促进，在带动包容性旅游的整体发展的方面提供了很好的生态环境、经济环境、文化环境的绿色发展大环境基础。

二、共治绿水青山，形成主体责任联动

（一）发挥旅游社区环境自治功能

一方面在于培养基层组织治理能力。相关上级部门加强对基层组织领导层的审核考察工作，规范基层组织治理，以为人民服务为宗旨，加强基层党组织建设，严格选配基层，充分发挥基层党员的模范示范作用，吸引鼓励更多的基层群众参与到社区的自我治理之中，为实现更好的法治和德治奠定自治基础。另一方面在于扩大基层群众自治范围。除民主选举之外，应当加强基层群众在民主管理、民主监督、民主决策等方面的自我治理。因此，应当扩大基层群众自治范围，让"四个民主"得到充分的体现，主要表现在群众

自我管理、自我教育、自我监督等方面，从而扩大基层群众自治范围，充分体现包容性旅游中居民平等参与社区建设等相关理念，并不断推动当地的政治环境、社会环境绿色发展。

例如，四川省成都市邛崃市平乐镇依托当地特色资源，遵循群众发展意愿，不断推进地方特色产业发展。该社区以积极党建为核心，积极运用村民自治模式，不断推进旅游及相关产业发展。一方面是将党支部建在产业链上，发挥基层凝聚力，包括建立旅游产业、农产品、民宿产业等支部。另一方面是提高基层治理效能，助推旅游产业发展，以整洁美丽的社区环境为基础，积极发挥当地非遗传承人、本土文化名人等作用，推动当地居民参与共建共治共享，实现包容性旅游环境的整体提升。

（二）发挥法律法规环境法治功能

依法治国是党领导人民治理国家的基本方式，对于包容性旅游中环境绿色的法治方面，主要体现在以下几点：

一是不断加强法治宣传。在社区发挥法律治理的效用过程之中，需要不断加强对社区居民以及相关主体的法制宣传教育，可通过定期开展法律知识讲座，派发宣传册，设立法律咨询点等方法，加强群众在环境保护方面的法治理念和思维，推动社会环境绿色发展。

二是对社区行为起到强制性约束作用。法律具有强制性，环境保护法和旅游法等都对包容性旅游所涉及的相关群体在环境保护方面做了相关的行为规范和要求，从而对他们在旅游社区内，尤其是在生态环境方面的行为起到了强制性的约束作用。

三是为建设绿色环境提供保障。法律对相关群体的强制性约束行为为建设绿色环境提供了很好的保障，对政府进行了政策性指导，对企业社会环境责任进行了规定，对游客的旅游行为以及居民的行为方面进行了规范。

例如，浙江省芦茨村以良好的自然资源和历史文化底蕴为发展要素，以全域旅游为发展重心，通过开展设有调解当地居民纠纷和旅游纠纷的农村法治讲堂，设置善治广场，不断加强法治教育宣传工作。并采取驻村法律顾问坐班制度、村务合法性审查等法治手段，不断推动当地旅游产业和法治建设的互动发展，帮助当地旅游环境朝法治化、文明化方向发展。

（三）发挥道德纪律环境德治功能

一是评选环境保护模范，树立榜样示范作用。对旅游社区的常住民在环境保护方面进行环境保护的模范选举，对其进行一定程度的奖励，如，颁发模范奖等方式，发挥其在环境保护方面的示范作用，更好地引导和激发其他企业和居民参与到包容性旅游的环境绿色建设中来。

二是利用社会舆论作用，进一步发挥道德作用。网络渠道已经成为目前消息传播最广泛和快速的渠道，充分利用网络渠道，利用社会舆论的力量，进一步加强对包容性旅游主体的道德治理作用。除对正面的模范和行为进行宣扬之外，还可利用相关网络平台对负面行为进行批导和训诫。

三是加强道德教育，提高旅游社区主体道德修养。学校不断加强对学生的环保意识等道德教育的培养，政府等相关部门也不断加强对企业、居民的道德素质培养，同时个人层面也要注重个人道德素质的提升，做环境友好型公民、游客、企业和政府。

例如，浙江省湖州市丁新村在德治方面的做法主要为：一是传承传统文化推进乡风建设。充分利用臧懋循与元曲文化遗产，秉承臧氏儒家的耕读传家文化精神，通过总结臧氏家规，培养村民良好习惯，并推动当地传统文化的发展。二是强调先锋示范作用，该村通过党员挂牌亮户，发挥党员的榜样示范作用，更好地带领当地群众，形成安稳有序、文明和谐的社会环境。三是通过文化活动进行家风深化。通过开展丰富的文明实践活动等方式，不断打造邻里和谐的文明新风尚，推动社会环境的绿色发展。

三、共享绿水青山，形成良性互动机制

（一）多方主体共享绿色环境效益

一方面在于满足政府环境建设要求，建设环境友好型政府。对于政府而言，生态文明建设是基础，贯穿于政治、经济、文化、社会四大建设过程之中，建设良好的包容性旅游生态环境是政府的基本职能，是必须一以贯之的

重要任务。对于企业而言，尽可能地降低企业对环境的污染和破坏，是必须坚持的原则，环境友好型企业在其社会公众形象塑造以及后续的良好发展中有着重要的提升作用。另一方面在于可以为居民和游客提供良好的包容性旅游环境。良好的绿色环境不仅为当地居民提供了良好的生活环境，为其自身和子孙后代的发展提供了优良基础。同时，对游客而言，良好的生态、社会、文化环境等可以为其提供更好的旅游体验，从而更进一步提升当地的良好社会形象。

例如，浙江省杭州市从 2002 年起便开始陆续对西湖周边的景点进行免门票的开放。2003 年，西湖环湖景区和综合整治后的新增景区免费向市民游客开放。在以门票经济为主导的旅游景区，杭州通过对西湖风景名胜区管委会实施分税制财政管理体制，给予西湖更好的旅游经营和管理环境，对西湖整体旅游环境和形象的提升起到了很大的推动作用，同时，减少了游客的门票花费，并吸引了更大的游客群体，也改善了当地的居民和旅游经营者的经济环境水平。

（二）绿色环境助力当地旅游发展

"绿水青山"式的良好旅游环境为旅游业的发展带来了新的发展机遇，主要表现在以下几个方面：

一是为当地旅游的开展提供环境保障。旅游活动的开展需要良好的生态、社会、文化、经济、政治环境作为发展基础，这是游客形成良好旅游体验的重要因素，"绿水青山"的旅游环境是进行旅游可持续发展的前提，也是进行生态旅游、观光旅游、乡村旅游等一些旅游活动的前提条件。

二是提升旅游环境承载力。旅游环境承载力的提升和当地旅游环境息息相关，绿色旅游环境具有更强的代谢能力，因此，对于因旅游活动带来的损耗具有更强的恢复能力，即绿水青山的旅游环境在一定程度上可以提高旅游容量和承载力。

三是提升当地旅游形象。绿水青山和旅游发展的有机融合，可以有效地促进环境发展和旅游发展相互受益。随着人们对良好环境需求的不断增加，良好的旅游地生态、社会、政治环境等方面都可以作为宣传点进行旅游地形象提升。

例如，浙江省新昌县充分利用其历史文化以及良好的生态环境优势，在该基础优势上，建立了拥有 18 台电桩的后溪充电站，为使用新能源车的居民和游客提供了便捷的充电服务，也为当地的环境绿色发展提供了绿色能源保障。同时，还将继续在旅游景区打造移动式储能站和光储充一体化电站等，将当地的绿色资源和旅游资源充分结合，打造资源节约型、环境友好型景区，为当地的乡村振兴打下坚实基础。

（三）利用包容性旅游促进环境绿色发展

一是发展包容性旅游可以提高旅游地经济基础。目前，旅游产业已经成为地区发展的重要产业，可以在很大程度上带动当地的经济发展水平，游客的旅游活动为当地经济注入了新活力，可以为当地提供更好的包容性旅游经济环境，为当地的基础设施以及环境建设提供资金保障。

二是发展包容性旅游助力环境绿色发展。环境绿色发展是发展包容性旅游的基础，发展包容性旅游，势必会对当地的环境建设提出更高的要求。因此，应从供给端出发不断加强旅游地环境的绿色发展。

三是包容性旅游和环境的绿色建设形成良性循环。环境的绿色建设可以促进更好的生态、政治、文化、社会、经济环境，反之包容性旅游的发展可以为环境的绿色建设提供更好的经济支撑和引进先进的文化理念。总之，二者相互协调促进，让相关主体共享更多利益成果。

例如，滇桂黔石漠化片区是属于我国发展水平相对较低的地区，在自然资源和基础设施建设等方面存在一定的不足。李晶晶（2018）以包容性旅游减贫为切入点，研究发现包容性旅游可以发挥扶贫作用，通过与当地特有的自然山水景观、民族文化资源相融合，实现人口、资源、环境之间的和谐共生，对于改善当地经济环境整体水平、保障生态环境绿色发展、促进当地文化的发展繁荣等方面都起着重要的作用。[1]

---

[1] 李晶晶.滇桂黔石漠化片区应走包容性绿色旅游扶贫之路［N］.中国民族报，2018-08-17（006）.

第三节 包容性旅游中环境的绿色机制

以包容性中的政府、企业、游客、居民、社会组织五大主体为研究对象，分别从领导机制、服务机制、消费机制、参与机制和社会辅助功能五个方面对包容性旅游中的环境绿色发展机制进行构建，五个主体相互协调促进，全力推动政治环境、经济环境、社会环境、文化环境、生态环境的绿色发展，形成人与自然和谐相处和可持续发展的包容性旅游发展局面，具体机制，如图 11-1 所示。

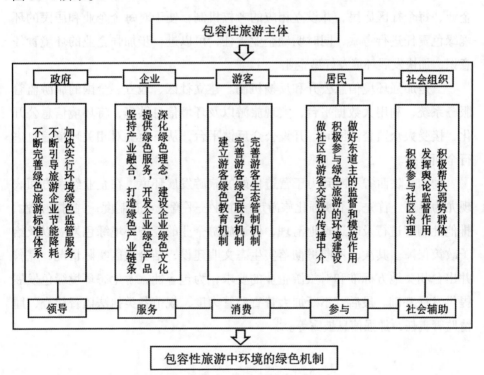

图 11-1 包容性旅游中环境的绿色机制

一、政府：健全包容性旅游中环境的绿色领导机制

（一）加快实行环境绿色监管服务

一是强化环境绿色审查和奖励机制。通过设立相关审查考核标准，对旅游社区的相关企业在经济指标、生态指标、社会评价方面进行调查，对排名相对靠前的企业给予一定程度的奖励，对具有负面环境行为的企业采取及时的整改和惩罚措施，同时，对具有不良行为的当地居民、游客以及公共组织等也可采取相应的惩罚措施。

二是强化环境绿色责任和考核机制。将环境的绿色发展建设落实到每个企业、每个社区居民，并设立相应的考核机制，便于对每个企业和居民的环境绿色责任进行考察，同时明确企业责任，可以进一步加强企业的环境责任意识，加快发展环境友好型企业。

三是加强环境信息公开和反馈机制。建立社区、地方、全国的旅游监管服务系统，利用大数据平台，实现旅游以及环境信息共享，将环境信息公开化，接受大众监督。同时，开设公众反馈平台，从下至上对相关环境信息进行全面掌握。

例如，陕西省不断致力于营造良好的旅游发展环境，在企业经营方面表现尤为显著。首先，不断强化旅游市场企业公平竞争审查制度，并对歧视性、排他性制度进行及时迅速地清理，保证旅游企业的经济环境绿色发展以及给予政策保障。其次，不断贯彻落实生态文明建设，结合地区实际情况，完善并出台相关地方标准和对旅游企业的要求，为包容性旅游生态环境绿色发展提供发展基础。最后，不断加大督查监管力度，规范各类执法监督检查，厘清监管责任，加强信息披露等。[①]

---

① 陕西省生态环境厅.关于进一步优化生态环境监管 主动服务民营企业绿色发展的通知［EB/OL］.（2020-01-21）［2021-04-14］.http://sthjt.shaanxi.gov.cn/service/files/shbf/2020-01-21/48067.html.

（二）不断引导旅游企业节能降耗

一是实施旅游企业节能行动计划。旅游企业在产品使用方面优先使用节能环保产品，尽可能减少高耗能、高污染产品的使用，同时在适度范围内，尽可能减少一次性产品的使用量，可采取按需提供的原则，在产品的包装方面以实用性为主，避免过度包装而造成的资源浪费。

二是为节能服务公司和旅游企业搭建合作平台。鼓励引导旅游相关企业和绿色产品的供应商进行合作对接，从而加快旅游企业对于新能源、新技术等节能绿色产品的使用，从而实现节能降耗。

三是完善旅游企业资源回收利用体系。旅游企业属于资源消耗较高的企业，尤其是对于酒店而言，在物品消耗方面尤其大。因此，建立资源回收体系，降低旅游产品和企业资源的损耗程度，进行物品的回收循环利用，可以在一定程度上实现旅游企业的节能减耗。

例如，山东省临沂市旅游局深入贯彻落实厉行节约、反对铺张浪费的精神指示。不断加强组织领导，加强对相关旅游企业的宣传、教育、培训、督导工作，积极倡导旅游企业的自主创新能力和环境管理质量，并印发《关于切实做好厉行勤俭节约反对铺张浪费工作的通知》，坚持多措并举，全面推行消毒公筷公勺的使用，减少一次性餐具等。同时，倡导星级饭店把握好管理细节，减少能源和资源浪费，在客房管理、餐饮管理等方面不断促进节能减耗。

（三）不断完善旅游环境标准体系

一是落实旅游行业标准体系。从行业标准角度对旅游企业行为进行规范引导，从政府层面引导督查相关旅游企业在行业标准方面的落实情况，主要包括《旅游饭店节能减排指引》《绿色旅游景区》《绿色旅游饭店》等行业标准。

二是制定相关地方标准。地方政府和相关部门从自身实际情况出发，因地制宜设计出相关绿色旅游的标准体系。例如，设立《绿色旅游消费管理和服务指南》地方标准，从地方标准层面更进一步地对旅游企业环境的行为进行了规范。

三是对绿色企业给予奖励。对于环境绿色型企业，政府可对其进行一定的政策奖励和物质奖励，并对其旅游环境的绿色形象进行宣传，不仅可以提升相关企业的公共形象，同时，可以对其他旅游企业起到榜样示范作用。

例如，海南省深入贯彻落实"研究构建绿色标准体系"要求，不断深化环境绿色发展建设，在 2021 年基本构建形成绿色标准体系，形成一批关于环境绿色发展的实践标准案例和典型模式，形成了《海南省绿色标准体系框架》《海南省绿色发展标准明细表》《海南省绿色标准体系重点标准研制清单》等重要文件，制定了《海南省质量强省工作领导小组实施标准化战略专题会议制度》，在绿色协调机制和标准体系方面已经形成了涵盖绿色政治服务、绿色经济发展、绿色生态环境、绿色文化理念、绿色生活和生产方式的全面布局。

二、企业：建立包容性旅游中环境的绿色服务机制

（一）深化绿色理念，形成企业绿色文化

一方面在于坚持绿色发展理念。绿色发展是旅游企业实现可持续发展的必要条件，贯彻落实党的十八大提出的绿色发展理念，以绿色发展理念为基本出发点，通过加强宣传教育工作，让绿色发展思想在企业内部内化，让企业员工确立自己的绿色理念和思想，从而促进企业主动、全面地参与到绿色旅游之中。另一方面在于形成企业绿色文化。企业应积极主动地将生态意识、环保意识与企业的发展相结合，在实践中可从包容性旅游的环境绿色发展方面履行企业自身的社会责任，树立良好的企业公众形象，以当地的相关绿色标准体系为基本要求，设立并不断完成企业自身绿色目标，不断推动旅游企业的可持续健康发展。

例如，如家酒店将节约资源作为酒店经营管理的重要部分，积极响应国家号召，倡导绿色酒店的新形式。2014 年在国内率先推出了低碳连锁酒店的概念，对推动国家经济高质量发展和绿色经济环境有着较为重要的意义。2019 年，如家推动的"中国绿色饭店去塑行动"正式启动落地，更向社会彰显了企业的绿色文化、理念和形象，将绿色发展理念与企业发展相结合，为包容性旅游的发展从战略行动上打下了绿色基础。

（二）提供绿色服务，开发企业绿色产品

一方面是提供绿色服务。首先，要做好游客的绿色行为引导服务。表现在企业员工对游客在进行旅游消费期间的绿色消费引导，积极倡导游客光盘行动、节约资源等绿色环保的消费方式，鼓励游客在旅游过程中自觉地做到资源节约、维护社会秩序、尊重当地文化等。其次，餐饮行业可以为客人提供免费的打包服务，避免浪费，同时，企业在对产品的包装上也要避免过度浪费。

另一方面是开发绿色旅游产品。酒店可以通过选取生态无污染的材料对客房产品进行设计，将其与环保、绿色等理念相结合进行产品的开发和设计。餐饮产品主要表现在可降解包装的使用以及符合要求的绿色食品。在景区方面，主要表现在可以发展生态旅游项目和开发生态旅游产品等方面。

例如，2017 年迈点网通过对深圳前海华侨城 JW 万豪酒店、三亚维景国际度假酒店、苏州科技城源宿酒店、三清山希尔顿度假酒店的调查，发现酒店在清洁能源、中央空调、客房材料、餐饮原料等方面都积极践行绿色发展理念，并积极引导游客的绿色生活方式，从企业层面为包容性旅游环境的绿色发展提供了发展条件。

（三）坚持产业融合，打造绿色产业链条

一方面是坚持产业融合发展。目前"旅游+"或者"+旅游"已经成为一种发展态势良好的产业模式，旅游和其他方面产业的融合发展越发良好，充分分析并利用地方产业优势，将其与旅游业融合，实现农旅融合、体旅融合、科旅融合等各具特色的产业融合模式，以旅游企业为重要中心点，将其他绿色产业吸纳融入绿色旅游之中，促进包容性旅游的整体联动效应。

另一方面表现在打造绿色产业链条上。包容性旅游作为资源整合的一种有效方式，需要对上下游资源进行整合，将其与生态环保等各资源要素进行整合，从而对产业链条进行延伸，并充分利用现代信息技术，加快发展旅游电商体系，更进一步完善企业的绿色旅游服务机制。

例如，中国林业集团以林业优势为出发点，不断结合旅游产业，开发林

业休闲、衍生旅游模式，借助地方文化优势，开发了集"养殖、管护、捕捞、销售、加工、烹饪、旅游、文创"为一体的完整的千岛湖模式产业链，以及养生度假禅意栖居为一体的森林综合性景区。同时，以"以林造景、以景促游、以游养林、以林引产"的理念不断和其他产业开展合作，形成了以森林资源为中心的生态旅游产业链布局。

三、居民：践行包容性旅游中环境的绿色参与机制

（一）做好东道主的监督和模范作用

一方面是做好监督作用。居民作为旅游社区的主人，对于外来游客和企业以及整体的旅游环境发展均具备监督的作用。在其日常生活过程中，居民通过对游客行为和企业行为的观察和监督，发现其存在的对环境不友好的行为，应该及时进行相关劝导并向有关部门反映，便于及时整改和规范。

另一方面是做好社区居民的模范作用。对于外来游客而言，社区居民是当地包容性旅游环境的一张名片，代表了当地的整体生态文明程度，对游客旅游的第一印象具有较大的影响。因此，游客需要时刻做好生态文明建设、发挥模范示范作用，从侧面引导游客绿色旅游行为，推进包容性旅游绿色发展。

例如，广西壮族自治区北海市人民政府建立了旅游服务质量社会监督员，其中，旅游社区居民便是其中的重要组成部分，为了更进一步完善旅游环境的监督机制，促进地方旅游环境的整体绿色发展，当地居民积极发挥旅游社区监督作用，对企业经营行为和游客的旅游行为等进行观察监督，并提出相应的整改和措施建议，引导旅游环境的绿色发展，争做包容性旅游中环境绿色发展的践行者和模范示范者。

（二）积极参与到绿色旅游环境建设

一是鼓励居民参与环境建设。社区政府和企业等在制定相关包容性旅游的政策文件时，可以积极采取收纳社区居民的建议和意见，增强居民认同度。除此之外，在旅游景区的日常管理过程中，切实做到让社区居民参与，培养

社区居民在包容性旅游方面的参与感。

二是增加社区居民就业机会。在社区旅游企业中，设置一定的当地居民岗位占比，提高社区居民的整体收入水平，同时积极鼓励当地居民参与到旅游社区投资之中，比如，开设旅游民宿等为社区创造旅游经济效益，推动居民参与包容性旅游建设。

三是拓宽居民的参与途径。居民的参与途径主要包括通过就业和投资参与到当地的旅游经济建设中，除此之外，还包括相关部门对居民的意见采纳，可以通过从上到下的意见收集和从下到上的游客反馈两种方式进行，体现游客的社会参与。

例如，中山大学保继刚团队对于云南红河哈尼梯田进行的旅游精准扶贫项目之阿者科计划，便是让社区居民参与到社区发展建设，切实感受旅游发展效益的良好例证。团队秉持"绿水青山就是金山银山"的绿色发展理念，号召村民对传统民居、文化和生活方式进行延续传承，并对村民进行针对性的技术支援和技能培训等，激发了村民脱贫的内生动力，推动了当地旅游产业的发展。①

（三）做社区和游客交流的传播中介

一是向游客传输社区旅游理念。作为与游客接触较多的社区居民，具有向游客传输社区文化理念、社区环境绿色发展等理念的责任与义务，主动积极地向游客传输，可以进一步地增强游客对旅游环境绿色发展的认知。

二是调查游客相关旅游体验。居民在旅游社区扮演着企业经营者、文化交流者等多重角色。居民可从多种角度出发，对游客的旅游体验进行调查，扮演信息收集角色，从而了解游客感知，针对问题提供更好的游客体验。

三是帮助协调解决游客问题。首先是做好游客咨询和保障服务。对于旅游社区的居民，为游客提供贴心细致的咨询服务，解决游客旅游中遇到的问题并为游客出行提供相应保障，可以更好地提升游客体验和旅游社区整体形象。

---

① 中华人民共和国教育部.中山大学创旅游扶贫，让小山村实现村庄美、产业强、乡亲富——流学科带火阿者科村［EB/OL］.（2020-04-14）［2021-04-01］.http://www.moe.gov.cn/jyb_xwfb/moe_2082/zl_2020n/2020_zl18/202004/t20200414_443238.html.

例如，贵州省黔东南苗族侗族自治州黎平县肇兴侗寨作为全国最大的侗族村寨之一，具有鲜明特色的民族文化资源，通过发展乡村旅游和民族文化旅游，已经成为知名的旅游景点。肇兴侗寨旅游社区居民在实施监督和参与职责之时，还积极发挥着文化传播者的作用，例如，文化遗产继承人通过开展相关的手艺培训，积极参与文化活动表演，对蜡染文化进行传播等让游客可以更深地理解当地特色文化遗产。

四、游客：履行包容性旅游中环境的绿色消费机制

（一）完善游客生态管制机制

一是建立游客环境治理标准。在现有的绿色旅游标准体系中和相关政策规定中，增加与游客旅游生态环境治理和游客绿色旅游消费行为有关的内容。同时，可以要求景区制定相关的实施细则，从规章制度方面出发，对游客的绿色旅游行为进行约束管控。

二是加强对游客行为的控制和监管。加强对景区以及其他旅游场所的监管力度，对生态环境产生不利影响的游客相关行为追究责任，包括加大旅游场所视频监控力度，加大景区等相关部门对于游客不良行为的监管等。

三是设立游客旅游的奖惩措施。在相关标准和执行体系的基础上，通过对于游客不良行为的控制和监管，对于出现不良行为的游客，除了采取加入景区黑名单之外，还可以对其采取一定的罚款以及参与环境公益活动的方式对其进行一定的训诫，对于具有突出表现的游客，可采取增加游客积分用以兑换游览次数等奖励方式。

例如，辽宁省葫芦岛市就存在游客文明旅游监管欠缺，教育功能发挥不足等问题。因此，当地旅游部门加强了与财政、建设、林业、国土资源、农业等部门的协作力度，建立联合监管机制，不断推动有关政策、法规、标准、制度的落实，尤其是在游客监管等方面的相关内容，加大了相关规定的实施力度和监督，进一步规范游客行为。

（二）完善游客绿色联动机制

一是在游客旅游前，主要是对其在旅游过程中的行为进行讲解和相关培训工作。主要包括学校、企业单位等组织机构在出发前对组织内部的游客进行理念引导，同时还包括旅游企业，如旅行社在旅游开始之前对游客的讲解等。

二是在游客旅游中，主要体现在旅行社和旅游景区两个方面。在游客旅游过程中，导游和旅游景区工作人员需要不断深化游客对包容性旅游的环境保护意识，并对游客的旅游行为进行规范指导，对不良行为进行及时制止和纠正。

三是在游客旅游结束后，主要针对的是绿色旅游的反馈方面，强调游客的社会参与，政府和相关旅游企业通过收集游客评价和意见反馈等方式，将规则制定和游客特征相结合，加强普适性，并通过游客反馈增强游客社会参与和建设。

例如，民宿作为莫干山的代表性旅游产业，在引导游客进行绿色消费上面，已经有了一套较为成熟的体系。莫干山通过设置（生态）绿币作为环保行为的轴心点，并设立绿色生活清单，游客通过完成清单上面的行为，如不使用一次性洗漱用品、进行垃圾分类、低碳出行等方式，可以免费兑换绿币，累计的绿币可以用来抵换停车券，小黄车使用券等，可以在一定程度上增加公众环保行为，在游客旅游过程中很好地提高了游客的绿色消费意识。[①]

（三）建立游客绿色教育机制

一是大力培育游客的绿色旅游理念。除了相关企业和组织对游客进行绿色旅游的意识规范和引导之外，还应积极运用主流媒体播报、通信运营商短信通知等大众渠道的传播功能，加大绿色旅游的宣传力度，从而加强游客在包容性旅游过程中的绿色理念。

---

① 浙江日报.游客绿色消费可兑奖励　德清莫干山镇推出生态绿币机制［EB/OL］.（2019-06-13）
［2021-03-31］.https://baijiahao.baidu.com/s?id=1636176318182945082&wfr=spider&for=pc.

二是不断规范游客的绿色消费行为。除了政府制定的相关规定和景区细则的强制性规范之外，旅游景区可通过增加相关工作人员数量，增设广播宣传、游客文明栏等项目提醒游客规范自身旅游行为，加强游客行为规范。

三是游客不断强化自身的绿色消费意识。作为旅游主体，除了外界规范引导之外，游客需要不断强化自身绿色旅游的消费意识，在旅游过程中，以生态环保意识为基本要求，以绿色消费为基本准则，做到低碳环保出行、尽量减少一次性产品的使用等。

例如，随着贵州省遵义市旅游产业的不断发展和人民消费水平的不断提升，游客数量显著增加。但是，对旅游环境破坏的行为也越发明显。遵义市通过举办文明礼仪知识培训，通过学校、企业、社区等为教育载体的素质教育，从家庭入手，落实居民的责任意识和环保意识以及社会责任感等，不断提升公民文明旅游素质。同时，通过加强对《中国公民国内旅游文明行为公约》的学习进而加强游客旅游素质的培养。

五、社会组织：发挥包容性旅游中环境的社会辅助作用

（一）积极帮扶弱势群体

一方面表现在为弱势群体提供法律服务，保障弱势群体权利。为旅游社区提供法律服务，主要是围绕弱势群体的日常生活需求展开，包括为居民提供免费的法律咨询和法律援助等服务，在一定程度上加强对弱势群体基本权利的保障，为其提供更好的社会环境和政治环境。另一方面表现在为弱势群体提供教育服务，提升弱势群体就业能力。教育服务主要体现在职业技能方面的培训，通过开展职业技能讲座、鼓励专业技术人员带动弱势群体等方式，推动当地旅游就业机会的均等化。

例如，上海市产业援疆通过开展党建联席会议和工作座谈会等方式，不断深挖南疆红海湾景区的文化旅游内涵，不断推动当地景区发展升级。上海产业援疆不仅带动当地居民通过参加古丝路通关表演获取收益，还以当地民俗为支撑，在金胡杨景区促进当地民俗文化村建设和农家乐等经营活动，有效带动了当地居民，尤其是弱势群体的就业提高了其收入水平。

（二）发挥舆论监督作用

一是对地方政府的行政监督。在合理适度的情况下，发挥社会组织对基层政府相关行为的监督和问责作用，包括政府对于包容性旅游相关政策的制定以及实施情况的监督，尤其是对当地居民和弱势群体的权利保障方面是否尽职尽责等起到促进整改的作用，从社会组织方面保障政治环境的绿色发展。

二是对当地旅游企业的行为进行监督。社会组织对旅游企业的行为监督主要包括是否存在违法乱纪的行为，是否存在破坏生态环境、破坏社会治安、破坏当地民俗文化环境等方面的行为，对其进行明察暗访，对于出现的对包容性旅游环境发展不利的行为，要及时地进行披露。

三是帮助构建社会舆论监督网络。以社会组织为主导，充分发挥其组织协调作用，以保障旅游社区环境的绿色发展为基础，联结当地居民、游客以及企业和相关政府部门等主体，通过新媒体和"监督信箱"等方式，正向利用社会舆论力量，对不利于包容性旅游环境绿色发展的行为进行及时披露和督促整改，进而营造更为自由、平等、公正、法治的社会环境。

例如，广东省东莞市在《关于进一步加强旅游市场综合监管的通知》中也提出充分发挥社会公众的监督作用，一定程度上肯定了社会组织的监督作用，认为社会组织在包容性旅游的开展中可以更好地促进相关政策的落地实施，以及在一定程度上协调相关主体的利益矛盾。

（三）积极参与社区治理

2018 年，民政部出台《关于大力培育发展社区社会组织的意见》中要求充分发挥社区的社会组织作用，帮助基层社区治理。[①] 社会组织参与社区治理，主要体现在充分利用自身优势，为当地包容性旅游发展的社会环境、生态环境治理，发挥文化优势等方面献计献策。比如，针对特殊群体的社会组织，其社区治理的重点主要在于妇女、儿童、残障人士方面的权利保障方面。

---

① 中华人民共和国民政部.民政部关于大力培育发展社区社会组织的意见［EB/OL］.（2017-12-27）［2021-04-15］.http://www.mca.gov.cn/article/gk/wj/201801/20180115007214.shtml.

例如，浙江省桐庐县作为乡村振兴发展经验田园社区建设及微治理模式的示范样板，在社会组织参与基层治理方面已经有了较为成熟的发展模式和经验，建立了社会组织参与乡村治理的新机制，把社会组织嵌入党组织领导的乡村治理结构之中，以组织协合、功能组合、机制复合、效能融合、品牌凝合为路径，打造社会组织参与乡村治理的"五合集治"品牌，切实有效推进了乡村治理体系和治理能力现代化建设。

本章小结

本章以包容性旅游中的环境绿色发展为主要基调，先是对环境绿色发展的内涵和意义进行阐释，接着从共建共治共享角度出发，对包容性旅游中环境的绿色理念进行了分析，最后从包容性旅游的主体——政府、企业、居民、游客、社会组织五个角度对包容性旅游中环境的绿色机制进行了构建。首先，环境绿色发展的内涵包括政治环境、经济环境、社会环境、文化环境和生态环境五个方面。其次，包容性旅游中环境的绿色理念包括三个方面：共建绿水青山，打造绿色旅游环境；共治绿水青山，形成主体责任联动；共享绿水青山，形成良性互动机制。最后，包容性旅游中环境的绿色机制包括政府健全包容性旅游中环境的绿色领导机制、企业建立包容性旅游中环境的绿色服务机制、居民践行包容性旅游中环境的绿色参与机制、游客履行包容性旅游中环境的绿色消费机制和社会组织发挥包容性旅游中环境的社会辅助作用五个方面。

第十二章　包容性旅游的文化发展: 开放

第一节　文化开放的内涵与意义

一、文化开放的内涵

（一）文化的内涵

"文化"一词是指人类社会相对于经济、政治而言的精神活动及其产物，分为物质文化和非物质文化。文化，就词的释义来说，文就是"记录，表达和评述"，化就是"分析、理解和包容"。

在传统观念中，文化是一种社会现象，它是人类长期创造形成的产物，同时，它也是一种历史现象，它是一种人类社会历史积淀形成的产物。具体来讲，文化的形式涵盖较广，包括：国家或民族的历史、传统习俗、生活方式、风土人情、思维方式以及价值观，等等。文化是在对客观世界感性认识的基础之上对知识与经验的进一步升华，它是一种能够被普遍认可并且能够进行传承的意识形态。文化是一种社会意识形态，它是人类社会历史发展过程中物质财富和精神财富的总和。同时，在阶级社会中，文化是阶级斗争的武器，特定时期的文化是对当时经济和政治的真实反映，它会作用并影响当时的经济与政治。

（二）文化开放的内涵

"开放"一词，从词语意义上多表示张开、释放、解除限制等含义。所谓文化开放，是指"世界各国精神产品的交流和交换，是各国文化的相互影响、吸收、融合以及矛盾和斗争。"[①]

坚持文化开放就正如习近平总书记在党的十九大报告中提到的："要尊重世界文明多样性，以文明交流超越文明隔阂、文明互鉴超越文明冲突、文明共存超越文明优越。"[②]坚持文化开放要坚持开放包容、在文化开放过程中文化的立场是合作共赢，核心是坚持相互尊重、平等相待。中华民族自古以来就具有"协和万邦""天下大同"的广阔胸怀，以大度而又自信的心态与其他地域、国家开展民族、文化交流，曾经驼铃万里的丝绸之路，谱写了万邦来朝的盛唐气象。从数千年的历史变革中我们可以看到，变革和开放一直是中国文化的常态。

二、文化开放的意义

（一）文化开放是打造人类命运共同体的应有之义

人类只有在不断的交流中才能了解彼此，只有在相互的交流中才能领会各自主张背后的缘由。没有文化的开放就没有完整、便利的文化交流，不打造具有自身思想文化的文化产品、不进行具有精神积淀的文化贸易、不大力促进自身文化进入世界文化交流圈，而仅仅通过个别学者专家、文化官员或政要进行表面上的文化交流合作，将很难达成真正意义上的有共识的文化交流，即便是各个国家发表了什么样的宣言、协议，达成文字表述上的"共识"，也离人类命运共同体的伟大理想差之甚远。[③]

（二）文化开放是显示文化自信的重要途径

云杉（2010）提出文化自信是一个国家、一个民族基于文化在历史进步中地位、作用的深刻认识和对文化发展规律的准确把握，充分肯定自身文化

---

① 叶自成.对外开放与中国的现代化［M］.北京：北京大学出版社，1997.

② 中国共产党新闻网［EB/OL］.（2017-10-18）［2021-05-27］.http://cpc.people.com.cn/19th/n1/2017/1018/c414305-29594530.html.

③ 范鹏.开放文化市场探索打造人类命运共识体［N］.甘肃经济日报，2016-11-04（004）.

的价值追求，形成对自身文化生命力的坚定信念，^①只有在文化自信的基础之上才能积极引领自身文化的正确发展方向。在对外开放的过程中，扩大文化交流的对外开放，通过文化创新转化出新的文化资源，积极发展自身文化产业，对外进行文化输出，这正是文化自信的表现。但以文化开放来展现文化自信，并不意味着对外的单向传播，更多地体现在文化的相互借鉴、双向互动、互相受益，从而寻找各自文化的新的生长点。中华文化一向具有开放、包容的特性，善于借鉴域外文明的优点，兼收并蓄、博采众长，在漫长的历史演进中始终保持生机和活力。^②在中国的改革开放过程中，引进了许多外来文化，人们也在吸收消化外来文化，对外来文化的消化吸收本身就体现着文化自信，只有对自身文化抱有充分的自信，才能坚定和从容地去接纳外来文化，才能有奋发进取的勇气，去焕发文化交流的活力。可以说，对外来文化的开放包容，就是大国文化自信的彰显。

（三）文化开放是促进文化繁荣发展的动力

纵观人类文化发展史，越是兼收并蓄、开放包容的文化越是容易发展繁荣，越是故步自封、闭关锁国的文化越是趋于衰败凋零。^③当代各个国家在完成自身文化升级发展的过程中，都具有一个重要的特征，那就是在文化开放的基础上，以"他者"为镜，在萃取、借鉴外来优秀文化的同时内观自身，完成对原有文化的甄别、升华。当代各国家、民族的文化在发展过程中，存在着另一个重要特征，那就是文化的"马太效应"。当某种文化处于其强盛生长时期内时，这种文化往往对文化的开放、交流和吸纳持一种更为积极的姿态，这促使其文化的创新力、解释力、整合力越强大，越呈现出欣欣向荣的姿态，并不断侵蚀其他文化的生存空间，尝试同质其他文化。在这一效应的影响下，某些文化体系被迫选择封闭自身，导致其自身因缺乏足够的养分而日渐衰弱。一种文化形态或在开放、交流中不断贯通、推陈出新，或在保守、

---

① 云杉.文化自觉、文化自信、文化自强——对繁荣发展中国特色社会主义文化的思考（上）[J].红旗文稿，2010（15）：4-8.

② 双传学."一带一路"视阈下的我国文化开放战略[J].东岳论丛，2016，37（5）：25-30.

③ 付春.提高文化开放水平，推动中华文化发展繁荣[J].中华坛，2015（11）：137-140.

拒斥中日薄西山、颓败萎靡。

当前我国发展中国特色社会主义文化，就是发展符合实践要求、满足人类需要、反映时代趋势并不断进步的文化。因此，中国特色社会主义文化的发展，应当被赋予开放性的特征。只有积极参与到文化开放的竞争中，才能掌握自己的命运，保证自身文化的强大生命力，开拓自己的文化视野，在与世界的交流中综合创新，找到自己的发展道路。[①]

（四）文化开放是提升综合国力的主要抓手

当今世界具有世界多极化、经济全球化的重要特征，世界上的所有角落都进入了一个大发展、大变革和大调整的时期。随着资本主义将整个世界卷入全球化大生产，一切阻碍资本扩张的空间距离都被抹平，人们的生活方式也急剧变化。而与特定空间地域和特定生活方式相紧密联系的民族文化，孤立地去发展自身已不具可能性，它们都将不可避免的融入世界文化发展的潮流当中，文化必将会突破地域和民族的界限。

经济、科技的大力发展为各种思想文化的交流扫清了障碍，也让各种文化间的交流、碰撞越来越强烈。和平与发展是当今的时代主题，随着经济全球化和政治多极化的推进，凭借"硬实力"掰手腕的鹰派做法正逐渐呈现出与时代不相适应的方面，而文化促进国际交往交流的作用则越发凸显，将文化作为量度综合国力的重要标尺成为国际共识。

在文化成为量度综合国力重要标尺的这一背景下，我国开始学习各个发达国家的优秀经验与文化成果，加快推动我国文化开放水平的提升，并不断扩充文化开放思想的内涵与深度，将提升文化开放水平作为一项国家战略来推进。

在当今这个时代，各个民族间的文化交流、各个国家间的文化互动相当频繁。在全球化的这一境遇下，只有拥抱开放，中华文化的生命力才能更旺盛，中华文化的覆盖面、影响力才能更广泛。在当今这样的时代背景下我国只有不断地践行文化开放，不断推动中华文化走向世界舞台，才能在与各国

---

① 徐志超.改革开放以来中国共产党文化开放思想研究［D］.中南民族大学，2018.

文化的交流碰撞中增强自身文化的发展，这是不断提升我国文化软实力，建设社会主义文化强国的正确实践道路。不断提高文化开放的水平，通过文化开放来促进文化发展，推动中华文化走向世界，是保证我国在国际竞争中不惧风浪、勇立潮头的必然选择。

第二节　包容性旅游中文化的开放理念

（一）博采众长，益以创新

一是包容性旅游中文化的开放要自信。包容性旅游文化的开放过程中要坚定文化自信的心态，文化自信是一种广泛、深厚的自信，一个民族的文化体现出充分的自信，代表着一个民族的文化拥有强大的、持久的力量。在包容性旅游文化开放的过程中只有在对自身文化自信的基础之上，才能平等地看待各种外来文化，以审视的眼光来判断，寻求好的、适合自己的文化，取长补短。习近平总书记指出："一个抛弃了或者背叛了自己历史文化的民族，不仅不可能发展起来，而且很可能上演一场历史悲剧。"①这提醒着我们一个民族想发展好自己的文化，实现文化繁荣的开放目标，首要的就是要保持对自身文化理想、文化价值的充分自信。这点的重要性在包容性旅游文化的开放过程中同样是值得肯定的。

二是包容性旅游中文化的开放要接纳。一个善于吸收其他民族优秀文明成果的民族，其发展更迅速，文明程度也就更高，其文化也就丰富多彩。②在当代文化升级与发展的过程中，都具备一个共同的特征，那就是在文化开放的基础之上，以他人为镜，在不断修正自身的基础之上借鉴、吸收优秀的外来文化，完成对自身文化的升华。包容性旅游中文化的开放要坚持以"他者"为镜，在对外来优秀文化进行甄别、筛选的基础之上"去其糟粕，取其精

---

① 人民网.习近平论历史文化"金句"：学史鉴得失 学诗志高昂［EB/OL］.（2019-02-02）［2021-05-30］.http://politics.people.com.cn/n1/2019/0202/c1001-30608828.html.

② 李其荣.开放·包容·进取——美国文化的优势［J］.学术界，2005（4）：83-94.

华"，在对外来文化包容吸收的基础之上，对自身进行完善、升华。2019 年 9 月 27 日，习近平总书记在全国民族团结进步表彰大会上的讲话指出："中华文化之所以如此精彩纷呈、博大精深，就在于它兼收并蓄的包容特性。"①

三是包容性旅游中文化的开放要创新。包容性旅游的文化开放要坚持创新性，不能仅仅局限于传统文化的继承和外来文化的吸收，在文化的开放过程中，在与外在文化交流融汇的过程中，不断进行创造，创造出具备自身特性且满足当代人民需要的新的文化。张岱先生曾提出的"辩证的综合创造"继承文化的观点，他的核心内容即抛弃中西对立的模式，要经过辩证的综合去创造出一种体现民族特色、时代精神的高度发达的社会主义新文化。在包容性旅游的文化开放过程中即要求不能固执地认为文化建设仅是在原有基础上的完善，而是必须与时俱进地在自己已有的文化基础之上，创造出新的自己的"品牌文化"。

（二）和而相容，融而不同

一是包容性旅游中文化的开放应坚持积极融入。包容性旅游中文化的开放应坚持积极融入的态度，在文化发展过程中要坚持与外来文化、主流文化的交往交流交融，在与其他文化的竞争之中，实现自身发展、扩大影响力。中国传统文化的发展，从近代资本主义入侵中国开始，国内外的反动势力对中华民族的文化、思想进行了长久的压迫，导致我国从一个文化历史悠久的大国变成了一个文化弱国。这种文化弱国的心态，在很长一段时间内使我国始终对外来文化存在排斥心理。党和国家在这样的形式之下贯彻执行"积极融入、共存共进"的方针，使得我国文化从开放初期的"引进来"做一个"求学者"为主要态势，逐渐成为一个"传播者"的转变，这使中华文化在自身发展的同时，其影响力和覆盖面不断扩大。

二是包容性旅游中文化的开放坚持"多样性"。包容性旅游中的文化的开放要允许多样的文化共同生存、发展，要给予不同的文化样式、文化流派

---

① 新华网.习近平：在全国民族团结进步表彰大会上的讲话［EB/OL］.（2019-09-27）［2021-05-30］.http://www.xinhuanet.com/politics/leaders/2019/09/27/c_1125049000.htm.

相互交流、相互争鸣的自由空间，但是这样的自由要在不违背基本内涵和原则的基础之上进行。1956 年 4 月 28 日，毛泽东在中共中央政治局扩大会议上提出"百花齐放、百家争鸣"，成为我国发展科学、繁荣文学艺术的方针，其目的在于发展文化开放的主动性，激发更多人来建设文化的热情，在此方针的指导之下，我国人民文化创造的积极性大幅度提升，推动着我国文化事业的繁荣。这证明支持文化的"多样性"有利于调动包容性旅游文化发展的积极性，推动包容性旅游文化的繁荣发展。

三是包容性旅游中文化的开放保持"独立性"。包容性旅游中文化的开放，不是无原则的对外开放，而是在本质的原则性的基础之上的对外开放。任何领域、地区的文化都具有其自身的独特性，是在长期锤炼中凝结的精华。因此，在开放发展的过程中，应在保持自身本性、特点的基础上，进行外来文化的筛选性继承。毛泽东曾指出"文学艺术中对于古人和外国人的毫无批判的硬搬和模仿，乃是最没有出息的最害人的文学教条主义和艺术教条主义"。[①] 包容性的文化开放既不能盲目地吸收古人和外国人的文化，也不能盲目地全盘否定他们，要以客观的立场、结合时代和人民的需要，将自身与其他适合的优秀文化进行融合，以凝结出新的文化辉煌。

（三）以人为本，实现人的全面发展

一是包容性旅游中文化的开放要坚持"实践性"。包容性旅游文化的开放是寻求和发展更为切合实践发展需要的文化，需要的是经得起实践检验的文化。文化作为一种精神产物，同思想一样存在着正确与否，适合与否的问题。去检验一种文化的最主要方法就是将它置身于实践之中，看它是否能正确反映实践的需要，是否在推动社会发展过程中发挥了积极作用。在包容性旅游文化的开放过程中，要注重文化的实践性，它是否满足并服务于包容性旅游一切为了人民的核心，是否体现了包容性的主要思想，能否推动包容性旅游事业进一步的向前发展。因此，只有在实践中满足并有利于包容性旅游事业发展的文化才是在文化的开放过程中值得吸收与融合的文化。

---

① 丘振声.走民族化的道路［J］.学术论坛，1982（3）：85-88.

二是包容性旅游中文化的开放要坚持"共享性"。包容性旅游发展的根本目的即实现旅游的发展利益让人民共享，让处于弱势的群体拥有更多的话语权，让更多的脱贫者享受到相对均等的就业机会，也只有这样才能保障旅游发展过程中经济成果的相对公平性，缓解旅游目的地的贫富差距问题，营造良好的旅游目的地环境。在包容性旅游文化开放的过程中更应该着重体现出发展过程及发展成果的共享性。包容性旅游在文化的发展中要体现，如何带动更多的人参与到旅游事业的发展当中，旅游发展的成果到底如何让人民群众实现共享，只有这些通过包容性旅游的文化传播方式让更多人了解，才能进一步通过文化来促进具体事业的发展。

三是包容性旅游中文化的开放要坚持"以人为本"。包容性旅游的实质即一切为了人民，在其发展开放的过程中必然要不忘"以人为本"的初心。文化作为人类社会活动的产物，通过人类的社会实践活动推动着社会向更高的文明演进。人的全面发展即人不断创造、实现自己全面本质的过程，这全面性既包含物质部分，也包含精神部分。从主观角度来说，人民群众改造客观世界的目的是提高对客观世界本质规律的认识，从而顺应规律、利用规律。从客观角度看，社会历史是由人民群众创造的，人民群众的创造精神，在改造客观世界过程中的劳动，以及人民群众在实践过程中对物质和文化的探求，反映出人民群众对充分占有自己的包括物质产品与精神产品在内的全面本质要求。只有人民群众自身才是文化开放的实践者、推动者和成果的享有者。因此，在包容性旅游文化的开放过程中坚持人民的主体地位，是必然的。习近平总书记在党的十九大上强调"要坚持为人民服务、为社会主义服务，坚持百花齐放、百家争鸣，坚持创造性转化、创新性发展，不断铸就中华文化新辉煌"。① 强调了文化坚持为人民服务的重要性。

---

① 中国政府网.习近平提出，坚定文化自信，推动社会主义文化繁荣盛［EB/OL］.（2017-10-18）［2021-05-30］.http://www.gov.cn/zhuanti/2017-10/18/content_5232653.htm.

第三节　包容性旅游中文化的开放机制

包容性旅游中文化的开放机制，关键是构建政府、企业、居民和游客四位一体的文化开放功能平台，如图 12-1 所示。政府重心是做好环境建设、企业任务是发挥载体功能、居民关键是履行参与角色、游客扮演助力角色，四个方面一起构建包容性旅游的文化开放机制。

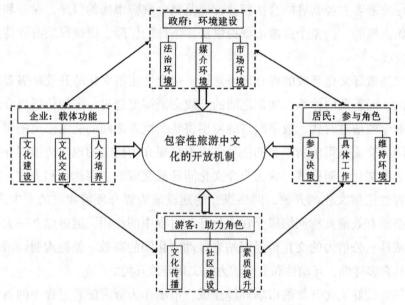

图 12-1　包容性旅游中文化的开放机制

一、政府：做好文化开放的环境建设

一是做好文化开放的法治环境建设。政府应当在包容性旅游的文化开放过程中，做好相关法律、法规体系的支持，对包容性旅游文化开放过程中的方向和性质进行界定，并且为文化的开放创造和谐稳定的法治环境。从 1999 年法制被写入宪法开始，党的十六大首次提出了依法执政的要求，再到新时代的全民依法治国思想提出，我国的法律体系越发完善，法治环境越来越好，人民对法律的认识也越来越全面。文化作为社会生活的一部分，自然也应该被纳入法律体系之中，文化的开放更应当通过法律来对其进行约束以及保护。文化的开放与国家的经济发展、政治稳定息息相关，必须通过法律对其进行框定，维持文化开放方向与性质，避免被图谋不轨者利用法律的漏洞进行破坏。而包容性旅游的文化开放是一个循序渐进的过程，法律在文化开放的不同阶段应当采取相应的规范对其进行管理，法律在这一过程中也要不断进行完善。2013 年 4 月 25 日发布的《中华人民共和国旅游法》，其发布目的即是为了保障游客和经营者的合法权益，规范整个旅游市场的秩序，保护和合理开发旅游资源，为整个旅游市场提供法律条件的保障，以确保旅游业持续健康地发展。

二是做好文化开放的媒介环境建设。包容性旅游文化的开放是需要沟通交融的，而不同的体系、文化之间的开放交流需要通过一定的传播媒介来进行。如今的信息时代，数字网络的应用将整个世界之间的交流距离缩短。文化之间的交流获得前所未有的便利。以网络媒介为代表的现代传播媒介改变了过去的文化沟通模式，成为当今文化间开放交流的主要途径和方式，实现了包容性旅游文化的开放，网络媒介的建设成为媒介环境建设的重中之重。政府必须有效地发挥网络媒介在文化开放过程中的作用，通过建立一大批具有权威性、公信力的文化传播网站来推动文化间的高效、便捷沟通，帮助建立起具有多样性、互动性和充满活力的文化开放环境。

三是做好文化开放的市场环境建设。市场作为资源配置过程中的重要手段，在旅游文化的开放过程中发挥着越来越重要的作用。市场在资源配置中起决定性作用这一观点经过党的十八大、十九大的论述，已经深入人心。旅游生产的文化产品需要在市场上进行消费，正常有序的市场环境有助于文化产品的正常流通，促进旅游文化产业的繁荣，以达到吸引更多的人参与到文化产业当中的目的，从而进一步推进旅游文化的开放与发展。因此，政府要督促发挥好市场的决定性作用，建设形成开放、透明的旅游文化市场，维持竞争的公平，大力发展文化产业，加强对文化企业发展的支持和引导。

二、企业：做好文化开放的载体功能

一是做好自身文化的建设。旅游企业自身的文化是各个企业在自身经营管理过程中形成的对于价值观、理想信念、企业精神、职业道德、群体意识、行为规范等的认识的综合。①建设好企业自身的文化，一方面可以增强自身员工对企业的认同感，提高企业的管理、经营效率；另一方面旅游企业自身的文化也属于旅游文化中的一部分，形成自身独具特色的企业经营文化、产品文化，可以让消费者形成良好的印象，从自身出发，促进旅游文化的传播，形成良好的文化口碑，有利于旅游文化的开放传播。

二是做好文化的互动交流。文化因交流而进步，文化的开放需要交流。包容性旅游文化的开放过程中旅游企业作为旅游活动中的主要经营者，其对旅游文化的开放交流起着至关重要的作用。旅游企业在自身理念和意愿的基础之上建设自身的同时，应主动与其他相关企业进行学习交流，从中将自身文化进行推广，在与外来企业文化的互动中交流互鉴，通过企业之间的文化交流来带动整个行业的文化开放交流，以达到促进旅游文化开放的目的。

三是做好专业人才的培养。涉旅企业应做好旅游文化传播与交流的人才培养，人才的缺乏是影响旅游文化的开放水平提升的重要因素，包容性旅游文化开放的实践主体是人，开放的对象也是人，如果实践主体不具备进行文化开放交流的能力，那么文化开放水平的提升就会受到束缚。从唯物史观的角度来看，整个历史都是人来创造的，整个历史都是人的历史。我国的包容性旅游文化的开放实践需要有人来完成。在今天，如果没有人对包容性旅游取得的成就鼓舞，如果没有人能听到包容性旅游发展的声音，那么包容性旅游文化的开放就会处于弱势地位，甚至会丧失很多机会。例如，旅游企业在景区安排专业知识丰富、表达能力强的解说导游，导游根据游客的个人特点进行针对性的科普讲解，区分各区域中的文化差别，宣扬正面的信息，有效地传播正能量，树立景区的美好形象，这就促进了旅游文化的开放传播。

---

① 苏隼.发挥企业文化功能构建和谐旅游企业［J］.交通企业管理，2008（5）：34-35.

三、居民：做好文化开放的参与角色

居民主要是指旅游目的地原住居民。这些居民在没有发展旅游之前，也常年定居于此。这些人口在所住的地方土生土长，他们的祖先在本地形成了不同的文化甚至不同的种族。在旅游开发过程中，旅游目的地居民可以指世世代代都居住在开发地，依靠开发地生存和发展的居民。

一是参与旅游文化开放的决策。居民是旅游目的地旅游经济发展的主要受益者，在进行旅游文化的开放过程中，对涉及自身利益的事件具有决策权和执行权，对当地旅游业的发展成果享有参与权与决议权，当地居民要主动积极参与到旅游目的地旅游文化开放的决策过程中，出谋划策，以确保自身利益，形成共建共治共享的利益格局。

二是参与旅游文化开放的具体工作。旅游目的地居民可以通过多种方式参与到当地的旅游发展当中，通过为当地旅游目的地提供资金、劳动或其他形式的帮助，来助力当地旅游业的发展，从而间接促进旅游文化的开放传播，通过具体工作方面的帮助来促进旅游文化的开放进程。

例如，旅游目的地居民通过资金入股、直接参与劳动以及拥有社会关系资源、智力资源、传统文化资源的居民因地制宜地参与当地旅游文化事业，在获得自身利益的同时，也助力了当地旅游产业、文化事业的发展。

三是维持好当地旅游文化的环境。旅游目的地居民作为生活在旅游目的地附近的群体，他们的日常行为，一举一动自然地成为当地旅游文化的一部分，居民对于旅游地文化的了解程度及认同感，对当地旅游文化的传播开放具有重要的影响，对于政府从政策层面的文化导向，除了旅游企业的执行力以外，当地居民的了解及自觉行动成了重要的影响因素，作为旅游目的地居民，应当自觉提升自身的旅游文化水平，对当地创造的旅游文化进行自觉维护。

四、游客：做好文化开放的助力角色

一是做不同区域文化的传播者。游客来自不同的地区、具有不同的社会文化背景，在旅游的过程中会不自觉地成为不同区域旅游文化的传播者。在

一定程度上促使旅游目的地的旅游文化进行交流、融合、创新，会给当地居民带来新的文化理念、管理理念、生活理念等多方面的改变。

二是参与旅游目的地社区建设。游客作为旅游活动的享受者，在参与旅游的过程中，一方面通过自身的消费拉动了旅游地经济的增长。另一方面，一些积极的有能力的游客会主动参与到旅游目的地的建设当中去，通过建言献策、公益活动、法律援助等方式，参与到旅游目的地的自身建设当中去，通过这些方式促进了旅游目的地的发展完善，间接地促进着当地旅游文化的完善发展。

三是提高自身旅游素质。旅游目的地的美好文化的开放传播，不仅需要旅游供给方的努力，同样需要来自游客方面的支持。一方面，游客在旅游观光过程中，要遵守旅游目的地的相关规定，不对旅游目的地设施造成破坏，不因为自身素质原因与景区内人员产生不必要冲突。另一方面，在完成旅游活动后，要保持公正客观的态度对旅游目的地进行评价，不可以抹黑、诋毁旅游目的地，避免对目的地文化形象造成负面的影响。

例如，2017 年 4 月，3 名攀岩者使用电钻等工具违规攀爬三清山巨蟒峰，在攀爬过程中使用的攀爬工具对景区石体造成了不可修复的严重破坏。这种行为一方面对景区造成了不可挽回的损失，另一方面游客和景区的矛盾也对景区的形象产生了不良的影响。

本章小结

本章以包容性旅游文化的开放发展理念为基础，总体围绕包容性旅游文化开放的内涵与意义、包容性旅游中文化的开放理念、开放机制三个方面展开。首先，在文化开放的内涵和意义方面，对文化、文化开放的内涵进行了较为详细的阐释，同时，对文化开放的意义进行了相应论证。其次，在包容性旅游中文化的开放理念方面，从博采众长，益以创新、和而相容，融而不同、以人为本，实现人的全面发展三个方面出发进行了论述。最后，从政府、企业、居民、游客四个层面出发对包容性旅游中文化的开放机制进行了构建，包括：首先，政府层面要为包容性旅游文化的开放创造出良好的法律环境、媒介环境和市场环境。其次，企业层面在做好自身文化建设的同时积极参与到旅游文化的交流互动中去，并且注重专业人才的培养。再次，旅游目的地居民方面要提高对当地旅游产业、旅游文化事业的重视，通过参与决策、具体工作和旅游文化环境维护等方式参与到旅游文化开放的过程中。最后，游客方面要做好旅游地文化传播者与帮助者的角色、提高自身的素质。

第十三章 包容性旅游的社会发展：共享

第一节 社会共享的内涵与意义

一、社会共享的内涵

社会共享的内涵有四个方面，分别是全民共享、全面共享、共建共享以及渐进共享。从包容性旅游的角度来看，社会共享是坚持以人民为中心的思想，提升人民美好生活的水平，是促进包容性旅游发展理念落地实现的关键。其中，全民共享是实现包容性旅游的目标，全面共享是实现包容性旅游的内容，共建共享是实现包容性旅游的基础，渐进共享是实现包容性旅游的途径。

（一）全民共享

社会共享中的全民共享是指包容性旅游共享的覆盖面。习近平总书记指出："广大人民群众共享改革发展成果，是社会主义的本质要求，是我们党坚持全心全意为人民服务的根本宗旨的重要体现。"[1] 从包容性旅游的角度来看，全民共享主要表现在以下三个方面：

一是全体人民共享包容性旅游的发展成果。全民共享，是由我们国家的性质和党的宗旨所决定的，从包容性旅游的角度来看，体现的是全体人民都能从包容性旅游的发展成果中受益。包容性旅游是否能够成功，最终的判断

---

[1] 人民网.深入学习贯彻习近平同志系列讲话精神［EB/OL］.（2016-03-23）［2021-04-12］.http://opinion.people.com.cn/n1/2016/0323/c1003-28220645.htm.

标准是人民能否从包容性旅游中受益。全民共享就是要坚持包容性旅游以人民为中心的发展目的，使各族各地区人民都能享受到旅游发展的成果，绝不落下任何一个主体。

二是全体人民有差别地共享包容性旅游的发展成果。影响人民共享包容性旅游成果的因素有很多，人们自身先天条件的不足以及后天的努力程度等是造成各个利益主体共享包容性旅游成果不同的原因。从包容性旅游的角度来看待全民共享的问题，就是要使每个利益主体在包容性旅游中的付出与回报成正相关关系，根据各自付出的多少来决定主体的利益所得。

三是全体人民共享包容性旅游发展的成果差别不能过大。所谓包容性旅游，就是要实现旅游发展成果在各个利益主体之间分配的相对公平，减少旅游目的地的社会贫富差距。在包容性旅游中，如果各个利益主体享受包容性旅游带来的成果差别过大，将会导致社会贫富差距过大和两极分化问题的产生。全体人民共享包容性旅游的发展成果就要按照人人参与、人人享有的原则，以人民为中心，实现旅游的包容性发展，让全体人民都能够享受到旅游发展的成果，实现全体人民共同富裕的生动局面。

（二）全面共享

社会共享中的全面共享是从包容性旅游的享受内容来看的。人民共享的全面性取决于社会的发展以及人民的需求，社会的发展以及人们的需求在实施过程中均需要全面。从包容性旅游的角度来看，全面共享主要体现在以下方面：

一是从全面共享的领域来看，全面共享是指各利益主体在五位一体战略指导下对包容性旅游发展成果的共享。只是片面地将社会共享看作是经济发展成果的共享是一种错误的共享思想，经济发展成果的共享是社会共享的基础，是其中的一个组成部分。从包容性旅游的角度来看，随着社会的进步，人民对包容性旅游所带来的政治权利、生态环境等各个方面的共享需求越来越强烈，实现各个利益主体在包容性旅游中的全面共享就应该从人们的各种共享需求入手。

二是从全面共享的环节来看，全面共享是指在包容性旅游的发展中，各个利益主体对包容性旅游发展的权利、机会以及成果等各环节的共享。当前，我国包容性旅游的发展在各个利益主体之间还存在着旅游发展成果、旅游带来的发展机会等共享的不平等问题。习近平总书记强调，"生活在我们伟大祖国和伟大时代的中国人民，共同享有人生出彩的机会，共同享有梦想成真的机会，共同享有同祖国和时代一起成长与进步的机会"。[①] 因此，全面共享是包容性旅游社会共享理念的重要内涵。

（三）共建共享

社会共享中的共建共享是从实现包容性旅游的发展基础来看的。在包容性旅游的发展中，共建是实现包容性旅游发展成果共享的基础，共享需要通过共建包容性旅游发展成果来支撑，在包容性旅游的发展中，只有各个利益主体积极参与到包容性旅游的发展中，人民才能不断享受包容性旅游带来的发展成果。从包容性旅游的角度来看，共建共享主要表现在以下三个方面：

一是全体人民要积极主动地参与到包容性旅游的发展中。在包容性旅游的发展中，各个利益主体需要积极承担各自的社会责任，主动参与到包容性旅游的各项发展当中，使得自身的义务与权利在一定程度上成正相关。人人共享需要人人共建，人人共建才能有效地克服包容性旅游发展中的各种困难与挑战，实现以人民为主的包容性旅游的发展。

二是要充分尊重旅游发展中的首创精神。在包容性旅游的发展中，对少数民族地区以及一些具有特色文化地区的旅游商品以及旅游发展方式，应当给予一定力度的保护。通过尊重劳动、尊重创造的方式来保护各方主体的首创精神，最大限度释放各个利益主体在包容性旅游发展中的创造潜能。在现今社会中，人们的创新能力日益增强，通过对人民首创精神的尊重，实现包容性旅游发展共建共享的发展理念。

三是广泛集中全体人民的力量推动包容性旅游发展。在包容性旅游的发展中，人民是促进包容性旅游发展的主要力量，要始终相信人民，密切联系

---

① 人民网，习近平.让人人同享人生出彩的机会［EB/OL］.（2013-03-25）［2021-04-12］.http://cpc.people.com.cn/n/2013/0325/c64387-20902947.html?from=message&isappinstalled=0.htm.

人民群众的力量，将实现中华民族伟大复兴的使命和宏伟蓝图作为联系广大人民群众的纽带，把各民族同胞紧密联系起来，坚持以人民为中心的发展思想，坚持社会主义核心价值观，实现包容性旅游发展的强大合力。

（四）渐进共享

社会共享中的渐进共享是从发展包容性旅游的进程而言的。包容性旅游的共享发展是一个渐进的过程，是一个从低级的发展逐步到高级的发展的过程，是一个从社会不均衡发展到均衡发展的过程，不可能一步到位。从包容性旅游的角度来看，渐进共享主要体现在以下方面：

一是充分落实包容性旅游发展中先富带动后富的发展战略。在包容性旅游的发展中，首先要实现旅游发展弱势群体的话语权，维护弱势群体的大多数权利，让更多的脱贫群体受益。因此，要对落后地区以及低收入地区的人民实行更大程度的帮扶，尤其要实施好乡村振兴，尽力解决包容性旅游发展中能够解决的发展不均衡的问题。实现包容性旅游的共享发展，就是要以人民为中心，落实先富带动后富，达到渐进共享的目标。

二是要充分考虑包容性旅游发展的客观条件以及利益主体在包容性旅游中的承受能力。实现包容性旅游的发展，需要循序渐进，分步实施，实现旅游发展成果及旅游发展共享的良性循环。防止因对各项要素的过度投入而影响包容性旅游的长期发展。同时，在包容性旅游的发展中，要加强对各利益主体的舆论引导，特别是对一些文明程度较低地区的居民以及游客等，包容性旅游发展成果以人民为中心，又让人民在共享包容性旅游发展成果中看到共享发展的艰难性，促使渐进共享的包容性旅游发展理念深入实施。

二、社会共享的意义

（一）中国特色社会主义的本质要求

社会共享包括人民对经济、政治、文化、社会、环境等各个方面发展成果的共享，是一个不断促进人的全面发展，实现全体人民共同富裕的过程。从包容性旅游的角度出发，社会共享发展理念体现中国特色社会主义的本质要求，主要表现在以下三个方面：

一是共享理念始终坚持以人民为中心的发展思想。人民是包容性旅游发展中的主体，社会是由无数个人民主体组成的，而中国特色社会主义是属于中国人民坚持和发展的事业，在包容性旅游中社会的共享发展理念体现出党全心全意为人民服务的宗旨，反映出只有以人民的主体利益为重，才能推动经济社会的发展。因此，包容性旅游的社会共享理念是中国特色社会主义的本质要求。

二是共享理念将发展和解放生产力作为根本任务。在旅游发展中，包容性旅游的发展是解决旅游发展一切问题的关键，通过做大旅游发展的蛋糕，同时，将做大的蛋糕分好，体现了包容性旅游发展中的包容性思想和包容性旅游发展成果共享中的全面共享的理念。落实包容性旅游的共享发展理念，是一个解放思想与求真务实、效率与公平相统一的过程，同时，充分体现了社会主义的本质要求。

三是共享发展理念实现人民共同富裕的目标。共同富裕是党的宏伟目标，是以人民为中心的包容性旅游的根本目标。而在包容性旅游中，社会共享发展理念要求发展要以人民为中心，以包容性的发展思想为指导，注重的是地区之间各个主体的贫富差距，反映的是各个利益主体实现共同富裕的要求，在一定程度上体现了社会主义制度的本质要求。

（二）中国共产党的执政要求

共享发展理念的提出是以习近平同志为核心的党中央对执政的宗旨、目的和价值追求的新探索，是新时代中国共产党执政理念的升华。包容性旅游发展对共享发展理念的阐述，体现了中国共产党执政的目标，为中国共产党对国家建设提供了新的思路，在党治国理政能力的提升方面具有重要的价值与意义。从包容性旅游的角度来看，社会共享发展理念，主要表现在以下三个方面：

一是共享发展理念坚持以人民为中心的发展原则。包容性旅游中的社会共享发展理念始终坚持以广大人民的根本利益为出发点，始终秉承发展为民的原则，实现旅游发展中各方利益主体共享旅游发展成果的思想。因此，包容性旅游发展为了人民的目的，深刻体现了中国共产党的执政理念。

二是共享发展理念坚守公平正义的原则。中国共产党的执政理念是全心全意为人民服务，而包容性旅游是以人民的利益为根本，以各个利益主体公平参与到包容性旅游发展成果的分配中为目的，实现全民共享的旅游发展理念，与中国共产党的执政理念相吻合，深刻体现了中国共产党执政为民的核心思想。

三是共享发展理念坚持共建共享原则。包容性旅游发展的内涵之一即共建共享的理念，在包容性旅游的发展中，各个利益主体共同参与其中，实现了对包容性旅游发展中共享发展理念的探索。然而中国共产党体现自身执政地位的力量源泉是广泛的群众，中国共产党通过带领中国人民取得了革命的胜利。因此，包容性旅游发展中的共享发展理念和各个利益主体共享旅游发展成果的宗旨，体现了中国共产党实行全民共享改革发展成果的要求。

（三）共享发展的两个关键着力点

在包容性旅游的发展中，有效的制度安排以及建立健全公平正义的具体制度是推动包容性旅游发展的重要因素。同时，实现包容性旅游发展的共享发展理念有利于建立更加完善有效的制度体系和推动公平正义的具体制度的建构。因此，有效的制度安排和公平正义的具体制度是实现包容性旅游的两个关键着力点。

一是坚持和巩固社会主义初级阶段的基本经济制度。从包容性旅游的角度来看，如果抛开其他条件来看待共享发展的问题，是一个不可能彻底获得正确答案的问题，只有在生产资料公有制的基础上，以人民为中心的包容性旅游才可能获得创造财富的权利，同时，才可能获得平等享有包容性旅游发展成果的权利，使自己成为创造社会财富的真正的主人。因此，经济制度的坚持和巩固是实现共享发展的一个关键着力点。

二是完善关于公平正义的具体制度的建构。从包容性旅游的角度来看，提升共享发展理念的实践性，是提高人民生活水平、实现共同富裕的过程，全民共享包容性旅游发展的成果是全面保障人民日常生活中的各种需求的发展理念。然而，随着人民对权利的意识逐渐增强，公平正义的问题就成为包容性旅游共享发展中的关键性问题之一。因此，维护公平正义的制度化是实现包容性旅游发展中共享发展理念的另一个关键着力点。

第二节　包容性旅游中社会的共享理念

一、共建绿水青山，实现主体利益共享

一是包容性旅游实现主体社会利益共享。离开绿色发展，社会共享无法可持续。绿色是五大新发展理念的核心思想之一，在包容性旅游发展中，政府、企业、居民、游客四方利益主体共建旅游发展美好生态环境，共同维护旅游发展生态文明，共同维护旅游发展生态安全，从而为旅游业的发展营造一个良好的环境，有效推动各利益主体积极参与包容性旅游的发展。共建包容性旅游发展的绿水青山，实现各主体社会利益共享。

二是包容性旅游实现主体环境利益共享。人类社会生存离不开优质生态环境。习近平总书记指出："绿色发展是生态文明建设的必然要求，'人类发展活动必须尊重自然、顺应自然、保护自然'，要'以对人民群众、对子孙后代高度负责的态度和责任，真正下决心把环境污染治理好、把生态环境建设好，努力走向社会主义生态文明新时代'。"[①] 在包容性旅游中，各利益主体共建包容性旅游绿水青山，实现各利益主体环境利益共享，促进环境可持续发展。

三是包容性旅游实现主体经济利益共享。社会共享的动力来自经济利益共享。各个利益主体根据自身的参与意愿与参与能力参与到包容性旅游经济的发展中去，共建包容性旅游经济发展的共享生态，形成一个互利互动互助的动态系统，实现利益主体的经济利益共享。涉旅企业利用自身的资金、技术以及资源等条件加入旅游发展中并根据各自的供给和需求能力从包容性旅游的发展中获利；居民依靠自身所拥有的资源和能力，参与到旅游目的地发

---

① 人民网，习近平. 深刻认识绿色发展在新发展理念中的重要地位［EB/OL］.（2019-12-12）［2021-04-12］.http://theory.people.cn/n1/2019/1212/c40531-31502324.htm.

展中去；涉旅企业加强旅游目的地建设，激励优化旅游氛围，充分调动游客参与到旅游发展中。

二、共建旅游发展平台，实现旅游资源共享

一是深化对口帮扶，把"走出去"与"请进来"有机融合，推进两地旅游资源共建共享、景区发展互帮互助、社会治理互联互通的旅游发展模式。例如，2019 年 8 月，山东省青岛市劳模疗养团多人来到贵州安顺黄果树旅游区综合执法大队实地参观考察"陶兴敏劳模创新工作室"，青岛—安顺对口帮扶工作持续深入，充分体现了两地共建旅游发展平台，推动了安顺黄果树瀑布旅游景区旅游业的发展，推进了两地资源的共享。

二是将游客融入旅游目的地，重构旅游产业，实现游客与旅游目的地共建旅游发展平台，推动落实包容性旅游的共享发展理念。在现今社会中，旅游已经成为大多数人生活的必需品，但是游客在旅游目的地的发展中占据主导地位的作用不明显，游客与旅游目的地的发展以及融合程度还不够。将游客有机地融入旅游目的地中，使游客广泛地参与到旅游目的地的发展中去，可以大幅提升游客参与旅游发展的体验感，推动游客与涉旅企业共享包容性旅游发展的成果。

三是将旅游文化相关联的地区及旅游目的地资源能有效衔接的地区融合发展，共建旅游发展平台，共享旅游发展资源。例如，2020 年，为推动巴蜀地区文旅交流融合，唱好"双城记"，建好"经济圈"，11 月 14 日至 15 日，重庆市长寿区文旅委与成都市青羊区文体旅局在成都宽窄巷子东广场联合举办"嗨玩长寿湖·沉浸菩提古镇"长寿区文化旅游交流路演活动，为成都及重庆的旅游业搭建发展平台，吸引了全国众多的游客纷纷赶来成都和重庆。通过各种文化旅游交流活动，进一步推动川渝文化旅游资源共享、市场共建、人文相亲。

三、共建旅游发展成果，实现人民共同富裕

一是包容性旅游促进旅游目的地社会公平，缩小贫富差距。旅游产业逐渐成为经济欠发达地区经济发展的主要路径之一，对于在旅游产业下延伸出

来的就业岗位，有其独特的益贫功能。缺乏高技能和高知识储备的相对贫困者，通过简单的劳动培训，就可以实现自主就业脱贫，享受旅游发展带来的就业机会，实现旅游发展成果的共享，缩小贫富差距。

二是包容性旅游促进欠发达地区旅游发展可持续性。包容性旅游通过政府参与主导，联结企业、居民、游客以及其他社会组织共同参与，将旅游产业与其他产业融合发展，实现社会、经济、生态环境共同发展的旅游发展方式，保护地区发展，实现各利益主体共享旅游发展成果。特别是在经济欠发达地区，通过发展旅游业，引导当地低效的传统农业逐渐转型，将当地的民族文化作为吸引游客的一个途径，有利于巩固欠发达地区旅游发展的可持续性。

三是包容性旅游助力解决相对贫困问题。包容性旅游发展作为一项共建共治共享旅游发展成果的思路，以旅游业发展作为地区发展的重要载体之一，推动相对贫困地区旅游产业蓬勃发展，维持旅游目的地社会与经济的繁荣稳定，推动包容性旅游解决旅游目的地相对贫困问题。在一些偏远地区，由于交通闭塞、信息不畅等因素，造成经济相对落后。但是，这些地区往往都存在具有当地特色的产品及产业。因此，通过发展脱贫地区的旅游产业，可以在一定程度上解决脱贫不稳定问题，实现包容性旅游发展为了人民的目的。

第三节　包容性旅游中社会的共享机制

包容性旅游社会共享是由政府引领、企业帮扶、居民参与和游客体验四个方面构建的共建共治共享的发展机制，如图 13-1 所示。

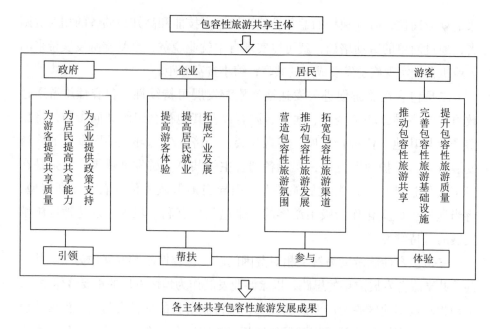

图 13-1　包容性旅游社会共享机制

一、以政府规划为引领，构建包容性旅游共享机制

一是政府联合，为企业提供政策支持共享。政府通过联合各相关部门，将包容性旅游战略规划落地实施，完善旅游自然资源的评估机制，为各个涉旅企业在进行旅游项目投资时提供政策引导和政策支持，使涉旅企业之间能获得政策的共享。

二是政府引导，为居民提高共享能力。政府通过组织引导居民参与旅游活动，保障居民参与旅游项目的渠道等手段，提高居民参与旅游发展的能力，扩大居民参与旅游发展的范围，在政府的指导下，让更多的居民更广泛地参与到包容性旅游的发展中来，实现包容性旅游发展成果为人民的思想，推动全民共享和全面共享的发展理念在包容性旅游发展中贯彻落实。

三是政府指导，为游客提高共享质量。包容性旅游始终坚持旅游发展以人民为中心的目的，政府通过指导健全旅游目的地基础设施，指导游客如何高效、便捷地参与到包容性旅游的发展中，为游客提供高质量的旅游基础服务和更好的旅游发展渠道，进而提高游客共享包容性旅游发展成果的质量。

二、以企业帮扶为导向，提供包容性旅游共享产品

一是以企业帮扶拓展产业发展。旅游业是一个具有多种特性的产业，在拉动经济增长方面具有一定的影响作用。涉旅企业在旅游项目的建设中，通过旅游业与其上下级产业的融合、拓展和延伸，扩大旅游业与交通运输业、农业等产业的融合，构建产业链，促进地区产业融合发展，实现包容性旅游产品共享。

二是以企业帮扶提高居民就业保障。涉旅企业在落实具体旅游发展政策时，要建立信息交流平台，提高企业和居民的双向互动，创造就业岗位和创业机会，实现企业与居民旅游发展成果的共享，为居民提供就业保障。

三是以企业帮扶提高游客体验感。涉旅企业在旅游发展项目的运作中，通过深化团队建设和提高旅游项目实施的可行性，为游客打造体验性强和参与性高的消费产品。

三、以居民参与为目标，满足包容性旅游共享需求

一是以居民为目标，拓宽包容性旅游渠道。欠发达地区的居民存在就业机会、生活质量、教育资源等方面的需求。通过拓宽居民参与包容性旅游项目的渠道，增加居民的收入，开展旅游培训活动、旅游公益活动，有利于提高居民的参与能力并拓宽参与渠道，使更多的资源向经济欠发达地区流动，有效提高居民的生活质量，践行包容性旅游共享发展的理念。

二是以居民为目标，推动包容性旅游发展。居民是包容性旅游发展中的一大主体，提升包容性旅游发展的核心内容之一，是推进居民全面参与到包容性旅游的发展中。提升居民自我发展能力，加深社区居民对包容性旅游的认识，增强社区居民的主人翁意识，从思想上提高社区居民追求高质量生活的意愿，共同参与到包容性旅游发展的项目中，增强居民自身的素养和参与能力，加强对当地居民的宣传教育等都是推动居民全面参与到包容性旅游发展中，促进居民共享包容性旅游发展的成果的有效途径。

三是以居民为目标，营造包容性旅游氛围。在旅游发展过程中，营造独

特的民族文化氛围，形成和谐的互帮互助邻里氛围，建设有民族特色的旅游目的地，为满足居民参与旅游项目的需求提供更多的可能性，提高包容性旅游的可持续性。

四、以游客体验为基础，实现包容性旅游共享体验

一是以游客为基础，提升包容性旅游质量。游客满意度和体验感是旅游项目开发中要充分考虑的问题，也是游客追求高质量旅游体验需求的归属。包容性旅游项目的开发不能以破坏生态环境为代价，要建设具有民族特色、促进生态保护的旅游项目，提高游客在包容性旅游发展中的体验感和满意度，实现游客在包容性旅游中的共享体验。

二是以游客为基础，完善包容性旅游基础设施。旅游目的地基础设施的完善是衡量地区游客体验感的一个重要指标，通过发展旅游业，完善旅游目的地的基建设施，改善居民生活环境，提高游客在旅游发展中的体验感和幸福感，实现包容性旅游中各个主体利益共享。

三是以游客为基础，推动主体利益共享。目前，越来越多的游客已经懂得理性消费，大多数游客会购买一些具有纪念意义的旅游纪念品作为伴手礼。因此，旅游目的地的涉旅企业应当充分考虑游客的需求，根据游客的需求为游客提供所需，引导游客通过参与包容性旅游项目而产生经济效益，保证包容性旅游项目的正常运转，提升居民收入，形成经济、生态和社会三方利益的协调统一，促进包容性旅游游客共享体验的实现。

本章小结

本章内容围绕对包容性旅游的社会发展中的共享进行展开，主要包括社会共享的内涵与意义、包容性旅游中社会的共享理念和共享机制三个方面。首先，在社会共享的内涵与意义方面，从全民共享、全面共享、共建共享和渐进共享四点对社会共享内涵进行了解读，紧接着对社会共享的意义进行了阐释。其次，从共建绿水青山，实现主体利益共享；共建旅游发展平台，实现旅游资源共享；共建旅游发展成果，实现人民共同富裕三个方面对包容性旅游中社会的共享理念进行了相应阐释。最后，从政府、企业、居民、游客

四个方面对包容性旅游中社会的共享机制进行了构建，包括四个维度：以政府规划为引领，构建包容性旅游共享机制；以企业帮扶为导向，提供包容性旅游共享产品；以居民参与为目标，满足包容性旅游共享需求；以游客体验为基础，实现包容性旅游共享体验。

第四篇

包容性旅游的实践逻辑与路径构建

第十四章 政府优质服务提供的顶层设计

第一节 提升服务要素认知，夯实优质服务基础

通过教育培训让政府公务员和事业单位相关人员清楚如何达到"优质服务"，如用良好的仪表仪态面对办事群众。认识做好服务的核心要素，夯实"优质服务"的基础，深刻掌握在办理涉旅事物发展过程中包括服务认知、服务意愿、服务能力、服务水平、服务模式和服务方式的系统服务知识。[①]

一、服务认知与服务意愿

服务认知是服务人员对为什么要做好服务工作的深层次认识，也是决定是否有服务意愿的前提条件。政府在包容性旅游系统中扮演服务者的角色，目的是为参与旅游的涉旅企业、当地居民和外来游客提供更好的公共服务。这不仅是社会主义市场经济对政府服务职能的要求，更是简政放权的最佳体现。推动政府由原来对微观主体的指令性管理转换到为市场主体服务上来，转换到为包容性旅游涉旅企业主体生产经营创造良好发展环境上来，为当地居民在旅游发展事业中解决生计问题上来，为外来游客提供优质体验环境上来。这一重大转变是艰难的，但却是完善建立包容性旅游路径必须啃掉的"硬骨头"，也是我国各级政府"立党为公，执政为民"的准则要求。政府部

---

① 蒋冬生，蒋莲艳，陈造勋，温中林.林业职业院校教师社会服务能力分析及提升策略［J］.广西教育，2018（6）：47-48.

门对包容性旅游的服务认知和服务意愿直接关系到旅游巩固脱贫成果的最终效果，强化居民与政府、企业等参与包容性旅游利益相关者主体之间的相互认同，增强政府部门对当地旅游资源、民俗文化以及旅游发展的认同，是政府服务包容性旅游的关键。政府服务包容性旅游发展认知包括自我认同、主体间认同和价值认同，科学合理地制定分层次分类别的服务方案与措施，积极推进旅游目的地政府部门的服务认知与服务意愿培训，能够有效提高政府部门综合素质与实操技能，提升政府部门自我服务能力认知，挖掘服务潜力，从而强化服务意愿的认识基础。

二、服务能力与服务水平

服务能力是指为他人做事、使他人受益的程度，也指一个服务系统提供服务的程度与质量，通常被定义为系统的最大产出率，也是决定服务水平高低的关键指标。[①] 对于政府服务能力而言，涉及五大要素：从业人员能力、设施和设备、服务流程、服务时间和服务对象有效参与。从业人员能力是服务能力的基本保障。设施和设备是提高服务效率的重要手段。服务流程是优化服务进度的主要措施。服务时间是衡量服务能力和水平的具体表现。服务对象有效参与是能否实现服务优质体验的重要客观因素。在基层政府办理涉旅发展相关事务时，一线办事人员的服务能力和水平会直接影响到相关利益主体的事业建设积极性。因此可以说，政府服务能力的强弱和水平的高低会直接决定旅游减贫的成效。

三、服务模式与服务方式

目前，常见的服务模式包括体验式服务、一对一专人服务和自助式服务三种。对于政府办理涉旅手续服务而言，可以根据事项办理的难易程度、准备手续材料的多少情况、办理流程的繁简情况等，围绕"服务周到，办事高效"的宗旨，运用不同服务模式进行办理。常规性的简单服务需求，可以采

---

① 余子萍，王丽，沙润.养生生态旅游地建设探析［J］.安徽农业科学，2010，38（35）：20184-20185.

用自助式服务方式，通过现代自助服务机进行一站式或一键式办理。非常规相对复杂的服务需求，可以提供一对一的业务办理服务。对于一些已经有一定优质服务保障经验的服务需求，或是服务对象不清楚服务程序的业务办理，可以采用体验式服务，让前来办事的人员获得高质量的服务体验。特别是对于一些自身文化素质有限的被服务对象，结合"一对一"和"体验式"服务模式，可以切实达到让人民群众办事更舒心和更放心的目的。服务模式的成功与否直接决定了政府服务方式是否合理。服务方式是服务产品生产和交换形式的总称。① 服务劳动者运用服务设施、工具、原材料等生产资料创造服务产品。在确定服务模式后，设计一个科学合理的服务方式，也显得十分重要。政府作为公共职能部门，服务方式的系统化、人性化和专业化是做好优质服务的必然要求。因此，需通过跨部门办理、多部门协同的服务事宜，需要一个系统化的服务流程、人性化的操作过程和专业化的技能保障。

第二节　强化基层组织领导，全面落实服务责任

政府公共服务好坏，关键在基层一线。基层是直接面对办事人员的第一场景。脱贫后包容性旅游发展的建设关键也在基层农村。其中，面向基层农村的优质服务，必须以党组织为抓手，结合党建扶贫，切实做到全心全意为人民服务。农村基层党组织的建设是党的整个执政能力提升体系中的重要组成部分。把包容性旅游工作作为民生工程和统揽农业农村工作的可选抓手之一，从统筹调度、要素投入、考核奖惩等方面进行管理和服务，做到全方位保障，推动旅游开发各项工作落地生根。

一、压实领导责任

要提高政府服务能力和水平，地方政府主要领导必须是该项工作第一责

---

① 董肖曼.现代服务从业人员职业核心能力新探［J］.绍兴文理学院学报（哲学社会科学），2010，30（5）：98-100，104.

任人，对于包容性旅游建设中的重大问题、重大项目亲自过问、亲自部署、亲力推动，并带头开展蹲点调研、带头落实对弱势群体的帮扶责任，协调解决、研究推进旅游业具体工作。以此建立完善"纵到底、横到边"的区、乡、村三级建设主体责任链条，落实"三级书记"责任制，明确各级党政部门抓好抓实与旅游建设有关的任务，层层压实责任。

二、加强队伍建设

提升旅游工作的统筹协调力度，把能力过硬、敢打硬仗的领导干部选拔到包容性旅游业一线党政班子重要岗位上，确保一线攻坚力量，夯实基层党支部战斗堡垒作用。做到基层书记重视协调，办事人员专业周到。特别是针对涉旅事业的办理，一个懂业务和懂行业的专业人才队伍是做好优质服务的根基。

三、严格考核奖惩

"信任不能替代监督"，这是行政管理工作的基本原则。要促进各级政府做好涉旅事业的优质服务，必须配套系列考核奖惩制度，对一些要发展旅游项目的地区而言，切实把包容性旅游开发作为各责任单位年度考核的重要指标并强化考核结果运用，全面兑现考核奖惩，对建设成效突出的单位和个人进行表彰奖励，重视提升包容性旅游服务工作的氛围。

第三节　选准涉旅产业项目，推进三产融合发展

根据我国基本国情，政府在引导包容性旅游建设过程中起着不可替代的作用。特别是在农村地区，选准涉旅产业建设，推动农村一、二、三产业融合发展，以"旅游+"形式融入相关产业之中，实现旅游建设的"可期待"发展前景，是政府做好涉旅产业建设发展环境的关键工作。因此，政府在包容性旅游发展道路上，做好促进农村地区"旅游+"三产的融合发展服务，重点是定方向、定产业、定方式。

一、定好旅游产业发展方向

一些具有旅游开发条件的农村地区，必须找准旅游产业的比较优势，确定"旅游+"产业融合的发展方向，突出如生态、文化、农业等方面的区域内的相对竞争优势，找准乡村旅游资源相对富集地区，挖掘休闲观光旅游经济的潜力。基于这一认识，地方政府在实施包容性旅游路径上，要将旅游产业结构调整锁定在具有相对优势的产业链上，有机融合一、二、三产业，助推脱贫地区生产、生活、生态"三生合一"。

二、定好旅游产业发展特色

以"旅游+"为手段，培育旅游新业态，助推振兴实体经济。定产业不是一件容易的事情，对于一些有一定吸引物基础的农村地区，确定好旅游发展的产业，需要思考以下因素：首先，要以旅游市场为导向，以特有的满足市场需求的旅游服务和产品聚集形成特色旅游产业，短期内在较广区域范围内无法被竞争替代。其次，根据旅游市场特点，相关涉旅产业要有层次性，由大而小层层定位，明确各个涉旅产业在一定区域内的差异化发展，减少内部竞争消耗。最后，产业定位要体现未来性，要着眼于旅游市场发展未来，从长远的发展前景和趋势看涉旅产业可能发挥或承担的作用。因此，对于脱贫的农村地区，大力实施"产业+旅游"行动，做好产业定位，关键还是要着力鼓励和引导涉旅企业进行专业化参与和经营，加快旅游服务和产品的创新，促进农村一、二、三产业融合，促进乡村特色旅游资源产业化，推进"包容性旅游+互联网"的全新模式，发挥乡村电商和旅游智慧服务的优势。

三、定好旅游产业发展方式

为了让当地居民、合作社、涉旅企业等包容性旅游建设主体之间优势互补、有序合作，积极探索"兜""扶""帮""引"相结合的包容性发展新路子，根据旅游市场经营已经取得的"政府引导、市场运作、公司兜底"发展的成功模式，以政府引导涉旅企业参与进行旅游吸引物项目的打造，推广"政府引导+企业专业化经营+合作社+农户""企业专业化经营+合作社+

农户""合作社＋农户""政府＋农户"等各个主体多种形式参与的经营模式，实现村企联合、产业连片、基地连户、股份连心、责任连体的包容性旅游政府引导服务模式。

第四节　优化涉旅组织形式，强化旅游管理服务

对于包容性旅游而言，一个合理的由社会各个主体共同参与的涉旅组织形式，对旅游发展有着积极的推动作用。优化涉旅组织形式可以有效促进各级政府根据自己的分工职责，做好旅游服务，自上而下推动包容性旅游的发展。

一、成立上下联动的工作组

基于国家和省级政府的顶层设计，在条件成熟的县级地区进行县一级底层设计，可以成立包容性旅游工作领导小组，负责方案制定、宣传发动、任务推进、检查验收、奖补兑现等工作，全面引导推动包容性旅游工作的开展。对应符合旅游开发条件的乡镇成立工作专班，完成制定旅游产业发展规划和实施方案，居民参与实施细则，游客优质体验环境的建设措施等具体任务。

二、成立基层推进的合作社

在有条件发展包容性旅游的农村基层，成立村社一体合作社，负责具体联络对接和落地服务。县级旅发办协同农业农村管理部门负责加强业务指导，各乡镇以村为单位组建兼具旅游社会管理服务和集体经济经营职责的村社一体合作社。合作社法定代表人原则上由村支书或村委会主任兼任，引导农民以土地或资金等要素入股合作社，参与旅游产业建设，确保低收入困难户入股全覆盖，按程序及时发放股权证。

三、进行涉旅组织结构优化

以多种形式支持涉旅组织结构发展的优化。例如，以县级司法部门为主

体组建法律团队，围绕包容性旅游建设需求，起草旅游产业结构调整土地入股合同，"三变"入股、专家聘请等合同，做好法律援助或顾问工作。县级政府平台公司成为产业结构调整的重要参与主体，发动成立产业合作社，按"平台公司＋涉旅企业经营主体＋合作社＋农户"等经营模式开展合作，发挥建设主力和兜底分红作用，带动低收入困难家庭参与项目结构调整。合作社的长处在于为农户提供各种旅游建设发展所需的社会化服务，涉旅企业具有服务优势。此外，涉旅相关企业具备帮助农户加工销售的能力，因此，要发挥各利益主体的优势，促进农户、家庭农场、合作社、涉旅龙头企业等主体的联合合作，组建成为新型的农业经营主体，以"平台公司兜底"作为农业产业结构调整主要运行模式，更好地把农民组织起来办合作社，引导农民以土地承包权入股企业，带地入社。

第五节　做好产销对接服务，辅助旅游市场发展

通过旅游产业助力农村地区可持续生计建设，确实为一个可以选择的方面。但是，旅游产业的发展受季节性、突发事件、舆论宣传等多种因素影响，这种不稳定性会直接影响经济发展水平。因此，要打造农民可持续生计渠道，还需要跳出单纯依靠旅游经济的单一思维模式，倡导农业经济、电商经济、数字经济等多种经济发展模式。简单地讲，旅游只是助力农村振兴发展、实现居民可持续生计的一个方面，也是销售农业产品的其中一种渠道，要谋取更多经济发展路子，提升农村经济发展水平，还需要坚持和完善"农校对接""农超对接""农社对接"等产销对接机制，进一步辅助旅游市场发展，让农产品不仅可以供游客选择，还可以供更多的市场选择。

一、持续推动市场对接

推进产品进学校、进机关、进医院、进企业、进社区、进超市、进酒店。大力发展农业产品电商销售渠道，坚持"线上""线下"同时发力，让农业产品乘上网络快车"泉涌"出山。培育专业化市场主体，大力培育商贸流通

企业、农业产品经纪人等专业化的市场主体，一头连接生产，一头连接市场，减少农业产品流通的中间环节，实现产销精准对接，建立稳定的销售渠道。这是稳住农业经济基本面的关键性措施。

二、大力运用技术手段

确保农村特色产品新鲜，赢得市场的良好口碑。冷链物流体系可以为生鲜产品储存、运输、销售提供良好保障。要加强品牌打造，优选出绿色产品免费使用公共品牌进行宣传推介，形成整体品牌效应。运用大数据，对农产品的市场需求、价格走势等情况进行收集和深入分析，并通过信息平台实时公布相关信息，提供即时的监测预警，助力农产品抢占先机投放，针对市场需求变化调整生产。

三、构建宣传营销联盟

与当地旅行社合作，利用新闻媒体和当地的文体活动进行营销宣传。此外，各地区应因地制宜，实施目标化营销战略，依靠当地政府和旅游主管单位进行宣传，利用网络平台对自己的产品进行推销宣传，利用多种渠道创新农产品营销模式。通过以上手段，使得各类优质包容性旅游产品能够精准对接市场，确保农民能够生产出高质量的产品、拓宽销售渠道、实现经济效益。

第六节　完善利益合作机制，强化利益联结服务

在基于政府服务的包容性旅游产业结构调整中，互惠共赢的利益合作机制是保障发展的基本要求。对于包容性旅游发展而言，一个合理的利益合作机制可以极大地减少矛盾纠纷，促进地区经济和社会稳定有序地发展。因此，为了让农户、合作社、龙头企业之间的合作更加便捷、合理，可以尝试兜、扶、帮、引相结合的新路子，即以涉旅企业作为主体（包含政府筹资构建的平台公司），政府引导完善利益合作机制、提升市场运作能力、发挥公司兜底

的作用，通过村企联合、产业连片、基地连户、股份连心、责任连体，创新平台公司在旅游发展中的兜底保障模式，具体包括：

一、四方合作模式

"涉旅企业（平台公司）+社会经营主体+合作社+农户"四方合作模式。农户以土地入股到合作社，合作社负责农户土地入股股权的管理，由合作社与平台公司合作，平台公司负责土地集中经营，统一纳入涉旅发展项目建设之中，社会经营主体负责相关旅游体验产品的生产加工、市场运营和提质增效。

二、三方合作模式

第一种三方合作模式，即"涉旅企业（平台公司）+合作社+农户"合作模式。前三年，农户享受保底分红；加入旅游经济项目后，根据经营情况约定比例分红。农户以土地等资产入股到合作社，合作社负责农户土地入股股权的管理，由合作社与平台公司合作，平台公司直接负责土地集中经营，统一纳入涉旅发展项目建设之中。第二种三方合作模式，即"社会经营主体+合作社+农户"合作模式。前三年，合作社享受政策性保底分红；项目投产后，以不低于政策性保底分红的标准按比例进行分红。农户以土地等资本经营权入股到合作社，合作社负责农户土地入股股权的管理，由合作社与社会经营主体合作，由社会经营主体统一纳入涉旅发展项目建设之中。三年投产后，企业将获得的旅游经济效益按比例返还合作社，涉旅企业负责进一步完善相关旅游建设项目。

三、两方合作模式

"合作社+农户"两方合作模式。前三年，合作社享受政策性资金补助，投产后，合作社自行经营。农户以土地等资本经营权入股到合作社，由合作社直接负责统一纳入涉旅发展项目建设之中。前三年，农户享受政策性保底分红；项目投产后，按比例进行分红。地方政府需要站在群众立场去推动这项工作，确保群众利益最大化。利益分配是关键，既要尊重市场经济规律，让企业有赚头，更要设身处地为农民着想，实现农民收益最大化。建设利益联结机制，让产业发展的成果真正惠及广大群众。[①]

第七节　加强教育服务引导，全面落实扶智服务

政府服务是减贫工作中的重要力量，但无法做到让减贫对象全方位永续脱贫。要让减贫对象全面健康可持续发展，在整个反贫困开发中，更为关键的是强化服务引导，转变和提升减贫对象自力更生的内生动力。在包容性旅游减贫反贫中，人是包容性旅游减贫的核心，不仅要充分发挥减贫人口的主体作用，鼓励更多的减贫主体参与到旅游的发展建设中来，更要重视减贫对象自身综合素质的提升，这样才能因人而异地建立包容性旅游减贫指向性发展路径。要鼓励和引导更多的旅游社区居民参与到旅游业的建设过程中来，保证最大限度地发挥包容性旅游的效益，将旅游减贫反贫受益最大限度地惠及本地，真正实现落后地区的脱贫致富。

一、教育培训是关键

扶智服务关键在于教育培训，能够让就业者拥有支持旅游产业发展的基本劳动素质和能力。以培训并引导农民掌握某一项技术、熟悉某一项政策为抓手，积极做好引导和宣传工作，确保群众听得懂、记得牢、心里明。宣讲队通过新时代讲习所、农民夜校、新型农民培育座谈会、院坝会、入户走访、田间地头走访等形式，积极宣传相关政策和市场，转变乡村居民的传统思维方式，并按照旅游吸引物建设要求来从事农业生产，专业指导解决居民在发展中遇到的难题，提高乡村居民对于新型产业的接受能力，提高群众参与旅游减贫建设的信心，增强农民的创新意识，通过培训，向干部群众讲明农旅融合产业结构调整的必要性和重要性，为群众算清经济账，有效化解群众关于技术和市场的顾虑，有效激发群众参与农业产业结构调整的积极性和主动性。

---

① 沫沫.旅游拓宽农村脱贫致富路［J］.创造，2018（2）：62-65.

二、以人为本是保障

扶智服务需要以人为本，更需要注重对已脱贫但产业发展基础薄弱，易返贫乡村相关建设人才的引进和培育。可以鼓励有条件发展旅游产业的地区成立旅游减贫协力队，鼓励居住在城市的人口去乡村工作生活一定年限，给予一定的津贴补助；在一线城市和特大城市成立"移居支援中心"，帮助城市居民移居乡村；同时，成立旅游公益中心，负责包容性旅游减贫政策、规划的制定指导以及包容性旅游减贫项目的管理实施指导，以切实加强对包容性旅游减贫工作的管理，旅游公益支援中心可以为居民提供咨询、帮助和相应支持；政府负责对村民、返乡大学生等进行统一培训，做好保障工作。[①]

三、改变传统是任务

扶智服务关键在于阻隔脱贫不稳定和能力缺失的代际传递，阻隔代际传递，要年轻一代有志愿并有能力从事涉旅行业的发展，关键要靠教育。教育是改变现状的长久之策，是最重要、最有效的手段，也是必须完成的任务，只有完善教育基础设施，为落后地区的孩子提供接受教育的基础，才能从根本上改变落后的现状。[②] 特别是对于教育基础差，教育资源薄弱的地区，丰富优越的教育资源十分欠缺，迫切需要更好、更全面的教育资源入驻。对于相关脱贫不稳定家庭，政府和其他社会组织要通过政策、资金、人才等提供最大的支持，增强落后地区的内生动力和可持续发展能力。[③] 因此，从娃娃抓起重视教育扶智的作用，是从根本上解放思想寻找可持续生计的内生力量。

本章小结

总之，在基于政府服务提供优质服务的顶层设计中，政府服务的认知、意愿、能力、水平、模式、方式等核心要素得以全面阐释，创造出景区带村、能人带户、合作社＋农户、企业＋农户等多种模式和手段，以包容性旅游减

---

① 周凯.民主镇：农民培训"充电"为乡村振兴聚人才［J］.理论与当代，2018（10）：46.

② 刘东亮.带着"八颗心"抓好"八要素"［N］.贵州日报，2018-04-02（004）.

③ 王伦刚."社交礼仪"大学生素质教育的重要一环［J］.山东纺织经济，2010（2）：59-61.

贫事业为载体，促进建设当地居民实现可持续脱贫、走向富裕的利民工程、民心工程。想要真正发挥包容性旅游共建共治共享的作用，关键是要确保当地居民在包容性旅游开发、经营中的主体地位，这种主体地位不仅仅是强调居民开发主体或经营主体，更强调他们自身在思想上能够树立主体意识。这也是包容性旅游发展理念中，政府"优质服务"体现得最为突出的长效脱贫机制。做好政府优质服务关键在于认识服务核心要素、全面压实服务责任、推进三产融合发展、做好旅游减贫服务、做好产销对接服务、强化利益联结服务、全面落实扶智服务等方面。

第十五章 企业事业发展环境的
制度保障

第一节 加强企业生存意识，提升企业发展能力

一、树立企业减贫意识

企业的实力影响企业参与包容性旅游减贫的规模和质量。企业资源、企业能力等因素影响企业在参与包容性旅游减贫中的资金投入和项目选择，而资金、项目等实力决定了企业参与包容性旅游减贫的规模和程度。企业的产业基地、人才技术、创新能力、市场等资源直接决定了企业参与包容性旅游减贫的广度和深度，进而影响旅游开发相关收入的实现及脱贫户收益的保障。旅游项目投资存在一定风险，特别是对于一些基础条件发展滞后的农村地区，优质旅游环境的营造需要大量的前期资金投入，进行人工美化和专业化建设。一些农旅融合的项目，存在产业抵御风险能力低下，项目投资周期过长，企业在短期内难以获得收益等问题。在保障涉旅企业能够生存发展的前提条件下，鼓励涉旅企业以高度的社会责任感参与旅游目的地反贫困工作，需要企业树立以下两个方面的减贫意识。

（一）内生动力意识

利益是所有企业普遍存在的动因和追求的目标，企业可以通过对相对贫困地区的扶贫间接获得更高的利润。企业以营利为目的，其本质是追逐经济

利益，在减贫上单纯的捐助和帮扶均是不可持续的，而旅游减贫项目又具有成本过高、风险较大等问题，因此，需要涉旅企业具备高度减贫风险意识和社会责任，关键从企业减贫的内生动力入手，通过提供劳动就业岗位提升减贫对象的就业能力，给予减贫对象获得生计的机会。

例如，在脱贫攻坚时期，陕西惠达集团采取"村企联建·景民合一"的旅游扶贫模式，围绕群众安置小区布局了秦岭老屋创业孵化基地和峡谷乐园、石纪未来岛等旅游体验项目，发展旅游扶贫"房前屋后经济"，充分带动群众创业就业，使农民变成了老板，使民居变成了客栈，使乡村变成了景区。

（二）资源整合意识

提升企业的旅游资源整合能力，要加大资源整合力度。有效整合乡村自然资源和文化资源，形成企业独特的旅游资源优势。能够发展旅游产业的地区一般具有优质的生态自然资源或有市场经济价值的人文社会资源。但是，相关旅游资源在未统一规划开发前，会呈现出明显的碎片化、分散化特征，导致这些地区的资源整合难度以及开发成本都较高，将不利于地区精致旅游项目的打造和旅游吸引物的建设。这就要求涉旅企业具有较高的资源整合开发能力，将旅游目的地相关资源转化为市场经济利益的可能性提高，进一步夯实企业减贫的资源基础。

例如，贵州省黔东南州黄平县联合省、州内主要国际旅行社、景区、酒店等 30 多家旅游企业，包装推出一条以山为景、以水为灵、以历史文化和民族文化为主题的旅游资源线路，这条线路成为贵州东线和黔东南北线的旅游明珠。此外，黄平县还涌现出了且兰旅行社、黄平绵阳国际旅行社、中国国际旅行社（黄平分社）等旅行社联合体，这些旅游联合体形成了推销"神秘且兰、古韵旧州、养生黄平"旅游形象的主体，不断激活旅游市场。将旅游目的地相关资源转化为市场经济利益的可能性提高，进一步夯实了企业减贫的资源基础。

二、整合社会资本

企业整合能力的实现，必须具有强大的社会资本。企业通过进行参与减贫提升公司自身形象，符合社会道德观念，能够促进公司长远的良好发展。

系统化旅游项目的建设需要企业雄厚的社会资本来实行资源整合，特别是争取到基层政府、当地居民、社会公众、行业组织等各方主体的参与和支持，实现有效整合，形成旅游项目发展的企业外围关系网，促进企业减贫能力的提升，转化为行动的动力，以有效参与到包容性旅游减贫事业建设之中。

　　例如，重庆市武隆区发挥资源优势、比较优势和后发优势，将资源优势变为产业优势，按照"建一处景点、引一批企业、活一带经济、富一方群众"的思路，确立了仙女山旅游扶贫带、白马山旅游扶贫带、石桥湖旅游扶贫带、桐梓山旅游扶贫带 4 个旅游黄金廊道，建成集交通组织、空间整合、产业集聚、形象展示等为一体的扶贫开发示范区，突破一产、二产和三产的界限，推进旅游与文化、体育、商业、交通、农业、工业等相关部门和行业的融合，将部门联合和产业融合作为旅游发展新的增长点，形成多点支撑、融合发展的"大旅游、大市场、大产业"格局。

第二节　发挥企业拉动作用，积极配合政府工作

一、发挥企业拉动作用

　　企业在发展过程中地位的重要性凸显在企业既是融资人，也是包容性发展的内生动力系统。企业对减贫对象的拉动作用主要体现在提供生产性就业岗位或创业机会的帮扶上。政府是旅游扶贫系统的管理、规划和引导者。政府提供乡村旅游扶贫的政策与环境，对于旅游扶贫系统的运行具有重要的影响。企业作为旅游扶贫产业链的主导者与运营者，负责将资源转化为产品，是实现资源市场价值的关键。涉旅企业的包容性旅游减贫示范带动效益，将国家呼吁的"大众创业、万众创新"精神有机结合，引导脱贫人口积极参与旅游就业、创业。

（一）积极帮助

　　积极帮助旅游开发地区拓展市场，培养减贫对象的就业创业技能、提升

其旅游市场经营管理理念，支持致富能人投资带头发展，促成村集体或合作社等经营组织的积极参与。在减贫模式上，积极帮助旅游目的地拓展减贫思路，大胆创新，在"景区带村""能人带户"等模式上结合地区实际情况有效探索出新的包容性减贫模式，总结出符合地方发展的减贫经验。

例如，在脱贫攻坚时期，河北省涞水县野三坡景区内的南峪村近年来不断丰富拓展旅游内涵，打造全域旅游的同时推行独具特色的"双带四起来"旅游扶贫模式，即景区带村、能人带户，把产业培育起来、把群众组织起来、把利益联结起来、把文化和内生动力弘扬起来。

（二）产业拉动

在旅游产业布局与培育上，涉旅企业应因地因时制宜引导旅游目的地挖掘本地特色资源、精准定位市场核心竞争力，促进专项特色旅游项目的开发，加强促进"旅游+"多产业的有机融合，形成不同内容、不同特色的旅游发展路径，以企业集群产业优势大力帮扶减贫对象可持续生计问题的解决。

例如，河南省修武县充分发挥旅游业的拉动力、融合力及催化、集成作用，借助"旅游+"，推动旅游业向深度和广度空间拓展，全力构筑修武"大旅游"发展格局。具体主要体现在：通过"旅游+民宿""旅游+特色小镇""旅游+体育""旅游+工业""旅游+农业""旅游+电商""旅游+美丽乡村"等，在进一步拓展旅游业发展空间的同时，也为相关行业和领域的发展提供了新平台，带来了更多综合效益。

二、共享旅游发展成果

主动谋求旅游业发展，支持建立和完善有效且多边共享的旅游业建设机制，支持涉旅企业相关旅游产品的积极创新。企业参与包容性旅游减贫的主动性与积极性是政府扶持减贫事业可持续发展的关键，企业参与减贫的积极性、主动性不能完全依靠政府行政引导，主动建立完善有效且多边共享的旅游业建设机制，调动企业参与包容性旅游减贫的积极性才是长久之道。

例如，在脱贫攻坚时期，广西壮族自治区柳州市鹿寨县通过加强乡村旅游规划，以中渡·香桥旅游区为核心，大力推进现代农业观光游、导江扶贫产业观光游、寨沙客家文化乡愁体验游、拉沟休闲养生体验游、黄冕和江口休闲度假游，实现乡村旅游涵盖 7 个乡镇 20 多个村，全县旅游从业人员达 1.53 万人，引导国有企业、民营企业或群众成立合作社，合力助推旅游脱贫。呦呦鹿鸣、查比花海、祥荷乡韵、稻花香里、山楂之恋等乡村旅游重点村以土地流转、农户入股等方式成立合作社，合作社按比例给村、农户分红，既解决了村集体经济发展问题，也解决了群众产业发展问题。同时，挖掘和帮扶能人创业，引导能人点对点帮助贫困户，形成一户带多户、多户带一村的效应，让广大群众积极参与旅游业，积极探索"政府＋企业（合作社）＋农户"旅游扶贫模式，达到了旅游发展成果多边共享的目标。

第三节　规范居民入职培训，提升自我发展意识

一、规范居民基本素质及技能素质的培训

涉旅企业有责任和使命对一些易返贫人群和边缘人群开展入职培训，提升其自我发展的意识，增加其文化素质和专业技能，改变其"坐、等、靠、要"的依赖观念与落后意识，树立劳动就业可持续脱贫的人生观和价值观，谋求在工作岗位上的人生职业生涯发展。

（一）旅游从业人员所需基本素质的培训

原国家旅游局根据社会主义道德的基本要求，总结了我国旅游工作者多年道德实践活动经验，对旅游接待人员的职业道德提出了基本要求，包括：热爱工作，敬业乐业；热情友好，宾客至上；真诚公道，信誉第一；文明礼貌，优质服务；不卑不亢，一视同仁；团结协作，顾全大局；遵纪守法，廉洁奉公；钻研业务，提高技能。

例如，2020 年 2 月，贵州省通过公共文化发展中心、多彩贵州文化云平台制作的"在线培训"板块进行线上培训。内容涵盖文化旅游工作的方方面面，旨在通过本次学习培训实现练内功、强素质、增本领的目的，为推动全

省文化和旅游高质量发展、融合发展、协调发展、创新发展做好干部职工和从业人员的能力准备。

（二）旅游从业人员所需技能素质的培训

从旅游行业来看，旅游从业人员主要集中在酒店、旅行社、景区三个系统，其需要的基本技能素质培训，包括：首先，熟练掌握专业操作技能。例如，先进设备设施的操作、保养和维修的技术，服务接待艺术等。其次，良好的语言表达能力。旅游业作为服务行业，语言表达能力在很大程度上影响着接待人员的服务质量和经营效果。最后，礼节礼貌修养。旅游从业人员良好的礼节礼貌修养，是涉旅企业的形象展现，主要有仪表端庄、言行举止、讲究卫生、遵时守信、尊老爱幼等。

例如，为贯彻落实省市旅游产业发展大会精神和关于创建天府旅游名县的具体要求，提高全县旅游从业人员的综合素质、整体形象和服务水平，四川省巴中市通江县积极组织开展了以中式烹饪、餐厅服务、客房服务、蜀绣等工种为重点的旅游从业人员职业技能培训，邀请了旅游专业权威的老师进行授课。培训针对性强、专业程度高，自开班以来，受到了参训学员和社会群众的一致好评。

二、规范旅游从业人员文化素质及心理素质的培训

（一）旅游从业人员所需文化素质的培训

注重文化知识的学习，对于旅游服务行业从业人员来说是不可或缺的。只有具备一定的科学文化知识，才能更好地掌握科学的操作技术，为游客提供优质的服务。没有文化素养，仅靠和气、听话、勤快是无法适应现代服务工作的。

例如，北京市石景山区为做好 2022 年北京冬奥会和冬残奥会服务保障工作，进一步提高文化和旅游从业人员服务质量和业务素质，提升文化和旅游企业的服务技能和服务水平，在 2020 年 11 月 13—17 日，区文化和旅游局在万商花园美居酒店举办了"备战冬奥·2020 年石景山区文化和旅游行业从业

人员素质提升培训班"。全区等级景区、星级酒店、社会旅馆、歌厅、网吧、实体书店等各文化和旅游经营单位管理人员和一线从业人员共计 100 余名参加培训。

（二）旅游从业人员所需心理素质的培训

心理素质的修养是指一个人从自身的心理特点出发，通过采取一定的方法来调节控制自己的心理活动，使自己在心理上具有适应外界环境，完成某项任务的能力。一个人的心理素质如何，直接影响到交际活动的质量。具备良好心理素质的员工在交际活动中遇到突发情况或遇到困境时，能够始终沉着冷静，采取最佳方式和手段迅速应对，扭转局面，化险为夷。心理素质不好的员工，在遇到突发情况或困难时候，会出现惊慌惧怕、四肢颤抖、说话声调不正常等现象，会给游客造成不好印象，影响整体形象。因此，对旅游从业人员进行心理素质的定期培训，是长期从事旅游行业工作的必要环节。

例如，湖北省恩施土家族苗族自治州为进一步强化旅游系统专业知识学习、增强业务技能、提升综合素质，从而促进市旅游产业又好又快发展。为此举办了第二届旅游知识竞赛，旨在通过以赛代训，以赛促学，提升旅游从业人员综合素质和行业服务水平，进一步调动全市旅游企业和旅游从业人员的积极性，增强其职业道德和服务意识，培养其良好的心理素质，提高其知识水平和技能，让旅游企业的管理水平和服务质量有质的提升，从而更好地为恩施旅游服务。由此可见，对旅游从业人员所需心理素质的定期培训，是长期从事旅游行业工作的必要环节。

第四节　建立协同参与机制，打造包容发展态势

一、建立基层政府、企业之间的协同参与机制

包容性旅游减贫开发需要社会各界的广泛参与和支持，调动全社会参与旅游减贫的积极性，强化跨区域的合作，鼓励跨界企业、行业组织、个体等

多方的参与，形成包容性旅游减贫大格局是实现脱贫地区旅游产业持续发展的重要保障。因此，在减贫发展的治理结构上，涉旅企业减贫力量有限，微观层面不能解决易返贫或边缘群体思想意识，主观能动性等个体问题，宏观上不能解决政策、地方产业发展战略等顶层问题，需要个体、企业、政府、社会等多方参与和互动来建立包容性旅游减贫协同机制，形成包容性减贫发展大格局，以发挥旅游减贫的最大效用。

（一）与基层政府协同

根据包容性旅游减贫事业的需要，企业与政府的协同，主要包括以下几个方面：首先，信息共享协同。企业在旅游减贫项目相关信息化过程中，应该与政府信息共享，供政府决策参考。企业与政府信息化协同是提高企业与政府沟通效率与合作方式的关键渠道。其次，环境建设协同。旅游发展需要一个优质的环境，企业与政府要相互协同合理建设环境，在发展观念和政策落实方面保持一致，尽量避免权法冲突和法律失调，实现企业与政府环境民事责任、行政责任与刑事责任的有效法制协同。最后，产业发展协同。企业要按照政府旅游规划的指引，做强主体产业，做好旅游产业，做实减贫产业，形成政府主导，企业推进，步调一致的产业发展协同体系。

（二）与企业之间协同

涉旅企业之间的有效协同，对于旅游减贫的发展有着十分积极的作用，可以避免内部恶性竞争和减少建设资源的浪费，包括：首先，投资协同。这种协同作用产生于涉旅企业之间各经营单位联合利用相关建设资源的情况。其次，作业协同。这种协同作用产生于充分利用已有的人员和设备，共同参与相关旅游减贫建设活动之中。再次，销售协同。这种协同作用产生于涉旅企业相关服务和产品使用共同的销售渠道、销售机构和推销手段，降低销售层面的成本。最后，管理协同。涉旅企业之间要充分发挥各自经营管理优势，承担相应的责任和任务，实现"1+1>2"的效果，获取利益的最大化。

二、建立当地居民、游客消费之间的协同参与机制

（一）与当地居民协同

提升当地居民参与旅游开发的能力，要优化"企业＋合作社＋居民"的利益联结模式，发挥合作社组织引导和参与的平台作用，充分保障当地居民在旅游开发中的参与权。要整合产业扶贫培训资源，完善脱贫户旅游技能培训体系，切实提升当地居民的综合素质。涉旅企业与当地居民是一种共生关系，更是一种互惠互利关系。当地居民支持企业发展，企业发展就会见成效，企业发展有成效，就会进一步解决当地居民可持续生计问题。因此，企业与当地居民协同，包括：首先，目标协同。企业与居民需要团结一心，围绕"事业可观"的包容性旅游减贫目标，协同开展旅游项目建设。其次，行为协同。企业参与旅游项目建设的行为与居民参与旅游项目建设行为是协同共进的，相互支持的，这样才有利于旅游减贫事业更好发展。最后，责任协同。涉旅企业的社会责任感和居民自我的邻里帮扶感实质是目标一致的，都是对社区边缘人群进行帮扶，体现出共同的社会责任感。

（二）与游客消费协同

涉旅企业必须向游客提供优质的产品和服务，提升游客美好体验感，实现与游客消费的协同，包括：首先，满意协同。在相关旅游项目中，企业提供质量有保障的旅游消费产品与服务，游客出钱享受有质量保障的旅游消费产品与服务，形成双方都满意的协同状态。其次，支持协同。涉旅企业要时时、事事、处处想客户之所想，急客户之所急。游客也应该健康消费，支持企业发展，以促进企业产品和服务高质量发展，形成一个涉旅企业与游客双边互动支持的局面。最后，安全协同。安全是一切旅游活动的前提条件。涉旅企业在相关产品与服务提供过程中，必须保障游客生命和财产安全。同时，游客在体验相关旅游项目或享受服务时，必须遵从相关安全要求，不能恣意妄为，破坏相关安全设施或设备，违反安全管理流程和规范。

第五节　采取减贫常态措施，做好扶弱帮困工作

一个企业中，难免存在能力有强有弱等发展差距的员工。涉旅企业也一样，相关从业人员在岗位工作中，由于认知和能力的差距，难免会存在相对"弱""困"的群体。这时，企业应建立减贫常态措施，做好扶弱帮困工作，防止企业内部产生严重两极分化，这显得十分必要。

一、减贫措施常态化

（一）树立信心

帮助"弱""困"群体树立信心，激发其工作斗志，帮助其建立一个强大的心理正能量发展状态。帮助"弱""困"群体树立信心，培养积极的心态，让这部分人群感受到企业组织人文关怀的同时，能够看到旅游市场发展的前景，这是企业扶弱帮困的首要任务。企业中工会以及妇联等组织就是专门针对"弱""困"员工进行帮扶设立的，国家鼓励企业员工参加由工会组织建立的重大疾病医疗互助专项保险活动，也在一定程度上解决了"弱""困"群体的医疗后顾之忧。同时，国家的政策支持对帮助"弱""困"群体树立信心具有强大作用。

（二）倾听呼声

倾听"弱""困"群体的强烈呼声，为其排忧解难，将工作落到实处。企业中"弱""困"群体一般会存在岗位劳动过程中的各种困惑、委屈、矛盾或纠纷，因此倾听其呼声十分重要。通过有效倾听，了解相关实践工作的困难和情况，明白产生"弱""困"的主要原因，以及在旅游减贫建设过程中存在的问题，是一种获取底层反馈的有效途径，对涉旅企业相关政策的公平性等问题以及政策的调整有着积极的作用。全国旅游监管服务平台和12301微信服务号的建立，以及媒体对"弱""困"群体的持续关注，使全社会对

"弱""困"群体的呼声都能够有效倾听，并对政策的调整有积极作用。

（三）提升能力

提升"弱""困"群体的工作能力，重视其职业素质的提高和职业技能的培训，提升其创造更多价值的能力。根据涉旅企业生产过程中对从业者相关技能需求的水平考核，设计个性化的培训方案，针对性开展相关进修教育或技能培训。

二、扶贫帮困最优化

（一）政府参与

中国政府是人民的政府，特别重视民生问题，同时，中国政府又是强有力的政府，全国脱贫攻坚目标任务已经按计划完成，我国脱贫攻坚战取得了全面胜利，但对"弱""困"群体的帮扶仍不间断，政府出台各项政策帮扶"弱""困"群体，只有中国政府的参与，才能实现扶贫帮困的最优化。为了打赢脱贫攻坚战，全国累计选派 25.5 万个驻村工作队、300 多万名第一书记和驻村干部，同近 200 万名乡镇干部和数百万村干部一道奋战在扶贫一线。2021 年 2 月 25 日，全国脱贫攻坚总结表彰大会在京隆重举行，习近平总书记庄严宣告，"我国脱贫攻坚战取得了全面胜利"。

（二）联合社会

联合"弱""困"群体的社会资源，形成企业积极参与，社会密切关注的良好局面。扶弱帮困是社会的重要责任，也是旅游行业回报社会，以人为本的体现。联合"弱""困"群体相关社会资源，呼吁全社会共同关注、关心旅游减贫中的社会弱势群体，营造一个团结、互助、友爱的人文环境，形成"一方有难，八方支援"的良好局面，以点带面，让"弱""困"群体真正感受到社会各界的支持与关怀。

例如，在脱贫攻坚时期，安徽省无为市红庙镇红色山水涧风景区管委会以旅游促脱贫，在景区开发时留日常保洁工作等公益性岗位，带动贫困户就业；景区周边的农家乐通过采购贫困户的自种自养农产品，带动当地贫困户增收；建立就业扶贫驿站，帮助有就业创新愿望的贫困劳动者"足不出村"就能获得就业岗位和培训机会，拓宽贫困人口脱贫增收渠道；同时，营造良好人文环境，带动种植牡丹园、菊馨园的现代农业科技有限公司，吸纳周边农民来加工车间工作；景区内的生态观光园、种植观光园项目通过土地流转、务工等措施带动贫困户增收。

第六节　探索共建共享方式，挖掘社会相关资源

在旅游产业减贫系统中，涉旅企业更倾向于在大区域范围内进行资源配置来实现自身的效益最大化。让市场发挥在资源配置中的作用，将消费市场与旅游目的地产业发展连接起来，挖掘社会相关资源，助力企业探索一种共建共享的旅游产业发展模式，优化企业减贫资源配置。

一、创建共建共享新方式

共建共享并不是简单的资源配置，而是实现资源最优化配置，使社会资本、民间组织、社区能人、居民个体都能够参与的一种共建共享模式，是一种新的共享经济形式。

（一）树立共建共享理念

共产主义最核心的内容就是按需分配，共建共享思维也尊崇这一点，将自身优势投入整个系统中来，同时，利用系统的优势弥补自身的不足，通过树立共建共享思维推动形成共建共享的机制。涉旅企业树立新目标即以全面建成小康社会的奋斗目标推动企业参与全面共享，依靠新举措即以体制机制的突破创新推进全民共享，开辟新视野即以人类命运共同体的构建倡导全球共享。

（二）形成共建共享的机制

形成长效的共建共享机制是旅游产业减贫工作持续开展的基石。共建共

享思维的践行，运用共建共享的思维产生相应的机制，然后通过机制运作产生新模式，促进旅游减贫工作更高效地完成。完成的工作又反作用于长效机制，使机制不断完善，机制与工作的持续性推进形成良性循环。

例如，四川省成都市青羊区社区创新开展青羊区社区统战工作"一三四五"工作法，运用整合思维积极撬动社区各方资源和力量，共同推进建立了共建共享机制。社区资源非常丰富，学校、医院、企业、楼宇等探索建立合作模式，发挥各单位的技术优势、专业特长、共享空间等营造统战元素，协助社区服务群众。

二、充分挖掘社会相关资源

（一）吸引更多社会资本参与共建共享

积极鼓励相关社会资本跨区联合共建共享包容性旅游减贫项目，形成资源互补、旅游产业协调发展的态势，强化企业之间在人才、资源、技术等方面的合作交流。

例如，在脱贫攻坚时期，贵州省黔东南苗族侗族自治州丹寨县引进万达集团合作开发扶贫项目以实现脱贫，万达集团以旅游景点为基础，引入丹寨特有的国家非物质遗产项目、民族手工艺、苗侗美食、苗医、苗药等内容，并配套建设四星级万达锦华酒店、多家客栈、万达宝贝王、万达影城等，将当地民族文化与现代商业相互融合，借助万达商业开发和运营的优势，将其打造成贵州乃至全国独具特色的综合性商业、旅游目的地。同时，万达集团还吸引带动了多彩贵州、广西泓文、北京途塔、北京云上国旅等企业到丹寨投资，总投资超过 13 亿元，形成企业间的共享共建。

（二）推动旅游行业组织参与共建共享

发挥旅游行业组织、协会在旅游减贫中的作用，依托行业协会的组织力量，更好地激发企业的社会责任意识，动员各行各业企业家参与到包容性旅游减贫开发中，促进行业组织、协会与涉旅企业的共建共享。

例如，在脱贫攻坚时期，广东省汕头市旅游行业协会利用自身优势组织旅游企业到本市旅游扶贫重点村考察和指导，引导旅游企业结合自身优势，结对帮扶旅游扶贫重点村发展乡村旅游，为旅游扶贫重点村出点子、带客源，发挥协会与企业共建共享优势，推动旅游减贫。

（三）鼓励旅游能人加盟支持共建共享

重视能人带头作用，发挥社会个体能人的潜在能力，鼓励与企业联合参与到包容性旅游减贫事业建设之中，打造一种合作机制。通过能人带头参与，发挥能人作为社会个体单元的智力、资本、技术等方面的优势，支持企业更好地在涉旅项目中投资建设，提升企业在旅游市场竞争中获得生存与发展的可能性。

例如，在脱贫攻坚时期，致力于非物质文化遗产保护的杨成勇，依托贵州省委、省政府重视旅游产业的发展机遇，于2000年9月成立"黔艺宝"。"黔艺宝"注重能人带动作用，长期以来和黔东南雷山控拜银匠村银饰联合会签订合同，与控拜银匠、贵州省工艺美术大师、省级非物质文化遗产传承人李正云一起研发创作银制品，在全国范围内推广控拜银饰系列。随着杨成勇对民族文化了解的日益加深，将民族文化精髓赋予到商品中，其创立的黔艺宝持续加大旅游商品的调研、开发和交流，坚持文化与旅游商品结合之路。黔艺宝自创立以来开发的各类旅游商品多次获得全国大奖，特别是在"2002年首届中国旅游纪念品设计大赛"中，黔艺宝设计的旅游产品苗族银饰、手工刺绣和民族服装分别夺得了金奖、银奖和优秀奖，黔艺宝苗族银饰还获得2006年中国工艺美术界最高奖"第七届中国工艺美术大师精品博览会"金奖。

第七节　提升企业服务水平，满足市场多元需求

随着人们物质水平的不断提高，人们的要求更加多样，市场需求也就相应多元化，为不断满足多元化的市场需求，包括旅游企业在内的大部分企业就需要提升自身服务水平，增强自身市场竞争力。

一、切实提升企业服务水平

（一）提高服务意识

培养企业员工树立良好的服务意识，让员工明白态度决定一切，服务也是生产力，对服务意识强、态度端正的员工给以物质、精神上的奖励，让员工真切感受到自身服务意识提高的重要性，推动企业健康发展。海底捞就是通过提高员工的服务意识，通过对顾客无微不至的"超级服务"打造了火锅行业的盛名，在全国范围内成功塑造了专业贴心的品牌形象。进入海底捞的消费者，常因为热情周到的服务和照顾而受宠若惊，如，对单独就餐的顾客，在对面放置毛绒玩具，以减少孤独感；在等餐的时候，提供免费的美甲服务；在有孩童就餐时，及时提供协助并赠送孩童礼物。海底捞通过提升服务意识，提供高品质的服务成为餐饮业的标杆。

（二）提高服务能力

企业的服务能力取决于企业的规模、技术、管理标准等因素，可以通过政策引导，鼓励企业投入资金更新设备，引进人才，增强技术能力，建立符合企业的管理标准来适应日益复杂的市场环境，以此来提高服务能力，推动企业更好地参与旅游市场竞争，满足多元的市场需求。

例如，为疫情防控需要，提升游客旅游满意度，在线旅游服务平台美团为提升其服务能力，联合全国 5000 多家开园景区，发布《旅游景区预约游览服务规范》，并持续便捷地提供网上预约服务，满足了游客新出现的预约需求，提升了美团 App 的客户使用率和忠诚度，助其成为在线预订平台的佼佼者。同时，美团持续投入资金到新业务领域，为美团 App 客户提供更多元的服务。

二、满足多元化的市场需求

（一）倾听市场需求

做好市场调研，从游客等消费者当中了解消费者的真实需求，可广泛使用信息化技术，通过网络问卷、有奖竞答等方式进行市场调查，并通过分析提前获知消费者消费变化，做好应对消费变化的准备，并针对消费者需求打造符合当今市场需求的旅游产品，以满足游客在内的消费者个性化需求。

例如，在物质高度发展的今天，单纯的消遣已经满足不了游客的需要，康养旅游等旅游发展方式逐步兴起，体育和旅游主力消费群体集中在"80后"，契合度高；且均为平台型产业，易于相互融合。体育旅游的形式主要分为以高频运动引发的广泛户外旅游活动，更趋生活化；以及赛事 IP 引发的体验式观赛游，具备高黏性和群体化特征。体育赛事能够在一定程度弥补旅游目的地的淡旺季差异，通过创造附加值带动旅游综合收入提升，反之旅游为体育赛事提供更深层次的消费场景，实现了多层次变现。

（二）健全市场需求的满足机制

根据市场调查的结果以及涉旅企业高管对市场需求的判断，结合自身实力、服务水平，可以通过增加投入、更新设备、吸引人才、与更高水平的企业合作等方式配套建立满足多元化市场的工作机制。根据市场多样化、多极化、区域化构建市场需求的满足机制。由于不同收入人群的需求的不同和个性化意识的增强，旅游市场的需求越来越呈现多样化的趋势，传统的消遣观光形式被多样化的旅游休闲方式所取代。此时，旅游消费规模的扩大，必然要求旅游产品的加速开发，旅游空间布局越来越多极化。同时，由于区域间的合作、资源整合和客源市场共享，能给区域旅游带来极大的效益，推动产业一体化、市场一体化、交通一体化、形态一体化，建立互利互惠的无障碍旅游协作区。因此，在建立市场需求机制时要考虑各方因素，加强多方协作联动。

本章小结

涉旅企业参与包容性旅游发展的前提条件是能够获得生存和发展。企业重视旅游目的地的反贫困工作，是企业存在的社会责任，更是促进企业更好发展的社会担当。因此，树立企业减贫意识，提升企业减贫能力是一个关键前提。在政府统筹引领下，发挥企业对经济的拉动作用，积极配合政府减贫工作，让一些弱势群体获得就业技能或是创业帮扶，提升旅游行业队伍的整体素质，并于政府、企业、居民和游客之间进行减贫的协同发展，建设旅游反贫困的一种发展态势，以共建共享的姿态，协调更多社会资源，专业人士、行业能人共同推进包容性旅游反贫困事业的建设。

第十六章 居民参与旅游建设的路径支持

第一节 精准定位核心要素，科学规划居民参与方式

居民参与包容性旅游发展能够有效提高居民收入，涉及居民参与认知、参与意愿、参与能力、参与机会、参与模式、参与过程等多要素、多环节，并且环境问题、利益问题也不可避免。因此，精准定位居民参与包容性旅游的核心要素，科学规划居民参与方式是识别问题、解决问题的基本前提。

一、精准定位居民参与的核心要素

（一）增强居民参与的认知与意愿

社区居民、当地政府部门、相关企业等利益主体之间的相互认同和了解能够进一步增强社区居民对当地旅游资源、旅游政策及旅游产业发展的认识，从而提高社区居民参与包容性旅游的自信心，培养其主动参与的意识，实现旅游发展的最终目的。首先，要牢牢把握自我认同、价值认同以及主体间相互认同这三个因素之间的联系和内在机制，科学合理、层次分明、分类明晰地制定旅游参与宣传方案和措施，提高居民参与旅游发展的知晓度是增强社区居民参与认知，提升参与意愿，挖掘参与潜力的前提。其次，要培育社区居民高度的社区认同感，让社区居民有一种社区意识，把个人利益与社区紧密地联系起来。最后，要培养民主与宽容的社区氛围，它是居民生存和发展

的社会认同机制，是居民参与所必需的社会性基础设施。

例如，四川省都江堰创新推行双向互动（"民间街长""政府街长"互动）、三自治理（自愿参与、自我明责、自主施策）的"双街长制"。"民间街长"是在社区党组织的指导监督下，由辖区商家自我组织，通过商户自主报名、社会组织推荐、商会开展评审、住户商家投票、公示无异等严格程序选举产生。目前，共计推荐 508 名"民间街长"，"民间街长"将各条街道和背街小巷按照属地责任进行分段管理。对游客、住户、商家反映的问题第一时间予以解决。就重大事项及时召开"民间街长"联席会，共同商议解决办法。接受居民群众、社会组织、商户商会等多方主体共同考核，不合格可直接罢免。

（二）提高参与能力与参与机会

社区居民作为旅游目的地的东道主，是旅游活动的直接或者间接利益相关者，实现包容性旅游发展目标最有效的途径之一便是居民能够直接参与到旅游发展的相关环节当中。因此，在政府和企业提供相对均衡的参与机会的基础上，居民本身也需要具备一定的参与能力，可以说政府管理能力和社区居民参与能力的强弱在一定程度上决定着旅游发展的成效。

一是在当前的社区参与过程中，政府行政力量干预仍然占据着极为重要的地位。因此，当地基层政府应当进一步提高认识，切实转变政府职能，强化社区自治，真正还权于民，努力构建居民与社区之间的利益整合平台，培育、引导、保护居民的参与热情，建立起较为完善的居民参与机制，构建居民参与从可能变为现实的转化机制与空间。

二是除资金参与、土地参与等有形要素的参与外，无形的居民参与能力对于包容性旅游的实现更加重要。社区政府要有针对性地开办技能培训班，使社区居民、下岗职工甚至残疾人等弱势群体能够通过自己的双手创造财富，增强他们的创业就业意识、提高创业就业技能，为社区居民掌握新技能、走上新岗位提供服务。

例如，位于南部非洲自然保护区内的洛克泰尔湾社区，私营部门增加了立足当地的自然资源管理和优先发展贫困农村地区经济的非政府组织项目，社区被纳入盈利项目的受益体系，并建立了相应的利益分配机制，体现了社区生态旅游的本质。其社区利益主要体现在以下几个方面：一是社区居民的主人翁意识增强。二是基础设施、服务及安全等公共福利条件改善。三是自主创业和就业机会增加，获得工资收入。四是获得了更多的教育和培训机会，包括环保等知识的学习和生存技能的培训。五是红利收入。相对公平合理的利益分配机制，能使各利益主体在生态旅游系统中找到利益平衡点，进而产生"心理平衡"。由此可见，社区居民在生态旅游发展中占据了重要位置，无论是总体指导还是更为密切的参与，都会对当地发展产生深远的影响。

（三）创新参与模式与工作模式

社区居民的参与是否具有包容性、生态性、可持续性以及顽强的生命力，关键在于发展模式是否能够吸引社区居民积极参与旅游开发建设，是否能影响和调动居民参与的积极性，是否能增强作为旅游目的地东道主的自信和主人翁意识，是否能够提高居民参与包容性旅游发展的主观能动性以及是否能促进可持续发展的内生动力。因此，要推动包容性旅游的绿色发展和可持续发展，必须因地制宜地探索和创新更多有益于社区的开发途径和发展模式，将其融入旅游发展，建立符合包容性发展规律的有效机制，提高居民的主观能动性。

一是在居民参与模式方面要不断实现创新化、多元化。除现有政府主导模式、企业主导模式、居民参与模式、游客参与模式外，创新多个利益相关者共同主导的模式，但要合理设计决策参与机制、利益分配机制、环境保护机制和社区参与保障机制等微观运行机制，以避免利益冲突。

二是创新"政府＋居民"的合作工作模式。发挥政府服务中心力量，整合工会、共青团、妇联等群团组织力量，建设社区群团枢纽工程项目，建立并扶持社区草根社团的发展，对社区众多草根居民进行专业输入，建立社区发展治理人才库和社区规划创意组，调动居民参与积极性。

三是建立游客满意度积分兑换奖励工作模式。由当地居民商议通过社区哪些涉旅商业活动可以入选积分项目、每项活动积分数量、积分统计程序、积分兑换服务内容、兑换比例等细节和问题，从而激发居民参与积极性，激励社区服务优质化、多元化。

例如，新疆维吾尔自治区吐鲁番市将参与旅游发展的实质定位于社区居民的脱贫致富和谋求发展，使得社区居民如何有效地参与到旅游发展当中，如何保障其利益分配的公平性成为吐鲁番市旅游社区需要解决的核心问题。政府、企业等要事先做好调查工作，明确旅游发展各环节所需要的人才，按能力精准分配岗位，具备什么样的技能就参与到旅游发展的哪个环节中去。

（四）加强环境保护与文物保护

旅游的发展必然会给旅游目的地带来正负影响。旅游发展在改善当地的社会经济环境，让大多数欠发达地区人口受益，增强他们的自尊心和自信心的同时也会给欠发达地区带来一定的负面影响，尤其是环境问题和文化保护问题。

一是建立健全生态环境管理制度。制度建设是顺利推进生态文明建设的重要法宝，要解决生态环境脆弱问题，必须有健全的生态环境管理制度作为引导。建立健全包括资源总量管理制度、资源节约制度、自然资源资产产权制度、生态补偿制度等在内的一系列生态文明制度体系的顶层设计，是引导群众树立正确的生态文明观及确保群众能够采取正确的生态文明行为的前提和基础。

二是对文物遗迹的保护力度要全面加强。对文物加强保护，有利于全面提升民族文化认同，增强遗产保护的责任感，增强文化自信。文物遗迹的空间承载力是有限的。因此，旅游景区建设应根据文物遗迹实际情况，在利用过程中，必须从可持续发展的角度，针对遗产地空间承载力、开发规模进行准确评估和判断，避免出现开发过度、无序管理等问题，并结合道德约束和法律制约对景区文化遗产和文化遗址进行保护。

例如，2021年5月，云冈文化保护法庭在山西省大同市云冈石窟景区正式揭牌。这是山西省首家文化保护法庭，是山西省高级人民法院批准设立、以云冈石窟文化保护为依托、审理历史文化遗产保护类案件的专门法庭，云冈文化保护法庭的成立，是人民法院司法助力文化遗产保护的有益实践，是推动文化遗产保护法治化的务实举措，对进一步健全云冈文化遗产保护制度体系具有极其重要的意义。

（五）注重利益分配与保障机制

社区居民参与旅游开发可能会造成旅游资源分配不均、参与机会不均衡、信息沟通不顺畅等诸多问题，较早参与旅游开发的居民在资源分配、利用、参与模式选择、教育培训、管理认知、信息获取等方面具有更大的优势，收益等方面远高于较晚参与旅游开发的居民，导致社区居民之间收益不均甚至分化等问题。因此，政府首先应基于利益分配原则来科学合理构建利益保障机制，为社区居民参与旅游发展提供人力、物力、财力、制度、渠道、反馈等方面的保障系统，为居民参与包容性旅游发展创造良好的环境和氛围，为社区居民提供更多的发展机会。其次，加强旅游社区之间沟通交流。上级政府要加强政策的领导以及在各个旅游目的地施行政策协调，解决旅游社区之间的利益矛盾，才能通过合作实现双赢，让各个旅游目的地的基础设施建设都能得到发展，居民的生活水平得以提高。最后，以自治为核心，实现社区治理有力。只有改变居民"等、靠、要"的错误认识和心理，使居民成为基础设施建设的投资者、规划者、参与者、享受者、治理者，强化居民的主体责任和意识，才能实现扶持相对落后地区相关旅游目的地的建设工程，集中力量统一建设的目的。

二、科学规划居民参与的方式

（一）正确定位居民参与形式

通过产业化发展促进全员劳动参与，正确定位贫者参与形式。全员参与劳动，即全域覆盖、全方位培训、全员就业的劳动组织形式，是通过参与劳动有尊严地实现自主脱贫，加快实现全面建成小康社会目标的有效手段。目前，旅游业在"食、住、行、游、购、娱"六要素的基础上，创新发展了全新六要素"商、养、学、闲、情、奇"，加之其本身具有民生性、经济性、综合性等特点，使其产业化发展过程具有极大优势，打造一种产业分工协作，共同协调发展的有序系统，通过产业融合，实现旅游产业跨区域、跨行业联动发展，综合纵向的第一、第二、第三相关产业形成产业集群，盘活区域经济。

例如，黑龙江省五常市龙凤山乡村旅游体验乐园形成了集观光采摘型体验、自然教育型体验、休闲度假型体验、运动探险型体验、会务培训等于一体的形式多样的乡村旅游体验乐园，创造出龙凤集团旅游减贫管理模式，即"一二三产的融合互动"。

（二）打造生产性的就业岗位

生产性就业岗位即紧紧结合当地劳动力的就业创业需求，根据需求创造供给，推荐和组织有劳动能力但未就业的对象开展全员培训，通过短期培训即可使易返贫致贫户依据自己的特长与民俗文化实现自主劳动的岗位，使易返贫致贫户掌握一技之长，有业可就，创业有路。根据易返贫致贫户参与的三种主要形式（劳动参与、资本参与、自主创业），其生产性就业岗位可以包括手工制作、民宿经营、农业技术展示，特色歌舞表演、专业合作社管理、温泉茶馆等休闲设施等多种多样的形式，只要劳动者能不断发挥自身优势，通过创造性就业实现社区可持续发展指日可待。

例如，华侨城集团充分发挥文化旅游行业的品牌影响力和资源优势，积极探索可复制、可推广的旅游扶贫开发模式，逐步探索出了一条"文化旅游＋美丽乡村建设"为特色的精准扶贫之路，通过租赁村民闲置房屋、土地，提供就业岗位等方式，带动中廖村发展，逐步增加村民的收入，实现政府、企业和村民互惠共赢，带领村民踏上致富路，享受美丽乡村发展成果。

（三）实现居民全过程参与

当地居民自发地、有目的地组成若干团体、以团体的名义参与旅游产业的规划与布局，为旅游开发过程中产生的各项问题提供解决措施，这样可以扩大居民与旅游产业的接触范围和接触深度，产生较强的使命感和归属感，当地居民会更加积极地投身旅游产业的发展中，会更加热情地改善居民生活。同时，居民全过程主导参与模式将会推动当地居民形成紧密的团队关系和利益关系，继而深刻影响当地旅游产业未来的规划目标。

例如，以花卉产业为载体发展乡村休闲旅游的"五朵金花"是成都锦江区三圣乡五个村的雅称。采取自主经营、合作联营、出租经营等方式，该区域的农户依托特色农居，推出休闲观光、赏花品果、农事体验等多样化的乡村旅游项目，现已形成了红砂村的"花乡农居"、幸福村的"幸福梅林"、驸马村的"东篱花园"、万福村的"荷塘月色"、江家村的"江家菜地"等著名乡村旅游景点，吸引着众多游客前往，成为居民参与旅游开发的典范。

三、注重提升居民参与能力

（一）强化政府主导，完善政策体系

政府方面加大主导力度，根据不同居民属性进行旅游资源协调，充分发挥好各类居民的参与潜力，充当好资源的协调者。我国的旅游业整体还处于开拓期，政府对旅游业的干预较强。但旅游业的发展涉及经济、文化、社会环境，是一种"高度的政治现象"，因此，必须明确政府的作用，政府在旅游社区中的主导地位不是一切都是主导，而是有限主导，政府唯有把握好这个度，才能提高社区参与的程度，促进旅游业的可持续发展。

例如，广西壮族自治区桂林市恭城瑶族自治县红岩村基于政府主导大力发展生态农业的旅游经济，形成生态农业旅游开发的"红岩"模式，是我国生态农业旅游发展中值得借鉴的一种好的模式。生态农业旅游的发展离不开政府的大力支持，离不开政府的宏观指导作用，需要形成"政府引导、需求拉动、政策推动、部门联动、社区参与"的农旅融合新格局。

（二）引入社会力量，落实具体措施

适当引入社会力量，对居民的参与能力进行适当培训，与政府力量共同鼓励居民参与到旅游发展项目中。通过引入非政府组织的参与，首先，可以提供一些公共服务并制衡政府，起到中介服务、沟通、监督的作用，从而弥补政府和市场的缺陷，带动居民参与社会管理和社区发展。其次，专家和学者能在技术和理论的层面上给政府一些建议。最后，民间组织长期扎根于居民之间，倾听居民的声音，对涉及民间的问题更有发言权。

例如，浙江省丽水市松阳县交通相对不发达，正因为如此，松阳县的生态环境得到了最好的保护，仅保存完好的国家级传统村落就超过了 50 个。随着互联网和自媒体的迅速传播，松阳县成了全国有名的摄影写生基地，每年来松阳写生的学生和摄影爱好者超过 50 万人，松阳也成了户外运动爱好者和骑行爱好者的旅行天堂。

（三）健全社区服务体系，提供发挥平台

社区和谐是社会和谐的基础，健全社区服务体系、强化社区自治和服务功能是社区和谐的前提。

一是坚持政府主导，社会参与。发挥政府在规划制定、政策引导、资金投入、监督管理等方面的主导作用，确保社区服务的公益性和便民利民的特点，增强社区服务可持续发展能力。大力培育和发展各类服务性、公益性、互助性的社会组织，鼓励和支持社会组织、企事业单位和社区居民参与社区服务，完善民主决策机制，发挥多元主体在社区服务体系建设中的作用。

二是要发展多层次、多样化的社区服务，积极推进公共服务覆盖到社区。依托社区综合服务设施和专业服务机构，开展面向全体社区居民的劳动就业、社会保险、社会服务、医疗卫生、计划生育、文体教育、社区安全、法制宣传、法律服务、法律援助、人民调解、邮政服务、科普宣传、流动人口服务管理等服务项目，切实保障优抚对象、低收入群体、未成年人、老年人、残疾人等社会群体的服务需求。

三是要完善社区服务设施网络，合理布局社区服务设施网络。按照人口规模适度、服务管理方便、资源配置有效、功能相对齐全、社区居民自愿的要求，所有以社区为对象的公共服务、便民服务、志愿服务均在综合性社区服务设施中提供，加强各类服务资源整合，避免重复建设。

例如，山东省枣庄市船形街社区在景区建设和古镇保护工作中紧扣"共建共享"的理念，通过党员示范，群众参与的模式积极开展用工、材料运输、纠纷调解等协调工作，助推游客服务中心、古镇核心区风貌改造和文旅小镇提升工程，使古镇成功成为国家 4A 级旅游景区。

第二节　完善网络技术平台，积极引导居民参与建设

随着云计算、物联网、移动终端等信息技术的广泛应用，人类社会产生的数据量呈指数增长，而网络平台的资源也层出不穷。随着近年来物联网的发展，云计算将加速资源整合和优化，根据不同的需求，在资源池中得到相应的资源支持，以此来节约成本，提高资源的利用率，助推社会结构调整，实现科学化发展，这是一种趋势，充分发挥这一优势，可以为旅游信息化发展提供源源不断的动力。

一、完善网络技术平台的意义

（一）整合网络资源促进参与

尽管社区居民的参与能力和参与意识有所提高，但较低的文化素质大大降低了社区参与度，通过引入网络技术，构建包容性旅游发展的云平台，将企业、社会组织、公众等主体吸纳进来，在发挥各自优势的基础上，形成各具特色、优势互补、相互协同的综合帮助机制，而各个主体可以在云平台发布相关知识和学习资源，科学引导居民参与旅游发展。

一是旅游社区依托社区信息化管理服务平台，将社区服务延伸到社区每个角落，直达居民家中，社区居民享受到了更加优质、全面、便利、快捷的社区服务，也为社区工作人员简化了办事流程，提高了办事效率，降低了行政成本。同时，分别建起网站、QQ 群、微信群等不同渠道的志愿服务信息平台，大部分居民通过各类平台实现在线交流，通过平台及时发布志愿服务项目、居民需求等各类志愿服务信息，实现服务与需求的有效对接。

二是加强信息资源的长期开发，培养信息人才队伍。政府应一切从实际出发，实事求是，避免产生政策"一刀切"的问题。如，在基础硬件设施老旧的小区，政府应以加强小区治理硬件设施建设为主要工作方向；在基础设施配套齐全的小区，政府应把整合开发信息资源、提高智慧服务质量作为主

要建设工作；针对不主动参与智慧治理的社区，政府要增强社区工作人员的信息化意识，二是要以改变传统居民观念为目标，通过财政补贴引导刺激城市居民开展智慧社区治理，以信息化带动包容化，促进经济稳定增长。

例如，河南省洛阳市龙门石窟与腾讯开展合作，双方依托腾讯丰富的用户资源、成熟的云计算能力和微信、QQ 等社交平台产品，充分整合双方的优势资源，把腾讯的互联网技术及资源与龙门石窟产业有机连接起来，以"互联网 +"解决方案为具体结合点，让"互联网 +"成为保护传承历史文化的新动力。

（二）优化信息资源开发过程

在网络媒体宣传的过程中，游客能够通过各种新闻内容，对旅游地区有一个更深入的了解，从而促进当地旅游业的快速发展。信息资源开发不是一个阶段性的工作，而是需要持续不断进行，政府应优化创新创业环境，鼓励优质人才加入智慧社区建设中。一方面，对社区工作人员进行思想教育，使其树立终身学习的意识，为居民提供精准优质的服务。如，社区可定期召开智能化社区专项学习活动，让社区工作人员能熟悉操作智慧社区的软件。另一方面，开办相关的教育单位或者机构，给智慧社区建设提供专项人才资源，引进国外的相关人才，吸收先进的管理经验和技术，鼓励高校开展专业学科招生工作，培养高素质复合型应用人才。

例如，金湖县隶属江苏省淮安市，宜居指数、幸福指数一直位于全省前列，是首批国家全域旅游示范区创建单位（全省 8 家），首批省级全域旅游示范区（全省 6 家）。自 2016 年开展全域旅游示范区创建以来，为确保创建之初各龙头景区、公共服务设施建设满足智慧旅游的要求，金湖县针对旅游产业基础薄弱、旅游信息化人才短缺、县域经济欠发达的发展实际，先行先试、后发先至，创新采取 10 年购买服务并依据时效考核情况分年度支付的形式，委托江苏有线与南京师范大学，于 2017 年投资 1400 万元建成金湖县全域智慧旅游项目。创新了合作方式和建设理念，在全省产生了一定的示范引领作用。同时，金湖县结合线上智慧旅游项目和线下全域导览建设，编制形成全域智慧导览规范，目前，已经通过省级标准立项。

（三）完善智慧服务评价体系

社区居民对社区具有认同感和归属感，他们是社区参与和社区建设的重要角色。完善智慧服务评价体系，帮助社区居民更便捷地享受智慧化的服务，也可帮助社区居民了解智慧服务的运作方式并建立监督反馈机制。具体来说，包括：

一是做好宣传引导，使得社区居民充分认识智慧社区，参与到社区治理中。尤其是对社区中的老年群体，要转变服务观念，耐心引导他们操作智慧社区的基础设施，学会使用智慧功能。

二是坚持实用性原则，在智慧社区建设过程中必须考虑开发应用系统的可靠安全、容错能力高、用户界面友好、操作简便、兼容性好等因素。

三是构建信任机制，创新社区治理模式，鼓励社区居民参与，注重社区微文化建设，营造"建设智慧社区，人人有责"的社区氛围，让社区变成每一户居民的"大家"。

例如，浙江省乌镇景区自 2001 年对外开放以来，以完美的设施，高水准的文化品位和优质的服务受到众多游客的赞赏和表扬。景区一直以来重视宾客意见反馈，并创建了有效宾客意见征询及整改制度，希望带给游客更优质的服务。大前台、礼宾部、咨询台、CCO、导游部、售票处、西栅社区等部门每天都会收集游客对乌镇及景区管理、环境、设施、服务等的意见建议，或是对公司的主题活动、套餐等意见建议以及其他任何与景区有关的反馈信息，乌镇旅游官网设置有游客反馈和问题解答通道，并设置有问卷调查，最大限度地从各个渠道了解游客在旅游中所关心的问题，各部门责任人每天整理好当天的宾客意见反馈上交，每周公司领导都会对宾客反馈的意见进行批阅，并逐条改进。

二、搭建网络平台的方式

（一）及时把握供需变化

及时把握供需变化，建立供需匹配机制可以减少因信息量大而复杂造成的信息不对称、错误、重复等问题，包容性旅游系统可以建立发展"云平台"。一方面政府、旅游企业等相关单位可以及时发布供需信息，将居民的特征、教育、医疗情况、帮扶需求、培训情况等基本信息通过云平台发布，帮助相关帮扶企业、社会组织以及公众了解情况，以此来降低甚至消除帮扶主体与客体之间信息沟通缓慢、不对称、错误等问题，实现各帮助主体与居民之间的供需匹配。另一方面，景区企业对于人才的整体供应情况和就业意愿、人才结构、人才薪资水平等细分市场情况的获取需要采用定量定性相结合的市场调研分析工具，"云平台"可以收集调研信息，从专家的角度合理分析目标市场内人才的供应与需求情况。

例如，广东省白水寨景区是位于广州近郊的国家 4A 级旅游景区，以落差 428.5 米的中国内地落差最大瀑布著称，是备受珠三角市民青睐的生态休闲胜地。其成功之处：一是高水平策划与设计，突出标志景观的吸引力。二是应对"蓝海"市场需求，开发多元产品。三是认真调查市场，找准区域市场空隙。四是着力旅游产业的上下整合，让旅行社输送客源。

（二）建立网络学习平台

政府、企业、社会组织等可以在平台发布旅游发展相关资料，拓宽公众参与渠道，完善公众参与机制，积极引导社区居民参与旅游开发建设，形成旅游发展人人参与、旅游成果人人共享的局面。所以，有必要提高社区居民受教育程度、对社区居民进行旅游文化知识教育、旅游服务技能的培训。首先，在网络课程进行前，可以针对受训人员编写一份比较详细的职务分析调查表，该职务分析调查表应能够反映该职务的工作内容、工作职责、职务任职资格等内容，对整个工作过程、工作环境、工作内容和工作人员等主要方面作一个全面的调查，获取相关信息。其次，组织受训员工与旅游景区或者其他旅游景区进行网络交流，让员工在交流互动中进行横向和纵向的比较，学习并借鉴他人先进的工作经验和工作方法，弥补自身的不足，从而使旅游景区获得更好的发展。最后，加强与高校及高职院校的合作，在院校开设高质量景区开发与管理专业，以具体景区为研究对象，有针对性地进行人才培养，科学合理地设计课程，加强现代型综合素质人才的培育。

例如，山东省枣庄市薛城区的周营镇结合农村信息化和扶贫工作实际，成立了新型农民创业项目，并以此为依托，建立多个农村基层综合信息站和专业信息服务站，针对电商所需的开发、设计、摄影、网红等专业需要，培训了产品开发人员多名、设计师多名，摄影师3人、网红直播人员多名。

（三）完善网络教育培训体系

社区参与过程本身就是学习的过程，通过参与，居民可以学到很多与旅游相关的知识。只有当社区居民自觉地形成了组织能力，才能促进社区的可持续发展，这种自觉的组织能力的形成不仅要靠专家、学者和政府的引导，主要还是靠居民和社区自身力量的一点一滴的积累。网络教育培训要以集中培训为主，邀请旅游营销、景区管理、酒店管理、旅游规划等方面专家授课，提升社区旅游宣传、政务解说、景区运营水平。为进一步扩大培训覆盖面、增加培训内容，提升培训效率，新增网络在线培训形式，聘请专家在线讲课、在线答疑，组织人员在线讨论等形式，并根据培训进度，在适当时间安排解说大赛、旅游攻略比赛、宣传推介活动创意赛等形式检验培训效果，使培训内容、培训时间、培训对象等覆盖面更深、更广。

例如，全国文化和旅游干部网络学院以全国文化和旅游主管部门、行业协会、文旅集团等管理人员及各大旅游景区、度假区、博物馆、主题公园、特色小镇等旅游景区事业相关人员为对象进行网络课程培训，依托全国文化和旅游干部网络学院和景区云讲堂两个在线学习平台，制作高品质课程内容，通过在线学习、心得分享、考核测评等方式完成培训。培训重点学习探讨旅游景区高质量发展、服务提升、设施建设、创建验收等方面。

三、发挥云平台的作用

（一）实现行业数据共享

旅游行业营销工作的每一项都与大数据的采集和分析息息相关，大数据分析是旅游行业市场营销工作中的重中之重。一方面，企业对网上旅游行业的评论数据进行收集，建立网评大数据库，然后再利用分词、聚类、情感分析了解消费者的消费行为、价值取向、评论中体现的新消费需求和企业产品质量问题，以此来改进和创新产品，量化产品价值，制订合理的价格及提高服务质量，从中获取更大的收益。另一方面，包容性旅游发展"云平台"是一个信息共享、多向反馈平台，相关部门可以在云平台上植入教育培训、医疗咨询、法律援助等居民所需要的各种信息资源，建立居民与政府、企业、社会组织、公众等其他主体之间的联系，构建多向沟通和反馈机制，实现行业数据的融合共享。

例如，阿里巴巴与中国旅游协会签署战略合作协议，阿里巴巴及关联公司将与旅游协会的旅游资源、会员、行业影响力等优势深度融合，在云计算与大数据、电子商务、移动支付、旅游创新、物流、信用建设等领域，开启全面合作。由此，实现了行业数据的共享、互动。

（二）共享居民参与数据

利用互联网旅游大数据技术，实时收集和监测旅游目的地相关的传播资讯（媒体和自媒体）可以使居民和游客的数据快速实现共享。

一是通过设立相关管理机构，横向整合民政、卫计、公安、人社、住建等不同部门，纵向整合省—市—县—乡—村不同层级的居民参与情况数据、视频数据及互联网数据，形成跨部门跨层级的互联互通数据共享机制，全面、动态地监控包容性旅游发展的实施过程。

二是通过跟踪对游客移动端数据的收集，对于游客出入域的情况进行实时回溯和延展追踪。主要分析游客来源地、去向目的地、来源地热度、去向地热度以及相关的交通方式，这样对于掌握和分析游客行为，分析关联旅游目的地的协同性指标、确定景区营销方案具有重要的意义。

三是通过完善数据管理模式，使政府、企业、居民都能够在其中各司其职，发挥各自的优势，保障各自的权利，尽到各自的义务，规避各自可能出现的伤害旅游可持续发展的短视行为，实现旅游几大利益主体的共存共赢，也实现旅游当前与未来的和谐发展。

例如，海鳗（北京）数据技术有限公司是一家旅游数据神经网络建设者，面向景区等涉旅企业和旅游局等监管机构，提供标准化旅游大数据服务，从而帮助客户提升投资、营销、管理和服务的能力。"海鳗云"是专门从事智慧旅游大数据应用场景研究和智慧旅游大数据价值挖掘的高科技公司。公司本部设在北京，在天津设有平台和数据运维团队，是国家高新技术企业。"海鳗云"属于面向智慧旅游大数据典型应用场景推出的 SAAS 服务平台，致力于整合高价值外部数据（互联网内容数据、位置数据、消费数据、搜索数据等）和内部数据进行深入的数据价值挖掘和数据分析能力输出，为智慧旅游监管机构和智慧景区等涉旅企业在客流管控、服务质量提升、产品开发以及智慧营销推广上赋能。

（三）形成多方协同的态势

企业方面，可以借助资本、人力、技术、市场、组织管理等方面的优势帮助居民发展特色旅游产业，为居民提供资本、市场和技术指导，打造流量平台，主要包括微博、微信、直播平台、短视频平台、主流媒体平台等。与 MCN 机构相应的流量平台合作，通过大量的优质内容，形成一个比较好的传播效应来吸引游客和潜在目标用户。社会组织方面可以利用资金募集、社会宣传、公信度、道德示范等方面的优势对居民进行帮助。同时，建立调度指挥中心，能够全面实时掌握景区统计数据和行业指标信息，综合实现监测、预警、决策和评估等多种功能。社会公众方面可以扩大宣传和集资，挖掘消费者，扩大欠发达地区的旅游市场，培养大量以内容生产为主的作者和博主，通过规模化、科学化、系列化的生产内容，利用自身的独到眼光来引领风潮。

例如，随着网络、Wi-Fi、流量等基础门槛的降低，短视频日渐火爆。抖音、微视、秒拍、玩拍、趣拍等应用群雄逐鹿，而最近火爆的美拍又着实让人兴奋了一把。2018 年 9 月，房琪在抖音上发布了第一条视频，在抖音拥有了 792.8 万粉丝，累计获 6590 万多赞，从央视主持人到旅行博主，房琪的身份和其设定的主题经历了数次变化。如今在抖音上，她是"旅行博主"房琪，她的视频产生了良好的旅游宣传效果。

第三节　强化监督评估手段，确保居民参与机会公平

加强监督管理是包容性旅游可持续发展的重要保证，良好的监督是经济公平发展，确保社区居民的权益的主要手段。开展监督工作必须抓住民生领域存在的突出矛盾和人民群众最关心、最直接、最现实的利益问题。

一、强化监督评估，实现有效监测

（一）加强政府监督管理

以居民参与为基础的包容性旅游发展强调社区居民参与和发展的公平性，这就要求政府做到：

一是要加强监督管理，实现依法监管、依法治理。监管部门通过依法严格监管，强力督促涉旅企业落实主体责任，依法合规开展经营活动，为高质量发展提供与之相匹配的服务。与此同时，管控好自身风险，既有利于维护公平竞争的市场环境和游客合法权益，也为旅游业长期稳健发展进一步夯实基础。

二是要全面规范、突出重点。政府要监督各地区、各重点城市、各旅游企事业单位认真贯彻落实文化和旅游部的工作部署，着眼全面治理和逐步规范，根据旅游行业的重点任务和本地区、本城市、本单位的实际，确定各个阶段治理解决的重点问题和监督管理的重点工作。

三是要协调配合、共同监管。各级旅游行政管理部门要注重协调各方面力量，争取党委、政府的重视和支持，加强部门、地区、城市间的协调配合，形成按照职责实施监督管理与各地区和各城市及其有关部门统一行动、共同规范旅游市场秩序的工作格局。

例如，湖南省韶山市致力于打造全国红色旅游服务质量新标杆，全面深化旅游综合改革，旅游综合监管水平实现了质的飞跃。为加强全市旅游行业诚信体系建设，全面推进旅游行业诚信建设制度化工作，2017 年，韶山市设

立旅游行业诚信"红黑榜"。韶山旅游综合监管经验在全国旅游质监工作会议上推广，并通过省政务内网在全省推介。在湘潭市颁发的 2018 年全市十大管理创新奖中，韶山旅游综合监管经验成功入选。

（二）强化系统反馈机制

构建科学、高效的系统反馈机制，能够促进社区和旅游发展的和谐。对社区旅游协同演化进行检查、检测、评估以及信息反馈，及时对管理方案做出调整和调控对策，是实现系统反馈机制有序发展的重要保证。这是一项复杂的系统工程，包括构建公用信息平台、政府信息平台、企业信息平台和社会公众信息平台四个部分。

一是公用信息平台。它是复杂系统内行为主体都能利用的平台，为各行为主体提供信息查询和后台支持，并为其他信息平台提供信息支持。

二是政府信息平台。主要包括政府各部门间的信息平台、政府与企业、公众交流的信息反馈平台，能够为政府职能部门间相互沟通提供便利，也能保证职能部门及时对公众、企业的反馈信息进行处理。

三是企业信息平台。主要用于企业公开或获取生产经营、资源和生态环境等信息，通过该平台使企业能及时掌握各种信息，及时获取公众对企业生产经营的意见和建议，并将反馈结果传递给其他信息平台。

四是社会公众信息平台。主要包括公众间信息交流平台、公众与政府和企业信息交流平台。公众间信息交流平台能形成公众的归属感和群体意识，促进区域经济持续发展的重要主体力量的形成和壮大。

例如，在加强和创新政协工作中，浙江省宁波市鄞州区的工作有如下亮点：主席会议协商监督成效明显，围绕新村建设、中心城区拆迁工作、社会治安、食品安全监管和旅游开发等内容，进行一月一次的协商讨论。会前进行深入调研、委员约谈，会后形成会议纪要。同时，创新性地建立并实施了将会议结果与区政府相关分管副区长的沟通、交流及反馈等机制，推进了工作的提升。社情民意工作反馈机制建立，首次建立了相关职能部门处理意见反馈制度，区委办、区府办下发关于做好区政协社情民意处理意见反馈工作的通知，并将此项工作列入区委、区政府督查考核。

（三）加强旅游舆情监测

随着人们生活水平的不断提高，国内旅游热不断高涨，特别是每逢节假日，各大景区人满为患，于是，各种旅游负面舆情频频爆出，引发了一场场旅游舆情危机。旅游业因其行业性质一直以来都是网络舆论关注的焦点之一，由于涉及人员面大、人员数量多且过分集中，一旦发生负面突发事件就极易引发大面积传播发酵，形成网络舆情热点，甚至成为引人注目的公共事件，而旅游部门稍不注意也极易被推到舆情风口浪尖。因此，拥有一套行之有效的舆情监测方案，可以帮助旅游部门快速准确地监测网上各类旅游负面舆情，全面了解社会公众关切的旅游相关问题，从而及时采取准确的应对措施。

一是要确保监测对象及监测内容涉及的相关舆情信息及时下载，对不良舆情进行监测，做好记录、梳理等工作，及时上报并与领导沟通，正确处置。

二是科室要指定专门的人员负责这项工作。按照"谁主管，谁负责"的原则将监测到的舆情信息进行分转交办。针对重大舆情信息，要组成研讨小组对网络舆情进行分析、判断、评估，准确查找舆情信息产生的原因，认真核实舆情反映的问题，对舆情走向作出正确的判断，对舆情可能产生的影响进行客观、全面的评估。

三是注重监测方法，主要是通过南海网、新浪网、人民网、论坛、微博、搜索软件等相关网络工具发现信息。发现信息要及时报送，在规定的时间内上报。重大舆情处置后，要密切关注事件进展情况，防范负面舆情出现反复。

例如，2018年7月5日，泰国普吉岛附近海域突发特大暴风雨，当地时间17时45分左右，游船"凤凰"号和"艾莎公主"号发生倾覆并沉没。两船乘客中共有122名中国公民，截至7月10日，共有75人获救，45人遇难，另有2人失联。相关舆情量在7月6日达到顶峰。通过舆情分析可知，有关"泰国普吉岛游船倾覆事故"的舆情信息中，传播量位居首位的平台为微博。据新浪微博5月9日发布的2018年第一季度财报显示，微博月活跃用户数达4.11亿，日活跃用户达到1.84亿，拥有着强大的互动能力和传播能力。因此，正视舆情作用，发挥网络正能量是加强风险预警，强化监管监测的重要途径。

二、优化监督过程，强调居民参与

（一）鼓励居民参与决策

社区居民作为旅游目的地的东道主，在与自己切身利益相关的旅游决策中，只有以主体的平等身份在旅游开发过程中获得管理和发展的话语权，才能提高参与的公平感与效能感，才能公正地从旅游发展中获得利益。政府、企业等应该在旅游规划时充分考虑社区居民的意见，特别是一些民族地区、拥有重要文化遗产的地区，要多听取当地居民的意见，尽可能让社区居民参与到开发规划的决策中来。

一是鼓励居民提出问题，侧重描述问题事实。社区居民提出问题的过程是居民将自己发现的问题反馈给社区"两委"的过程，即社区居民直接反馈社区问题，或通过社区骨干、社区带头人、单元楼门长等核心力量间接陈述事实的过程。

二是协助居民分析问题，排列问题优先次序。社区工作者要协助居民进行能力评估，包括社区自身人力、财力、物力配置是否合理，是否能够支撑问题得到及时有效的解决，以及进一步考量社区工作人员解决问题的能力、人员分工等因素的影响。

三是积极维护决策效果，实现成果积极转化。将居民可以参与改善的社区问题转化为社区服务项目，通过政府购买服务的项目运作为解决社区问题提供人财物的保障和支持，并形成一系列常态化的社区服务。

例如，贵州省安顺市天龙屯堡为了做大乡村旅游蛋糕和维护自身利益，成立了农民旅游协会，村民以自愿的方式加入协会，参与社区事务的决策和旅游开发的各项事务。如，组织地方戏演出，组织村民参加英语、导游知识等各项培训，纠正农民违规建房，并对村民进行素质教育和行为管理，同时，农民旅游协会还负责维护村寨的社会治安和环境卫生等。天龙屯堡农民旅游协会为协调旅游公司与农户之间关系起到了润滑剂的作用。

（二）引导居民参与监测

居民参与监测有利于评估社区参与旅游发展的意愿、能力、机会、方式、程度以及效果，利用监测机制及时发现问题，以便对后续社区参与加以修正和完善，形成"监测—反馈—修正—反馈"的参与循环系统，最大限度地保障社区居民参与的公平性，促进包容性旅游发展的可持续性。问题解决过程是居民参与的集中体现。首先，居民需要群策群力解决问题，通过整合社区内外资源以达到资源多样化。其次，问题解决过程中监督落实是核心问题，可以通过以下三种方式开展居民监督：一是社区居民直接监督，即通过社区居民达成共识，监督问题落实情况。二是社区社会组织居民监督，即在社区内建立一支社区居民监督队，实时监督落实情况。三是社区党组织、社区居委会和社区居民形成三方监督，社区"两委"可以委派专人专责检查监督落实情况。

例如，四川省蜀南竹海由专家、政府代表、经营者代表和社区居民代表共同组成旅游发展监测小组，对旅游景区开发过程中的经济、文化、环境等各个方面发展进行评估和对未来发展预测，及时对发展过程中错误的方面进行改正，确保旅游景区的顺利发展，促进景区的可持续发展。

（三）支持居民参与评估

居民在参与旅游的过程中，还须做好绩效评估，要把经济效益、社会效益、环境效益放在同等重要的位置，将获得的有效信息及时进行评估以反馈给相关部门。在景区建立社区参与的专门评估机构，建立社区居民参与旅游活动评估的有效途径和渠道，从旅游规划开发到经营发展的不同阶段，保证当地人的发言权。无论是居民层面还是社区层面都要做好信息的收集和反馈，如日常交流、汇报（居民参与旅游情况、人口结构等）等属于非正式评估反馈，而重大事件或者改革（旅游发展规划、项目开发等）的书面报告报表形式为正式评估反馈，要保持系统信息的通畅，防止信息不及时以及不对称情况，确保居民参与旅游信息的正确性。

三、确保居民利益，实现机会均等

（一）搭建利益保障体系

旅游目的地相关旅游开发中最主要的利益分配原则是均衡利益原则。"均衡"是指利益相关者在利益上的平衡体现，实质上是各方对旅游资源开发控制能力的权衡。

一是要确立均衡利益原则。这种强有力的对峙与抗衡，提供了必要的制约和均衡来确保旅游资源开发可持续发展。均衡利益原则下将营造一个健康的旅游资源开发与旅游产业发展环境，尤其是确保了原住民群体的权益。

二是协调好旅游目的地原住民和开发商之间的利益关系，更好地使原住民积极地参与到当地旅游资源的开发与建设中去。

三是协调好当地政府与原住民群体之间的利益分配协调。政府是国家机关的代表，具有决策权和管理权。因此，政府一般都是从宏观的层面进行把控，一方面要追求政治利益，另一方面要追求经济利益，要确保景区原住民能及时地读懂政府规定的新政策，政府部门在参与景区资源开发的环节中，尽可能地了解每一位景区原住民的个体需求，对景区原住民的合法权益保护实施到位。

例如，云南省丽江市束河镇政府将经营权出让给昆明鼎业集团，鼎业集团仅一年就投入多达 3 亿元的资金，充分解决了小镇政府开发资金来源不足的问题。在开发过程中，企业可以决定资金支配和开发进程，但必须在政府的引导和监督下进行，不能在损害当地居民利益和后代利益的情况下进行开发。鼎业集团在开发过程中，注重对当地居民利益的保护，推行"游富带民富"策略。集团让当地居民成为开发的参与者，推出"庭院旅游"，通过家庭客栈、庭院商店、家庭茶吧等项目带领居民参与到旅游开发中来，共享利益。这使得当地居民的收入水平大大提高，社区和谐度大幅提升。

（二）实现全面奖惩公平

奖励和惩罚都是对居民进行教育、实施管理的重要手段。有效的激励和惩罚会对员工的激情和行为产生重要影响，促使他们的工作动机发生改变，因此，合理的奖惩措施是激发居民潜力的重要手段。

一是要实现对非居民的奖惩公平。由社会组织发挥其监督作用，以旅游业和旅游循环经济的可持续发展为目标执行顾问和监督职能，以保证项目及资金运行的公平性，避免贪污腐败现象的发生，保证居民参与旅游业的安全性，如成本监督方面，对旅游景点的实际成本费用进行全面审核，并核定出单位定价成本，为科学合理制定门票价格提供决策依据；信用监督方面，由第三方组织对旅行社的信用进行评价，监督非法开展旅游业务，侵害游客合法权益现象，抵制非法经营行为的发生；环境监督方面，由社会组织对景区环境进行严格的监督，建造游客档案和黑名单处理系统，对于破坏景区的人进行相应的惩戒。

二是要实现对居民的奖惩公平。在居民主导产业或居民参与的企业中进行项目创新的奖励以及违法行为的惩罚。同时，组织居民进行集中学习社规民约，让社区居民广泛知晓、充分了解，并通过文明民俗、五好家庭、好导游等评比活动，引导居民争当遵规模范，促进乡风文明建设。

例如，2016年，国家旅游局首次发布十一假日旅游"红黑榜"，十渡等景区成为综合秩序最差景区，北京途牛旅行社等上榜不合格旅行社。同时，北京故宫博物院、重庆大足石刻、湖南韶山旅游区、海南三亚南山旅游区、云南丽江古城等一批知名国家5A级旅游景区上榜综合秩序最佳景区。首次发布十一假日旅游"红黑榜"，其作用也不容置疑，毕竟最佳和最差景区在全国人民面前公开曝光，其影响和警示作用显而易见。这也是利用市场之手对旅游市场进行规范调控的一个有效手段。这样能给最佳景区以鼓励和鞭策，激励他们百尺竿头更进一步，再上新台阶；同时，也会给最差景区当头棒喝，促其警醒，对促进旅游市场规范化起到重大作用。

第四节　构筑多位主体配合，保障社区居民从中获益

由于旅游发展原因各不相同，随着旅游发展的深入与持久推进，政府主

导的发展机制不足以应对不断变化的经济形势和乡村振兴发展状况。因此，动员各类主体的力量，共同参与，发挥比较优势，引导社会资源流向欠发达地区，推动特色产业发展，合力攻坚是当前包容性旅游发展的一大趋势。基于居民参与的包容性旅游发展，要求各主体间要相互配合，保障居民权益。

一、强化政府管理力度，加强政府主体配合

（一）提高政府工作人员综合素质

旅游行政管理部门在社区参与旅游发展的过程中应起到指导、协调及监督管理的作用。为保证社区参与旅游的科学性，必须提高旅游管理人员的综合管理水平。

一是政府工作人员要做到高质量地为领导服务。服务领导的本质是服务决策。因此，工作人员要多方搜集整理有关信息、充分做调研分析、及时准确地向领导反映，提出自己的意见和建议，处理好有关细节，提高工作效率，使领导能够尽可能地从程序性、事务性的繁杂工作中摆脱出来，集中时间和精力谋发展、做大事。

二是政府工作人员要做到高质量地为人民服务。管理人员应公平公正地对待社区全体居民，懂得尊重个人合法权利，积极采纳社区居民的合理化建议，认识到社区居民参与本地旅游建设和发展的意义和重要性。通过政府服务和管理职能的实现，管理人员应切实履行应有的管理责任和服务义务，为社区参与旅游发展铺路搭桥。

三是政府工作人员要做到高质量地为基层服务。服务基层关系到领导决策能否得到有效的贯彻实施，关系到行政政绩效的实现。办公室必须畅通联系渠道，按时将领导决策准确地传送到各有关部门，并认真进行督办检查。要及时沟通了解情况，提供和反馈有关信息，协调相关部门共同推进落实，努力发挥好上传下达、横向沟通协调的服务功能和枢纽作用。

例如，福建省三明市泰宁县梅口乡水际村森林人家地处大金湖畔，距县城10千米，是福建省首批森林人家示范点之一，是福建抱团式发展森林旅游的先行者，也是泰宁县"五朵金花"森林旅游专业村之一。创新建立

"1+3+N"全域旅游综合执法机制，统筹旅游警察、旅游法庭、旅游市场监督等"3"支队伍，适时增加"N"个政府职能部门作为联动单位，共建共治共享、整体联动的社会生态治理格局逐步形成。2018年，大金湖景区涉生态旅游纠纷案件下降59.3%。

（二）加强旅游市场的规范化管理

规范化的旅游市场可以保证公平公正的竞争环境，良好的参与环境对社区居民积极参与旅游发展起到较大的激励和推动促进作用。对旅游企业和社区内可能出现的各种违反旅游市场竞争管理和操作规范的违法行为，还需要加大执法、监督力度，依据其情节轻重分别予以强制性的惩罚。

一是立法是"依法治旅"的前提和基础。加强旅游立法，尽快形成旅游法制体系，使旅游产业的发展有法可依，才能保持旅游业良性发展。要贯彻落实依法治理的原则，相关法律法规的贯彻要落实到社区参与旅游发展之中，避免盲目开发建设造成的损失，使本地旅游的发展始终处于法律法规允许的范围之内，引导社区居民积极参与其中，并通过合理规划，加大保护生态环境力度，将可持续发展融入本地旅游发展之中，走可持续发展道路。

二是良好的旅游法治环境的创造，守法与依法办事是关键，其中，首先是作为执法者的政府首要确立守法观念，严格依法行政。法治的状态是良法之治，政府守法实质是确立政府与法的关系问题，牢固确立政府守法观念就是为实现行政法治创造基本条件，才会为良好旅游法治环境的形成打下坚实的基础。

三是加强居民行政管理的参与度，调动其遵守法律的积极性和主动性。现代行政中寻求指导行政相对人参与合作成为行政民主、行政法治的重要方面，旅游行政执法若能充分发挥现代行政法的指导性、民主性和参与性等新特点，必将会对旅游产业发展起到更好的推动作用。

例如，在2017年"春季行动"中，国家旅游局会同公安部、工商总局组织开展了四轮督查行动，抽调全国旅游质监执法骨干力量两百余人组成18个工作组，对全国17个省（区、市）27个重点旅游城市和地区进行了专项督查，督办重点案件线索，推动各地不断完善"1+3"旅游市场综合管理体制机制，大力倡导企业诚信经营，积极培育文明旅游良好风尚。其中，海南省高度重视旅游市场秩序治理，坚持从严治旅和创新机制两手抓，成效显著。云南省纪委、监察厅专门就旅游市场秩序整治的监督执纪问责作出明确规定，对失职失责行为进行问责。

（三）明确政府与市场的分工合作

政府是旅游建设的引导者，在促进本地旅游健康可持续发展的过程中起着主要的引导作用。但市场在旅游发展中的作用也极为关键，市场信息不充分、不正当竞争是妨碍企业自主创新的主要因素。因此，必须切实落实"市场决定资源配置"这一重要原则，在充分发挥市场和政府的合力在市场作用和政府作用的问题上，要讲辩证法、两点论，"看不见的手"和"看得见的手"都要用好，努力形成市场作用和政府作用有机统一、相互补充、相互协调、相互促进的格局，推动经济社会持续健康发展。

一是有关政府部门应合理运用价格、数量管制和质量控制等手段，管理市场主体、市场客体和市场载体，抑制垄断和不正当竞争，提高市场效率。

二是应建立公平竞争审查制度，防止政府过度和不当干预市场，大力消除影响公平竞争、妨碍创新的各种制度束缚，维护公平竞争的市场秩序，为技术创新营造良好外部环境。强化政府主导作用，应在政策上给予发展旅游的鼓励与其他资金扶持。政府要加大资金投入，通过多种渠道、全方位筹措资金，鼓励社会资本投向本地，运用行政手段提供优惠便利条件进行招商引资，吸引资金雄厚的企业参与本地旅游的发展。

例如，浙江省安吉县地处浙江西北部，境内"七山一水二分田"，层峦叠嶂、翠竹绵延，被誉为气净、水净、土净的"三净之地"。率先提出建设美丽乡村的口号，以"村村优美、家家创业、处处和谐、人人幸福"为目标，成为全国乡村建设典范。在浙江率先成立旅游委，政府职能实现从行业管理转向更深层面的产业推进。为整合资源提高效率，部门书记、镇书记、各局部分局长都兼任副主任；为和市场结合，又成立旅游发展总公司，政企分开，以便让"政府的归政府，市场的归市场"。在全省首创设立专业总规划师，项目审批"一支笔"；建立全县资源、项目库，全县资源一盘棋，统一管理，统筹操作，形成合力。

二、游客共创和谐氛围，加强游客主体配合

（一）尊重居民尊严，减少利益冲突

尊重居民风俗尊严，消灭矛盾与利益冲突，共创和谐旅游氛围。沟通不良、环境变化、习惯差异、文化差异等都是导致游客和当地居民产生矛盾冲突的外在原因。民族地区大都保留了许多传统的风俗习惯，旅游地的居民及其特有的文化也是旅游资源的重要组成部分，他们的建筑、生活方式、生产方式、民俗等都是地方旅游吸引物的一部分。因此，游客到达旅游目的地，要营造和谐健康的旅游空间域，需遵从当地的习俗，避免与当地居民发生矛盾，影响游玩心情，也破坏民族和谐。要尊重当地居民的致富尊严，改变同情怜悯的错误思想，以尊重友好平等的眼光看待当地居民。游客需从根本上改变优越的思想，才能更好地融入旅游目的地，推进共建共享治理格局的形成。

例如，德国人热爱旅游，一度是世界上出境旅游人数最多的国家。据德国旅游协会统计，2018 年德国人旅游出行近 7000 万人次，其中 2/3 为出境游。德国人出境游的主要目的地为地中海沿岸国家，如西班牙、土耳其、希腊。出境旅游的德国人总体口碑较好，但也有不当举止遭到诟病。为改善德国游客在国外的形象，德国旅游频道多年前专门播出了一期节目，指导德国人如何文明出游。由德国旅游频道开展的独立民调显示，60% 的德国人认为本国游客在境外有损形象，常见的不文明行为包括：手拎啤酒瓶大声喧哗，在游泳池边一人独占多个躺椅，以及在餐桌边大声擤鼻涕。"最不文明的场景是，一群德国游客围在西班牙马略卡岛的吧台前，旁若无人地开着粗俗的玩笑。"德国旅游频道为此特别提醒游客，要尊重其他国家的风俗礼仪。

（二）游客文明出行，保护社区生态

营造文明旅游环境，减少居民工作压力，共创文明旅游环境。一般而言，游客初次到达某个旅游目的地，并不清楚应该注意什么，自己的责任和义务

是什么，当不知所措时可以参考的就是其他游客的行为。因此，每个游客对于旅游目的地的保护意识可以说都具有某种意义的引领带头作用。旅游过程中的不文明行为，不仅体现在当地商家、居民和从业者身上，也同样体现在游客身上。旅游过程中，乱丢垃圾、随地吐痰损害生态环境、破坏文物古迹等不文明现象甚至违法犯罪行为时有发生，不仅损害了旅游市场的生态，也降低了游客的体验价值。营造文明的旅游环境，一方面在于游客的行为文明，在实际的旅游过程中，自觉维护旅游目的地的生态环境，杜绝不文明甚至违法犯罪行为的发生。另一方面，在于游客的思想文明和有较高综合素质，面对冲突和差异时，理性和文明不仅能够体现游客个人素质，还能保护自己免受伤害，对于景区气象的塑造作用也是不可磨灭的。

例如，2018 年 8 月 9 日，湖南省张家界市因游客与导游发生纠纷引发群体性事件，形成负面舆情，造成恶劣影响。全省旅游系统举一反三、汲取深刻教训，坚决杜绝此类事件再次发生，8 月 12 日，湖南省旅游发展委员会发布《关于开展"锦绣潇湘　文明旅游"主题宣传》系列活动的通知，决定在深入开展全省旅游市场秩序专项整治"利剑行动"的基础上，同步开展"锦绣潇湘　文明旅游"主题宣传系列活动。按照《旅游不文明行为记录管理暂行办法》《关于对旅游领域严重失信相关责任主体实施联合惩戒的合作备忘录》《湖南省实施办法》等有关规定，强化事中事后监管，建立各级旅游不文明行为记录制度和部门间信息通报机制，完善旅游"红黑榜"评价机制，及时披露各类旅游不文明行为及其案例，配合有关部门实施失信联合惩戒。

（三）树立道德意识，共创和谐环境

树立自身道德意识，共建文明友好家园，共创矛盾解决平台。在旅游中，游客、居民和旅游从业者在人格和法律地位上都是平等的。以文明和法律为尺度，如果游客的行为不道德，不仅可能受到法律的处罚，还可能受到市场机制的处罚。游客是消费者，更应是文明有礼、遵纪守法的公民，也要受到道德和法律的规范，一旦行为出现不允许情况，或是产生各种矛盾纠纷，这样就需要游客共建矛盾解决平台。这个平台不仅需要当地居民、政府的努力，游客的作用也不可小觑。用法律和道德的准绳约束自身的行为，树立正确的道德意识，尽量减少冲突的发生。即使遇到纠纷，也应用理性的沟通和法律的手段解决，杜绝采取极端手段解决。

例如，2018 年 10 月 19 日，一起外地消费者与新世界商场的羊绒衫消费纠纷在线上平台得到了化解，这是上海黄浦区市场监管局首次通过在线调解方式解决纠纷。在离进口博览会倒计时 17 天之际，黄浦区市场监管局消费纠纷调解平台在南京路商业街上线。该调解平台具有调解双方身份确认、投诉要件审核、在线调解、调解协议远程确认等功能，消费者通过会议视频系统，可省却以往消费维权至少跑两次现场（一次去市场监管部门提交证据，一次去现场调解）的麻烦，尤其是进博会期间，极大地便利了中外游客异地维权。

三、鼓励涉旅企业助力，加强企业主体配合

（一）发挥专业优势，培训当地居民

企业以其资源、项目、就业岗位等方面的优势，已成为反贫困链条上的重要一环，企业反贫困不仅对于易返贫致贫者是一次宝贵的就业脱贫机遇，而且对于企业自身来讲，参与反贫困也能有效地提升了企业知名度和影响力，是企业践行社会责任的良好途径。涉旅企业依靠其专业素质和专业背景从两方面支持旅游资源开发，产生旅游经济价值。一方面是技能培训。支持易返贫致贫者智力资本提升，培训就业所需的技能。可以为居民开设免费职业技能培训班，课程享受国家补助免费学习政策，学员经过系统学习并参加技能考试通过后可获人力资源和社会保障局颁发的专项职业能力证书。另一方面是知识培训。现代社会中，除了劳动、资本等基本要素，知识也已经成为生产要素中的重要组成部分。涉旅企业可以召集举办兴趣小组，对乡村人才进行专门的规划及知识培训，当地居民对本地文化了解更深，掌握了专业知识后更容易开发本地自然与文化资源。

例如，海南省三亚市海棠区以自贸港建设和争创全域旅游示范区为契机，不断丰富和延伸婚庆旅游产业链，将婚庆旅游打造成旅游产业的一张亮丽名片。值得一提的是，自海棠国际婚旅小镇亮相龙海风情小镇以来，坚持为海

棠区失地农民和农村富余劳动力集中落实创业就业政策、提供就业岗位信息和技能培训，让其求职有信息、就业有门路、创业有帮扶，培养化妆型人才，实现旅游带动居民发展，人才服务旅游产业。

（二）做好公益项目，建设美丽社区

做好社会公益福利事业，可以有效帮助特殊弱势人群增收，促进美丽旅游社区的建设，让社区居民获得更多幸福感。

一是要建设美丽旅游社区，基础设施必不可少。一些相对贫困地区存在交通问题无人问津，发展滞后等问题。因此，将旅游目的地公路"建、管、养、营运"作为巩固拓展脱贫攻坚成果工作的重要任务，打造畅通无阻的交通系统对于实现相对落后的旅游目的地脱贫致富，改善社区生活水平具有积极作用。

二是公益帮扶涉足体育、教育、慈善及文化传承等多个领域，为旅游社区易返贫致贫户建立希望小学、养老院等，进行公益慈善捐赠活动；为残疾但仍有劳动力的易返贫致贫者提供其力所能及的工作岗位；为普通易返贫致贫户提供更多满足其需求的生产性就业岗位，因人而异实施巩固拓展脱贫攻坚成果相关工作。

例如，2015 年，由北京青少年发展基金会及星美国际旅行社（北京）有限公司共同发起的"星美希望基金"项目在京正式启动。在项目启动仪式上，星美旅游现场捐赠了 50 万元现金及大量学习物资，并宣布将陆续启动"星美希望小学"计划，而星美第一所希望小学将由贵州广播电视台牵头选址，落户贵州村寨。接下来，星美旅游将持续开展各类慈善活动，与明星携手山区游、兴建星美希望小学、引导偏远山区儿童来京等一系列的活动。同时，星美旅游将深度整合其项下"公益旅游""文化旅游""健康旅游"三大服务板块的线上、线下发展平台，为民众提供餐饮、住宿、交通、旅游、休闲、购物等方面的一体化惠民服务措施，更加有效地做到"服务于民"和"让惠于民"。

（三）加强居民就业，助力居民增收

涉旅企业为旅游目的地居民打造生产性的就业岗位，积极创造劳动就业

岗位，重视开发剩余劳动力。剩余劳动力问题是阻碍我国全面建成小康社会的重要阻力之一。由于农村剩余劳动力大多教育落后、思想落后，除农业外对其他产业了解甚少，且缺乏经营技巧，因此，要其从事科学性、技术性活动短期来讲不现实，而旅游业涉及的一般是属于劳动密集型岗位占多数。因此，劳动者不需要极高的知识水平，只需对其进行简单的技能培训便可顺利上岗，这为农村剩余劳动力进行体面劳动提供了更多的途径。在旅游业及其相关产业中，可以提供的生产性就业岗位众多，如，利用少数民族地域与风俗特色经营拍摄活动，利用乡村山脉众多特点可举办攀岩比赛；利用特色传承的手工制作可进行公开表演或者单品售卖等。这些简单的盈利活动，只需对居民稍加培训相应的营销技能，即能让居民实现自主脱贫。

例如，在脱贫攻坚时期，2018 年 5 月 28 日，湖南省衡阳市石鼓区 2018 年民营企业招聘周暨"万企帮万村"扶贫专场招聘会在莲湖广场举行，吸引了万居市场、宏佳物业、博文教育、苏宁易购等大中型民营企业 300 余家进场揽才。此次招聘会提供各类技工、工程制造、设计安装、物流配送、市场营销、餐饮服务等岗位 3500 多个。其中特别为贫困劳动力、就业困难群体提供包括家政服务、清扫保洁、物业管理、勤杂普工、养老辅助工、值班门卫等年龄跨度大，技术门槛低的岗位 900 多个，吸引 5000 多名劳动者入场求职应聘。此次招聘周依托互联网＋人力资源服务进行线上就业信息发布和线下现场招聘会相互联动，相继推出扶贫专场招聘会、高校毕业生网上求职专区及家政服务短训班等公共就业服务，为劳资双方搭建起便捷高效的交流平台，推送微信公众号，实现求职、招聘一手搞定。

第五节　公平效率并重发展，建立健全利益补偿机制

包容性旅游理论是强调保护弱势群体，致力于促进社会公平效率并重发展的理论。公平效率并重原则，需要多方面的支持，最终实现公平效率并重发展。社区居民参与包容性旅游减贫的过程中，要坚持"公平与效率并重"的理念，建立公平合理的旅游利益补偿机制。旅游业所涉及的利益相关者主

要包括当地政府、旅游企业、社区居民、游客、环保部门、媒体部门等，包容性旅游是以协调各利益主体之间为导向，消除贫困，创造就业和促进社会和谐发展为最终目标。图 16-1 所示为居民参与利益补偿的主要路径。

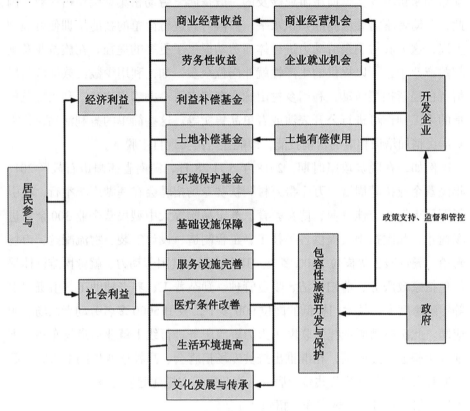

图 16-1　居民参与利益补偿路径

一、坚持公平效率并重发展的基本原则

（一）社区基础设施建设坚持公平效率并重

社区基础设施建设要始终坚持高起点规划、高标准建设、高要求管理，突出重点，注重质量，务求实效，以进一步改善广大居民的生产、生活环境为目标。

一是科学规划基础设施的建设，要做到因地制宜，实事求是。基础设施建设普遍存在公益性强、投资规模大、沉淀成本高、建设周期长等特征，因此对于乡村道路、水利设施、河道系统等基础设施的建设必须遵循因地制宜的原则。在建设基础设施时，要根据地形特色因素，如，地形状况、土壤条件、水资源条件、土地利用状况等进行科学的管理和规划，以主要矛盾和突出问题为核心，做到道路河道等因地制宜规划和建设。

二是加大资金投入，合理配置专项资金。根据市场的分析调研，分析本地的资源优势、本地未来的规划布局，因地制宜地合理分配资金，开发相关的旅游项目，尤其是在脱贫地区，要建立反贫困组织体系、支付体系、信用体系等，创新贷款的使用模式，破解易返贫致贫户贷款难的问题。

三是加强旅游目的地之间沟通交流。上级政府要加强政策的领导以及在各个旅游目的地施行政策协调，解决旅游目的地之间的利益矛盾，才能通过合作实现双赢，让各个旅游目的地的基础设施建设都能得到发展，居民的生活水平得以提高。

（二）社区公共服务建设坚持公平效率并重

社区公共服务建设要在标准化建设的基础上，结合自身特点，不断加强特色项目创建，以满足群众对社区服务越来越高的需求；整合资源开展工作，卫生、药监、司法等各职能部门要加强沟通协调，下沉工作，实现无缝对接。

一是加大教育投入，落实各阶段教育惠民政策，努力让每个脱贫家庭的孩子有获得教育的权利，宣传告知居民接受教育的重要性。

二是对于有意愿学习专业技能的居民，提供技能培训、继续教育、技能类型选择等支持。专业技能学习，可以采取线上和线下相结合的模式。居民根据自身情况，时间安排，选择适合的学习方式。

三是政府要充分重视社区卫生服务机构建设的作用和地位，要以提升社区管理服务水平和完善基础设施建设为突破口，全面推进社区建设；利用新兴科技，进一步探索社区卫生服务的新模式、新方法，把好居民健康第一道关。

四是提升养老服务能力。推广社区居家养老服务"中心带站"运营模式，支持开展居家上门服务，让老年人在家享受优质服务。持续实施养老机构服务质量提升行动，推动养老服务标准化，强化养老服务监督管理和风险防控。积极促进医养结合，全面提升社区居家医养服务能力。

（三）旅游社区发展重视居民两性平等原则

巩固拓展脱贫攻坚成果，持续发展包容性旅游，需要摒弃不科学的思想。

一是尊重女性。政府、企业、社会、家庭都应该尊重女性的知识和经验。积极鼓励女性参与学习、勇于创业创新，积极投身地方经济社会建设，认真学习新技能、新知识、新本领，勇于创业创新，通过不懈的奋斗取得新成就、作出新贡献。

二是培训女性。对于在专业技术岗位的女性，及时阶段性地参加继续教育培训，以更新补充知识扩大视野、改善知识结构、提高创新能力以适应科技发展、社会进步和本职工作的需要。

三是帮扶女性。对无业的脱贫家庭女性，安排社区工作者上门了解情况，对于有能力参与工作的女性，提供就业咨询、就业帮扶，根据不同的居民，给出针对性的建议，随后安排其参与技能培训，培训合格后为其提供就业岗位。根据女性的特质，最大限度地激发女性居民的学习、创新的潜能。

例如，全国脱贫攻坚的女性楷模张桂梅，她是云南省丽江市华坪县女子高级中学党支部书记、校长，华坪县儿童福利院院长。40 余载扎根边疆教育一线，创办了全国第一所全免费女子高中，是华坪儿童之家 130 多个孤儿的"妈妈"。她所在的党支部坚持每周开展 1 次理论学习、重温 1 次入党誓词的组织生活。常年坚持家访，行程 11 万多千米，覆盖学生 1300 多名，给学生知识改变命运的机会。

二、建立健全合理的利益补偿相关机制

（一）成立利益协调议事机构

旅游发展各利益相关者中政府的权力是最大的，同时，政府也是当地发

展的宏观调控及监管者。因此，利益协调议事机制的建立理应由政府来牵头。首先，利益协调议事机构在对旅游发展进行重大决策时，应对各相关利益主体进行调查及访谈，以便了解各利益主体的需求和意见，尊重和关心社区居民的利益。其次，该议事机构应由政府部门工作人员、旅游经营者代表、社区居民代表和游客代表组成。最后，议事机构还需要将收集到的资料进行讨论整理，归纳出各利益主体的观点，在几个重要原则的基础上寻求可能的合作契机和协调渠道，制定总体发展目标。这个目标应该包括政府的宏观目标、社会综合效益目标、具体的景区发展目标、社区的利益目标、游客的满意度等，形成一个综合性的宏观发展目标。这样可以方便对各方利益的协调和监管，达到一个动态的利益均衡状态。

（二）疏通居民利益诉求渠道

由于自身素质限制，旅游社区居民可能在表达和维护自身利益方面存在一定障碍。社会各主体需要充分发挥角色功能，为其建立畅通完备的信息传递渠道。

一是政府设立专门机构调研、处理、总结相关问题。在合理解决好已存在的个案的同时，更应当整理典型案例，发现潜在问题，集中力量处理具有代表性、潜在性、群体性的利益诉求，为政府法律与制度的完善提供合理依据。

二是完善信访制度，保证居民在利益有需求、利益受损的情况下，能够及时有效地将期望或困难反映给相关责权部门。

三是合理利用居民代言人，其同质性特点有利于群体内部的问题协调与统一，有助于集中传递其最关切、最需要的诉求。

例如，山东省济宁市任城区以建设"居民自治，管理有序，服务完善，治安良好，环境优美，文明祥和"的新型城市社区为目标，不断创新体制机制，开展社区协商民主创新工作，全面提升社区功能，各项社会事业取得了长足的发展和明显成效。建立了以社区党建为龙头，以构建和谐社区为主线，探索推行"居民说事"制度，畅通居民群众利益诉求渠道，有力地推动了和谐社区建设。

（三）创新拓展利益诉求方式

顺畅的利益表达机制和合理的利益诉求方式是利益整合和协调机制的基础，因此，妥善协调不同利益主体之间的利益关系，首要的是建立顺畅的利益表达机制。

一是充分发挥非政府组织的作用。非政府组织作为第三方，其公益性和非营利性的根本特性更能够对利益相关者中的弱势群体进行关照。此外，非政府组织还掌握着丰富的社会资源，在政府的作用之下，能够调配人力、物力、财力对细化问题进行合理解决。充分利用以社工机构为代表的非政府组织的信用优势，更有助于弱势群体信息获取、法律援助、利益申诉。

二是深挖大众媒体的辅助作用。电视、广播、网络等方式是反映社会群体生活、监督政府工作开展的有力工具。弱势群体应当树立理性诉求的意识，学习获得使用现代媒体工具的能力，通过现代化的信息网络表达自身需求。此外，社会还要营造宽松自由的言论环境，为维护弱势群体利益创造良好的氛围。

三、设计科学全面的生态资源补偿规定

（一）有偿使用配置要素资源

土地有偿使用，对企业、政府征用的土地给予一定的补偿基金。旅游开发利用可能会对当地的居民产生负面的影响（生活环境、文化等的破坏），利用资源者要给予必要的经济补偿。给予经济补偿的同时，边开发边进行环境保护。要坚持可持续发展理念，发挥出资源的最大优势。首先，企业和政府要认识资源的价值，对资源进行有效利用。其次，使用过程中要保障居民的合法合理权益，减少影响居民生产生活的次数。再次，完善生态资源使用制度。严格遵守生态资源使用制度。最后，合理利用配置生态资源，推动旅游业绿色可持续性发展。

例如，武陵源作为世界自然遗产，保护遗产资源，减少旅游对环境的影响是旅游经济发展亟待解决的问题。因此，武陵源地区完成《关于开征武陵

源世界自然遗产资源有偿使用费的有关情况汇报》，并于 2011 年 10 月 1 日起由湖南省张家界市财政局征收或委托其他部门代征武陵源世界自然遗产资源有偿使用费。该费用遵循"专款专用、封闭管理、跟踪问效、结余留用"的使用原则，纳入财政预算管理。目前，武陵源世界遗产地根据省物价局和市人民政府有关文件规定，在核心景区门票中征收 34 元 / 张的资源有偿使用费，其中武陵源区人民政府和张家界国家森林公园管理处使用的资源有偿使用费共 14 元 / 张（区人民政府实得 6.3 元 / 张，森林公园 7.7 元 / 张）；二类景区景点黄龙洞、百龙天梯等载人工具门票价格中，政府构成部分资源有偿使用费、旅游宣传促销费统一调整为价格调节基金，由市物价局征收，市人民政府管理和使用。

（二）合理解决环保利益冲突

在旅游开发一直到之后的持续发展中，社区居民的利益与环保之间存在必然的冲突。经济发展和环境保护之间存在一定的矛盾。

一是要解决既要发展经济又要保护环境的冲突，居民进行的经营活动对环境产生污染的，政府可以为其提供代替性的收入，或者转换经营活动，选择环保的项目经营。

二是对于新项目，政府为居民提供技术支持，派专人到户跟进项目经营情况，及时解决居民困难。

三是对当地居民产生持续性影响时，需要给予居民长期的经济补偿。成立环保基金，成立相应的监督部门，对基金的使用范围、金额进行全面、定期的监督检查。定期出检查结果的报告，向居民公布基金的使用情况。接受社会的监督。加强宣传环保理念，鼓励企业、居民个人积极参与环保活动。

四是对于被占用土地的居民，按照相应的单位面积，给予经济补偿。

例如，在山西省设立药茶环保基金。山西药茶是山西省实施乡村振兴战略和脱贫攻坚的新支撑，是农业转型发展的新亮点，是高质量发展和高品质生活的新载体。产业要避免大规模野外无序采摘，避免破坏土壤植被和原生态环境。设立环保基金，建立监管体系，抓体系建设和源头管理，制定准入机制，引导相关部门种植原料，减少对原生态环境的破坏，避免先发展后治理的现象发生，不形成环境欠账。建立健全药茶市场化发展机制，制定标准，引导产业发展壮大。可见，设立环保基金，在发展壮大产业时，对周边环境资源的保护可以起到保障作用。

（三）明确旅游生态补偿标准

当前，我国关于生态补偿准则确立的依据主要有三个方面：依据生态功能的市场价值确立生态补偿准则；综合考虑生态功能的直接价值、间接价值、潜在价值和机会成本确立生态补偿准则；综合权衡生态功能的收益和损失确定生态补偿标准。在旅游开发生态补偿方面，尚缺乏科学化的具体生态补偿标准。旅游开发生态补偿标准具有显著的地域差异，因此，应该在充分权衡和评估生态服务价值和损失的前提下，积极进行市场调研，洞悉不同区域、不同类型利益相关者所能接受的补偿计算方法、补偿实现机制，建立可行性强、执行力度高的生态补偿标准。

第六节　因地因人制宜就业，择情选择居民参与模式

根据旅游目的地资源地不同，包容性旅游要选择合适的模式，因地因人综合考虑，充分利用现有的旅游资源、当地居民的民俗风情和其他基础设施等，努力构建促进包容性旅游的可持续发展的模式。只要有利于当地发展，多种居民参与的模式都可以尝试，目的是激发地区经济潜力，促进地区发展，巩固拓展脱贫攻坚的成果。

一、创新产业发展模式，提升居民就业能力

（一）创新旅游产业发展模式

一是在模式创新发展的方向上，要大力推进旅游产业的分工分业，努力寻找与发展旅游相适应的新型衍生产业，催生出新的产业业态和商业模式，以达到居民为自己创造需求，为旅游业提供市场的目的，进而开辟一个新的

增长点，为当地居民打造生产性就业岗位，提升其自身的造血能力。

二是在创新发展的重心上，对于巩固拓展脱贫攻坚成果方面，要创新性发展休闲农业与乡村旅游，培育发展以休闲、观光、体验、养生、养老等为重点的乡村旅游业，形成水林田交相辉映、产村景旅互动融合的乡村旅游发展格局。同时，在发展"农业＋旅游"的过程中，为当地青年提供更多的创业机遇，为当地老年人提供良好的就业环境，提升贫困村寨的竞争意识和竞争力，更好地实现包容性发展。

（二）提高居民就业选择范围

一是在旅游社区鼓励创办实体经济，鼓励通过集资、独资，合资等形式，动员有能力、有知识、有资金的旅游社区居民家庭争当工商户、运输户、出租户等专业户。

二是鼓励旅游社区居民从事家政服务等各类新兴职业，使其基本生活得到保障，不断增加家庭收入，减轻负担。

三是有计划、有组织地向旅游社区居民传授就业知识，进行岗位培训，使当地居民都能有一技之长，具有选择岗位的能力，而非被动接受。

例如，广东省江门市高位推进"粤菜师傅""广东技工""南粤家政"三项工程，实施"五邑农村电商三年行动计划""乡村工匠"工程等，通过发动培训机构根据产业发展需求及农民工求职趋向，开展多种类、多层次的职业技能提升培训、创业培训，帮助农民工提升技能，从而更好实现就业。该项工作实施以来，开展"粤菜师傅"培训3910人次；推出"工匠讲堂"系列职业能力提升课程"菜单式"服务1474家企业培训2012人次；开展家政服务类技能培训4384人次。通过"助返岗、拓岗位、提技能、优服务"四大举措，有效促进了农民工的稳定就业。

（三）坚持因地因人制宜原则

一是就业岗位设计要符合因地制宜原则。即选择居民参与模式的时候，要充分考虑当地原有的资源，最大化地利用自然资源。根据土地的实际情况栽植适宜的树木，农作物种植要合乎天时地利。根据本地旅游资源情况，发展乡村旅游、特色种植、特色养殖等相关产业。

二是就业岗位设计要符合因人制宜原则。由于当地人文环境的不同，会导致旅游吸引物、地方特色、旅游地社区群体的不同，进而影响社区参与的方式和模式的选择。根据当地的民俗风情，居民的个人特长、生活需求等选择合适的参与模式。一般来说，历史遗迹、文化古镇、博物馆等保护性资源开发要求居民参与度低；而人文旅游资源开发则需要很高的居民参与度。因此，针对不同地区的居民的自身资源、发展方向，应制定相应的社区参与模式。

二、实事求是结合实际，选择居民参与模式

（一）合理制定居民参与模式

针对不同的旅游目的地，需创造适合旅游业可持续发展的居民参与模式。要协调地区资源，加强资源保护，发挥旅游地特色资源的优势，根据不同地区的资源区位情况和资源质量状况，明确地区发展包容性旅游减贫的优惠政策条件，挖掘旅游地发展的资源基础，依托旅游资源、民俗资源、文化资源等，因地制宜地制定不同的社区居民参与模式，并形成可复制、可推广的模式。只有选择最适合的居民参与模式才能持续性地为当地带来经济的发展。

例如，世界最大苗寨贵州省黔东南苗族侗族自治州雷山县西江千户苗寨从一个经济滞后、贫困面较广、文化保护乏力的传统村落，一跃成为经济旺、百姓富、民族文化得到保护与彰显的现代民族村寨。"西江模式"是指西江苗寨自 2008 年以来，以旅游开发作为发展导向，在经济、文化、社会、经营、脱贫等方面产生规模化"红利"所形成的一系列成功经验和可以操作的运行体系。旅游开发前，社区居民是西江苗寨最大的主体。旅游开发后，随着商户、游客的大量进入，"多元共生"成为西江旅游发展过程中最大的社会特点。因为旅游的开发，在当地党委政府的领导下，大家结成了"旅游命运共同体"，在景区建设、文化保护、脱贫致富等方面，各个主体近十年来齐心协力，共生共建。以文化传承保护为例，政府、公司每年都为村民提供活动资金，村两委负责组织活动实施，村民积极参与，构成了文化传承保护的共建活力，在旅游市场维护上，除了政府和执法部门的严格执法，村两委协同村

民积极参与管理，西江千户苗寨之所以近十年来没有出现像国内其他景区出现的重大旅游事件，很大程度上得益于多主体"共建"的结果。

（二）激励居民积极参与发展

脱贫之后的居民，根据马斯洛需求理论，在满足基本的生理、安全需求后，会有更高的需求。让居民参与进来，一起发展旅游产业，需要利益的激励。一方面，对于发展观念落后的居民，政府、企业应加大宣传教育，选择典型的成功案例去劝导，改变他们的固定思维模式，创造新的价值理念。给他们讲解旅游产业将给当地居民带来的价值，长期地提供资源、技术、参考项目。另一方面，对于有意愿参与的居民，最大限度地给予政策的支持，获得贷款政策优惠、全程提供技术指导等。让他们不仅仅在思想上进步，更在能力上前进。个人能力提升后，主动参与到旅游景区的经营开发活动中，经营业绩上升之后，不仅可以增加居民的收入，也会提升居民的个人成就感、获得感、幸福感，让居民在今后的旅游经营活动中，敢说更敢干，想法与实践相结合，最大限度地发挥本地居民在旅游项目开发、经营中的作用。

例如，贵州省黔东南苗族侗族自治州雷山县。雷山县是一个民族文化资源大县。全县苗族人口占总人口的84.2%，民族文化乡村旅游业是雷山经济社会发展和脱贫攻坚的战略性支柱产业。雷山县坚持以人民为中心的发展思想，发挥旅游业的引领作用，创新股份合作型、劳动就业型、经营型、辐射带动型等利益联合机制，共享旅游发展红利，实现居民参与模式的转换。通过鼓励农户利用自家房屋经营农家乐、家庭旅馆、旅游商品店等直接参与旅游产业，或者出租房屋实现增收，让居民使用资源，转让经营权，让居民利用景区的资源参与经营活动。转换后的参与模式，在一定程度上补偿了居民，保障居民能够共享旅游发展成果。

（三）基于特色资源参与发展

旅游社区要围绕其特有的生态资源或历史文化资源做文章，通过发展生态休闲、旅游、文化创意等领域，满足日益增长的生态和文化需求，将资源优势转变为发展优势。一方面，以自然资源为主要发展优势的特色小镇建设，并不将自身发展局限于对自然资源的依赖，而是向产业链上下游延伸，并向高端领域衍生发展。

例如，法国依云镇独特的地理构造成就了依云水，来自高山融雪和山地的雨水在阿尔卑斯山脉腹地经过长达 15 年的天然过滤和冰川沙层的矿化形成了依云水，根据依云水对一些身体不适的调养功效，当地改建了设施一流的依云水平衡中心，依云小镇逐渐形成了依云水、旅游、疗养等主导的文化旅游目的地，目前小镇 70% 的财政收入来自依云水文化相关的领域。

另一方面，以历史文化资源为主要特色的特色小镇建设，则依托民俗文化、民族文化、历史遗产等类型资源，深入挖掘文化内涵，融入新型文化旅游业态，打造旅游目的地。

第七节　树牢绿色发展理念，助推减贫机制长效发展

绿色发展理念是永续发展的前提，是未来经济发展的原动力。环保不仅仅是让大家拥有更多蓝天白云的日子，更是国家对人民的庄重承诺。包容性旅游的发展是可持续性的发展，要树牢绿色发展理念，推动生产、生活、生态协调发展。在发展旅游产业的同时，爱护自然资源环境，实现从脱贫攻坚到绿色发展的跨越。在绿色发展理念的基础上，建立减贫机制，确保机制的长效发展。

一、牢固树立绿色发展理念，积极培育居民生态道德

（一）政府宣传绿色发展理念

思想决定行动，生态优化、绿色发展非一朝一夕之功，需要持之以恒、常抓不懈，唯有统一思想认识，方能取得实效。因此，政府要加大宣传的力度、扩宽宣传的渠道，让"生态优先、绿色发展"理念深入人心。

一是通过互联网、电视、广播等媒介，向居民普及环境保护的法律知识，宣传绿色发展理念，如，在小区设置宣传绿色发展理念的站点，社区工作者

负责分发宣传手册，对于居民的疑问现场给予解答。

二是在学校课程中加入绿色发展理念，环境保护等思想教育，让学生形成绿色发展理念，主动担当起保护绿水青山的责任。

三是居民可以在社区网络平台上对区域的环境保护提出建议。平台安排专人负责收集意见，回答居民问题，让居民学习绿色发展理念相关知识。

四是社区工作者定期走访对绿色发展意识淡薄的居民，上门劝导，告知绿色发展的必要性，惠及的范围等。

例如，陕西省西安航空基地，生态环保宣传进校园，让绿色发展理念深入人心。陕西西安航空基地生态环境局联合第一小学开展以"过绿色新年，建生态航空城"为主题的第三届"西安生态日"宣传教育活动，通过观看公益宣传片、诗歌朗诵、摄影展、绘画比赛等多种形式，广泛宣传普及环保知识，鼓励广大学生积极主动参与生态环境保护。基地的小学，以班级为单位，组织学生线上观看公益宣传片，生动有趣的故事情节让学生懂得了践行绿色生活方式的重要意义。

（二）引导居民正确使用资源

人类经济问题的根源在于资源有限性，如何合理地配置和利用有限的资源是人类社会永恒的主题。

一是政府应给居民提供资源利用指导，引导居民利用生态能源，如秸秆还田，开发沼气，倡导低碳生活等环境保护措施。

二是可以邀请水资源利用率高的居民来分享使用的经验，如每月可以开展一次"资源的保护利用，我有主意"的活动，请居民代表参加，说出点子，并总结经验，借鉴经验。

三是政府通过在网站上设置专栏，使居民可以在政府平台、社区咨询中心等询问资源循环利用的途径，实现变废为宝，充分利用闲置资源。

例如，贵州省铜仁市万山区朱砂古镇。朱砂古镇曾是我国规模最大汞产地，是万山汞矿开发后留下的废弃矿区，十多年前人烟稀少，杂草丛生。如今，大力实施矿山地质环境治理和生态修复工程，依托原汞矿遗址，对朱砂古镇进行全面升级改造，开发了旅游观光、研学写生等旅游板块，实现由

"卖资源"到"卖旅游"的成功转型。开发以山地工业文明为主题的旅游景点朱砂古镇。使废弃矿区变成了旅游小镇。可见，变废为宝，在景点吸引了大批游客后，自然也会带动当地居民的生产生活发展。

（三）建立污染控制监督机制

有效的污染控制监督机制是环保工作持续性的基石。绿色发展理念的践行得出了成果，工作成果又反馈了一系列信息，对环保工作进行过程控制、监督，推进形成良性循环。

一是实施污染防治攻坚战执法检查。设置专门的污染防治攻坚战执法检查小组，制定并实施打好污染防治攻坚战执法检查方案，定期抽查重点排污企业持证按证排污、达标排放情况，重大环境信访调处情况，突出生态环境问题整治情况。要通过执法检查，督促本级党委政府及其相关职能部门、下级党委政府抓紧解决突出生态环境问题，建立健全环境污染治理长效机制。

二是强化事后监督和日常管理。为此，要建立环保和有关职能部门协同联动的环境监管机制，各街道办事处和社区要把做好辖区内的环境保护工作作为社区工作的一项重要职责，协助环保部门加强对业主的环境保护监督。

三是确保反馈信息渠道通畅。建立健全扰民噪声投诉归口办理、限时办结制度，提高扰民投诉的办理效率和办理质量，确保投诉案件得到及时、有效地分类治理，逐步建立形成职能部门主导、企业内部监督和公众广泛参与的环境监管机制。

例如，湖北省的"禁塑"行动。2020年8月18日，湖北省明确了"禁塑"时间表。到2020年年底，武汉市建成各种场所，在餐饮打包外卖服务中和各类展会中，禁止使用不可降解塑料袋。2021年年底，实施范围扩大至宜昌市、襄阳市建成区；2022年年底，实施范围扩大至湖北全部地级市和直管市建成区；2025年年底，塑料污染治理的长效机制基本建立，塑料污染得到有效控制。

二、实现多元共治协同发展，形成可持续的减贫机制

（一）加强生态环境保护教育，提高居民环保意识

一是开展绿色生活专题讲座。由旅游目的地社区或村级两委干部不定期组织村民召开绿色生活专题讲座，为居民讲解绿色生活的理论知识、价值意义和行动指南，让居民了解绿色生活对环境保护的意义以及哪些行为是绿色环保的，而哪些行为会破坏环境，从而提高居民的环保意识。

二是举办生态保护公益活动。由旅游目的地社区、村级两委或相关职能部门在旅游目的地策划和举办生态保护相关的集体公益活动，如，植树造林、挖沟通渠、保护野生动物、清洁旅游环境等，并组织村民集体参与，对在活动中表现优秀的居民给予一定物质奖励和荣誉称号，提高居民参与的积极性。

三是印发旅游目的地环境保护宣传手册。由政府部门统一制定农村环境保护宣传手册，分发到相关旅游目的地地区，并由相关政府部门宣传委员派发到各家各户居民手中，对于年迈或不识字的居民，宣传委员应耐心为其讲解宣传手册上的内容，确保每位居民了解环境保护的相关知识。

例如，福建省厦门市的社区治理和服务创新试验区，通过实现政府治理、社会调解、居民自治的有效衔接和良性互动，创新了社会治理，进一步增强了市民的"共同家园"意识，让居民的幸福感不断攀升。金安社区是厦门市最大的保障性住房社区，居住着3万多市民。社区工作者广泛发动群众参与，在社区建立不同的志愿服务队，动员居民参与，社区居民动脑筋想办法为社区做力所能及的事，鼓励居民对社区医疗、教育、基础设施建言献策，广泛参与服务。

（二）建立生态保护执法队伍，加强环境监督管理

一是在旅游目的地成立旅游环境保护监督委员会。环境保护监督委员会应负责在旅游目的地巡逻，对公共区域的清洁卫生、土地质量、野生动物保护等领域进行监督和管理，杜绝并及时制止破坏旅游目的地环境卫生、乱砍滥伐、滥用农药、捕猎野生动物等行为的发生。

二是建立完善的环境保护奖惩机制。建立旅游环境保护红黑榜，每月评选一次，对于自觉主动保护旅游目的地生态环境且表现优异者，将其列为红榜，并展示在旅游目的地相关政务公开栏目加以表扬和引导其他居民学习，对于恶意破坏旅游目的地生态环境者将其列为黑榜，并展示在村务公开栏目以警示其他居民。

三是在旅游目的地建立环保检查员制度。成立专门的旅游目的地特派环境保护检查员队伍，不定期前往各旅游景区进行环境检查，对环境保护工作实施不到位的地方进行批评教育，并引导其限期整改，从而加强涉旅地区对环境保护工作的重视。

例如，为进一步加强环境执法队伍建设，全面打好污染防治攻坚战，以良好的环境秩序迎接第二轮中央生态环境保护督察，浙江省湖州市高度重视执法大练兵工作，成立了由"一把手"任组长的领导小组，专门邀请专家辅导，组织专题研究部署，狠抓环境执法大练兵工作落实。2019 年 8 月，生态环境部评估中心环境执法大练兵调研组进行调研指导，对其环境执法大练兵工作给予充分肯定和表扬，全市先后有 6 人获得生态环境部强化监督的通报表扬；在参加浙江省首届环境执法大练兵知识竞赛中获得二等奖。

（三）引入绿色环保技术人才，高效改善旅游环境

一是引入清洁能源技术人才。积极与省域或市域相关学校建立合作关系，以优惠的财政政策和丰厚的福利待遇吸引相关专业的优秀大学毕业生服务旅游目的地，用高新技术改造传统产业，提高资源利用效率，创建低碳高效的产业生产模式，从源头上减少生产过程中的废弃物排放，节约和合理利用资源，降低经济生产活动对生态环境的不利影响。

二是培育生态旅游技术人才。通过邀请社会专家学者去旅游目的地开展生态旅游讲习班、生态旅游发展讲座、生态旅游学习推广的专题活动，为居民由从事传统农业转向从事生态旅游提供专业指导，并为居民提供生态旅游产业发展的创业基地，让村民学以致用，学用结合。

三是引入旅游生态环境修复人才。结合各旅游目的地生态环境存在的问题，聘请相关专家和技术人才对其进行指导修复，对土地质量、污水处理、

畜牧疫情、空气污染等问题进行治理和改善，修复旅游目的地生态环境方面存在的不足与缺陷，从而提高旅游目的地生态环境质量。

　　例如，2013 年，四川省雅安市芦山地震灾后，省级有关部门根据灾区各县实际和情况需要，从人才、管理、技术等方面支持灾区建设，有力地促进了生态环境修复项目建设。在加强人才支持方面，林业厅抽调了 7 名政治思想觉悟高的林业技术骨干到雅安市林业局和 6 个重灾县林业局挂职。环境保护厅选派 1 名环保中层干部到雅安市环境和保护局挂职。雅安市林业局安排 3 名领导干部分别负责联系 6 个重灾县，长期深入各县（区）督导林业灾后重建工作，帮助县（区）林业部门梳理项目，查找问题，对存在的问题积极协调解决，有力地推进了生态环境修复项目建设进度。

本章小结

　　本章从核心要素、网络技术、监督评估、主体配合、利益机制、参与模式、绿色发展七个方面科学设计居民参与包容性旅游的路径，作为政府与企业协同为居民打造获得可持续生计的资源平台的重要参考，让居民在旅游事业发展中有安全感、获得感和幸福感。同时，结合旅游从业需求的教育培训，树立居民社会主义核心价值观，提升旅游目的地居民的总体素质修养，营造一个和睦友善的经济与社会发展环境，为游客美好体验和健康消费营造一个优质的旅游环境。

第十七章 游客获得美好体验的
保障措施

第一节 系统分析游客美好体验的核心要素

游客的美好体验受到多种因素影响，情怀体验要素、沉浸体验要素、价值体验要素是游客美好体验的核心要素。

一、场景营造讲究情感、体验和互动，强调情怀体验要素

（一）把握人文要素，融入人文特色

为实现游客的美好体验，在景区打造规划前期就要从景区的全局出发，多角度、全方位、多层次地统筹资源，利用集中优势做好顶层设计，将人文情怀元素融入景区的每个环节中，景区应当打造一个可持续的故事，就像给景区打造一个易传播的灵魂和情怀故事。在体验中，让游客的身心有一个如愿以偿的归宿，得到与众不同的体验。

一是可以打造特色空间、优质服务、当地自然资源以及由此形成的特定场景体验，并在此基础上对原有情怀和品牌故事进行延伸，让场景体验得以凸显，并最终形成景区的独特优势，将景区打造成具有较强人文情怀的特色定位旅游目的地。

二是可以通过设计创造环境场氛围来影响游客的行为与感知。历史烟雨走廊，旧时代的露天电影，有历史沧桑感小酒吧以及标准化的民俗酒店与餐

饮管理。

三是可设置还原历史，引起回忆，标准化的食住体系等，为游客提供一种沉浸式环境场氛围，来提升游客的美好体验。

例如，浙江省嘉兴市桐乡市乌镇作为全国 5A 级旅游景区之一，以其丰富的江南人文情怀文化吸引了大量游客前来参观游览，而摒除了科技烦躁的宁静自然氛围吸引了全球的互联网人才，并将全球互联网永久活动会址设置于此。这个例子成功的背后是对乌镇人文情怀顶层设计的思考及布局。其总体设计是由土生土长的乌镇人陈向宏负责，在整个景区设计之初已将大量的人文特色考虑其中。乌镇不是一个死气沉沉的冰冷景区，它带来的是一幅江南画卷和士大夫文化印象，游客游览后体验到江南鱼米之乡和神韵古镇情景再现。对于景区打造，乌镇通过文化的情景再现去实现游客美好旅游体验，当地人返聘景区做船夫、售卖礼品及民俗服装、举办活动，提供餐饮服务等，修建具有当地原汁原味的文化建筑和旅游设施，举办丰富的符合当地特色的民间艺术活动等，让游客体验到的不是一个个商家，而是一种人情味，有温度的文化融入商业古镇中，使当地文化进行情景再现。

（二）注重文化要素，传承历史民俗

旅游景区也可以看作一件产品。而产品的背后就是文化。旅游景区 IP 与其他 IP 的差别在于，它的产品是一栋栋雕塑、一间间房间庭院，一处处装饰细节、服务，是这一切所凝聚、融合后产生的一种文化，一种生活。

一是要打造特色文化旅游品牌。深度挖掘旅游资源的文化内涵，加快文化旅游产业融合，在文化旅游项目建设中融入文化元素，加强策划包装，将文化旅游资源优势转化为产品优势和产业优势，全力打造一批具有吸引力、影响力、竞争力的文化旅游品牌，使文化旅游具有更鲜明的总体品位和整体形象。

二是结合宗教文化旅游、自驾车旅游和民俗风情园体验等新兴旅游产品的培育，深度融合文化创意，充分体现文化之魂。

三是重点打造文化节庆活动品牌，按照定位准确、主题突出、特色鲜明、梯次发展的要求，进一步做大做强特色旅游文化节等节庆活动品牌，努力从

不同侧面、不同层次向外界宣传和展示绚丽多彩的文化旅游资源。

四是实现文化和旅游深度融合，整合规模价值。文旅融合是以文化资源要素的内涵分析为基础，通过整理组合，形成景观规模，丰富集合性价值，显示文化资源要素的现实意义，集观赏游憩价值、科学价值、历史价值、文化价值、经济价值等为一体，来打造具有吸引力的文旅项目，从而刺激游客需求，实现旅游经济的发展。

例如，由北京市海淀区文化和旅游局主办的 2020 年"海之春"新春文化季集中展现了以"三山五园"和名园文化为主的文旅融合气象，展现新春传统游园与当代公园年节文化结合的风格特色。为了营造喜庆的节日氛围，颐和园全园春节布置已基本完毕，各大门区、长廊沿线、东堤沿线、园中园、冰场等重要区域布置红灯笼、中国结、大型展板等，让游客沉浸在红红火火过大年的新春游园氛围中。同时，年味玄机礼盒、"福禄寿喜"饼等多种年味十足的热销文创产品也被相继推出。除了观看展览，游客还可以在水村居茶社坐下来观赏颐和冬景、品清香茗茶，把颐和园的祝福带回家。

（三）强调休闲要素，引发游客共情

当今人们的休闲旅游需求日趋强烈，而且已不满足于单一的农家乐、观光、采摘等休闲农业体验模式，需求日趋多元化。采摘作为近年来迅速兴起的新型休闲业态，以参与性、趣味性、娱乐性强而受到消费者的青睐，已成为现代休闲农业与乡村旅游的一大特色。

一是设计丰富多样农业采摘类型，像草莓、葡萄、番茄、樱桃、柑橘、茶、杨梅、特菜、小西瓜、桃、苹果、枣、柿子、核桃、荔枝、柚子、莲雾、琵琶、龙眼、板栗、灵芝、蘑菇、茶叶等，都可以成为人们采摘体验的对象。

二是深度挖掘，进行细分，如，针对儿童、情侣、残障人士等各类人群打造不同的采摘环境。

三是根据不同的农业主题，可以延伸出很多内容，如，田园主题餐厅、鲜花主题宴等活动，抓鱼、捡鸡蛋、逮鸡、斗蛐蛐、斗羊等乡村野趣项目，民间二人转、民间演艺、篝火晚会等乡村娱乐活动，还有玉米迷宫、真实版愤怒的小鸟、稻草人等创意农业活动。这些轻松有趣的玩耍、嬉戏活动，对

青少年有着强大的吸引力，也很容易将成年人带回到无忧的童年时代，引起情感上的共鸣，延长游客停留时间，提升游客满意度。

例如，在《重庆顺山舜水·山城归谷概念性总体规划》中，将主题定位为"綦江顺山舜水，中国山城归谷"，项目整体以"归"为主线，贯穿到与农村发展相关的各方各面，包括从二产、三产到一产的回归——归农、归田，山地农业硅谷，现代人生产生活方式的回归——归山、归水、归林、归隐、归生活，由追求农产品产量到质量的回归——归原，原生态农业的生产、精品农业的开发等，同时，结合原始农业的养生，农业产业链条延伸等，打造复合型山地农业主题产业基地。

二、主题设计讲究安静、缓慢和休闲，打造沉浸体验要素

（一）设计沉浸式理念，强调慢节奏旅游

现在游客大多生活在快节奏，高速发展的都市中，心中向往一个安静的地方。因此，一方面，可以通过沉浸式设计理念让来到乌镇的游客放慢脚步，去体验这里的一草一木和美好人文氛围。景区在提升游客旅游体验中，可将这种能为游客带来美感追求和轻松感的沉浸式理念贯穿其中，体现在一景一物里，通过对环境以及氛围的营造让人们能够在旅游中体验到不一样的生活节奏，与都市中的快节奏形成鲜明的对比，为游客打造出身临其境的美好体验。另一方面，注重时尚和乡土的融合。对接中产阶级群体的休闲度假需求，注重乡土文化特色与时尚消费业态的完美融合，利用闲置的乡村资源，以创意和设计的手法深度演绎乡土文化元素，打造出带有浓郁地域标识的品质化乡村度假空间。

例如，中国台湾旅游以其民宿及休闲农场颇具知名度，代表性的牧场包括香格里拉休闲农场、垦丁牧场、飞牛牧场、初鹿牧场、天马牧场等。在运作模式上，除了传统的滑沙、滑草、骑马、放牧等活动及贩售的牛奶、牛肉制品，在牧场内容布置上更类似一处别致的动物园或植物园，一般会精心配有大量极具观赏价值及当地特色的物种供游客观赏，如，天马牧场的羊驼、飞牛牧场的蝴蝶等，为牧场增添了特殊的韵味。

（二）设计休闲式氛围，产生心灵归属感

一方面，要健全城市休闲旅游发展机制。要紧紧把握大众旅游兴起的机遇，进一步增强加快城市休闲旅游发展的紧迫感和责任感，健全完善城市休闲旅游发展机制，推动城市休闲旅游产业真正成为我市经济发展新的增长点。另一方面，要丰富休闲旅游发展内容。乡村休闲旅游的元素非常多，包括山水自然及田园风光、古村古街与古建筑、农耕用器与农耕文化、民俗风情、民间小吃、民居、乡村风水文化、民间娱乐文化、民间遗产文化、农业劳作过程与农业生产过程等。通过产业融合、生产生活生态兼容、工农城乡融通，发掘农业多种功能和乡村多重价值。

例如，福建省三明市牢固树立城市休闲旅游特色发展理念，深入挖掘地方特色资源，实施特色品牌战略，坚持以"休闲、安养、文化"为导向，培育打造生态休闲、山水安养、文化体验特色旅游产品，积极探索"旅游+"发展模式，构建处处是景点的大旅游格局，不断增强三明城市休闲旅游的竞争力，有效拓展城市休闲旅游发展空间，把三明建设成为清新福建核心生态旅游区和国家级健康休闲度假基地，实现城市休闲旅游全面发展。

（三）打造康养式旅游，修身养性原生态

一是在农业基础上融入康养元素。以当地特色大农业资源为基础，向城市居民提供安全健康的农产品和满足都市人群对品质乡村生活方式的参与体验式消费需求，集生态农业、乡村旅游、养生度假、休闲体验、科普教育等功能为一体，打造集经济价值、社会价值和生态价值于一体的现代农业创新经营体制和新型农业旅游产业综合体。

二是将医疗、气候、生态、康复、休闲等多种元素融入养老产业，发展康复疗养、旅居养老、休闲度假型"候鸟"养老、老年体育、老年教育、老年文化活动等业态，打造集养老居住、养老配套、养老服务为一体的养老度假基地等综合开发项目，带动护理、餐饮、医药、老年用品、金融、旅游、教育等多产业的共同发展。

例如，贵州省遵义市桐梓县九坝镇山堡社区国土面积为 15.4 平方千米，

林地面积 7500 亩，林地覆盖率 76%。负氧离子含量平均每立方厘米 6000 个，素有"天然氧吧""绿色空调"的美称。2020 年，获省林业厅表彰"森林村寨"。森林村寨的创建有力地推动了乡村旅游发展。该社区通过发展民宿经济，创建森林村寨、森林人家，促进新农村建设和乡村森林生态旅游发展，带动乡村振兴和村民增收。现有乡村旅馆、民宿客栈 488 家，旅游地产企业 3 家。夏季共有 3.5 万游客常住养生避暑，是重庆人避暑的"后花园"。九坝镇森林资源特别丰富，有方竹、蜂糖李、花椒等多个品种。通过近几年的努力，九坝镇的涉林产业发展得比较好，群众得到了较好的收益，同时，还结合森林资源实现了农旅一体化发展，为乡村旅游提供了新的平台。

三、服务水平讲究全面、高效和优质，抓好价值体验要素

（一）提升价格公允体验

旅游市场秩序规范主要涉及包括旅游服务需求方、旅游服务供给体系和旅游市场规制在内的三方参与者。因此，可以从以下几个方面入手规范旅游市场秩序：

一是旅游服务供给方需要严格按照规定进行旅游产品的定价，虽然由于淡旺季、地理位置等因素会影响价格的定位，但不应出现漫天要价、欺骗顾客的行为。

二是旅游服务需求方在购买旅游产品之前需要多家参考，按照自己的意愿订购，若发现价格不公道之处应该立即举报，不能听之任之。

三是完善旅游市场规定和制度。除了建立旅游市场规定之外，也可以建立信访平台、举报系统、监督机制等保护游客的合法权益不受侵犯，公开透明处理价格事故，以提升游客的价格公允感知和满意度。

例如，为规范旅游景区门票定价成本监审行为，提高政府价格角色的科学性，维护消费者的合法权益，促进旅游业健康发展，山西省发展和改革委员会印发了《旅游景区门票定价成本监审办法》，就山西省行政区域内各级价格主管部门对利用公共资源建设旅游景区的经营者实施景区门票定价成本进行监审，从定价成本构成与归集和定价成本核定等方面进行了具体规范和明确。

（二）提升设施服务体验

基础设施得不到更新，不仅会影响景区口碑导致游客量下降，而且久而久之当地居民也会选择离开。所以，必须将落后的基础设施进行及时的更新升级，将落后的基础设施及时地更新换代，为居民和游客提供更优质的设施服务，使旅游经济效益持续增长。

一是对落后的基础设施进行新建，这一措施对资金投入要求比较高，需要投入大量的资金。通过整合相关专项资金的方法支持落后地区景区设施的更新换代，对不合格、劣质的服务设施进行全面整改，对直接面向游客的旅游基础设施，按照现代化体验的要求进行新建。

二是对落后的基础设施在原有基础上进行修缮或创新，使景区的文化娱乐、旅游购物、休闲康体、特色餐饮等设施条件得到根本性的显著改善，为游客提供更优质、更安全的服务。

例如，"十三五"规划期间，新疆维吾尔自治区发展改革委累计落实中央预算内投资 13.23 亿元，支持全疆 171 个旅游景区项目建设，项目覆盖南疆四地州所有县市及北疆部分县市。仅 2018 年至 2019 年，新疆维吾尔自治区就撬动社会资本 28.78 亿元投入旅游基础设施建设。同时，为适应当前自治区促进旅游大发展的形势，平衡南北疆旅游项目资金需求，推进全区旅游基础设施总体改善，2018 年至 2019 年，自治区共安排预算内资金 1.1 亿元，实施了阿勒泰地区喀纳斯景区、博尔塔拉蒙古自治州温泉县圣泉景区等 29 个旅游基础设施建设项目。项目的实施，不仅改善了景区的基础设施条件，统筹解决了制约旅游业发展的"三难一不畅"问题，打通了旅游发展"最后一公里"的瓶颈，还提升了当地旅游品牌，扩大了景区在国内的知名度，形成旅游线路大串联，助推新疆旅游大发展，为游客提供了更好、更便捷的服务。

（三）提升人员服务体验

只有营造能干事又舒心的工作氛围，才能留住人才，进而建设一支有凝聚力的队伍。

一是加强培养创新性人才的力度和投入。将涉旅的从业人员定期送去学校和其他教学机构进行培训，提高从业人员的思想意识，创新性提高从业人员的工作能力。

二是制定正确的人才使用制度和人才激励制度。根据工作岗位对人才进行合理招聘和分配，同时，建立良好的内部竞争制度，应当让员工具备竞争意识，起到激励作用。

三是注意团队协作。涉旅经营需要所有旅游从业人员的共同努力，只有一个人具备创新性思想是远远不够的，尤其是党员干部要起到良好的带头作用，定期组织各涉旅企业领导人开会，进行头脑风暴，一起为景区的未来谋划。

例如，为进一步加强景区经营水平和管理水平，培养一支本土高素质的旅游服务管理队伍，2020 年 12 月 8 日，湖南省湘西土家族苗族自治州龙山县里耶古城旅投公司员工培训班在八面山景区开班，八面山景区旅游公司全体员工和里耶文化旅游公司部分员工参加培训。培训将课程分享与模拟实操相结合，进一步强化了员工的实践能力，旨在提升景区从业人员的专业技能、责任心和执行力，从而达到专业的旅游服务理念和水平，能够跟上八面山景区的建设速度，助力文旅融合和全域旅游的快速发展。

第二节 补充完善游客参与的规范标准体系

我国旅游法律法规已形成体系，但由于旅游业发展迅猛，游客参与度越来越高，在面对游客参与旅游的实际中，现行的一些法律法规存在一定的滞后和不完善之处，制约着旅游业高质量发展及游客的深层次参与体验。旅游业包含食、住、行、游、购、娱六大要素，旅游产业覆盖行业众多，涉及面广。补充完善游客参与的规范和标准，使旅游业标准化渗透于旅游行业宏观管理、服务质量、基础设施设备要求、旅游创新等诸多方面。这些规范为保持行业增长、规范市场、提高管理水平、服务各类型游客提供了科学技术依据。有了这些标准的引领，旅游各行业才能不断走向规范化，才能和国际旅游规范接轨。

一、完善旅游市场服务标准，有效规范旅游市场秩序

（一）完善景区市场价格监管

旅游地商品在一定程度上高于正常物价属于正常水平，但部分景区价格仍然存在混乱及过高的现象，侵犯了游客的合法权益，对景区良好形象产生负面影响。一方面，政府有必要对景区进行分级管理，综合根据当地经济，景区定位，消费水平等因素划分价格指导标准，分类管理，合理规范定价。另一方面，为进一步完善价格管理体系，要坚持避免一刀切，充分考量价格指标，合理规范制定价格法律法规参考文件。对于天价花生米，天价海鲜等严重影响旅游价格的行为要有明确法律法规进行制约及约束。

例如，"青岛天价大虾""丽江高价餐饮"等事件折射出旅游景区商品销售中存在屡禁不绝的高价宰客现象，这种现象大多是由误导性标价行为造成的。使用模糊的价格标示或者模棱两可的语言说明价格，如，只表述价格金额，而不表述价格单位。此时，消费者往往按通常的消费习惯理解价格及价格单位，如把 30 元 50 克理解为 30 元 500 克，或者把 30 元一只理解为 30 元一盘。模糊标价是诱导消费者消费的惯用手法，也是产生价格争议的严重隐患，可以说，没有模糊标价的诱导，消费者或许就不会进入商家布置好的高价消费的陷阱。

（二）制定景区合理管理规范

对各个景区进行正确管理，在上层法律法规基础上进行分级施策，不同的景区可执行不同的参考值规范自身要求，杜绝公然欺骗、随地乱扔垃圾、高价商品、乘车纠纷等各种违法违规现象。

一是景区必须根据实际情况，确定服务的主要内容，做到全面、系统，参照国家标准制定交通、游览、安全、卫生、通信、娱乐、购物、休闲、特定设施、资源与环境保护等硬件标准，以及服务态度、服务仪表、服务技巧、服务时效、综合服务等软件标准。

二是在制定服务质量标准时，有些可以参照国家已颁发的标准，如，环境空气质量标准、环境噪声标准、地面水环境质量标准、公共信息标志用图

形符号标准以及地方颁布的一些标准等，有的需要进行反复推敲，经过实践检验才能确定。

三是使服务质量标准切实可行，标准必须做到具体和可操作。景区管理者应该根据不同的岗位制定出不同的服务规范和要求，尽量将其量化。

（三）加大旅游市场整治力度

为进一步规范旅游市场秩序，保护旅游消费者合法权益，营造诚信和谐放心旅游环境，推动文化旅游产业高质量发展，必须多措并举，加大旅游市场整治力度，规范全景区旅游市场秩序。

一是注重引导，全面增强企业守法经营、诚信经营的自觉性。通过定期组织企业开展法律法规和安全生产工作培训，进一步增强了旅游企业经营人员的法制意识、安全红线意识和守法经营、诚信经营的自觉性，确保实现"安全、秩序、质量、效益"四统一的目标。

二是源头治理，全面规范旅游市场秩序。以 A 级旅游景区及周边为重点，以严厉打击周边非法"一日游"利益链条中存在的黑票、黑导、黑社、黑车、黑店、黑网"六黑"乱象为目标，加大执法检查力度。

三是多措并举，坚决遏制和打击不合理低价游。在不断完善工作措施的同时，通过采取网上巡查、实地检查和双随机抽查等方式方法，对不合理低价、虚假宣传、超范围经营和旅游合同进行了专项检查，坚决遏制"不合理低价游"。

例如，2021 年，为进一步规范旅游市场秩序，净化旅游环境，甘肃省临泽县文体广电和旅游局联合县公安、交通运输等部门，组织开展"黑车、黑导、黑社"专项整治行动。此次专项整治行动重点针对未取得导游证从事导游业务、虚假宣传诱骗游客以获取高额返利的"黑导"；未办理相关手续、未取得运营资格、拒载、不打表乱收费的"黑车"；无资质经营旅行社业务，低价为游客提供交通、住宿、餐饮等服务，通过安排购物或者另行付费旅游项目等获取不正当利益、雇用无导游资质人员非法提供导游服务、不依法签订旅游合同等问题进行重点检查和严厉打击，此次专项检查，检查导游45人次，旅游客运车辆29辆，发放相关法律法规宣传单500多份，确保了游客的合法权益不受侵害，得到了广大游客的赞扬，维护了旅游市场秩序和旅游形象。

二、完善旅游公共服务标准，间接规范旅游市场秩序

（一）矫正旅游市场中的信息不对称

旅游产品的交易过程中充满了信息不对称的现象。而部分违规经营者正是利用了游客在信息方面的劣势从事违法经营活动，如，通过虚假宣传，欺骗和诱导游客消费，进而侵害其合法权益。加大旅游公共服务，特别是其中的旅游信息服务的供给，可以有效扩大消费者的选择范围，增强游客选择合格商品和服务的判断识别能力。

一是可以提供专门的旅游消费信息服务，使得游客可以方便地查询、比较目的地的特色商品和服务，合格商家分布情况及相应交通线路信息。在信息的发布途径和平台方面，可基于大数据分析，结合线上（网站、App 等）和线下（车站、机场、旅游咨询网点、集散中心、宾馆、景区等）两方面，分类设计内容，进行精准投放。

二是加强旅游行业管理部门的信息监督职能。应继续加大对旅行社等旅游行业管理部门的监管力度，重点查处零负团费、虚假广告、不签订旅游合同或违反合同约定"挂靠承包"以及超范围经营等非法行为。

三是应该加强旅行社自身的管理。为了促进旅行社的正常发展，旅行社同游客签订合同时，应将具体旅游活动的日程安排、旅游接待标准、旅游景区的安排以及旅游价格等都具体化、细分化、透明化告知给游客，使游客可以放心地信赖旅行社，安心外出旅游。

（二）引导促进合理的旅游消费行为

旅游市场中滋生的违法经营现象与大量存在的不合理消费行为密切相关。出于多种原因，部分游客对旅游业中的违法经营模式及其危害性还认识不清。因此，通过发展旅游公共服务，可以使大部分游客能够更为充分、理性地认识各类违法行为的危害性，更加清晰地了解其各种表现形式，从而提高防范意识和识别能力。

一是通过定期或不定期发布特定的消费警示信息，可以有效预防和遏制消费欺诈行为。

二是加强服务人员的素质培训，把客人满意作为服务标准，坚持以优质的服务赢得市场，从细节入手，从游客的角度出发，做到用语文明，热情待人，让游客有宾至如归的感觉。

三是建立旅游目的地公开透明的消费网页，利用网络直观、快捷、灵活的宣传特征，通过网络生动、真实地展示旅游目的地风貌、位置、价格及其周围环境等，吸引游客到来并正确消费。

例如，四川某假日酒店有限公司在其微信公众号的功能介绍标注"某假日酒店是集团全资建设并管理，集餐饮、住宿、会务、休闲、娱乐、购物于一体的四星级综合型豪华酒店，坐落于通江县城红色革命圣地，是您红色旅游、放松身心的首选休憩之地。建筑独特壮观、交通方便快捷，是商务接待、会议、休闲旅游的最佳之选"的字样，被实名举报后，巴中市通江县市场监管局立案调查。经查，当事人冒用"四星级"名义，并对外宣传使用"最佳"，其行为违反《中华人民共和国广告法》有关规定，该局责令当事人立即改正上述违法行为，并处罚款人民币2万元。

（三）畅通游客申诉维权的救济渠道

近些年，尽管我国游客权利救济体系建设已经有了很大的发展和进步，但其在进一步便利游客维权、降低维权成本等方面仍有继续完善的空间。

一是可以考虑通过构建覆盖消费现场、传统互联网以及智能移动终端的全方位旅游投诉服务平台，使得游客能够随时随地主张自己的合法权益，投诉违法、违规经营行为，并能得到有效且及时的反馈。

二是畅通渠道，让群众投诉有门。充分利用电话、网络、信件等方式，广泛接受群众来电、来访、网络等旅游投诉，做好记录，认真查办，并对旅游投诉的办理情况及时进行反馈，做到"有投诉、有受理、有反馈"，真正为游客投诉受理问题提供便利条件。

三是优化流程，让投诉办理有序。按照属地管理、分级负责的原则，坚持谁受理谁负责，进一步健全"专人承办、按责专办、限时办结、评价反馈"

的工作流程和机制，做到旅游投诉处理工作全程留痕。同时，加大对各县（区）工作的督办力度，确保投诉工作有序开展。

四是跟踪落实，让处理工作有效。对办理结束的旅游投诉纠纷，积极对问题进行分类归档，并做好总结统计工作。同时，及时采取不同方式向投诉人进行回访，确保游客满意率和回访率达到100%。

三、完善规范执行落地标准，提高旅游市场管理质量

（一）做好监管组织实施

开展有效监管地方标准实施落地，是进一步规范旅游企业经营管理，提高旅游服务质量，促进旅游行业管理向制度化、规范化和标准化发展的重要举措，对发展包容性旅游、加快产业转型升级具有重要意义。

一是要加强协同监管。各级文化和旅游行政部门、文化市场综合执法机构要加强与宣传、公安、市场监管、电信等部门和消防救援机构的沟通协调，做好分析研判，发现问题及时稳妥处置。加强对违法违规上网服务场所的约谈力度，对连锁经营门店的违法违规行为要约谈通报连锁企业，督促其强化内部考核，建立惩戒机制。

二是要加强信用监管。要落实《全国文化市场黑名单管理办法》有关规定，坚持"应列入、尽列入"的原则，依法将严重违法失信主体列入黑名单，实施信用约束，让违法违规经营者"一处失信，处处受限"。对上网服务场所实施分级分类管理，进一步提高监管效能。

三是要推进协会建设。支持相关行业协会建立完善上网服务场所从业人员分级分类培训制度，提高上网服务行业的职业化水平；推进行业标准化建设，加强行业自律和正面引导；完善行业数据监测工作，为企业经营活动和政府决策提供数据分析与支撑。

（二）加大监管查处力度

对于各种各样的违法行为，由于各方利益冲突，信息不对称，媒体肆意放大或扭曲，很多法律法规不能落地执行，被架空于法律之外。

一是可成立专门的旅游小组，对相关法律条文进行深度优化，发现问题解决问题，对典型案例进行深度剖析，研究法律空挡及执行难点，优化条文规范，将法律法规落到实处。

二是可设立投诉绿色通道，严格执行法律条文，规范市场环境，严惩肆意违法分子。对重点区域重点景区进行领导挂帅，深化法律法规的实地执行，疏通困难节点。

三是可建立投诉信息反馈渠道，严格对投诉人进行保密，保护好合理正当、有事实依据的投诉人诉求，维护良好的监管投诉管理生态，确保投诉人不会被打击报复和相关人身和财产安全。

例如，为切实加强市旅游和文化体育广电系统"七五"普法工作的组织领导，保证"七五"普法工作顺利推进，宁夏回族自治区中卫市决定成立市旅游和文化体育广电局"七五"普法工作领导小组。领导小组办公室设在局法制科，负责"七五"普法工作的具体实施、联络安排等日常事务。其中，领导小组的职责是：负责对全市旅游和文化体育广电系统普法工作进行组织、协调、检查和考评验收。负责研究制订局普法工作年度目标和具体措施，定期召开会议，听取工作汇报，研究部署重大事项，与机关科室、直属各单位签订综治目标管理责任书。领导小组办公室的职责是：按照领导小组工作安排，指导督促机关各科室、直属各单位做好普法工作，及时向局"七五"普法工作领导小组汇报工作开展情况。组织开展普法宣传教育活动，负责对接市司法局，及时报送总结汇报材料。

（三）多方联动实现监管

旅游市场有其特殊性，单纯靠市场这只"无形之手"来调节恐难在短期见效，还需借助政府这只看得见的手发挥作用才行。当前，旅游市场正处于变革期，旅游市场监管工作也要转型改革，要研究新措施、采用新技术、适应新形势。

一是成立一个综合执法部门，集中执法权，统一对旅游市场进行监管，形成监管的合力，避免各自为战、效率低下、治而不成的无效治理状态。

二是按照不同领域区分监管重点。必须严查旅行社以不合理低价组织旅游活动、不与游客明示合同价款、在旅游行程中擅自变更旅游行程安排行为；严查旅游经营者对游客强买强卖、敲诈勒索，以及在餐饮、购物等方面的不良行为等。

三是畅通游客维权渠道。充分发挥"12315"消费者举报投诉中心作用，同时，广开其他渠道，快速准确地处理投诉举报，严肃查处消费侵权行为。根据投诉信息，掌握侵权行为的特点和规律，开展有针对性的市场秩序整治，切断各利益主体之间的利益链条。

例如，中央文明办、外交部、文化和旅游部等16个部门成立部际联席会议，建立统分结合的工作机制。各有关部门结合各自职责，积极抓好落实。

第三节　切实减少游客美好体验的沟通成本

沟通是人与人之间相互传递，交流各种信息、观念、思想、感情，以建立和巩固人际关系的综合，是社会组织之间相互交换信息以维持组织正常运行的过程。减少游客美好体验的沟通成本能促进资源得到优化，促使游客降低获得美好体验所付出成本的解决办法的形成。减少游客美好体验的沟通成本有如下几个途径。

一、充分利用网络技术，降低人工成本

（一）加强网络营销意识

加强网络营销思想，有助于通过互联网手段更好地实现各项网络营销的技能，为增加企业销售、提升品牌价值、提高整体竞争力而提供支持，从而建立一个良好的企业网络环境。随着本国网络旅游信息处理技术的不断现代化和旅游业的飞速发展，网上旅游订票、网上旅游酒店在线订房、网上出游旅行、网上旅游广告、网上交易、网上佣金结算等各种新型网上旅游产品贸易营销手段日益流行和广泛普及。旅游营销公司必须迅速准确地把握好这一国际领先的旅游营销策略方法，以便在激烈的旅游市场竞争中立于不败之地。

因此，必须牢固树立大型旅游开发企业应做好市场营销基本意识，企业要开展网络营销，更好地服务游客，与传统营销宣传手段相比，可以发挥出更多作用和潜力。

例如，湖南省张家界景区借电影《阿凡达》的巨大号召力火爆出圈，旅游景点网络推广，幕后推手功不可没。《阿凡达》上映之际，张家界顺势将著名景点"乾坤柱"更名为"哈利路亚山"，两个外貌三分像近乎不搭界的地方被联系起来，随后一向风平浪静的张家界出现了老虎。两把火再浇一桶油：天门山索道走钢丝。三管齐下，张家界成为 2009 年年末 2010 年年初中国网络和媒体上曝光度最高的景区之一。

（二）充分利用网络优势

旅游信息是"互联网＋"发展的载体。体验经济能够为用户带来更加全面、深刻的旅行体验，为其提供极具个性化的定制服务。结合长尾理论，将冷门景点呈现在大众面前，带动隐性消费。首先，应该注重实现旅游资源的共享，打造旅游品牌，实现各区域旅游资源的有机结合，打破地域限制，提升网络化的经营模式。其次，旅游资源结合在一起后，各大移动旅行平台也要做到资源共享和合作，通过串联式的旅游行程不仅能够完善旅游信息系统，做到资源共享，同时，也能够为游客带来更好的旅游体验，拉动隐性收益。

例如，为适应游客结构中自驾游比例逐年上升的强劲态势，为年轻的自驾游客提供更多的信息和更好的服务，浙江省湖州市安吉县文旅局在新浪注册开通了主题为"玩转安吉"的官方微博，借助官方微博的权威性对安吉旅游信息、旅游线路、动态新闻等进行网络推广，并采取网络互动的形式定期派发景区门票及小礼品，受到了广大网民的关注和喜爱。"安吉通带你玩转安吉，走山野寻闲趣，一样的安吉不一样的玩法"。县文旅局的新浪官方微博开通短短 5 个月时间，通过图片、景区活动介绍、各季节旅游信息发布等，迅速集聚了 7403 名微博迷的网络人气。

（三）打造安全网络交易

在网络购物中交易双方信息不对称、网络欺诈行为和非法传销行为也频频发生，严重影响了消费者的网络消费信心和热情。网络交易环境的安全与诚信问题，已经成为桎梏电子商务长远发展的突出问题。如想打造安全的互联网交易体系，就一定要建立网络监管组织。一方面，政府应该出台相应的监管法律法规，让网络安全"有法可依"。规范互联网中的交易行为，保证用户的个人财产安全不受侵害，个人资料不被泄露。另一方面，应建立一些专门的监管组织，组织内部可以研发一些相关软件，加强网络防护，阻止"黑客"的攻击和进入，还能够有效地提升用户的信心和网络安全意识。只有在用户相信的前提下，互联网旅游产业才能够平稳运行。

例如，2019 年 11 月 5 日，由国家市场监督管理总局委托浙江省市场监管局开发建设的全国网络交易监测平台上线启动仪式在杭州举行。该平台将互联网最新技术深度应用于市场监管前沿领域，可多方位采集海量信息数据，对大数据信息进行云存储和运算，实现对上亿级商品图片及海量风险信息的计算处理，同时，还可对风险数据进行有效识别并对电子数据进行可信保全与存储。全国网络交易监测平台正式上线运行，标志着网络市场监管工作迈上了新台阶，有助于市场监管部门更加敏锐地发现违法线索，更加精准地查处违法行为，更加有力地维护网络市场秩序，有效推动网络诚信建设。

二、建立信息沟通平台，降低沟通成本

（一）强化通信基础设施建设

一个游客的信息获取的质量基本上决定了游客沟通成本的多少，游客每天获取信息的方式可能有与身边人的交流、书籍、网络世界等。这些任意形式的信息多少都会对游客产生微妙或重大的影响。所以，信息获取的质量决定了游客的沟通成本。

一是加强通信基础设施建设，政府部门、基层管理单位应及时了解当下高新通信技术手段，积极与通信管理部门协调，加大对易返贫地区、困难地区、通信困难地区的财政支持，或财政资金安排优先用于该类地区。

二是加强区域信息沟通平台建设，旅游管理部门及景区管理者、地方政府可以适时组织线下或线上论坛、座谈会等便捷的交流形式，实现包容性旅

游发展和反贫困经验教训的共享。

三是加强政府、旅游企业、景区经营者设置信息交流专职管理部门，建立意见反馈平台的建设，对游客与社会大众回馈的多种信息或建议，及时进行筛选和把关，针对有一定建设性意义的回馈意见应及时向上级管理部门反映。

例如，实施"互联网＋旅游"战略的大背景下，全力加快旅游景区有线网、4G 网、5G 网等信息通信基础设施建设，开展 4G 网络提升工作，探索 5G 网络区域性试点，云南昆明市嵩明县各电信运营企业积极争取上级部门的支持，迅速掀起通信基础设施建设热潮。嵩明县按照"政府引导、市场运作、统一规划、资源共享"的宗旨，根据省、市、产业新区的总体规划方案，引导和发挥电信、移动、联通三大运营商的作用，进行大容量光纤网络、4G 等为重点的信息化基础设施建设，构建大容量、承载多业务、布局合理、结构优化的骨干传输网络，优化网络基础设施布局，提高网络覆盖率和传输能力，实现信息的集约化管理，提供高度可靠、高度灵活、可扩展、可重复利用、能适应新技术发展的宽带数字化信息网络。实现旅游景区信息化基础设施的改善和提升，充分满足空港新城嵩明信息化对网络基础设施的需求。

（二）推进旅游大数据的运用

推进旅游大数据的运用不仅可以提供数据存储，对未来数据挖掘、数据分析、精准营销提供数据支持。还提供景区实时监控与流量预警信息，有助于景区疏导，为管理决策提供依据。可对接省、市、县等上一级行政管理部门旅游大数据，实现数据共享、交换、统计、分析、精准营销等功能。

一是企业可将景区视频监控数据、金融数据、路况数据、景区运行数据等旅游数据相结合，可准确清晰地分析出客流来源、旅游轨迹、热力图、旅游偏好等内容。通过数据加工处理和深度挖掘技术，就能了解旅游行业的市场动态、游客消费行为、旅游企业运行状况，从而引导旅游市场健康有序发展，对游客做好精准个性化服务。

二是游客可通过网络平台预订机票、酒店等，促进酒店预订模式的创新发展。酒店可以存储数据，出售给其他酒店，游客在酒店名称、地点、价格和多评价情况下根据酒店角度选择，酒店名称获得成功后，可享受低折扣，这种模式貌似模糊，但它更快速、更实惠，避免恶性竞争。游客在旅游信息获取、旅游计划决策、旅游产品预订支付、享受旅游和回顾评价旅游的整个过程中都能感受到智慧旅游带来的全新服务体验。

例如，梦旅程智慧景区专注景区智慧旅游信息化建设服务，通过统一景区全域范围内的所有物联终端、应用程序数据接口，实现景区数据融通，真正做到景区票务、电商、停车、酒店、设施等业务环节无缝对接，打造"数据同步接入、业务综合管控"的景区全域智慧管理体系。梦旅程通过模块化、可拓展的应用机制，以不同的应用程序连接不同物联终端或信息化软件，统一其数据接口；通过云计算系统，自动进行数据的采集、清洗、汇总、分析，形成旅游大数据。通过对大数据的可视化呈现，以专业的景区数据报告，快速反映运营状况，为景区的经营管理提供精准的方向。再整合景区游客信息，建立景区会员体系，形成游客画像，深入了解游客属性，让景区开展针对性营销。从而实现景区管理、服务、营销各个环节的全面突破，帮助景区进一步完成智慧化转型升级。

（三）完善信息沟通平台功能

在信息时代的大背景下，生活节奏变快，城市运行飞速向前，因此，旅游公共服务体系必须依照现实节奏，实现信息处理和沟通的及时性，减少障碍和阻滞。因此，旅游公共服务体系中的信息沟通机制应尤其重视以下三方面来提升游客体验的优质服务：

一是自上而下。即由政府制定的方针政策等方向性指导信息，向具体的旅游公共服务提供者传达的过程。此类信息影响力大，覆盖面广，必须准确和及时地传达到位。

二是自下而上。旅游公共服务提供者，包括政府、旅游企业，以及相关服务的直接提供人员，而旅游公共服务体系中存在的问题，只有一线工作人员才能发现，因此，必须保证服务反馈的通顺畅达，避免信息隐瞒或失真。

三是平行交叉信息。大数据背景下的旅游公共服务不同于以往，它的旅游服务提供者同时也可能是旅游服务方，信息大量地产生并不断交叉更新，应利用大数据充分加强信息传播，保证沟通的顺畅。

例如，俄罗斯、泰国、韩国、埃及、以色列等国家都设立有专职的旅游警察，旅游警察不仅可以处理旅游纠纷，还能提供旅游信息咨询和应急救助等服务。2015 年 10 月，中国首支专业旅游警察队伍，即三亚市旅游警察支队正式挂牌成立，此后，广西、云南等地也陆续设立了"旅游警察"。2016 年 8 月，中国三亚旅游警察支队一行访问莫斯科，参观了莫斯科旅游警察基地，并与莫斯科旅游警察并肩亮相莫斯科红场，跟岗学习、交流经验，开创了中国旅游执法国际交流合作的先河。

三、设计服务供应链条，降低服务成本

（一）挖掘游客需求，强化信息沟通

随着国民旅游消费升级，旅游服务需要实现全渠道贯穿、全链条互动，不断提升游客出游体验，旅游服务供给的调整要随结构的变化而变化，不断挖掘和满足游客的需求。一方面，要努力研究扩大旅游新兴产品，尤其是需要注意研究新需求、新产品、新玩法、新算法，逐步完成定价、语音处理、图像识别、消费者分析和市场建模。对应深度学习，需要深度创造；对应行为多样，需要数据积累；对应业态更新，需要深度组合；对应市场膨胀，需要规模扩大；对应消费升级，需要休闲度假。另一方面，在透视旅游消费需求和提升产品供给的挑战中，数字化是不可或缺的工具。从工业文明到数字社会，每一次技术的革新都为旅行服务带来了新的发展机遇，从线下到线上，从门店到社群，数字化正与资本、知识、文化等创新要素一起，激活传统文化和旅游资源，叠加催化产业发展的新动能。旅行服务商应从传统人工管理走向数字化管理，依靠先进的技术手段突破服务业的效率天花板，包括但不限于客户数据库、信息管理系统、数据挖掘、精准营销、智能匹配、供应链协同等，在这些旅行服务的"新基建"建设完备的情况下，更好地应对千人千面的个性化需求。

（二）有效识别游客，调整供给结构

对于顾客的选择和购买作出决定最重要的价值维度才被认为是供应链

各类型的企业都需要尽量集中精力作出响应的，而由于人力和资源的局限性，使得企业难以做到同时在多种维度上实现价值互换并交付商业业绩，此时，优化和调整自己的产品和服务显得极为重要。一方面，要在功能设计上弥补自身的不足，通过相应的手段来提高或削弱维度的水平，如，供应链会员在旅游服务网点的配备、旅游服务设施的布局以及旅游服务计划的编排等各个环节都要多做好文章，以满足广大游客对旅游服务商品的兴趣和需求，提升旅游商品的价值。另一方面，应充分利用百度地图、大众点评、携程、TripAdvisor 和马蜂窝等多个网站在区域范围内涉及食、住、行、游、购、娱六个维度的 POI 信息点大数据，对旅游的服务设施类型数量和占比、空间分布等供给现状进行分析，从而进行市场需求挖掘，有效识别游客，减少损失。

例如，Seeker 项目是与多伦多的营销机构 Cossette 和 Mill 共同开发的。2017 年年末，Ebookers 推出了 SenseSational，这是一个利用人脸识别技术来观察游客对不同的图像和声音的反应的项目。所有访客都可以在 Seeker 网站上使用这一数字平台，消费者可以通过 Seeker Project 网站上的一个简单测试找到他们想要的东西，这个小测试可以帮助他们了解他们喜欢的东西，在线参与者收到旅游简介和目的地推荐的同时还会收到一个心理描绘图。同样地，途易英国和 Realeyes 推出的 Destination U 鼓励潜在游客在商铺中使用有内置屏幕和耳机的躺椅进行测试，这个项目也是为了跟踪消费者的情绪反应。

（三）发挥政府职能，确保机制有效

各级文化和旅游行政部门要高度重视旅游沟通质量监管和提升工作，将其作为推动地方旅游业高质量发展的重要内容，纳入地方各级人民政府质量工作总体部署和考核内容。

一是要结合实际，创造性开展工作，加大先行先试工作力度。要进一步完善领导机制和协调机制，加强与市场监管等有关部门的有效合作和沟通，制订具体落实方案，确保旅游主体沟通工作取得实效。

二是建立和完善旅游沟通质量评价体系，每年定期向文化和旅游部报送旅游沟通质量提升工作落实进展情况。

三是文化和旅游部门研究制定激励政策，完善激励机制，对旅游沟通质量监管和提升工作取得良好成效的单位和个人实施正向激励，对各地落实情况进行监督，开展第三方评估，并适时将第三方评估结果向社会公布。

例如，2020年4月1日，山西省忻州市五台山景区召开旅游发展总体规划视频汇报沟通会。市委常委、统战部长、党工委书记、管委会主任王黎明出席会议。景区党工委副书记、管委会副主任张耀明、赵永强等班子成员及各乡镇、相关单位负责人参加会议。忻州师范学院郑庆荣、冯大北、赵鹏宇、岳瑞波四位教授和银泰文旅集团、北京清大原点设计有限公司、中铁十四局集团公司、比亚迪勘察设计有限公司负责人受邀出席会议。通过音视频方式，从规划总则、旅游发展条件分析、发展目标与策略、旅游产品与项目、空间保护利用、空间布局、旅游支撑体系规划、投资估算与近期建设等八个方面，就五台山景区的总体发展规划作了详细地分析介绍。

第四节　建立区域游客美好体验的服务体系

旅游服务体系包含了交通、游玩、住宿、餐饮以及购物等，贯穿了整个旅游活动，所以，服务质量的好坏至关重要。景区能提供好的服务给游客，游客就会对景区产生好的印象，才有机会让游客产生第二次或者更多次的旅游动机。同时，通过游客好的口碑宣传，能带动更多的游客，实现旅游服务业的可持续发展。只有服务好每一位游客，才能迎来更多的游客，让所有的游客满意，是提升旅游美誉度的关键一环，旅游业才能迎来更加美好的发展前景。这就需要构建起区域游客美好体验的服务体系，需要从以下三点入手。

一、加强宣传，提升区域整体服务素质

（一）提升区域宣传意识

游客美好体验的构成部分也是由于前期对于景区的宣传不够充分，导致游客的体验感较差，所以，对于景区通过合理的有效的宣传手段扩大景区知

名度也是提升构建游客美好体验体系的一种方式。

一是需要加强推广宣传工作，倡导价值共创共享是建立区域游客美好体验服务体系的关键，提升地方政府、旅游景点、旅游目的地的管理人员对外销售的宣传意识。

二是在真实性、客观性的基础上，借助信息交流沟通平台和渠道，大力宣传旅游目的地的相关信息，采取定期编制、印刷和发布相关印刷品，在省级报刊、媒体平台发布旅游目的地相关信息，以及利用举办记者招待会等多种可能的宣传方式。

三是从游客角度出发，积极通过游客自媒体助力景区、景点的旅游推广宣传工作。

例如，每年春秋季节，许多学校都会开展旅游活动，很多旅游景区抓住机遇，针对学校开发出春游、秋游组合产品。这些产品常包含以下内容：交通接送服务、教师免费或减半收费、在旅游景区内提供中餐、每人提供一瓶矿泉水、景区内各种自费项目享受半价优惠等。借助学校宣传可以作为一个非常好的推广手段，对每一名学生或者老师都间接做到了宣传一个家庭的效果，这种较大人群的宣传可以让该景区的流量大大增加。

（二）提升服务人员素质

要想打造一支优质文明的专业人才服务队伍，除了要求员工具备扎实的专业功底、娴熟的职业技能、高度的责任意识、自始至终准确地提供服务等这些员工基本素质条件之外，还要强调一种"以客户为中心"的服务理念、服务意识。

一是营销人员要学会通过洞察游客的个体倾向特征，以客户为中心采取相应的沟通策略，贴近客户的思想，正确地理解客户的需求，真正把握客户的需求，而不是仅做表面文章，用真心实意换取客户长期的理解和信任，从而提升整体沟通效果和游客的购买意愿。

二是旅游企业要加强对旅游营销人员或者导游的培训，使其在向游客提供或推荐旅游服务或旅游产品时，不仅要遵守商业伦理，还要掌握丰富的沟通技巧和沟通策略，更好地激发游客的欲望，满足游客的需求，提升游客的满意度。

三是定期或不定期邀请行业精英、社会精英及高校教师等人员开展培训工作，提升相关人员的整体素质和服务水平，确保游客参与旅游过程之中能够得到满意服务，同时，从业人员的职业自信也得到了提升。

例如，随着贵州省近年来加大对导游队伍的培育和建设力度，导游队伍规模不断扩大，目前贵州通过导游资格考试的导游有 14548 名，持 IC 卡导游已超过 10000 人。在《旅游法》出台后，贵州省旅游局对导游资格考试教材展开了修订工作，通过更新进入导游队伍人员的知识体系及开展优秀导游员评选、创新导游教育培养模式、多形式多渠道强化对导游员的培训等针对性强的教育培养方式，培养更多的优秀导游人才。

二、创新服务，促进游客价值实现共享

（一）引导游客参与，倡导服务价值共创

包容性旅游发展关注旅游发展的同时，更注重易返贫致贫人群的价值共创共享。游客参与旅游价值共创，一方面为获取愉悦的身心经历，另一方面也希望通过自身能力实现自身价值。政府作为旅游目的地综合管理方和旅游公共服务的主要供给者，在整个共创过程中处于主导地位，并扮演资源对接、活动发起、问题协调的角色。政府通过增权激励或制度约束的方式，营造出良好的共创环境，也是决定企业、居民、游客在内的社会力量参与共创的前提条件。旅游目的地可以通过设置不同栏目、不同方式、不同渠道，积极宣传和引导价值共创共享系统，结合游客相关意见及时更新服务，助力地方经济发展，进而实现居民收入增加。

例如，马蜂窝是中国新生代使用更多的旅游网站，"旅游之前，先上马蜂窝"的口号早已深入人心且不断谱写着旅游新篇章。在 2017 年 12 月 19 日，中国旅游研究院联合马蜂窝在北京成立了"自由行大数据联合实验室"，充分结合数据处理技术和内容优势，对自由行用户决策与交易等行为进行精确分析，为改善服务、营销提供对策。目前，马蜂窝已积累用户 1.2 亿人次，用户平均每天上传游记 3000 余篇，每天新增 10 万个"足迹"、1 万个"点评"，

每月则新增 30 万的"问答",提供全球范围内 60000 多个旅游目的地的多元旅行信息,包括出行、食宿、游乐、购物等信息以及预订产品的服务。

(二)充分利用科技,推出智能客服

互联网及移动互联网快速发展,企业经营渠道拓宽导致客户来源分散,且人工客服在与客户进行交流时难以同时满足客户的业务办理需求,当来访客户数量较多时,人工客服常常因回复不及时、不准确造成用户体验不佳。一方面,可以设置智能的在线客服系统,通过全渠道一键集成,覆盖所有企业级流量入口,提供一站式接待服务。另一方面,可以打造动态灵活的人机调配机制,可及时沟通,更快应答,智能会话辅助,支持快速获取客户信息、会话预知、快捷回复、知识库快捷查询等,帮助客服及时响应客户,提升服务效率。如,智能外呼机器人,可一键批量导入客户资料,按实际需要设定自动拨打参数,自由定制对话流程,灵活配置多个机器人、多个知识库,满足不同行业内企业的差异化需求,帮助提高接听率,用专业的技术手段解决业务场景中的问题。

例如,稀饭旅行隶属于中美创世物联科技有限公司,该公司成立于 2017 年 3 月,公司的中国总部位于北京、研发中心位于成都,海外设有三大分公司,分别位于美国休斯敦,日本东京,欧洲巴黎,服务范围覆盖亚、美、欧、非、澳等全球六大洲的三百个旅游目的地,上万条精品旅游产品,目前,公司已经整理了海量旅游景点语音导览资讯,累计为世界各地几十万人次提供了旅游个性化服务。

三、整合资源,建立区域多面服务体系

(一)建立旅游公共信息服务平台

旅游公共信息服务平台是旅游公共服务供给体系的基础。公共信息服务平台的建设要在新的技术背景下,在传统线下旅游咨询中心的基础上,重点借助大数据等优势,整合旅游公共信息资源,加强旅游重要信息发布,拓宽旅游公共信息发布渠道,重点在信息咨询、信息发布以及游客体验等三类信

息上提升咨询发布的服务水平。平台要在移动互联网技术的普及下，旅游公共信息服务平台要适应即时、碎片化的旅游资讯需求，精准快速地把有效消息推送给有效人群。

例如，阿里巴巴与中国旅游协会签署战略合作协议。阿里巴巴及关联公司将与旅游协会的旅游资源、会员、行业影响力等优势深度融合，在云计算与大数据、电子商务、移动支付、旅游创新、物流、信用建设等领域，开启全面合作。旅游协会在旅行社、餐饮、酒店等方面均拥有丰富的会员企业资源，是行业中企业联系的桥梁和纽带；而阿里巴巴及其关联企业拥有庞大的多平台在线用户资源，双方将进行数据的互联互通，进而提升旅游信息化建设水平，降低信息化建设成本，共同推进旅游行业服务应用。

（二）建立旅游安全保障服务平台

随着旅游线路越来越广，游客的脚步越来越远，旅游消费环节越来越多。新形势下的旅游安全工作，必须统筹发展和安全的关系，增强忧患意识，提升安全管理水平，有效提高防范和抵御旅游安全风险能力，切实构筑旅游安全保障网，旅游安全保障服务是旅游公共服务中非常重要的一环。目前，随着新技术的推动，旅游安全保障服务将具有很大的大数据应用空间。

一是要建立各景区客流的实时监测与发布的安全提示平台，以此成为游客日常出游，特别是节假日出游的重要参考，也可成为大数据技术在旅游公共服务应用的新场景。

二是各地景区及相关政府部门合作搭建客流预警及分析的大数据平台，从而基于手机信息的统计和分析，来分析和统计游客的实时动态信息以及历史的统计信息。

三是可以定期举办全国旅游安全应急管理专题培训，加强导游领队等一线工作人员安全教育。同时，提升旅游保险保障能力和旅游安全应急能力，完善旅游突发事件信息报送和应急值守制度。

例如，文化和旅游部实施景区质量动态管理，针对服务质量差、厕所不达标等突出问题，对 3 家国家 5A 级旅游景区予以摘牌处理，对 10 家国家 5A 级旅游景区提出严重警告，对近 400 家国家 4A 级及以下旅游景区予以摘牌、警告、通报处理。让广大游客有了更多的获得感、幸福感、安全感。全国开通"12301"旅游服务平台，建成旅游咨询服务中心 11394 个、旅游集散中心 663 个、旅游休闲绿道 2254 条、观光巴士线路 1061 条。同时，文化和旅游部实施"补短板"计划，加快推进旅游公共服务体系建设，淘汰不符合优质旅游发展要求的 A 级旅游景区，重点是 5A 级、4A 级旅游景区，对不符合旅游质量、安全要求的实体进行综合治理，构筑旅游安全保障网。

（三）建立旅游交通便捷服务平台

推进完善公共交通的旅游服务功能是目前很多地区旅游公共服务亟待改善的地方，也是很多游客在旅游过程中的现实痛点。新型旅游交通便捷服务平台的构建，需要旅游部门与交通、城管等部门加强协作，以数据共享为核心，积极推动相关实时流量数据与预测数据向公众开放，以指导出行。服务平台以观光公路、休闲绿道、旅游集散中心、旅游资源等基础设施为产业依托，集定制化公共交通、旅游运输、旅游集散中心综合服务、运游联票销售以及便民金融支付等核心服务于一体，致力于为市民及游客开启"交通 + 旅游"的智能体验。特别在交通领域，通过与导航 App、滴滴出行、摩拜单车等互联网交通平台的合作，整合资源，为游客提供便捷的出行服务。

例如，广西壮族自治区桂林出行网以桂林市区、阳朔以及平乐为主要的服务区域，在阳朔区域建成了以月亮山、凤鸣以及元宝山为枢纽的 3 个拥有交通、停车以及旅游服务等综合服务能力的旅游集散中心，并建成桂林最大的交通旅游数据采集中心和专业机房，在桂林、阳朔两地共建立 3 个数据中心、50 台服务器，形成了"两地三中心"的数据机房建设体系。同时，平台还以公共交通工具、专车、旅游大巴、观光大巴等旅游运输工具为基础，构建了一张覆盖机场、高铁站、旅游集散中心以及主要景区景点的便捷交通换乘网络。以此为优势，陆续开通了两江国际机场专线、桂阳公路观光专线、阳朔高铁专线、桂林高铁专线、十里画廊专线、遇龙河专线、印象刘三姐专线以及游船码头专线等，在交通旅游产业融合以及大数据一体化建设方面率先做出了典范。

第五节 统筹优化游客体验服务的监督机制

旅游服务质量是旅游业作为现代服务业的内在属性，是企业的核心竞争力，是衡量行业发展水平的重要指标。加强旅游服务质量监管、提升旅游服务质量是推进旅游业供给侧结构性改革的主要载体，是旅游业现代治理体系和治理能力建设的重要内容，是促进旅游消费升级、满足人民群众多层次旅游消费需求的有效举措，是推动旅游业高质量发展的重要抓手。这就需要统筹优化游客体验服务的监督机制，主要从以下几个方面来优化改善服务机制。

一、深化创新理念，推动市场和政府的有效结合

（一）优化市场监督管理机制

基于游客参与的包容性旅游减贫路径中，重视游客参与和游客回馈，在法律兜底、政策指引与畅通信息渠道的基础上，游客或社会大众等参与主体积极发挥主观能动性，为包容性旅游发展贡献自身才智的同时，要积极优化当前监督管理机制，确保游客等参与主体的意见处理过程，形成"意见提交—意见整理—意见筛选—意见采纳或弃用—意见回馈"的封闭回环。

一是要优化各单位信息反馈渠道。各级政府、各旅游景区、经营单位应及时进行岗位优化整合工作，可以设置意见收集系统、意见分析系统及意见回馈系统等不同工作岗位，明晰岗位职责，充分重视参与游客的回馈意见，针对有实质建设性意见的反馈机制，更加需要引起重视。

二是要优化游客参与的监管机制。对当下监管机制中存在的问题和困难，要集思广益、广泛吸收人民群众的意见和智慧，充分发挥游客等社会公众的积极性和主动性。

三是完善游客参与的考核机制。设计部门考核、自身考核、交叉考核及独立第三方考核相结合的绩效考核方式，确保包容性旅游减贫"最后一公里"的客观和公正。也只有客观、公正地面对包容性旅游减贫工作中出现的问题

和困难，游客或旅游管理部门才可以助力解决包容性旅游发展工作之中的真问题、真困境，方才能真正实现推动旅游发展与可持续减贫事业的全面发展。

（二）政府破除体制机制障碍

营造良好的市场环境离不开政府的主导。加快形成政府主导、企业主责、部门联合、社会参与、多元共治的旅游服务质量监管和提升工作格局。

一是要充分发挥市场在资源配置中的决定性作用，落实旅游服务质量主体责任，以更好发挥政府职能作用，营造良好的市场环境。

二是要建立健全旅游服务品牌创建激励机制，完善旅游服务质量监测机制，推动"中国旅游服务品牌"走出去，加快推进旅游信用体系建设。

三是要以标准化引领旅游监管服务质量提升，在相关标准制订修订工作中突出旅游监管服务质量方面要求，探索建立旅游监管服务质量认证体系，建立以游客为中心的旅游监管服务质量评价体系等。

例如，四川省价格监督检查系统主动围绕旅游经济强省和世界重要旅游目的地建设，以《四川省旅游景区门票及相关服务价格行为指南》为抓手，全面强化旅游市场价格监管服务。

（三）坚持贯穿创新发展理念

创新是历史进步的动力、时代发展的关键，位居今日中国"五大发展理念"之首，创新立足传统、突破传统，依托现实、推动变革。只有以创新作为驱动才能引领旅游业高质量发展。

一是以数字化驱动旅游服务质量监管和提升变革，推进"互联网＋监管"、完善"全国旅游监管服务平台"等，全面提高数字化、智能化监管水平。

二是推动市场主体创新理念、技术、产品、服务、模式和业态，促进线上线下融合发展，支持大数据、云计算、区块链、人工智能等的应用，推动旅游企业监管向数字化转型。

三是加强游客合法权益保护，完善消费后评价体系，支持和鼓励地方建立赔偿先付制度，引导市场主体主动监督，有效提升旅游服务便利性。

例如，自 2016 年以来，山东省济南市文化和旅游局顺应全域旅游发展新趋势，着力破解全市旅游产业发展需求与行政监管力量、市场服务能力不足之间的难题，积极探索、构建引入社会力量参与的旅游市场服务和监管新模式，设立旅游志愿服务项目资金 130 万元，打造"济南市旅游志愿者总队""济南旅游啄木鸟""泉城导游义工""济南城市旅游讲解员"四支社会队伍。经过三年多的发展，四支队伍共有成员 3 万余人，下设队伍 115 支，设有工作站、服务岗 106 处，累计开展志愿服务专场活动 400 余场、平均每年巡访文化旅游企业均超过 300 家，志愿讲解服务市民及游客超 10 万人次，逐步形成"行政监管＋社会监督＋志愿服务＋媒体助力＋行业自律＋游客自觉"的旅游市场服务和监管新局面。

二、明确主体责任，落实旅游市场监管有效衔接

（一）政府部门牵头综合监管

对旅游业转型发展中新业态的监管，因《旅游法》缺乏明确规定，势必会出现监管盲区。只有创建一个由政府或至少政府明确某一部门牵头主导形成合力的机制，才会有政府部门担责边界点和盲区的监管，从而做到监管责任到位，监管有效。

一是要坚持权责明晰，根据"谁审批，谁监管；谁主管，谁监管"的原则，明确各部门监管职责，保证监管工作依法有序进行。

二是坚持协同联动，加强登记注册、许可审批、行业主管、综合执法部门在兼顾管理各环节的衔接，确保部门间信息互联、机制互通、执法互助，形成监管合力。

三是坚持便民利民，提升服务水平，在各县级政府形成"权责明确、执法规范、监督有力、保障有效"的旅游行业市场经营综合管督监管各项工作综合协调领导机制。

例如，2019 年，上海市浦东新区探索建立了以信用监管为基础的"六个双"政府综合监管"浦东样本"，形成了贯穿市场主体全生命周期，衔接事前信用核查和信用承诺、事中信用评估分级和分类检查、事后联合奖惩和信

用修复的全过程闭环监管，实现了全区所有 21 个政府监管部门、108 个行业、32 万多家企业的全覆盖。

（二）督促旅游企业落实责任

旅游业行政主管部门、有关旅游职能部门和当地乡镇人民政府机构应依法切实加强对网络旅游经营企业的监管检查和对旅游监督管理指导。

一是要大力弘扬"诚信兴商、合作共赢"的旅游企业核心理念和重要的价值观，为中国各地的旅游运营者和企业发展创造良好的公平竞争市场政策机制条件和市场公开竞争气氛，充分调动广大旅游市场主体的工作性和积极性，共同努力维持良好的中国旅游行业市场秩序。

二是督促外地出游旅行社、购物商店、酒吧、景点、交通、餐饮及其他网络在线旅游等从事网络旅游的单位依法、符合规矩地合理开展网络旅游经营，主动依法防范"不合理低价游"、强迫游客消费、商业直接受贿、不正当竞争等各类旅游违法行为，保障广大游客的人身和出游安全，进一步改善和提高其旅游服务水平与旅游产品品质。

三是通过暗访暗查方式，及时发现企业真实现状，暴露企业在安全和应急管理方面存在的盲区和漏洞等问题，督促企业认真落实安全生产主体责任，确保风险隐患大排查大整治取得实效，防止排查整治走过场、走形式。

例如，2019 年 6 月，贵州省安顺市黄果树旅游区管委会主要领导带队暗访旅游安全生产工作情况，督促企业认真落实安全生产主体责任，确保汛期各项工作落实到位。按照省市关于集中开展风险隐患大排查大整治工作的有关工作部署和要求，结合黄果树旅游区制定的大排查大整治工作方案和督查工作方案，黄果树旅游区管委会汪贤勇主任带队深入景区，暗访景区旅游安全工作开展情况。通过暗访，黄果树大扶梯公司人员在岗到位，无异常情况；黄果树陡坡塘景区部分现场管理人员玩手机，存在工作履职不到位现象；大瀑布景区内维修步道，现场施工无安全警示标识，安全防护措施不到位。针对存在的问题，参与暗访的部门已下达责令整改通知书，要求企业立即整改，消除现场隐患。

（三）发挥社会公众监督作用

群众监督是监督机制的重要环节，从一定意义上说，监督机制的监控力度，主要取决于人民群众支持和参与监督的程度。紧紧依靠人民群众，强化群众监督，是发挥社会民主的重要途径，同时，也是约束政府行为的有效方式。因此，公众监督无疑是一种极为有效的监管手段。

一是要完善全国旅游服务投诉热线及各类旅游服务违规案件投诉行为举报线索网络平台的建设功能，畅通各类旅游服务违规行为投诉线索举报直接途径和投诉渠道，激发旅游社会各界主动积极向广大游客群众提供各种违法或者非常严重的旅游行为投诉线索。

二是充分发挥旅游行业协会的自律作用，引导旅游经营者注重质量和诚信，要进一步健全组织，强化内部管理，发挥会员个体和协会整体的优势，加强工作协调，整合各方力量，扩大协会影响力，树立良好的社会形象。

三是强化媒体的舆论监督，支持媒体曝光扰乱旅游市场秩序的典型事件，以党报、党刊、通讯社、电台、电视台为主，整合都市类媒体、网络媒体等宣传资源，构建统筹协调、责任明确、功能互补、覆盖广泛、富有效率的舆论引导格局。

例如，在 2018 年春节黄金周暨旅游旺季综合服务保障工作部署会上，时任海南省三亚市委书记严朝君提出，"做好旅游市场的治理工作要'天天从零开始'"。三亚在以"归零"状态治理旅游的过程中，开辟广泛的渠道，支持鼓励舆论和群众监督，加大舆论和群众监督的广度和深度，凝聚监督合力，让旅游市场中的李鬼无处遁形。更重要的是，在监督不断加强的过程中，不断总结和检讨治理工作的不足，从而更好地做到"天天从零开始"，进而以全新的面貌和状态推进旅游市场的治理。

三、坚持深化改革，共建旅游市场监督全新格局

（一）改革旅游市场监管机制

一是政府组织编写监督检查管理主体单位清单，并及时公开发布农村旅

游服务市场监督综合整治监督执法管理主体责任单位清单，明确各级相关主管部门的工作职责、执法管理权力以及市场监督检查处置工作方式等具体工作，加强相关部门之间的协调联动，强化对组织治理和维护规范农村旅游服务市场秩序的共同主体责任，提升旅游综合市场监督的工作效率，强化旅游服务市场综合整治的工作效果。

二是强化旅游行政与司法工作的有效结合，加强各级旅游行政执法机关和相应部门之间的沟通配合，建立对涉嫌违规旅游行为犯罪刑事案件情况的通报和惩戒机制，及时处置有关违法行为，如，侵犯了旅游人权益、破坏了旅游市场秩序等违规行为。

三是政府进一步加强对涉外旅游争议纠纷的处理能力建设，引导旅行者通过司法、人民调解等方式妥善处理纠纷，保障游客依法维权。

例如，为进一步健全完善文化市场执法与刑事司法衔接的工作机制，形成长治长效的综合治理格局，甘肃省文化和旅游厅联合省公安厅印发了《关于加强文化市场执法与刑事司法衔接工作的通知》，对"两法衔接"工作有关事项提出了具体要求：一是严格履行依法移送案件规定。要求各级文化和旅游部门在执法检查和接受投诉举报时，发现明显涉嫌犯罪的，应立即通报公安机关，公安机关接到通报后应及时审查，并做出是否立案的决定。二是严格规范移送程序。移送涉嫌犯罪的案件应移交案件的全部材料；公安机关不予立案或撤销案件的，由文化和旅游部门依法做出行政处罚。三是要求加强对执法行为的监管和移送业务的培训工作，切实加强行政执法机关移送涉嫌犯罪案件工作，依法履行职责，维护文化市场经营秩序，营造安全稳定的社会环境。

（二）探索创新监督管理方式

一是发挥监督服务平台功能，逐步完善对旅游市场主体的异常分类抽查名录数据库和对旅游市场主体异常对象的调查数据库，把市场随机抽查工作作为日常监督工作的重点和抓手，抽查情况和调整结果及时向全国各地社会发放，接受广大社会的监督。

二是尊重事实、尊重法律、公平合理处理纠纷，在维护游客和旅游企业合法权益基础上，把处理投诉工作作为宣传理性消费、合理维权，合法诚信经营的重要阵地，作为对当事人普法教育的课堂。

三是充分发挥典型事件的警示、教育和促进功能，对于投诉案件尤其是重大典型服务质量案件和违法违规案件，按照"发现一起，查处一起，通报一起，总结一类，教育影响一片"的要求，在行业内或向社会进行通报，积极探索旅游市场综合执法的一种有效方式。

例如，2016 年针对游客不文明行为问题，国家旅游局制定实施了《游客不文明行为记录管理暂行办法》，建立公民游客不文明行为系统记录，形成不文明信息通报机制。按照上述办法规定，游客在旅游活动中因其自身行为受到行政处罚、法院判决承担责任的，或造成严重社会不良影响的，都将纳入旅游部门的"游客不文明行为记录"。通过曝光不文明游客信息记录，积极引导舆论，发挥了典型事件的警示教育作用，对旅游不文明行为形成震慑。

（三）构建旅游管理诚信制度

一是拓展旅游企业信用资料公示管理系统的功能模块，开发旅游企业信用资料公示及失信惩戒等功能，并进一步加强与全国统一的旅游企业信用资料共享和信息交流平台之间的信息互联网，定期向旅游企业及其从业者公布旅游企业及其从业者的违法犯罪信息及其记录，从而有效地规范旅游企业的经营活动。

二是运用行政处罚、信息公示、诚信惩戒等措施，加大对违规失信犯罪行为的惩治力度，引导相关市场主体自觉遵纪守法，推动形成依法治国的诚信社会氛围。

三是探索健全旅游企业及其从业者的黑名单管理制度，将旅游资质和信用严重不足的企业及个人纳入黑名单，对于相关的权利给予必要的约束。加快对导游征信系统的研究和推广，进一步优化和完善系统功能，逐渐形成自觉遵纪守法、依规执业、诚实服务的产品和行业创新性风尚。

例如，宁夏回族自治区石嘴山市平罗县沙湖景区以创建文明景区为契机，大力倡导诚信经营、真情服务理念，景区不断涌现出工作人员拾金不昧的事迹。为了弘扬美德，景区对每起事件都会进行核实，并按照公司《员工手册》

发放奖励，予以通报表扬，同时，号召景区全体员工学习发扬这种高尚的道德情操和精神风貌，让中华民族的传统美德在沙湖景区发扬光大，让游客在宁夏游得满意、游得放心、游得舒心。

第六节　精准做好游客美好体验的反馈工作

在旅游活动中，反馈是游客的情感抒发和需求表达，是游客对旅游目的地的形象感知，可使参与旅游的游客们拥有话语权。对游客反馈进行研究，提炼出大众旅游需求的共同点，可使旅游行政管理部门了解旅游战略规划改进的方向；鼓励游客进行体验的反馈，可使旅游目的地利益相关者，如经营商了解经营改进的方向；精准地做好游客体验的反馈工作，探究游客感知形象与目的地官方宣传形象间的差异，可提高目的地的吸引力，形成旅游业良性循环发展。

一、加强组织引导，实现有效反馈

（一）游客反馈的有效引导

游客的反馈具有较强的主观性。通常游客是在有一定的感知，产生一定的情绪变化后，游客才较愿意将主观的认识表达出来。

一是要在评价系统中有意识地将评价的维度进行引导，来发掘经营者们想了解的方向。

二是进一步确立游客满意工作在旅游发展体系中的主体地位和战略导向，坚持以游客满意度来监测和调控包括旅游在内的城市的发展质量，及时了解其波动性和消除其不稳定性的因素，加快"游客为本、服务至诚"行业价值观的普及推广。

三是加强对《旅游法》贯彻实施效果特别是统一旅游投诉平台建设的游客评价调查，鼓励地方政府、旅游主管部门和旅游经营者及时、理性地回应游客和网民的投诉，深入开展旅游市场秩序专项整治的系统研究，对旅游市场秩序不规范的重点地区和关键行业加强专项指导。

例如，湖北省通过游客满意度评价来建立和完善旅游服务质量评价机制，了解全省及市州和重点区域等不同空间尺度的旅游目的地的游客满意度状况，促进湖北省文化和旅游产业深入融合、优质旅游供给深化改革、全域旅游战略深入推进、旅游环境持续改善、旅游要素全面提升等。为加快推进旅游强省建设，把湖北打造成为国内一流旅游目的地和长江国际黄金旅游带核心区提供参考依据。华中师范大学受湖北省旅游局委托开展了 2018 年湖北省游客满意度调查项目，调查评价工作结果为：2018 年湖北省游客满意度得分为 79.3 分，比 2017 年提升 0.3 分。

（二）游客反馈的及时处理

作为旅游工作者，需要对有效的游客体验反馈进行及时的处理，积极对游客进行引导，时刻跟进游客的心理需求及想法。一方面，游客反馈不一定是满篇褒奖之词，而是客观的对感知到的事物进行中肯的评价，必须正确认识游客反馈的信息，从而对旅游项目进行把控，对工作人员进行调整，提升旅游体验质量，使游客产生宾至如归之感，从而巩固客源，扩大客流量，增强品牌知名度与信誉度。另一方面，对于游客的评价、意见和建议反映作出处理意见，重要问题提交领导处理。现场人员能处置时，绝不拖延，及时与当事人协调处理服务质量问题，不能处理时及时上报。

（三）游客反馈的责任落实

作为景区管理者，对游客反馈进行综合整理，适时调整游客所反馈的问题，可以有效改善景区游客体验。

一是对游客投诉中谈到的问题，接待人员应及时进行记录，并进行调查、核实，然后将处理结果汇报上级；不能解决的问题，要将问题和意见向上级汇报，由上级决定处理办法。

二是当游客主动来提合理化建议时，要详细、认真地做好记录，并及时向上级汇报，由上级决定采取或制订整改计划，并公布整改措施。同时，给游客发送感谢信。

三是责任部门在处理来访、投诉时，要热诚、主动、及时，要坚持原则，突出服务；不得推诿责任、为难游客，在处理完毕后应将处理结果告知游客并汇报上级，做到事事有着落、件件有回音。

例如，旅游业是一个跨行业综合性很强的产业，传统的"食、住、行、游、购、娱"六要素，涉及旅游、工商、交通、物价、公安、质监、海事等十多个相关监管职能部门，广西壮族自治区北海市政府于2015年7月印发了《关于建立旅游投诉统一受理机制和开展旅游市场联合执法实施办法的通知》，并按照"属地管理、部门联动、行业自律、各司其职、齐抓共管"的原则，具体明确了各相关职能部门在旅游市场监管和处理游客投诉方面的工作职责，对旅游市场的监管和游客投诉方面的工作起到了积极的促进作用，取得了一定的成效。从《广西旅游满意度调查总报告》来看，2017年第一季度14个设区市游客满意度指数和排名，北海问卷满意度76.6分，排名第5，舆情满意度92.18分，排名第5，投诉满意度93.74分，排名第1，综合满意度83.14分，排名第3，其中，综合满意度排名比2016年第四季度上升了9位。

二、强化政策保障，保证信息真实

（一）游客反馈的政策保障

为确保游客反馈各项任务的落实，必须加强组织领导，制定和完善更加有效的政策与措施，并认真组织实施。一方面，从国家层面而言，国家相关行政管理部门可以根据旅游的食、住、行、游、购、娱六个基本要素各个方面的特点设置相应的行政管理政策，保障旅游活动的有序开展，促进旅游业的可持续发展。另一方面，从地方层面而言，针对当地旅游经济发展和地方旅游的特点，也可出台一些地方性的政策条例，指导旅游服务提供者提升服务质量，促进旅游经济发展。尤其是设立针对游客反馈工作提升游客体验的相关条例，在回应时效性、有效性上作出指导性意见。

例如，国务院办公厅2018年印发《关于促进全域旅游发展的指导意见》提出要加强旅游服务，提升满意指数。按照个性化需求，实施旅游服务质量标杆引领计划和服务承诺制度，建立优质旅游服务商名录，推出优质旅游服务品牌，开展以游客评价为主的旅游目的地评价，不断提高游客满意度。

（二）游客反馈的企业规范

旅游服务企业针对游客的反馈也要作出有效的回应，要建立标准的规范，提高企业的服务质量，特别是针对"差评"，旅游服务企业更要重视，并积极响应，合理回应，抓住游客的需求及自身的不足，积极整改。作为吸引游客前往的核心要素旅游景区对游客反馈的回应，对推动旅游产业发展有重要的意义。

一是景区部门应当及时准确地公布已经接受和处理相关投诉的办事机构地点和投诉电话，方便游客了解投诉情况。

二是把信息反馈建设列入重要议事日程，建立工作责任制，把信息反馈建设作为评价景区发展水平、衡量发展质量和领导干部工作实绩的重要内容。

三是成立信息反馈工作领导协调机构，统筹协调企业信息反馈制度建设，加强对信息反馈重大问题的研究，科学制定方针政策，始终把握信息反馈制度建设的正确方向。

三、建设反馈平台，加强各方联动

（一）完善游客反馈现有平台

游客反馈现有平台中最直接有效的方式就是通过12301是国家旅游服务热线，它通过全媒体（包含语音、微信服务号及城市服务、支付宝城市服务、12301网站、文化和旅游部官网——我要投诉举报等在线服务渠道）交互的方式，为广大游客提供旅游咨询和投诉服务，提升游客旅游体验。

一是要充分发挥"12301"全国旅游信息服务投诉热线及全国旅游信息投诉受理举报服务网络平台的主体作用，激发推动社会各界对旅游违法或不良行为依法进行旅游信息公开披露。

二是要加强对景区新闻媒体界的舆论监督，支持新闻曝光依法打击查处扰乱景区旅游服务市场秩序的重大典型事件及案例。

三是要持续将"12301"国家智慧旅游公共服务平台提升工程作为重点建

设项目，建设好地方、国家智慧旅游公共服务平台，加强其相互的联动性，切实满足游客对旅游公共服务便捷、高效的信息需求。

例如，云南省信息报"游云南"平台发布的一条游客投诉求助处置案例：游客通过 12301 在线投诉，反映自己通过朋友介绍在大理某度假精品客栈订了三晚房间（两个套房），当时是微信直接转账给老板的，22 号当地疫情严重，为了积极配合政府进行疫情防控，他决定退房，但客栈老板不愿意退款，多次沟通后，客栈同意延迟到 7 月 30 日前使用该客房，但游客表示平时价格与春节价格有差异，不接受客栈建议，游客打了 12315 申请协助退款，被告知要找旅游局。所以，游客通过"游云南"平台反映此情况，希望能得到帮助，协助退还款项。"游云南"平台工作人员在接到投诉后，立即致电游客了解详细情况，记录后及时将工单反馈给了大理指挥中心，并跟进案件的处理进度。之后关注到，通过大理市市场监督管理局工作人员协调，商家同意退款。"游云南"平台高效、务实地为游客排忧解难，赢得了游客的赞誉。

（二）充分利用网络和大数据

随着移动互联网技术的发展，5G 带来的移动终端下载速度提升，短视频应用开始流行起来，现有游客体验反馈的平台不再拘泥于以前的电话热线、旅游分享网站，如途牛、马蜂窝、新浪这样的门户网站，越来越多的人使用短视频应用，如抖音、火山小视频、微视频等。因此，涉旅管理部门或行业企业应注意游客体验需求的变化做好以下几个方面的工作：

一是要随着人们习惯的改变，更新反馈渠道，如，建立旅游投诉短视频账户来接受人们的投诉。

二是可以建立基于互联网和大数据的旅游投诉和产品质量控制新机制，优化旅游投诉处理流程、提高政府行政管理能力和水平、助力旅游企业的自我完善，从而提升游客的体验满意度。

三是除了通过短视频接受评价外，还可通过短视频传播景区正面新闻，景区可以作为传播者通过拍摄和上传短视频来吸引关注，同时，能够对其他用户产生示范和带动作用，提升游客满意度。

（三）实现线上线下融合反馈

线上和线下的融合不只是简单的结合、改造就可以完成的，从某种意义上来说，这也是当今旅游市场发展的一种新趋势。

一是要重视广大游客的体验品质，建立"线上＋线下"长效反馈机制和互联网大数据检测服务平台，实时监控广大游客的购物消费信息和体验评价，并及时做出积极回应，提升其管理水平和售后服务质量，合理调控景区建设，做优内核，做精品质，逐步优化游客的旅游体验感。

二是基于线上传播的便捷性、高效性、实时性和互动性，加快建设在线反馈机制，重视旅游反馈信息的收集工作，对游客的意见和评价做到及时回复，充分了解游客心中所想，及时发现自身不足并加以改正，让游客感受到被重视和被信任，有利于树立良好的企业形象，提升游客的体验感。

三是用物联网、云计算、大数据等智慧化手段解决游客旅游中的所有"痛点"，使旅游服务线上线下融为一体，打造服务政府、企业、游客的全新旅游形态，让游客体验自由自在、政府管理服务无处不在。

例如，广东省深圳市提出了"线上线下游客中心有机融合思路"，以旅游大数据中心为信息支撑平台，为线上线下游客中心提供统一的旅游信息服务，推动线下游客中心配置统一的旅游信息互动终端，实现线下游客中心与旅游大数据中心互联互通，为游客提供无缝接入、实时信息和在线互动服务。

第七节　全面规划游客美好体验的安全服务

游客出行是游客出于对美好生活向往的需要，而安全服务作为旅游的生命线，是旅游目的地有义务为游客提供的基本保障。2020 年突如其来的新冠疫情给旅游体验的安全服务增加了一层防疫的需求，而随着居民普遍注射了疫苗的后疫情时代，居民对目的地的防疫安全性需求仍然存在。移动互联网、云计算、物联网、大数据等高新技术高速发展，科技赋能旅游，保障旅游安全服务面临着新的挑战和机遇。

一、加强忧患意识，保证旅游生产工作的安全性

（一）提高安全生产工作重视程度

安全是旅游业发展的基础，它不仅是旅游活动顺利发展的保障，也是旅游业发展的前提。解决旅游安全问题，加强旅游安全研究，不仅是旅游活动质量的重要保证，也是旅游业可持续发展的重要因素。

一是对于气候变化与自然灾害可能导致的安全事故，强化红线意识和底线思维，做好安全准备，防患于未然，深刻吸取近期发生的涉旅事故教训，定期召开安全工作会议，保持头脑清醒。

二是强化安全制度，切实落实安全责任，加强组织领导，通过制度制定进一步明确各级工作人员的职责，主要领导做到亲力亲为，分管领导全力推动，形成左右协调、上下联动的良好局面。

三是坚持问题隐患整改与严格执法相结合，严格落实"党政同责、一岗双责、齐抓共管、失职追责"，做到从严执法，严肃问责。

例如，针对 2018 年 7 月两艘载有中国游客的游船在泰国普吉岛附近海域突遇特大暴风雨发生的倾覆事故，广东省安全生产监督管理局网站迅速发布汛期安全生产预警信息，强调当前正处于主汛期，强风、暴雨、雷击、高温、大雾等灾害性天气对安全防范工作带来了极大的挑战。各地区、各有关部门和单位要认真贯彻落实中央和省领导的重要指示批示精神及省委常委会部署要求，深刻吸取泰国游船倾覆事故教训，坚持人民生命安全高于一切，强化安全生产红线意识，严格落实安全生产责任制，深入组织开展安全检查，全面排查各类安全风险和隐患，落实风险管控和隐患整改措施，坚决防范和遏制重特大事故的发生，确保人民群众生命财产安全。

（二）做好旅游生产安全预警工作

旅游安全不仅仅应考虑与人民生命财产直接相关的安全问题，还应涵盖旅游资源安全、旅游环境安全等内容，准确、及时的预警信息能有效减少国家的经济损失，确保人民生命财产安全，从某种意义上说，对危险事故的预

警也是一种安全保障。

一是加强隐患排查，定时对区内的旅游安全生产进行大规模检查，对各类非法生产经营活动进行严厉打击和惩处，全力消除事故隐患，并积极协同公安、交通、安监、质监、消防等部门，加强联合执法，从涉旅交通、特种设备、食品安全、人员密集场所、消防等方面的安全隐患进行全面排查治理，切实堵塞安全漏洞。

二是加强对旅游装修改造工程和重大节庆活动的安全监控，制定相应的安全预案措施，明确具体责任人和要求；全面考虑，最大可能地防止安全事故发生。

三是加强汛期巡查与监控，在危险地段增设警示标志、应急呼救设施设备，一旦发生汛情，及时疏散游客，特殊情况下要果断关闭景区，最大程度保护游客生命财产安全。

例如，2018年，江西省铜鼓县气象局联合县旅发委印发《关于加强全县旅游景区防雷安全工作的通知》，对全县重点旅游景区开展安全生产专项检查。通过实地查看、查阅资料等方式，县气象局对全县各景区的防雷安全工作进行了检查，针对问题当场反馈，下发整改通知单，提出具体的整改要求和时限。同时，县气象局与旅游景区经营单位签订了防雷安全责任书，落实了防雷安全的企业主体责任，并将全县旅游景区和旅行社的法人代表及安全员、宣传员的联系电话纳入铜鼓县气象灾害预警信息发布系统、全县气象旅游安全生产工作微信群，确保预警信息"发得出、收得到、用得上"，充分发挥了气象在综合防灾、减灾、救灾中"第一道防线"作用。

（三）做好旅游安全事故应急准备

在旅游活动中，安全处于首要地位，旅游经营者和从业人员都必须自始至终把安全工作放在首位，丝毫不能懈怠。对于旅游活动中可能发生的安全事故，一定要把防范工作做在前面，"预防为主"的方针必须贯穿旅游活动的始终、旅游接待的方方面面。

一是加强应急值守，严格落实领导干部带班制度，确保应急通信畅通，遇有情况及时准确报告。完善应急救援预案体系，配备应急救援设备，培训应急救援队伍，开展应急救援演练，并强化应急响应，一旦发生涉旅灾害或事故，第一时间做到组织有力、救援到位、物资充足，把损失降到最低程度。

二是完善联动机制，进一步加强与公安、交通、国土、水利、气象等部门的协调配合，强化沟通合作，确保准确掌握情况，及时发布预警信息，引导游客和旅游企业预防并规避安全风险。

三是要借助广播、电视、报纸、短信、微博、微信以及车站、广场、景区电子显示屏等多种渠道，及时向游客和旅游企业发布安全提示和预警信息，提醒协助游客快速有序地疏散。

二、注意微小细节，保证游客食住游览安全性

（一）注重旅游食品安全专项治理

随着经济的不断发展以及人们生活水平的不断提高，食品安全成了人们最为关心的问题，食品是否安全，直接关乎着我们的生命安全，需要引起高度重视。

一是严肃整治经营行为，包括无证经营及超范围经营。对于旅游景区内食品经营单位无证经营或经营许可证过期经营以及未经许可擅自改变经营场所、经营项目、主体业态等许可类别的违法违规行为进行重点治理和惩罚。

二是严肃整治食品经营单位管理制度不能落实到位的问题，重点整治对食品进货渠道不规范、存储不合理，食品卫生不重视以及食品索证索票和台账记录不规范，无法实现食品安全追溯管理、责任落实不到位等问题的食品经营单位。

三是对存在销售"三无"食品、过期、腐烂、霉变食品等违法行为的食品经营单位加大执法和处罚力度，采取强力措施对存在销售散装食品没有防虫、防尘、防二次污染等问题、不注意经营场所卫生环境、从业人员个人卫生不达标等的食品经营单位进行整改规范。

例如，2019年，湖南省株洲市炎陵县市场监督管理局与炎帝陵景区、神农谷景区、大院农场、梨树洲等主要景区管理部门联合开展了旅游景区食品安全重点专项检查，让游客吃得放心、游得安心。该专项治理行动时间从

2019 年 5 月至 10 月，分摸底调查、集中整治、上报总结三个阶段。在专项治理行动期间，炎陵县食品药品和质量技术检验检测所派遣专业食品检测车和检验员不定时、不定点针对旅游景区各种食品经营单位随机进行食品安全抽检。

（二）有效指引游客理性安全游览

任何一次的出行都不容懈怠，必须时刻谨记着"安全第一"，做好安全防护工作。

一是在核算景区最大承载量方面，主管部门需针对每处游览区域、每条游览线路、每个旅游项目以及停车场的特征，测算出整个景区日最大承载量和瞬时最大承载量，进而制定游客分流预案，防止旅游人数过多时对旅游景区环境造成破坏而发生旅游安全事故。

二是在景区客流预报预警方面，景区管理人员应在景区门口设立流量统计屏，实时公布景区内的游览人数、重点区域游览人数、重点线路游览人数、停车场停车数以及相对应的最大承载量，实时预警提示景区的环境承载状况，进而确保景区从业人员在面对景区环境超负荷时能够及时行动。

三是在景区游客流量控制方面，景区管理人员应注重对重点区域流量实行分级监控管理，如，采用门票预约等手段对景区重点区域的游客接待量进行控制，同时，针对景区其他区域，从业人员应在人流集中时段注意疏导、分流，确保游客能够安全游览。

例如，2020 年年末，在春节即将来临之际，为做好福建省南安市九日山景区旅游高峰期的客流疏导工作，切实维护旅游秩序，确保九日山景区的安全、有序、畅通，景区组织全体职工于 2021 年 2 月 1 日在九日山开展旅游高峰期游客疏散应急处置演练。演练主要包括游客最大承载量管理和游客量达到峰值的应急处置措施两方面。九日山景区日最大承载量为 10030 人次，瞬时承载量为 2010 人次，疫情期间均按 75% 来执行，每天最大承载量为 7500 人次，瞬时承载量为 1500 人次，演练由单位负责人指导全体职工执行，鼓励游客入园实行网上预约和利用游客量实时统计设备关注景区内游客量，双管齐下，强化客流量管控。接着是模拟客流量达到日最大承载量，单位负责人指导售票处停止售票，监控室管理员利用广播发布闭园信息并提醒游客注意有序游览，安全巡查员对各个游客聚集点进行安全有序地疏散，并指导游客沿消防通道安全有序离开。

（三）积极开展出境旅游安全教育

旅游安全教育，对于人们提高旅游安全意识，提高旅游风险防范意识、提高化解旅游风险能力具有重要意义，其主要内容是传播旅游各种风险知识以及培养化解风险能力，从而保障游客及旅游从业人员安全，尤其对于出境人员而言，旅游安全教育更为重要。

一是在出境旅游安全风险提示方面，根据国家相关部门排查、公布的境外安全风险以及旅游突发事件通报，及时发布和撤销旅游安全风险提示建议，正确引导游客理性、安全地出境旅游。

二是在出境旅游安全宣传教育方面，编制出境旅游安全须知，提醒游客注意旅游目的地法律法规、风俗习惯、乘车规范等出境旅游安全事项。同时，结合各类典型案例分析，教导游客自救、互救、呼救等方式方法，保障游客在出境旅游中的人身安全。

三是在出境游组团社的安全管理方面，完善行程前安全管理提示教育制度，严格督促出境旅游组团社执行《旅行社条例》《旅行社安全规范》，对出境旅游线路、产品、服务作出安全评估，从源头降低出境旅游的安全风险系数。

四是在出境旅游安全保险保障方面，加强出境旅游保险体系建设，完善旅行社责任保险体系，鼓励和支持出境游客提前购买旅游意外险，进一步强化出境旅游保险和紧急救援服务。

三、全面科学规划，打造旅游发展的安全屏障

（一）重视旅游生态安全

旅游对环境尤其是自然环境造成的严重破坏不仅会阻碍旅游业本身的持续发展，而且会带来相关的负效益。旅游业持续、健康、协调发展，旅游环

境保护至关重要。

一是必须正确理解旅游生态的本质和内涵，并明确参与旅游生态活动各方的地位和相互关系。将旅游生态安全看作保护旅游目的地生态系统的底线，遵循市场规律，合理规划其开发、经营和消费的过程。

二是政府发布文件加强监管，对旅游开发规划、建设、经营、服务和消费等各个环节的环境管理提出更加具体的要求，尤其是对各级环保和旅游主管部门在旅游活动中如何做好监督管理工作要提出具体要求，以对促进旅游生态保护起到积极的作用。特别是对于游客带来的外来物种，政府应该加强监督监控力度，预防生态灾难。

三是各级环境保护部门积极协同有关部门履行监督检查职责，将预防关口前移，防止开发不当造成环境和生态破坏，同时，加大对中小旅游开发项目的环境影响评价管理，从源头上控制不符合国家法律法规要求的旅游开发项目的立项、开工建设。

例如，浙江省安吉县高家堂村位于全国首个环境优美乡山川乡境内，全村区域面积7平方千米，其中山林面积9729亩，水田面积386亩，是一个竹林资源丰富、自然环境保护良好的浙北山区村。高家堂是安吉生态建设的一个缩影，以生态建设为载体，进一步提升了环境品位。高家堂村将自然生态与美丽乡村完美结合，围绕"生态立村——生态经济村"这一核心，在保护生态环境的基础上，充分利用环境优势，把生态环境优势转变为经济优势。现如今，高家堂村生态经济快速发展，以生态农业、生态旅游为特色的生态经济呈现出良好的发展势头，成功将生态环境优势变为了经济优势，有效增加了居民收入。

（二）重视旅游文化安全

文化安全是国家安全的重要领域。文化冲突是比较容易辨认的文化安全事件，但文化安全未必全都是激烈的观念对抗、习俗挑战，更多处于涓涓细流之中。文化安全的重要性不可低估，但事实上又容易被忽视，因此，更需要警惕，加强防范。

一是对优秀的旅游传统文化人才要提高其经济收入，尊重他们的劳动，温暖他们的心灵，改善他们的待遇，激活他们的创造热情，不断培养、造就一代又一代名家大师，把传统民族文化的创造力、竞争力、审美力、凝聚力大大激活。

二是确保文化品牌安全。在旅游文化建设中不仅要打造新的品牌，而且要确保它们与既有品牌的安全，使之在文化事业繁荣与文化产业发展中增强竞争力、形成影响力、扩散辐射力，创造巨大的社会效益与经济效益。

三是需要采取切实的政策、法律、技术措施维护文化技艺安全，加强专利保护、技术保密，建立相关安全评估机制，开发相关技术，采取相关安全保护手段，建设相关安全防火墙，使之优先造福于中华民族。

例如，2019年10月，谢某某提供作案工具及车辆，与杨某某、李某某等8人共同盗掘乌图布拉格土墩墓（第六批自治区级文物保护单位）。后因盗洞塌方渗水，盗掘行动被迫停止。经新疆维吾尔自治区文物考古研究所认定，盗掘人员采用掏挖盗洞的方式进行盗掘，盗洞深处已达墓葬封堆下中部位置，接近墓室，盗掘行为已对墓葬本体造成了严重破坏。本案中，违法行为人盗掘古墓葬致使墓葬受到严重破坏，检察机关依法追究其刑事责任的同时，对其提起民事公益诉讼，并委托文物考古研究机构出具勘察报告，准确确定其修复责任和费用，在惩治犯罪的同时，保证被破坏文物得以有效、专业的修复，为民事公益诉讼制度在文物保护方面的应用提供了有益样本。

（三）重视旅游信息安全

当前，信息技术改变了传统的生产生活方式并渗透到各行各业，在给人们生活和企业生产经营带来极大便利的同时，也增加了信息泄露的风险。随着信息安全事件的频发，游客信息安全可能成为影响游客满意度进而影响旅游业高质量发展的重要领域。

一是要在国家层面加强立法和执法，尽快健全个人信息保护的相关法律法规，出台专门的法律文件，明确纳入保护的信息范围，对出现信息泄露事件的单位和个人进行从严处理。

二是行业层面要建立信息安全规范，依法建立网络安全和数据合规的个人信息保护内控机制，规范用户个人信息的收集使用，加强对用户个人数据存储和传输的安全保护和管理，加强个人信息泄露防范能力和技术处置能力。要对相关从业人员进行岗前培训，建立惩戒机制，杜绝在企业内部泄露个人信息的行为。

三是游客层面要提高信息保护意识。要经常修改网上银行的密码，随时监控自己的信用卡和银行账户动态。游客在入住酒店或者参加旅游团的时候要尽量避免透露不必要的信息。一旦发现个人信息泄露，要及时进行证据固定，并向主管和监管部门报告，必要的时候可以报警处理。

本章小结

在体验经济与数据经济融合发展的时代，随着游客旅游经历的日益丰富，旅游消费观念的日益成熟，游客对体验的需求日益高涨，他们已不再满足于大众化的旅游产品，更渴望追求个性化、体验化、情感化、休闲化以及美好化的旅游经历。与传统观光旅游相比，体验旅游注重的是游客对旅游产品的感受、体验、享受的过程，而不是一味追求"到此一游"的旅游结果，从某种程度上更强调心理感知和理解。为有效地实现包容性旅游的发展，本章从分析核心要素、完善规范标准、减少沟通成本、建立服务体系、优化监督机制、做好反馈工作、规划安全服务七个方面提出了一系列措施，以保障游客在包容性旅游中获得美好的体验。

参考文献

［1］Harju-Mylyaho Anu，Jutila Salla. Inclusive Tourism Futures［M］.Multilingual Matters：2021-05-27.

［2］Amin S，Pramono S E，Kurniawan G F. Historical park of inclusive tourism development in Semarang［J］. IOP Conference Series：Earth and Environmental Science，2021，747（1）：10-20.

［3］洪铮，章成，王林.普惠金融、包容性增长与居民消费能力提升［J］.经济问题探索，2021（5）：177-190.

［4］王小华，韩林松，温涛.惠农贷的精英俘获及其包容性增长效应研究［J］.中国农村经济，2021（3）：106-127.

［5］黎蔺娴，边恕.经济增长、收入分配与贫困：包容性增长的识别与分解［J］.经济研究，2021，56（2）：54-70.

［6］叶璐，王济民.多维城乡差距与中国经济包容性增长［J］.华南农业大学学报（社会科学版），2021，20（2）：66-79.

［7］Bianchi Raoul V.，de Man Frans. Tourism，inclusive growth and decent work：a political economy critique［J］. Journal of Sustainable Tourism，2021，29（2-3）：35-45.

［8］周小亮.构建双循环新发展格局：理论逻辑与实践思考［J］.东南学术，2021（2）：86-96，247.

［9］刘湘辉，周温茹，孙艳华.包容性增长视角下公平贸易组织参与供应链扶贫研究——以古丈盘草村茶叶发展为例［J］.湖南农业大学学报（社会科学版），2021，22（1）：18-26.

［10］曹胜亮.共享与协调：新常态背景下经济法价值目标实现理论的传承与创新［J］.江汉论坛，2021（2）：114-119.

［11］Beatrice Imbaya，Nthiga RW. Community Capacity Strengthening for Inclusive Community-Based Tourism［J］. Journal of Tourism & Hospitality，2021，10（2）：56-66.

［12］张莹，符大海，向鹏飞.金融开放与收入不平等：一个倒U型关系［J］.首都经济贸易大学学报，2020，22（6）：59-82.

［13］Vatskel E.，Mikhaylova D.，Churilina Irina，Larchenko Lyubov，Anisimov Timur，

Volkov Alexey. Inclusive tourism as a method for rehabilitation and restoration of human well–being［J］. BIO Web of Conferences, 2021, 29: 77–88.

［14］Berg Kimberly. Remnants of Colonialist Ideology in Patagonian Tourism Representations and How Collaborative Heritage Tourism Can become Inclusive Heritage［J］. Student Anthropologist, 2020, 5（1）: 23–36.

［15］Sica Edgardo, Sisto Roberta, Bianchi Piervito, Cappelletti Giulio. Inclusivity and Responsible Tourism: Designing a Trademark for a National Park Area［J］. Sustainability, 2020, 13（1）: 32–39.

［16］徐雪，何竞.经济增长与新发展格局构建——第十四届中国经济增长与周期高峰论坛观点综述［J］.经济纵横, 2020（12）: 118–121.

［17］CAREC Endorses Long–Term Strategy to Promote Safe, Sustainable, and Inclusive Tourism［J］. M2 Presswire, 2020, 11: 22–44.

［18］谢锐，陈湘杰，朱帮助.价值链分工网络中心国经济增长的全球包容性研究［J］.管理世界, 2020, 36（12）: 65–77.

［19］Francisco Calheiros. Inclusive tourism: a priority for Portugal［J］. Worldwide Hospitality and Tourism Themes, 2020, 12（6）: 23–36.

［20］Javier González Soria Moreno de la Santa. Tourism as a lever for a more inclusive society ［J］. Worldwide Hospitality and Tourism Themes, 2020, 12（6）: 33–44.

［21］Caroline Couret. Creative tourism – providing the answers to a more inclusive society［J］. Worldwide Hospitality and Tourism Themes, 2020, 12（6）: 55–67.

［22］Carmen Pardo, Ana Ladeiras. Covid–19 "tourism in flight mode": a lost opportunity to rethink tourism – towards a more sustainable and inclusive society［J］. Worldwide Hospitality and Tourism Themes, 2020, 12（6）: 10–25.

［23］Paulo Rita, Nuno António. Promotion of inclusive tourism by national destination management organizations［J］. Worldwide Hospitality and Tourism Themes, 2020, 12 （6）: 26–36.

［24］Carla Cardoso. The contribution of tourism towards a more sustainable and inclusive society: key guiding principles in times of crisis［J］. Worldwide Hospitality and Tourism Themes, 2020, 12（6）: 46–57.

［25］Pedro Machado. Accessible and inclusive tourism: why it is so important for destination branding?［J］. Worldwide Hospitality and Tourism Themes, 2020, 12（6）: 58–69.

［26］Jorge Costa. Has tourism the resources and answers to a more inclusive society?［J］. Worldwide Hospitality and Tourism Themes, 2020, 12（6）: 32–47.

［27］Jorge Costa, Mónica Montenegro, João Gomes. Tourism – ten possible solutions for a more inclusive society［J］. Worldwide Hospitality and Tourism Themes, 2020, 12（6）: 65–70.

［28］Peter Tarlow. Can a multi-cultural industry such as tourism be inclusive?［J］. Worldwide Hospitality and Tourism Themes，2020，12（6）：34-44.

［29］公茂刚，张梅娇. 中国农村金融包容性发展水平综合测度分析［J］. 财经理论与实践，2020，41（6）：18-26.

［30］Gillovic Brielle，McIntosh Alison. Accessibility and Inclusive Tourism Development：Current State and Future Agenda［J］. Sustainability，2020，12（22）：63-73.

［31］王郁英. 乡村旅游包容性发展中的政策倾向及其动态调适［J］. 农业经济，2020（11）：52-54.

［32］武炎吉. 印度大学排名指标体系建构——基于世界大学排名的分析［J］. 高教探索，2020（11）：73-80.

［33］王泽润，吴振磊，白永秀，周博杨. 区域性扶贫政策的增长与分配效应——基于集中连片特困区的经验证据［J］. 中国软科学，2020（10）：145-155.

［34］刘雯. 公共转移支付、劳动供给与农村包容性增长［J］. 调研世界，2020（10）：56-61.

［35］郭娜，王超. 包容性旅游：理论的缘起与文献述评［J］. 洛阳师范学院学报，2020，39（9）：24-27.

［36］盛斌，靳晨鑫. APEC 经济体包容性增长：理念、评估与行动［J］. 亚太经济，2020（5）：5-13，149.

［37］张忠祥，陶陶. 非洲经济发展的新态势［J］. 现代国际关系，2020（9）：49-57，59.

［38］陈燕. 碳减排约束下经济增长包容性测度和趋势分析［J］. 宏观经济研究，2020（9）：103-118.

［39］马德功，滕磊. 数字金融、创业活动与包容性增长［J］. 财经论丛，2020（9）：54-63.

［40］郭景福，白菊. 西部民族地区包容性增长与减贫发展的机制路径研究［J］. 青海民族大学学报（社会科学版），2020，46（3）：71-77.

［41］Christian M. Rogerson，Jayne M. Rogerson. Inclusive tourism and municipal assets：Evidence from Overstrand local municipality，South Africa［J］. Development Southern Africa，2020，37（5）：58-69.

［42］原倩. 建设包容性发展城市群——以长三角城市群为例［J］. 行政管理改革，2020（8）：71-80.

［43］赵锦春，范从来. 收入不平等、金融包容性与益贫式增长［J］. 世界经济研究，2020（8）：101-116，137.

［44］Matarrita Cascante David，Suess Courtney. Natural amenities-driven migration and tourism entrepreneurship：Within business social dynamics conducive to positive social change［J］. Tourism Management，2020，81（10）：35-50.

［45］牛华，毕汝月，蒋楚钰. 中国企业对外直接投资与"一带一路"沿线国家包容性增长

[J].经济学家,2020（8）：59-69.

[46] 蔡熙乾,陆毅,周颖刚.全面建成小康社会视角下安溪脱贫实践与理论思考 [J].中国经济问题,2020（4）：23-31.

[47] 封铁英,马朵朵.社区居家养老服务如何包容性发展？一个理论分析视角 [J].社会保障评论,2020,4（3）：77-89.

[48] Sanguri K, Bhuyan A.Sabyasachi Patra. A semantic similarity adjusted document co-citation analysis：a case of tourism supply chain [J]. Scientometrics,2020（5）：65-77.

[49] 王超,郭娜.包容性旅游减贫中政府服务的影响因素与理论机制——基于扎根理论的探索 [J].四川师范大学学报（社会科学版）,2020,47（4）：59-64.

[50] 王超,杨焕焕.基于扎根理论的游客参与包容性旅游减贫的机制研究 [J].贵州师范大学学报（社会科学版）,2020（4）：97-109.

[51] 陈超.公共图书馆促进社会包容性发展义不容辞 [J].图书馆论坛,2020,40（8）：4-5.

[52] 封铁英,马朵朵.包容性发展视域下社区居家养老服务资源密度分布与均等化评估 [J].西北大学学报（哲学社会科学版）,2020,50（4）：108-119.

[53] 陈顺强,普忠良,郭利芳.彝族优秀口传文化的包容性发展与传承保护 [J].贵州民族研究,2020,41（6）：79-82.

[54] 郭甜,黄锡生.包容性发展视角下饮用水水源保护区的治理与完善 [J].中国人口·资源与环境,2020,30（5）：167-176.

[55] 卢紫珺,陈曦.包容性金融发展减贫效应的实证检验 [J].统计与决策,2020,36（9）：142-146.

[56] 李凯,王振振,刘涛.西南连片特困地区乡村旅游的减贫效应分析——基于广西235个村庄的调查 [J].人文地理,2020,35（6）：115-121.

[57] 牛乐,刘阳,王锐,王京鑫.文旅融合视野下民族手工艺的转型与变迁——以临夏回族自治州为例 [J].西北民族大学学报（哲学社会科学版）,2020（6）：23-29.

[58] Ford Lumban Gaol, Natalia Filimonova, Irina Frolova, Ignatova Tatiana Vladimirovna. Inclusive Development of Society：Proceedings of the 6th International Conference on Management and Technology in Knowledge, Service, Tourism & Hospitality（SERVE 2018）[M].CRC Press：2020-06-02.

[59] Sri Hartati, Jani Nurhajanti, Edwin Karim, Rukmi Juwita. Inclusive Economic Development Strategy Based on Tourism Industry [J]. Journal of Management & Decision Sciences,2020,3（1）：63-65.

[60] 王嵩,范斐,王雪利.人民美好生活需要与平衡充分发展——基于区域、城乡和产业维度的分析 [J].山西财经大学学报,2020,42（7）：1-16.

[61] 沈春苗,郑江淮.内需型经济全球化与开放视角的包容性增长 [J].世界经济,

2020, 43（5）: 170-192.

[62] Ford Lumban Gaol, Natalia Filimonova, Irina Frolova, Ignatova Tatiana Vladimirovna. Inclusive Development of Society: Proceedings of the 6th International Conference on Management and Technology in Knowledge, Service, Tourism & Hospitality（SERVE 2018）, October 6–7 and December 15–16, 2018, Bali, Indonesia, and December 15– 16, 2018, Rostov-on-Don, Russia［M］.CRC Press: 2020-05-07.

[63] Ryan R. Peterson, Robin B. DiPietro, Richard Harrill. In search of inclusive tourism in the Caribbean: insights from Aruba［J］. Worldwide Hospitality and Tourism Themes, 2020, 12（3）: 36–45.

[64] 张大鹏, 陈池波.旅游发展促进了连片特困地区的包容性增长吗——来自中部贫困县的证据［J］.农业技术经济, 2020（4）: 107–116.

[65] 李建军, 彭俞超, 马思超.普惠金融与中国经济发展: 多维度内涵与实证分析［J］. 经济研究, 2020, 55（4）: 37–52.

[66] 沈高情.福建省乡村旅游包容性发展战略［J］.旅游纵览（下半月）, 2020（6）: 138–140.

[67] 王世伟.论面向未来的公共图书馆包容性发展［J］.中国图书馆学报, 2020, 46（2）: 4–16.

[68] 白晨.包容性发展视域下新时代中国基本公共服务均等化理论分析［J］.教学与研究, 2020（3）: 46–53.

[69] 江鑫, 黄乾.乡村公路、人口城市化和乡村包容性经济增长［J］.南方经济, 2020 （4）: 62–83.

[70] Regis Musavengane, Pius Siakwah, Llewellyn Leonard. The nexus between tourism and urban risk: Towards inclusive, safe, resilient and sustainable outdoor tourism in African cities［J］. Journal of Outdoor Recreation and Tourism, 2020, 29（12）: 12–26.

[71] 杨飞虎, 王晓艺.我国新型城镇化包容性发展的制度创新与模式选择研究［J］.江西社会科学, 2020, 40（2）: 223–229.

[72] 王超, 蒋芹琴.基于扎根理论的企业参与包容性旅游减贫的影响因素与理论机制［J］.南宁师范大学学报（哲学社会科学版）, 2020, 41（2）: 54–60.

[73] 张晓宇, 贾康.适当提高税收占财政收入比重 促进经济包容性增长［J］.华东经济管理, 2020, 34（2）: 59–67.

[74] 潘雅茹, 罗良文.廉洁度、基础设施投资与中国经济包容性增长［J］.中南财经政法大学学报, 2020（1）: 86–97.

[75] 宋冬林, 高星阳, 范欣.农业供给侧结构性改革有利于包容性增长吗？［J］.华东师范大学学报（哲学社会科学版）, 2020, 52（1）: 146–161, 199–200.

[76] 徐康宁.当代世界经济重大变革的政治经济学分析［J］.江海学刊, 2020（1）: 71– 78, 254.

［77］邓辉，郭碧君．民族旅游村寨精准扶贫的产业形态与经营模式——基于湖北武陵山片区两个典型民族旅游村寨的调查［J］．中南民族大学学报（人文社会科学版），2020，40（6）：135-142.

［78］Getenet Gedefew Fetene，Wahid Weldesamuel G. Challenges of Community Inclusive Heritage Tourism Development in Ethiopia：Case Study in Enda-Eyesus Battlefield of the Pre-Adawa Victory［J］. Journal of Tourism & Hospitality，2020，9（1）：10-20.

［79］O.A. Kotlyarova，N.A. Nekhoroshikh，O.N. Povalyaeva，M.A. Strelnikova. Inclusive tourism as a factor of sustainable development of the territories［J］. E3S Web of Conferences，2020，208：33-46.

［80］Tusy Augustine Adibroto，Tiktik Dewi Sartika，Annisa Wardhani，Rudi Nugroho. Towards a sustainable city through system innovation implementation：Case study of reinventing Kebon Sirih Jakarta as an inclusive tourism spot［J］. E3S Web of Conferences，2020，211：89-96.

［81］Isabel Carrillo-Hidalgo，Juan Ignacio Pulido-Fernández. The Role of the World Bank in the Inclusive Financing of Tourism as an Instrument of Sustainable Development［J］. Sustainability，2019，12（1）.

［82］左停，贺莉，刘文婧．相对贫困治理理论与中国地方实践经验［J］．河海大学学报（哲学社会科学版），2019，21（6）：1-9，109.

［83］王丹．非物质文化遗产服务民族地区精准扶贫的实践模式［J］．中南民族大学学报（人文社会科学版），2020，40（5）：64-69.

［84］Laura Musikanski，Paul Rogers，Scott Smith，John Koldowski，Leire Iriarte. Planet Happiness：a Proposition to Address Overtourism and Guide Responsible Tourism，Happiness，Well-being and Sustainability in World Heritage Sites and Beyond［J］. International Journal of Community Well-Being，2019，2（3）：56-67.

［85］Regis Musavengane，Pius Siakwah，Llewellyn Leonard. "Does the poor matter" in pro-poor driven sub-Saharan African cities? towards progressive and inclusive pro-poor tourism［J］. International Journal of Tourism Cities，2019，5（3）：31-42.

［86］盛斌，靳晨鑫．"一带一路"倡议：引领全球包容性增长的新模式［J］．南开学报（哲学社会科学版），2019（6）：1-10.

［87］李晓，范欣．中国特色社会主义政治经济学理论体系的构建与包容性发展［J］．求是学刊，2019，46（6）：1-14，189.

［88］梁甄桥，李志．资源禀赋与社会代际流动性：资源诅咒假说的实证检验［J］．中国人口·资源与环境，2019，29（11）：158-166.

［89］黄倩，李政，熊德平．数字普惠金融的减贫效应及其传导机制［J］．改革，2019（11）：90-101.

［90］吴武林，周小亮．中国包容性绿色增长绩效评价体系的构建及应用［J］．中国管理科

学, 2019, 27 (9): 183-194.

[91] 雷汉云, 郝云平, 杨叶青. 农村经济发展、普惠金融与包容性增长 [J]. 中南大学学报 (社会科学版), 2019, 25 (5): 90-98, 117.

[92] 孔祥智, 张琛. 新中国成立以来农业农村包容性发展: 基于机会平等的视角 [J]. 中国人民大学学报, 2019, 33 (5): 27-38.

[93] Regis Musavengane. Understanding tourism consciousness through habitus: perspectives of 'poor' black South Africans [J]. Critical African Studies, 2019, 11 (3): 22-36.

[94] 顾世春. 习近平共享发展理念对国际 "包容性增长" 理念的四重超越 [J]. 河南大学学报 (社会科学版), 2019, 59 (5): 1-6.

[95] 张勋, 万广华, 张佳佳, 何宗樾. 数字经济、普惠金融与包容性增长 [J]. 经济研究, 2019, 54 (8): 71-86.

[96] 胡宗义, 张青, 李毅. 新阶段扶贫开发对经济包容性增长的影响研究 [J]. 华东经济管理, 2019, 33 (9): 5-11.

[97] 刘程. 基于减贫与包容性增长的路径探索——以莫桑比克区域发展走廊战略为例 [J]. 国际城市规划, 2019, 34 (4): 134-141.

[98] Yuthasak Chatkaewnapanon, Joan Marie Kelly. Community arts as an inclusive methodology for sustainable tourism development [J]. Journal of Place Management and Development, 2019, 12 (3): 46-56.

[99] 胡锡琴, 寇熙正, 曹羽茂. 包容性增长视域下民营经济竞争力研究——基于四川、浙江的对比分析 [J]. 经济体制改革, 2019 (4): 188-194.

[100] 李章红. 丽江旅游经济包容性增长成本控制研究 [J]. 旅游纵览 (下半月), 2019 (14): 151-152, 156.

[101] M. Ángeles Oviedo-García, M. Rosario González-Rodríguez, Manuela Vega-Vázquez. Does Sun-and-Sea All-Inclusive Tourism Contribute to Poverty Alleviation and/or Income Inequality Reduction? The Case of the Dominican Republic [J]. Journal of Travel Research, 2019, 58 (6): 37-46.

[102] 杨姗姗, 黄素云. 全域旅游视阈下桂西南地区包容性旅游扶贫驱动系统研究 [J]. 桂林师范高等专科学校学报, 2019, 33 (4): 66-71.

[103] 唐亚晖, 刘吉舫. 普惠金融的理论与实践: 国内外研究综述 [J]. 社会科学战线, 2019 (7): 260-265.

[104] 陈超凡, 王赟. 连片特困区旅游扶贫效率评价及影响因素——来自罗霄山片区的经验证据 [J]. 经济地理, 2020, 40 (1): 226-233.

[105] 李成. 中国普惠金融的供需非均衡与可持续发展思考 [J]. 北京工业大学学报 (社会科学版), 2019, 19 (4): 87-93.

[106] 唐承财, 万紫微, 孙孟瑶, 卓玛措, 马金刚, 李子娇. 深度贫困村旅游精准扶贫模式构建 [J]. 干旱区资源与环境, 2020, 34 (1): 202-208.

［107］何方永.基于包容性增长的西部省域国际旅游目的地建设路径探究［J］.阿坝师范学院学报,2019,36(2):46-50.

［108］王宇昕,余兴厚,黄玲.长江经济带市域包容性绿色增长的空间格局分布与演变特征［J］.技术经济,2019,38(6):80-89.

［109］杨雪萍,郭金喜.包容性发展:义乌城西街道何斯路村样本［J］.邢台学院学报,2019,34(2):73-76.

［110］王林,钟书华.区域智慧专业化发展水平评价［J］.中国科技论坛,2019(6):136-146.

［111］徐虹,王彩彩.包容性发展视域下乡村旅游脱贫致富机制研究——陕西省袁家村的案例启示［J］.经济问题探索,2019(6):59-70.

［112］王宇昕,余兴厚,黄玲.长江经济带包容性绿色增长的测度与区域差异分析［J］.贵州财经大学学报,2019(3):89-98.

［113］Hall C M,Williams A M.Are different types of interfirm linkages conducive to different types of tourism innovation?［J］.International Journal of Tourism Research,2019,12(5):35-45.

［114］王超,李芬芬.旅游本体论视角下旅游包容性发展路径［J］.内江师范学院学报,2019,34(4):80-85.

［115］B.O. Imbaya,R.W. Nthiga,N.W. Sitati,P. Lenaiyasa. Capacity building for inclusive growth in community-based tourism initiatives in Kenya［J］.Tourism Management Perspectives,2019,30(3):33-45.

［116］Jin Young Chung,Hoon Lee. Desired recreation companionship and travel behaviour of people with disabilities［J］.Asia Pacific Journal of Tourism Research,2019,24(4):65-77.

［117］王迎洁.精准扶贫视角下河南省乡村旅游发展存在的问题及对策［J］.乡村科技,2019(34):43-44.

［118］Ryabev Anton A.,Kraynyuk Lyudmyla M.,Andrenko Iryna B.. Developing the Inclusive Tourism on the Example of the Catering Organization in Hotels and Similar Means of Accommodation［J］.Bìznes Inform,2019,4(495):66-77.

［119］O. I. Uhodnikova. Prospects for the implementation of state policy in the development of inclusive tourism［J］.Aspekti Publìčnogo Upravlìnnâ,2019,7(1-2):23-35.

［120］任碧云,李柳颖.数字普惠金融是否促进农村包容性增长——基于京津冀2114位农村居民调查数据的研究［J］.现代财经(天津财经大学学报),2019,39(4):3-14.

［121］潘冬南,董金义.“一带一路”背景下广西北部湾旅游经济包容性增长路径研究［J］.四川旅游学院学报,2019(2):71-75.

［122］Regis Musavengane. Using the systemic-resilience thinking approach to enhance participatory collaborative management of natural resources in tribal communities:

Toward inclusive land reform-led outdoor tourism [J]. Journal of Outdoor Recreation and Tourism, 2019, 25（3）: 45-63.

［123］Tembi M. Tichaawa, Albert N. Kimbu. Unlocking Policy Impediments for Service Delivery in Tourism Firms: Evidence from Small and Medium Sized Hotels in Sub-Saharan Africa [J]. Tourism Planning & Development, 2019, 16（2）: 65-72.

［124］Vlashchenko Nataliia M.Ensuring the Development of Social Tourism in Ukraine [J]. Biznes Inform, 2019, 3（494）: 99-106.

［125］何星, 曹兴华. 精准扶贫视阈下四省藏区生态旅游业综合评价研究 [J]. 克拉玛依学刊, 2019, 9（6）: 48-55, 2.

［126］曹培强. "一带一路"是全球经济包容性增长成功范例 [J]. 红旗文稿, 2019（3）: 11-13, 1.

［127］Isabel Carrillo-Hidalgo, Juan Ignacio Pulido-Fernández. Is the financing of tourism by international financial institutions inclusive? A proposal for measurement [J]. Current Issues in Tourism, 2019, 22（3）: 37-49.

［128］谭燕芝, 彭积春. 金融发展、产业结构升级与包容性增长——基于民生与发展视角的分析 [J]. 湖南师范大学社会科学学报, 2019, 48（1）: 76-86.

［129］黄倩, 李政. 县域普惠金融发展与经济包容性增长——基于云南省 120 个县域数据的实证分析 [J]. 云南财经大学学报, 2019, 35（1）: 52-66.

［130］何悦, 朱斌. 辽宁省少数民族地区包容性旅游扶贫研究 [J]. 市场论坛, 2019（1）: 74-76.

［131］潘雅茹, 罗良文. 财政分权视角下基础设施投资与中国经济的包容性增长 [J]. 学习与探索, 2019（1）: 102-110.

［132］王修华, 赵亚雄. 中国金融包容的增长效应与实现机制 [J]. 数量经济技术经济研究, 2019, 36（1）: 42-59.

［133］Tiziano Cattaneo, Emanuele Giorgi, Minqing Ni. Landscape, Architecture and Environmental Regeneration: A Research by Design Approach for Inclusive Tourism in a Rural Village in China [J]. Sustainability, 2018, 11（1）: 15-26.

［134］吴忠军, 宁永丽. 民族乡村经济振兴的"西江模式"研究 [J]. 广西民族研究, 2018（6）: 115-121.

［135］刘亚军. 互联网使能、金字塔底层创业促进内生包容性增长的双案例研究 [J]. 管理学报, 2018, 15（12）: 1761-1771.

［136］王超, 李芬芬. 旅游包容性发展机制构建路径研究——基于云南丽江古镇旅游利益相关者冲突事件的网络舆情分析 [J]. 中国旅游评论, 2018（4）: 66-80.

［137］舒波, 曹旸. 基于 TOIG 的河北省四县旅游业对城乡产业统筹的作用研究 [J]. 燕山大学学报（哲学社会科学版）, 2018, 19（6）: 78-87.

［138］李长远, 张会萍. 包容性发展视角下农村养老服务发展的非均衡性及调适 [J]. 现

代经济探讨, 2018 (11): 121–126.

[139] 陶爱萍, 张万丽, 束克东. 包容性创新能避免我国陷入中等收入陷阱吗? [J]. 经济问题探索, 2018 (11): 10–19.

[140] 何宗樾, 宋旭光. 公共教育投入如何促进包容性增长 [J]. 河海大学学报 (哲学社会科学版), 2018, 20 (5): 42–49, 91.

[141] 陈炜, 张志明. 全域旅游视域下青海民族地区包容性旅游扶贫模式研究 [J]. 青海民族研究, 2018, 29 (4): 48–55.

[142] 瞿皎姣, 赵曙明. 组织包容性发展: 理论演变、价值逻辑及生态性建构 [J]. 现代财经 (天津财经大学学报), 2018, 38 (10): 16–30.

[143] Cockburn Wootten Cheryl, McIntosh Alison J., Smith Kim, Jefferies Sharon. Communicating across tourism silos for inclusive sustainable partnerships [J]. Journal of Sustainable Tourism, 2018, 26 (9): 32–46.

[144] 张林, 冉光和. 金融包容性发展的产业结构优化效应及区域异质性 [J]. 经济与管理研究, 2018, 39 (9): 41–52.

[145] Regina Scheyvens, Robin Biddulph. Inclusive tourism development [J]. Tourism Geographies, 2018, 20 (4): 11–22.

[146] Robin Biddulph. Social enterprise and inclusive tourism. Five cases in Siem Reap, Cambodia [J]. Tourism Geographies, 2018, 20 (4): 23–36.

[147] Ayşe Nilay Evcil. Barriers and preferences to leisure activities for wheelchair users in historic places [J]. Tourism Geographies, 2018, 20 (4): 45–63.

[148] María José Zapata Campos, C. Michael Hall, Sandra Backlund. Can MNCs promote more inclusive tourism? Apollo tour operator's sustainability work [J]. Tourism Geographies, 2018, 20 (4): 52–66.

[149] Robin Biddulph, Regina Scheyvens. Introducing inclusive tourism [J]. Tourism Geographies, 2018, 20 (4): 73–88.

[150] Julie Nyanjom, Kathy Boxall, Janine Slaven. Towards inclusive tourism? Stakeholder collaboration in the development of accessible tourism [J]. Tourism Geographies, 2018, 20 (4): 65–77.

[151] Ernest Cañada. Too precarious to be inclusive? Hotel maid employment in Spain [J]. Tourism Geographies, 2018, 20 (4): 95–105.

[152] Alan A. Len. Tourism Geographies: toward a more inclusive world [J]. Tourism Geographies, 2018, 20 (4): 34–45.

[153] 周小亮, 吴武林. 中国包容性绿色增长的测度及分析 [J]. 数量经济技术经济研究, 2018, 35 (8): 3–20.

[154] Brielle Gillovic, Alison McIntosh, Cheryl Cockburn-Wootten, Simon Darcy. Having a voice in inclusive tourism research [J]. Annals of Tourism Research, 2018, 71 (3): 75–88.

［155］舒伯阳，刘玲.乡村振兴中的旅游乡建与包容性发展［J］.旅游学刊，2018，33（7）：9–10.

［156］郑长忠.人类命运共同体理念赋予包容性发展新内涵［J］.当代世界，2018（7）：4–7.

［157］Tussyadiah I P，Dan W，Jung T H，et al. Virtual Reality，Presence，and Attitude Change：Empirical Evidence from Tourism［J］. Tourism Management，2018，66：140–154.

［158］张琦.包容性增长视阈下的精准扶贫开发［J］.云南民族大学学报（哲学社会科学版），2018，35（3）：62–68.

［159］Wineaster Anderson. Linkages between tourism and agriculture for inclusive development in Tanzania［J］. Journal of Hospitality and Tourism Insights，2018，1（2）：23–36.

［160］晏朝飞，杨飞虎.中国城镇化包容性发展中的公共投资支持影响研究［J］.经济与管理研究，2018，39（5）：12–23.

［161］曹洪盛，应瑞瑶，刘馨月.市场风险、契约动态与包容性增长——以肉鸡产业为例［J］.财贸研究，2018，29（3）：40–54.

［162］李辉，洪扬.城市群包容性发展：缘起、内涵及其测度方法［J］.甘肃行政学院学报，2018（2）：106–113，128.

［163］周孟亮.包容性增长、贫困与金融减贫模式创新［J］.社会科学，2018（4）：55–64.

［164］范建双，虞晓芬，周琳.城镇化、城乡差距与中国经济的包容性增长［J］.数量经济技术经济研究，2018，35（4）：41–60.

［165］郭景福.新时代，民族地区如何走好"包容性"增长之路［N］.中国民族报，2018–03–30（007）.

［166］徐虹，王彩彩.包容性发展视域下京津冀休闲农业与乡村旅游协同发展研究［J］.天津商业大学学报，2018，38（2）：34–38.

［167］宋冬林，姚常成.经济区发展规划的实施促进了城市群的包容性增长吗？——来自我国六大国家级城市群的经验证据［J］.求是学刊，2018，45（2）：27–38，173.

［168］宋蕾.气候政策创新的演变：气候减缓、适应和可持续发展的包容性发展路径［J］.社会科学，2018（3）：29–40.

［169］Nicolas van de Walle. Economic Development in Africa Report 2017：Tourism for Transformative and Inclusive Growth［J］. Foreign Affairs，2018，97（2）：45–63.

［170］于伟，吕晓，宋金平.山东省城镇化包容性发展的时空格局［J］.地理研究，2018，37（2）：319–332.

［171］朱东波，任力，刘玉.中国金融包容性发展、经济增长与碳排放［J］.中国人口·资源与环境，2018，28（2）：66–76.

［172］周小亮，吴武林，廖达颖.我国区域包容性绿色增长测度与差异研究［J］.科技进

步与对策，2018，35（6）：42–49.

[173] 顾宁，刘扬.我国农村普惠金融发展的微观特征分析［J］.农业技术经济，2018（1）：48–59.

[174] 杨源源，于津平.中日韩FTA战略差异比较与区域经济合作前景［J］.亚太经济，2018（1）：34–42，145–146.

[175] 康成文.中日国民收入倍增计划及其意义的差异分析［J］.哈尔滨商业大学学报（社会科学版），2018（1）：77–84.

[176] 吴武林，周小亮.中国包容性绿色增长测算评价与影响因素研究［J］.社会科学研究，2018（1）：27–37.

[177] 亨利·费尔特迈尔，丁宝寅，王维.资源采掘：包容性发展抑或新帝国主义？［J］.中国农业大学学报（社会科学版），2017，34（6）：13–18.

[178] 陈超.大学内部治理能力提升路径探析——基于权威与自治的包容性增长［J］.清华大学教育研究，2017，38（6）：23–29.

[179] 李勤.包容性增长视角下陕西旅游业发展水平研究［J］.统计与信息论坛，2017，32（12）：107–115.

[180] 鲁璐.包容性发展视野下的高等职业教育改革：困境与突破［J］.学术论坛，2017，40（6）：171–176.

[181] 李政大，刘坤.中国绿色包容性发展图谱及影响机制分析［J］.西安交通大学学报（社会科学版），2018，38（1）：48–59.

[182] 徐强，陶侃.基于广义Bonferroni曲线的中国包容性增长测度及其影响因素分析［J］.数量经济技术经济研究，2017，34（12）：93–109.

[183] 李艺玲，黄水姬.对福建遗产旅游景区利益均衡发展的思考——以南靖土楼景区为例［J］.福建论坛（人文社会科学版），2017（12）：190–195.

[184] 吕鸣章.共享发展：从包容性发展到差异共享［J］.苏州大学学报（哲学社会科学版），2017，38（6）：54–58.

[185] 邵汉华，王凯月.普惠金融的减贫效应及作用机制——基于跨国面板数据的实证分析［J］.金融经济学研究，2017，32（6）：65–74.

[186] 朱古月，王智勇，赵丽元.包容性增长模式下近距城镇空间协调思路探讨——以湖北省蕲春县临港经济区为例［A］.中国城市规划学会、东莞市人民政府.持续发展 理性规划——2017中国城市规划年会论文集（16区域规划与城市经济）［C］.中国城市规划学会、东莞市人民政府：中国城市规划学会，2017：11.

[187] 孙才志，刘玲，王嵩.基于社会机会函数的中国沿海地区包容性增长研究［J］.经济地理，2017，37（10）：27–36.

[188] Martine Bakker. Inclusive growth versus pro-poor growth: Implications for tourism development［J］. Tourism and Hospitality Research，2017，17（4）：52–63.

[189] 李奉柱，金炳彻.韩国低生育时代的社会福利模式创新［J］.社会保障评论，2017，

1（4）：127–134.

［190］刘亚军.互联网条件下的自发式包容性增长——基于一个"淘宝村"的纵向案例研究［J］.社会科学，2017（10）：46–60.

［191］李维安，徐建，姜广省.绿色治理准则：实现人与自然的包容性发展［J］.南开管理评论，2017，20（5）：23–28.

［192］范香梅，廖迪.中外金融包容性发展差异及其影响因素研究［J］.经济体制改革，2017（5）：175–180.

［193］张林，李子珺.中国金融包容性发展与城乡居民收入增长［J］.现代财经（天津财经大学学报），2017，37（10）：38–49.

［194］郑振东.信贷包容性增长与信贷供给结构性调整［J］.上海金融，2017（9）：25–28.

［195］蒙艳华.少数民族村寨旅游包容性发展路径研究——以贵州岜沙苗寨为例［J］.财务与金融，2017（4）：91–95.

［196］杨德进.生态保护与旅游开发相得益彰［N］.中国海洋报，2017–08–09（002）.

［197］王洪川，胡鞍钢.包容性增长及国际比较：基于经济增长与人类发展的视角［J］.国际经济评论，2017（4）：42–55，5.

［198］陈功，江海霞.包容性发展视角下我国残疾人福利体系的完善［J］.西北大学学报（哲学社会科学版），2017，47（4）：79–85.

［199］赵学刚，林文轩.包容性增长——基于文献的注解［J］.技术经济，2017，36（6）：98–108.

［200］钟海燕，郑长德.川甘青结合部藏族聚居区绿色包容性发展研究［J］.西南民族大学学报（人文社科版），2017，38（6）：134–141.

［201］李佳，田里，王磊.连片特困民族地区旅游精准扶贫机制研究——以四川藏区为例［J］.西南民族大学学报（人文社科版），2017，38（6）：116–121.

［202］张俊英.青海乡村旅游精准扶贫的实现路径［J］.青海社会科学，2019（5）：158–162.

［203］范莉娜，董强，吴茂英.精准扶贫战略下民族传统村落居民旅游支持中的特性剖析——基于黔东南三个侗寨的实证研究［J］.贵州民族研究，2019，40（8）：109–117.

［204］高传胜.老有所依，当问谁？——人口和家庭结构新情境下养老服务模式再审视［J］.甘肃社会科学，2017（3）：107–112.

［205］徐虹，王彩彩.包容性发展下乡村女性旅游创业路径研究——以蓟县农家乐为例［J］.未来与发展，2017，41（5）：10–15，4.

［206］崔丹，吴昊，刘宏红，吴殿廷.大都市区贫困带旅游精准扶贫模式与路径探析——以环京津贫困带22个国家级贫困县为例［J］.中国软科学，2019（7）：81–90.

［207］马彧菲，杜朝运.普惠金融指数测度及减贫效应研究［J］.经济与管理研究，2017，

38（5）：45–53.

[208] 杨帆，苏伟.习近平"包容增长"新思想将引领世界经济发展［J］.探索，2017（2）：5–12.

[209] 朱金鹤，姜朋朋.基于模糊综合评价法的新疆包容性增长水平测度及评价［J］.青海民族研究，2017，28（2）：193–199.

[210] 王京传.基于空间正义的旅游公众参与机制与包容性发展［J］.旅游学刊，2017，32（4）：8–9.

[211] Norberto Pelegrín Entenza, Yurisley Toledo Leal, María Naranjo Llupart. Retos y realidades a enfrentar para una educación turística inclusiva［J］. RECUS, 2017, 2（1）：2–9.

[212] 肖卫东.包容性增长视角下低碳经济的基本要义与能源结构革命［J］.理论学刊，2017（2）：82–88.

[213] 周向红，王琳.数字贫困维度分析及基于跨越视角的减贫策略［J］.中共浙江省委党校学报，2017，33（2）：98–102.

[214] 罗纳德·尤·门多萨，哈罗德·杰罗姆·麦克阿瑟，安妮·翁·洛佩斯，张波，胡晓晓.诅咒还是福音？矿产资源收益管理策略综述［J］.经济社会体制比较，2017（2）：39–51.

[215] Mark P. Hampton, Julia Jeyacheya, Pham Hong Long. Can Tourism Promote Inclusive Growth? Supply Chains, Ownership and Employment in Ha Long Bay, Vietnam［J］. The Journal of Development Studies, 2017, 54（2）：36–48.

[216] 贝多广，张锐.包容性增长背景下的普惠金融发展战略［J］.经济理论与经济管理，2017（2）：5–12.

[217] 田逸飘，张卫国，刘明月.科技创新与新型城镇化包容性发展耦合协调度测度——基于省级数据的分析［J］.城市问题，2017（1）：12–18.

[218] 郑风田，陈思宇.获得感是社会发展最优衡量标准——兼评其与幸福感、包容性发展的区别与联系［J］.人民论坛·学术前沿，2017（2）：6–17.

[219] 何彪，朱连心，李会琴.多主体参与旅游精准扶贫行为逻辑和参与模式——基于价值共创视角［J］.社会科学家，2019（6）：90–96.

[220] 傅宏宇，张秀."一带一路"国家国有企业法律制度的国际构建与完善［J］.国际论坛，2017，19（1）：48–53，80.

[221] 盛斌，王璐瑶.全球经济治理中的中国角色与贡献［J］.江海学刊，2017（1）：83–87，238.

[222] 周文，陈跃.新常态下中国经济发展转型与改革路径突破［J］.学习与探索，2017（1）：103–110.

[223] 湛泳，徐乐，王恬.包容性创新推动区域经济增长的路径研究——基于跨越"中等收入陷阱"的视角［J］.研究与发展管理，2017，29（1）：75–85.

［224］Mariana Cabral，Andreia Filipa Antunes Moura，Maria do Rosário Mira，Adília Rita Cabral. Turismo criativo para todos：uma base para o planeamento sustentável de destinos ［J］. Dedica. Revista de Educação e Humanidades，2017（12）：36-49.

［225］徐艳晴，刘富春.政策感知、个性差异与旅游扶贫精准化——基于海南的实证分析 ［J］.海南大学学报（人文社会科学版），2019，37（3）：49-56.

［226］唐鑫.论"五大发展理念"与包容性发展的耦合［J］.科学社会主义，2016（6）：88-92.

［227］李倩.旅游精准扶贫效应分析——以产业链条跟踪法为视角［J］.社会科学家，2018（8）：76-79.

［228］王玉柱."一带一路"倡议下中国及世界经济"再平衡"的实现机制［J］.现代经济探讨，2016（12）：10-14.

［229］李斌，毛鹏飞.走向更具包容性发展的新型城镇化理论［J］.湖南师范大学社会科学学报，2016，45（6）：26-36.

［230］."新型城镇化、空间正义与城市包容性发展"高端论坛在山东大学召开［J］.行政论坛，2016，23（6）：119.

［231］祁洪玲，梅林，刘继生.包容性增长视角下民族地区旅游发展［J］.大连民族大学学报，2016，18（6）：587-592.

［232］童云，王新建.土地流转后农业规模经营的包容性发展评价——基于熵值法的平原地区A市的典型分析［J］.江西社会科学，2016，36（11）：94-99.

［233］邢小强，赵鹤.面向金字塔底层的包容性创新政策研究［J］.科学学与科学技术管理，2016，37（11）：3-10.

［234］陈光春，马国群.边境县域经济包容性发展系统仿真研究——以广西东兴市为例［J］.社会科学家，2016（11）：65-70.

［235］张明斗，王雅莉.城市化包容性发展的综合测度及驱动因素研究［J］.社会科学研究，2016（6）：118-124.

［236］张勋，万广华.中国的农村基础设施促进了包容性增长吗？［J］.经济研究，2016，51（10）：82-96.

［237］李晓园，陈武，杨涵深.县级政府公共服务能力对县域包容性增长影响的实证研究与政策建议——以苏、赣、陕三省为例［J］.宏观经济研究，2016（10）：40-52，120.

［238］雷汉云.中国边疆地区包容性增长的时空演变——对我国中、东、西部地区经济发展差距的阶段性评价［J］.上海经济研究，2016（10）：108-115.

［239］卞金鑫，吴青.中国金融包容性发展研究——基于金融机构的视角［J］.现代管理科学，2016（10）：15-17，54.

［240］戴卫东.中国社会保障制度建设的包容性发展［J］.中国软科学，2016（9）：45-52.

［241］马涛，苏庆义，韩冰，白洁．以全球贸易投资合作促进包容性增长——二十国集团智库贸易投资会议纪要［J］．国际经济评论，2016（5）：149-159，8．

［242］王上铭．我国包容性经济增长的实证研究［J］．技术经济与管理研究，2016（9）：107-113．

［243］朱宏伟，米月新．基于包容性增长视角下的民族地区乡村治理研究［J］．经济研究导刊，2016（24）：33-36，45．

［244］宋月萍．性别平等与包容性增长——第十三届中国女经济学者学术研讨会综述［J］．妇女研究论丛，2016（5）：119-121．

［245］刘红梅，杨素丹，高瑜，李小杰．山地民族地区黔江濯水景区包容性旅游发展路径研究［J］．黑龙江农业科学，2016（9）：92-96．

［246］朱宏伟，张小琪．基于"互联网，"视角的民族地区经济包容性增长［J］．广东技术师范学院学报，2016，37（8）：133-137．

［247］Cecilia Pasquinelli. Building from scratch? An "inner connectivity" framework for soft urban tourism development［J］. International Journal of Tourism Cities, 2016, 2（3）：42-56.

［248］管春英．当代政治经济学视角下包容性发展的理论思考［J］．技术经济与管理研究，2016（7）：109-112．

［249］王潇．新型城镇化背景下基于包容性发展视域的农村社会管理创新全景模型的构建［J］．西北人口，2016，37（4）：82-87，95．

［250］张军舰．我国竞技体操包容性发展研究［J］．体育文化导刊，2016（7）：90-94，196．

［251］解然，陈刚，周国梅．推动绿色发展融入G20框架［J］．国际经济合作，2016（7）：13-16．

［252］孙靓莹，宋锦．国际发展融资体系如何推动发展中国家的包容性增长——T20秘鲁会议综述［J］．经济学动态，2016（7）：156-158．

［253］杰森·福尔曼，张晔，周建军．美国不平等的形式与根源［J］．经济社会体制比较，2016（4）：181-191．

［254］李佳乘，白雪，蓝森泉，王琦琦．包容性发展：特色民族村寨新一轮旅游扶贫发展的新模式——以贵州三都水族自治县为例［J］．科技创业月刊，2016，29（12）：38-41．

［255］Ariadna Gassiot Melian, Lluís Prats, Lluís Coromina. The perceived value of accessibility in religious sites – do disabled and non-disabled travellers behave differently?［J］. Tourism Review, 2016, 71（2）：56-67.

［256］陶恒．新结构经济学视野下民族地区旅游精准扶贫的系统构建与实施路径［J］．经济体制改革，2018（4）：50-55．

［257］Helen Petrie, Jenny Darzentas, Tanja Walsh, David Swallow, Leonardo Sandoval,

Andrew Lewis, Christopher Power, Kittichai Kasemsarn, Farnaz Nickpour. A Conceptual Framework for Inclusive Digital Storytelling to Increase Diversity and Motivation for Cultural Tourism in Thailand [J]. Studies in Health Technology and Informatics, 2016, 229 (3): 23-36.

[258] 王超, 王志章. 西部少数民族地区旅游包容性发展动力模式研究——以贵州省为例 [J]. 西南民族大学学报 (人文社科版), 2016, 37 (6): 135-138.

[259] 欧阳强, 廖盛华, 李祝平, 李舒颖. 收入不平等、经济增长与碳排放关系的非线性 [J]. 系统工程, 2016, 34 (5): 90-96.

[260] 黄卫东, 岳中刚. 信息技术应用、包容性创新与消费增长 [J]. 中国软科学, 2016 (5): 163-171.

[261] 史贞. 中国西部少数民族地区经济 "二元" 分割效应调整与包容性增长模式探析 [J]. 贵州民族研究, 2016, 37 (5): 138-141.

[262] 李书锋. 京津冀经济包容性增长分析——基于产业转移驱动力的视角 [J]. 中国流通经济, 2016, 30 (5): 93-98.

[263] 任迎伟, 黄刚. 涵盖关键创业要素的包容性创业体制构建——来自政府视角的分析 [J]. 科技进步与对策, 2016, 33 (11): 7-13.

[264] 刘耀彬, 封亦代. 中国新型城市化包容性发展的情景模拟 [J]. 华东经济管理, 2016, 30 (5): 99-103.

[265] 刘红梅, 杨素丹, 刘金梁. 武陵山片区包容性旅游脱贫开发策略 [J]. 内江师范学院学报, 2016, 31 (4): 71-75.

[266] 胡育蓉, 齐结斌. 对外开放、空间溢出和包容性增长 [J]. 国际贸易问题, 2016 (4): 3-14.

[267] 董研林, 郭小平, 任欣. 包容性增长视域下西部民营经济可持续发展的路径选择 [J]. 西安财经学院学报, 2016, 29 (2): 125-128.

[268] 王振宇, 顾昕. 制度、制度变迁与经济发展: 新制度主义新政治经济学的新探索 [J]. 东岳论丛, 2016, 37 (4): 48-54.

[269] 谭华云. 海岛包容性旅游增长及路径选择——以广西北部湾涠洲岛为例 [J]. 南宁职业技术学院学报, 2016, 21 (2): 86-89.

[270] 孙宇. 探寻分享经济的理论基础: 身份认同、分享和包容性增长 [J]. 电子政务, 2016 (4): 28-36.

[271] 张忠祥. 当前非洲经济转型的特点 [J]. 上海师范大学学报 (哲学社会科学版), 2016, 45 (2): 118-126.

[272] 马远. 基于包容性发展的城镇化质量测度及系统耦合分析 [J]. 技术经济, 2016, 35 (3): 68-74, 108.

[273] 黄燕玲, 黄亚冰, 罗盛锋. 包容性增长视角下广西旅游经济发展质量评价 [J]. 企业经济, 2016 (3): 105-110.

［274］王思斌.社会韧性与经济韧性的关系及建构［J］.探索与争鸣，2016（3）：4–8，2.

［275］曾繁华，侯晓东.包容性创新驱动武汉经济发展指标构建与实证分析［J］.科技进步与对策，2016，33（5）：45–50.

［276］高传胜.包容性发展视角下城乡居民大病保险新政再思考［J］.社会科学战线，2016（3）：199–205.

［277］Gareth Butler. Inclusive local tourism development in South Africa：Evidence from Dullstroom［J］. Local Economy：The Journal of the Local Economy Policy Unit，2016，31（1–2）：36–46.

［278］朱宏伟，米月新，汪雪阳.经济包容性增长研究综述［J］.韩山师范学院学报，2016，37（1）：65–69.

［279］王潇.包容性发展对我国农村社会管理的启示研究［J］.管理现代化，2016，36（1）：70–72.

［280］邸玉娜.中国实现包容性发展的内涵、测度与战略［J］.经济问题探索，2016（2）：16–27.

［281］本刊编辑部."包容性发展与城市规划变革"学术笔谈会［J］.城市规划学刊，2016（1）：1–8.

［282］杨洋.基于包容性增长视角的乡村旅游发展对策研究［J］.农业经济，2016（1）：78–79.

［283］黄少安.发展目标与经济增长动力［J］.中国高校社会科学，2016（1）：15–17.

［284］何易.新常态下我国社会阶层分化现象的经济分析［J］.现代管理科学，2016（1）：88–90.

［285］刘长庚，田龙鹏，陈彬.经济制度变迁、包容性增长与收入分配［J］.财经科学，2016（1）：78–87.

［286］李昌玉，孟奇勋，周中林.低碳经济下新兴市场国家节俭式创新实践及其政策意蕴［J］.科技进步与对策，2015，32（24）：94–99.

［287］亚·尼玛，刘呈艳.探索"农业，文化，生态旅游"新模式［J］.人民论坛，2018（24）：80–81.

［288］雷洋，谢泽氡.包容性增长理念下的偏远地区旅游扶贫研究——以四川平武虎牙藏族乡为例［J］.绵阳师范学院学报，2015，34（12）：58–61，99.

［289］张芮嘉.浅谈川甘青结合部藏区生态补偿及绿色包容性增长［J］.现代经济信息，2015（23）：465，484.

［290］李勤.西安旅游业包容性增长分析及路径选择——以曲江旅游开发模式为例［J］.西安财经学院学报，2015，28（6）：71–77.

［291］Sussan Aggrey Mensah，Maxwell Peprah Opoku，Eric Badu. Towards an inclusive society in Ghana：An analysis of challenges persons with disabilities face in participating in tourism in Ashanti region［J］. Journal of Social Inclusion，2015，6（2）：36–46.

［292］文传浩，许芯萍.流域绿色发展、精准扶贫与全域旅游融合发展的理论框架［J］.陕西师范大学学报（哲学社会科学版），2018，47（6）：39-46.

［293］朱宏伟，汪雪阳.广东乳源县经济包容性增长探析［J］.深圳职业技术学院学报，2015，14（6）：21-27.

［294］金慧，余启军.湖北民族文化遗产助力扶贫开发策略研究［J］.中南民族大学学报（人文社会科学版），2018，38（6）：32-35.

［295］王超，王志章.包容性发展下决策参与型旅游开发模式的研究——基于贵州省梵净山景区的案例分析［J］.贵州师范大学学报（自然科学版），2015，33（5）：100-108.

［296］刘耀彬，涂红.中国新型城市化包容性发展的区域差异影响因素分析［J］.地域研究与开发，2015，34（5）：53-57.

［297］范香梅，张晓云，辛兵海.中国金融包容性发展与收入公平分配的因果关系研究［J］.当代经济研究，2015（9）：60-68.

［298］高传胜.以老龄服务业包容性发展破解中国养老难问题［J］.中州学刊，2015（9）：73-77.

［299］陈光春，蔡超华，何里文，蒋玉莲.广西边境民族地区包容性发展现状研究［J］.科技进步与对策，2015，32（17）：42-47.

［300］唐鑫.论包容性发展与中国特色社会主义道路的内在联系［J］.科学社会主义，2015（4）：56-61.

［301］姚云云，刘金良.我国社会福利制度转型的逻辑动因及路径探索——基于“包容性发展”价值取向［J］.求实，2015（8）：54-60.

［302］林越英，陶静.如何让民族群众从旅游业发展中受益［N］.贵州民族报，2015-07-03（A02）.

［303］薛珠.包容性增长视角下旅游业的经济本质与功能优势［J］.商业经济研究，2015（18）：132-133.

［304］王超，王志章.我国少数民族地区旅游包容性发展模式研究［J］.四川师范大学学报（社会科学版），2015，42（3）：59-66.

［305］王志章，王超.印度包容性旅游扶贫与我国连片特困地区的旅游开发研究［J］.西部发展评论，2014（0）：180-191.

［306］Zahed Ghaderi, Ahmad Puad Mat Som, Joan C. Henderson. When Disaster Strikes: The Thai Floods of 2011 and Tourism Industry Response and Resilience［J］. Asia Pacific Journal of Tourism Research, 2015, 20（4）：2-13.

［307］邱溆，杨丽.云南民族地区特色文化产业推动包容性增长研究［J］.云南民族大学学报（哲学社会科学版），2014，31（6）：121-127.

［308］Tom Karrow. A review of 'Tourism and inclusive growth in small island developing states'［J］. Tourism Geographies, 2014, 16（4）：23-36.

后 记

在《包容性旅游论》完稿之际，我心中感慨万千，涌现出历历往事。回首这部学术专著的创作历程，犹如一场漫长而充满挑战的旅程，在这个旅程中有许多良师益友的陪伴，让我的每一步都承载着收获的喜悦。回想起2011年，25岁的我刚考进华侨大学旅游管理专业攻读博士学位，对旅游管理知识的学习，充满了激情和渴望。那年，戴斌老师的授课开启了我对旅游学习的深入思考："旅游是人们的一项基本权利""旅游学者应该拥有家国情怀"，给我的博士方向选题带来了灵感："旅游发展到底为了谁？"我在迷惑中查阅资料。正值2011年包容性增长在社会经济发展领域被人们熟知，是否有一种旅游发展方式是"包容性增长"的益贫状态？这个假设，深深困扰着我。在郑向敏老师的课堂上，我们几个博士同学与郑老师一起讨论，获得了郑老师的肯定。课后，我初步整理了思路，请教了骆克任老师和王志章老师，也获得了恩师们的充分肯定，选题方向是跨学科思考"旅游发展如何造福百姓"这个有价值的方向。确定这个选题的时候，正是泉州的冬天，我激动了一个晚上睡不着。

读博一的时候，我喜欢与同学们一边爬清源山，一边讨论学术。来回时间需要一天，要走15公里左右的山路，但总是感觉时光飞逝。关于包容性旅游问题，我喜欢和师弟邹永广一起讨论。他学识渊博，乐于助人，喜欢帮助大家。在他的启发下，我决定大胆迈出一步：无论对错，先理论假设思考理论文章，再到实践中去探索案例经验。2022年，我发表了有关包容性旅游的第一篇学术论文《我国包容性旅游的发展》。"纸上得来终觉浅，绝知此事要躬行"，现实难题是：作为一个小镇做题家，"有钱男子汉，没钱汉子难"，如何去调研？去哪里调研？一想到这里，我就想起了恩师骆克任教授和王志章教授对我的帮助。骆克任教授给我办理了一年的科研助理，王志章教授到贵州、云南、湖南等地实地调研时都带上了我，并且承担了所有的开销。这也奠定了我以后当大学老师的人生观和价值观：一心为了学生。带着对包容性旅游的假设，我调研过很多村寨，与村民、游客、旅游从业人员等进行过深入交流。不曾想，到贵州六盘水、铜仁、贵阳的调研，奠定了我与贵州这片沃土的缘分。有关包容性旅游的理论与实践探索，我做完了 3 个国家社会科学基金项目，发表了 16 篇学术论文，出版了 5 本学术专著，初步构建了包容性旅游的理论体系。然而，回首，从有研究包容性旅游这个课题的想法起到今天，已整整 14 年了。

每每看到《典籍里的中国》中王劲松老师饰演茶圣陆羽时讲的一段话："我一生爱茶，一生写茶，要感念的人太多"，让我久久不能释怀。男儿有泪不轻弹，"为什么眼里常含泪水？因为我对这土地爱得深沉"。的确，这一路要感念的人太多，父母养育的恩情，亲人帮助的恩情，老师教诲的恩情，挚友支持的恩情，太多太多。《四川师范大学学报》《西南民族大学学报》《经济地理》《民族学刊》《南宁师范大学学报》《内江师范学院学报》《贵州师范大学学报》……钟秋波、许慧春等许多编辑老师和匿名外审专家，对完善包容性旅游学术探索提供了巨大帮助。我们一起研究包容性旅游的学生们，蒙艳华、李芬芬、刘俊霞、郭娜、吴孝君、蒋琴芹、杨宇、杨敏、梁冬泽、罗霞霞等，现在很多人已工作几年，有的已成为父母，有的已获得博士学位，让人感叹时光荏苒，光阴似箭。感谢西南民族大学蒋彬教授和四川农业大学郭凌教授。蒋彬教授是我的博士后合作导师，是他让我明白民族地区走包容性旅游增长之路是产业发展的可选择路径，可以体现包容性旅游的实质。如今大火的贵州"村超""村 BA"已经在实践中证明了"旅游发展是为了人民"。郭凌教授对我的帮助，无论是在共同研讨包容性旅游相关知识体系方面，还是在实践案例分析方面，甚至是在研究经费支持方面，给予我很多实质性帮助和支持。在贵州参加工作后，贵山贵水遇天下贵人，作为一个"贵漂"，贵州财经大学给了我现在的一切，感念的人太多太多，唯有用实际行动来诠释对这片土地的感恩和爱。

感恩奋进，砥砺前行。《包容性旅游论》创作的目的，旨在为旅游研究领域开辟一个新的视角，为旅游管理学科形成特色的知识体系，助力中国自主旅游学知识体系建设，提供一个理论参考。旅游事业发展一定是为了人民，发展成果一定是由人民共享。包容性旅游就是旅游业建设为了人民的发展理论，一种人民参与旅游目的地共建共治共享，贯彻创新、协调、绿色、开放、共享新发展理念，创造出政治、经济、社会、文化和环境永续发展的创新生态系统，打造"服务优质、事业可观、居民友善、体验美好"的包容性旅游良好态势的发展理论。《包容性旅游论》的完稿，只是这一研究领域的一个起点，难免存在这样或那样的不足，衷心希望广大读者给予宝贵的建议。未来，期待有更多的学者关注并投身于包容性旅游的研究，共同完善这一理论体系，推动其在实践中的广泛应用。相信在大家的共同努力下，我们能一起为文化和旅游的深度融合，以及旅游学科的进步做出更大的贡献。

王 超

贵州贵阳花溪大学城

2025 年 1 月 18 日